万卷楼

国学经典

升级版

汲取先贤智慧
铺就成功阶梯

万卷楼

# 三国志

万卷楼国学经典 升级版

[晋] 陈寿 ◎ 著

夏华等 ◎ 编译

北方联合出版传媒（集团）股份有限公司

万卷出版公司 2024年·沈阳

© 陈寿 夏华等 2016

## 图书在版编目（CIP）数据

三国志/（晋）陈寿著；夏华等编译.—沈阳：
万卷出版公司，2016.7（2024.9重印）
（万卷楼国学经典：升级版/王禹翰主编）
ISBN 978-7-5470-4188-8

Ⅰ.①三… Ⅱ.①陈…②夏… Ⅲ.①中国历史—三
国时代—纪传体②《三国志》—译文 Ⅳ.①K236.042

中国版本图书馆CIP数据核字（2015）第111781号

出 品 人：王维良
出版发行：北方联合出版传媒（集团）股份有限公司
　　　　　万卷出版公司
　　　　　（地址：沈阳市和平区十一纬路29号　邮编：110003）
印 刷 者：辽宁新华印务有限公司
经 销 者：全国新华书店
幅面尺寸：170mm×240mm
字　　数：410千字
印　　张：22
出版时间：2016年7月第1版
印刷时间：2024年9月第8次印刷
责任编辑：高　爽
封面设计：范　娇
版式设计：范　娇
责任校对：张　莹
ISBN 978-7-5470-4188-8
定　　价：35.00元

联系电话：024-23284090
邮购热线：024-23284050

# 出版说明

"读万卷书，行万里路"这是中国古人"修身"的两条基本途径。晋代著名史学家陈寿给自己的书斋命名为"万卷楼"，此后，历代以"万卷楼"命名的书斋，由宋至清有数十家：宋代有方略、石待旦等；元代有陈杰、汪惟正等；明代有项笃寿、杨仪、范钦等；清代有孙承泽、黄彭年等。可见，"读万卷书"的理想在中国传统知识分子中是何等的根深蒂固。

读"万卷书"不仅是古人的理想，当我们懂得了读书的意义，都会自然而然地产生强烈的"博览群书"的愿望。然而，人类历史悠久，书籍浩如汪洋大海，时代发展到今天，科技与经济的发展更使得人类的精神领域空前丰富，获取信息与知识的途径不断增加。"万卷书"早已不再是一个象征性的概念，如何从这"万卷"之中，找到最值得细细品读的作品，已经成为人们必须解决的问题。

爱因斯坦曾说过："在阅读的书中找出可以把自己引到深处的东西，把其他一切统统抛掉。"这正是在阐述读书时选择的重要性。而他所说的把我们"引到深处的东西"无疑就是我们所需要深度阅读的作品，也就是我们常说的经典作品。

卡尔维诺对经典作出的定义之一是：经典就是我们正在重读的。的确，在对经典作品反反复复的品味中，人们思想得到了升华，从浅薄走向思考，最后走到通达。我们都曾有这样的感触，面对海量的书籍和信息，一方面，人们在向着功利性浅阅读大张其道，另一方面，我们的精神深处又在不断地呼唤能够滋养自己内心的深度阅读。因此，经典的价值不仅没有因为浅阅读时代的到来而有所损失，反而更显示出其珍贵来。

在惜字如金的中国传统典籍当中，从来不乏这种需要反复品味的经典。从先秦诸子到历代的经史子集，这些经典为一代代的中国人提供了取之不尽的精神滋养，为中华文化的传承和发展建立了基础。我们把这种包蕴中国文化的学问称为国学。国学的范围非常广泛，它包含了文学、历史、哲学、艺术、语言、音韵等在内的一系列内容。

包罗万象的国学经典为我们提供了广泛的教育。阅读国学经典，也就是在与我们的"先圣先贤"对话和交流，一步步地揳进我们的历史和传统。这个过程可以让我们领会先贤的旨趣，把握他们的神髓，形成恢宏的历史意识，可以让我们通晓文义、熟习经史、通彻学问，让我们成为博学之士。另一方面，国学经典所代表的传统学问，更是具有极为厚重的伦理色彩。阅读国学经典的过程，不仅是增进知识的过程，而且是一个熏陶气质、改善性情、提高涵养的过程，这个过程在潜移默化中培养着行谊谨厚、品行端方、敦品励行的谦谦君子。

当然，随着时代的发展，国学早已不再是人们追求事功的唯一法典，我们也不赞成对国学的功能无限夸大。但毫无疑问，阅读国学经典，必能促进我们对真、善、美的崇敬之心，唤起我们对伟大、深邃、美好事物的敏感和惊奇，同时也让我们了解到先贤们在探寻知识过程中思考的重大课题和运用的基本原则。这些作品体现着我们民族精神的精髓，如《周易》所阐述的"自强不息"的君子人格，《论语》所强调的"和而不同"的包容精神，《诗经》所培养的温柔敦厚的情感，《道德经》所闪耀的思辨智慧，等等，它们共同构筑了中华民族传统的精神范式。品读先贤留下的经典，恰如与他们进行一次次心灵的直接触碰，进而去审视我们自己的内心，见贤思齐，激浊扬清。

正是基于对国学经典的这种认识，我们精选了这套《万卷楼国学经典》系列丛书，以期引导步履匆匆的现代人走近国学经典、了解国学经典。在选编过程中，我们希望能够体现这样一些特点。

首先，我们希望这套丛书能够最具代表性。在选目中，我们注重于最经典、最根源的作品，在有限的时间内，把那些最具影响力，最应该知道的作品提交给读者。四书五经、先秦诸子、唐诗宋词等这些具有符号意义的作品无疑是最应该为我们所熟知的，因此，丛书所选的30种作品都是这些经典中的经典。

其次，我们希望能够做出好读的经典。在面对国学作品时，佶屈的文言和生僻的字词常让普通读者望而却步。所以，我们试图用简洁易懂的形式呈现经典，使读者可随时随地以自己的时间、自己的速度来进入阅读。因此，我们为原著精心添加了注音、注释和译文，使读者能够真正地"无障碍阅读"。同时，我们还邀请北京大学、南京大学、复旦大学等知名学府的古代文学方面专家对丛书进行了整体修订，对原文字句及标点进行核准，适当增删注释条目、校订注释内容，对白话翻译做进一步校订疏通，使图书内容臻于完善，整体品质得到了大幅度提升。作为一名读者，也许你会常常感慨，以前没有花更多的时间去读更多的经典，如今没有机会或能力来细读，但实际上，读经典什么时间开始都不算晚，"万卷楼"就是一个极好的途径。重读或是初读这些经典，一样可以塑造我们未来的生活。

第三，我们希望呈现一套富有美感的读物。对于经典而言，内容的意义永远排在第一位，但同时，我们也希望有精彩的形式与内容相匹配，因而，我们在编辑过程中选取了大量的古代优秀版画作为本书的插图，对图片的说明也做了精心设计。此外，图书的编排、版式等细节设计都凝聚了我们大量的思索。我们希望这套经典不只是精神的食粮，拥有文本意义上的价值，更能带来无限美感，成为诗意的渊薮。

"经典作品是这样一些书，我们越是道听途说，以为我们懂了，当我们实际读它们，我们就越是觉得它们独特、意想不到和新颖。"卡尔维诺经典的评论让人击节叹赏，我们也希望这套丛书能够彰显经典的价值，使读者在细细品读中真正融化经典，真正做到"开茅塞、除鄙见、得新知、增学问、广识见"。同时，经典又是可以被享受的。当我们走进经典之时，不能只作为被动的接受者，也可用个人自我的方式进入经典，做精神的逍遥之游，对经典作品进行贴近个体生命的诠释和阅读，在现实社会之中营造自由的人生意境和精神家园，获取一种诗意盎然的人生。

# 怎样阅读本书

● **原文**：根据权威版本，精心核校，确保准确性，对生僻字反复注音，使读者无障碍阅读。

● **注释**：准确、简明，极具启发性。

● **译文**：流畅、贴切，以现代白话完整展现原著全貌。

● **插图**：精选历代精品古版画，美妙传神，增强美感。

● **图注**：以图释义，扩展阅读，丰富全书知识含量。

# 内容概要

　　"滚滚长江东逝水，浪花淘尽英雄。""古今多少事，都付笑谈中。"文争武斗，豪杰辈出。三国鼎立，逐鹿天下。激烈动荡之后，一幅幅荡人心弦的龙争虎斗逐渐远去，成为历史的瞬间，但也成为国人最为耳熟能详的一段历史。

　　《三国志》精于叙事，文笔简洁，剪裁得当，问世后就备受赞许。与陈寿同时代的夏侯湛当时正在撰写《魏书》，当他看到《三国志》，认为没有另写新史的必要，就毁弃了自己的著作。后人对《三国志》更是推崇备至，认为在记载三国历史的诸多史书中，独有《三国志》可以同《史记》《汉书》相媲美。因此，在浩瀚的历史长河当中，其他各家所撰写的三国史书相继泯灭无闻，唯有《三国志》一直流传至今。

# 目录

## 魏　书

## 蜀　书

## 吴　书

魏

书

# 魏 书

## 武帝纪

**原文**

太祖武皇帝，沛国谯人也，姓曹，讳操①，字孟德，汉相国参之后。桓帝世，曹腾为中常侍大长秋，封费亭侯。养子嵩嗣②，官至太尉，莫能审其生出本末。嵩生太祖。

太祖少机警，有权数③，而任侠放荡，不治行业④，故世人未之奇也；惟梁国桥玄、南阳何颙异焉。玄谓太祖曰："天下将乱，非命世之才不能济也⑤，能安之者，其在君乎！"年二十，举孝廉为郎，除洛阳北部尉，迁顿丘令，征拜议郎。

**注释**

①讳：避讳，古代对帝王及长辈不可以直称名字，以此表示尊敬。②嗣：继承。③权数：谋略，有随机应变及出谋划策的才能。④行业：操行，学业。⑤济：帮助。

**译文**

太祖武皇帝是沛国谯县人，姓曹，名操，字孟德，相传是西汉初年相国曹参的后裔。

● 曹 操

汉桓帝时期，曹腾担任中常侍大长秋，受封费亭侯。曹腾的养子曹嵩继承爵位，官至太尉，但是人们根本弄不清楚他的身世。曹嵩生下曹操。

曹操少年时就极为机警，富有权谋，但由于喜好行侠，任性放纵，不注意品行和学业，所以当时的人们并不认为他有什么出奇的地方，只有梁国人桥玄与南阳人何颙认为他不同寻常。桥玄曾对曹操说："天下即将大乱了。没有盖世的才能是无法拯救国家的。能安定天下的人，大概就是您吧。"曹操二十岁时，被推举为孝廉，担任郎官，被任命为洛阳北部尉，又升任顿丘令，征召为议郎。

三国志

**原文**

光和末，黄巾起。拜骑都尉，讨颍川贼。迁为济南相，国有十余县，长吏多阿附贵戚①，赃污狼藉②，于是奏免其八；禁断淫祀③，奸宄逃窜，郡界肃然。久之，征还为东郡太守；不就④，称疾归乡里⑤。

顷之，冀州刺史王芬、南阳许攸、沛国周旌等连结豪杰，谋废灵帝，立合肥侯，以告太祖，太祖拒之。芬等遂败。

金城边章、韩遂杀刺史郡守以叛，众十余万，天下骚动。征太祖为典军校尉。会灵帝崩，太子即位，太后临朝。大将军何进与袁绍谋诛宦官，太后不听。进乃召董卓，欲以胁太后，卓未至而进见杀。卓到，废帝为弘农王而立献帝，京都大乱。卓表太祖为骁骑校尉，欲与计事。太祖乃变易姓名，间行东归。出关，过中牟，为亭长所疑，执诣县，邑中或窃识之，为请得解。卓遂杀太后及弘农王。太祖至陈留，散家财，合义兵，将以诛卓。冬十二月，始起兵于己吾，是岁中平六年也。

**注释**

①**阿附**：附和，迎合。②**狼藉**：散乱不整齐。③**淫祀**：不合礼制规定的祭祀，这里指豪强滥设的祠庙。④**就**：就职。⑤**乡里**：这里指故乡。

**译文**

汉灵帝光和末年（184），黄巾军起义爆发。朝廷任命曹操为骑都尉，去征讨颍川的贼寇。曹操因功升官，成为济南国相。济南国下属有十多个县，各县的长官多数阿谀依附权贵与外戚，贪污受贿，声名狼藉。鉴于此，曹操上奏，罢免了其中八个县官；又严禁过度、不合礼制的祭祀。为非作歹的人逃走了，郡国境内变得整肃有序。之后过了很久，他才被朝廷征召担任东郡太守。曹操没有前去上任，称病返回家乡。

过了不久，冀州刺史王芬、南阳人许攸、沛国人周旌等人联络各地的豪杰，阴谋废掉汉灵帝，立合肥侯为皇帝。他们将这个计划告知曹操。曹操拒绝参与。王芬等人最终失败了。

金城人边章、韩遂杀掉了刺史与郡守，发动叛乱，拥有十多万军队。全国为之震动不安。朝廷征召曹操担任典军校尉。当时汉灵帝去世，太子即位，太后临朝听政。大将军何进与袁绍商议要诛杀宫中宦官，太后没有答应。何进就将董卓召回朝中，想利用军队来逼迫太后同意。董卓还没有赶到，何进就被杀了。董卓来到京城后，把皇帝废黜为弘农王，另立汉献帝。京城当中大乱。董卓上奏章，推荐曹操出任骁骑校尉，想和他共同商议政事。曹操就改换姓名，从小路逃到东方。曹操出虎牢关，经过中牟县时，遭到亭长的怀疑，被抓起来送到县中。县里有人暗中认出了他，替他说情，才得以逃脱。董卓杀死太后与弘农王。曹操到了陈留，散发家财，聚集义兵，准备起兵讨伐董卓。冬季十二月，曹操在己吾首先起兵，这一年是中平六年（189）。

**原 文**

初平元年春正月，后将军袁术、冀州牧韩馥、豫州刺史孔伷、兖州刺史刘岱、河内太守王匡、勃海太守袁绍、陈留太守张邈、东郡太守桥瑁、山阳太守袁遗、济北相鲍信同时俱起兵，众各数万，推绍为盟主①。太祖行奋武将军②。

二月，卓闻兵起，乃徙天子都长安。卓留屯洛阳，遂焚宫室。是时绍屯河内，邈、岱、瑁、遗屯酸枣，术屯南阳，伷屯颍川，馥在邺。卓兵强，绍等莫敢先进。太祖曰："举义兵以诛暴乱，大众已合，诸君何疑？向使董卓闻山东兵起，倚王室之重③，据二周之险④，东向以临天下；虽以无道行之，犹足为患。今焚烧宫室，劫迁天子，海内震动⑤，不知所归，此天亡之时也。一战而天下定矣，不可失也。"遂引兵西，将据成皋。

邈遣将卫兹分兵随太祖。到荥阳汴水，遇卓将徐荣，与战不利，士卒死伤甚多。太祖为流矢所中，所乘马被创，从弟洪以马与太祖，得夜遁去。荣见太祖所将兵少，力战尽日，谓酸枣未易攻也，亦引兵还。

**注 释**

①**盟主**：古指诸侯盟会中的首领，主持盟会的人。②**行**：兼任官职。③**倚**：依靠，倚赖。④**据**：占据，盘踞。⑤**海内**：四海之内，这里泛指中国。

**译 文**

汉献帝初平元年（190）春季正月，后将军袁术、冀州牧韩馥、豫州刺史孔伷、兖州刺史刘岱、河内太守王匡、渤海太守袁绍、陈留太守张邈、东郡太守桥瑁、山阳太守袁遗、济北相鲍信同时起兵，每个人都率领几万士兵，推举袁绍为盟主。曹操代理奋武将军一职。

二月，董卓听说义兵来犯，就将汉献帝迁到长安。董卓留驻洛阳，烧毁宫殿。这时袁绍驻扎于河内，张邈、刘岱、桥瑁、袁遗驻扎于酸枣，袁术驻扎于南阳，孔伷驻扎于颍川，韩馥驻扎于邺县。董卓的兵势极为强盛，袁绍等没有人敢率先发起进攻。曹操说："兴起义兵来讨伐暴乱，大军已经汇合，各位还有什么迟疑的？假如当初董卓一听说山东起兵，就倚仗朝廷的权威，占据二周地区的险要之地，向东方进攻，控制天下。这样，即便他的行为不占据道义，还是足以造成祸患。现在他焚烧宫室，胁迫皇帝西迁，四海之内都感到震惊，不知道该归于何处。这是上天要灭亡他的时候了，一次交战就足以平定天下。这个机会不能丧失呀！"曹操便领兵向西进攻，希望占领成皋。

张邈派遣将军卫兹领着部分军队跟随曹操。曹操到达荥阳汴水后，遇到董卓的部将徐荣，与他交战，没能取胜，士兵伤亡很多。曹操被流箭射中，所骑的马也受伤了。曹操的堂弟曹洪将自己的马让给他骑，他才能乘着夜色逃走。徐荣见到曹操率领的士兵尽管不多，但还能奋战一整天，认为酸枣不易攻克，于是也领兵返回。

**原 文**

太祖到酸枣，诸军兵十余万，日置酒高会，不图进取。太祖责让之，因为谋曰："诸君听吾计，使勃海引河内之众临孟津，酸枣诸将守成皋，据敖仓，塞轘辕、太谷①，全制其险；使袁将军率南阳之军军丹、析，入武关，以震三辅②：皆高垒深壁，勿与战，益为疑兵，示天下形势，以顺诛逆③，可立定也。今兵以义动，持疑而不进，失天下之望，窃为诸君耻之！"邈等不能用。

太祖兵少，乃与夏侯惇等诣扬州募兵④，刺史陈温、丹杨太守周昕与兵四千余人。还到龙亢，士卒多叛。至铚、建平，复收兵得千余人，进屯河内。

刘岱与桥瑁相恶⑤，岱杀瑁，以王肱领东郡太守。

●夏侯惇

**注释**

①**塞**：堵塞。②**辅**：京城周围的地区，指长安周围的京兆、右扶风、左冯翊三郡。③**逆**：叛逆，这里指有违道义。④**募兵**：招募军队。⑤**恶**：憎恨。

**译文**

曹操抵达酸枣。在酸枣的各路军队共有十几万人，他们天天摆酒聚会，并没打算进攻。曹操指责他们，并出主意说："各位请听我的计策，让渤海太守率领河内的军队逼近孟津，酸枣的各路将军驻守成皋，据守敖仓，堵塞镮辕和太谷，将这些险要之地全都控制住；让袁将军率领南阳的军队进攻丹、析地区，进入武关，来震动关中地区。大家都驻在高墙深沟内的堡垒当中，不与敌人交战，增派小部队出去扰乱敌人，向全国表明当前的形势，以顺应大势的力量去讨伐叛逆，马上就平定天下。现在我们的军队打着义军的旗号，却心存疑惑，不肯前进，让天下人为之失望，我私下里为各位感到羞愧。"张邈等人没能采纳曹操的意见。

曹操的兵力不多，就与夏侯惇等人到扬州去招募士兵。刺史陈温、丹杨太守周昕给了他四千多名士兵。曹操回到龙亢，士兵们多数叛逃了。曹操到铚县、建平等地再次招收一千多名士兵，来到河内驻扎。

刘岱和桥瑁有仇怨，刘岱杀掉桥瑁，让王肱兼任东郡太守。

　　袁绍与韩馥谋立幽州牧刘虞为帝，太祖拒之。绍又尝得一玉印<sup>①</sup>，于太祖坐中举向其肘<sup>②</sup>，太祖由是笑而恶焉<sup>③</sup>。

　　二年春，绍、馥遂立虞为帝，虞终不敢当。夏四月，卓还长安。

　　秋七月，袁绍胁韩馥，取冀州。黑山贼于毒、白绕、眭固等十余万众略魏郡、东郡，王肱不能御，太祖引兵入东郡，击白绕于濮阳，破之。袁绍因表太祖为东郡太守，治东武阳。

　　三年春，太祖军顿丘，毒等攻东武阳。太祖乃引兵西入山，攻毒等本屯。毒闻之，弃武阳还。太祖要击眭固，又击匈奴於夫罗于内黄，皆大破之<sup>④</sup>。

注 释

　　①尝：曾经。**玉印**：玉制印玺，袁绍私藏玉印，说明其称帝的野心。②坐：座席，座位。③笑：耻笑。恶：厌恶。④破：攻下。

译 文

　　袁绍和韩馥商议立幽州牧刘虞为皇帝，曹操拒绝了这个提议。袁绍曾得到一颗玉印，在与曹操坐在一起时将印举向他的手肘。曹操因此耻笑他，并开始厌恶袁绍。

　　初平二年（191）春天，袁绍、韩馥还是想立刘虞为皇帝，但刘虞始终不敢接受。夏季四月，董卓返回长安。

　　秋季七月，袁绍胁迫韩馥，夺取冀州。黑山一带的贼人于毒、白绕、眭固等十多万人在魏郡、东郡周围抢掠，王肱无法抵御。曹操领兵进入东郡，在濮阳进攻白绕，打败了他们。袁绍就此上奏要求任命曹操为东郡太守，府治设于东武阳。

　　初平三年（192）春天，曹操在顿丘驻军。于毒等人进攻东武阳。曹操便领兵向西进入山中，袭击于毒等人的大本营。于毒听到消息，放弃东武阳退兵返回。曹操在半路截击眭固，又在内黄攻击匈奴於夫罗的军队，把他们都打败了。

原 文

　　夏四月，司徒王允与吕布共杀卓。卓将李傕、郭汜等杀允攻布，布败，东出武关。傕等擅朝政。

青州黄巾众百万入兖州，杀任城相郑遂，转入东平。刘岱欲击之，鲍信谏曰："今贼众百万，百姓皆震恐，士卒无斗志，不可敌也。观贼众群辈相随<sup>①</sup>，军无辎重<sup>②</sup>，唯以钞略为资<sup>③</sup>，今不若畜士众之力<sup>④</sup>，先为固守。彼欲战不得，攻又不能，其势必离散，后选精锐，据其要害，击之可破也。"岱不从，遂与战，果为所杀。信乃与州吏万潜等至东郡迎太祖领兖州牧。遂进兵击黄巾于寿张东。信力战斗死，仅而破之<sup>⑤</sup>。购求信丧不得，众乃刻木如信形状，祭而哭焉。追黄巾至济北。乞降。冬，受降卒三十余万，男女百余万口，收其精锐者，号为青州兵。

●李傕、郭汜乱长安

　　袁术与绍有隙，术求援于公孙瓒，瓒使刘备屯高唐，单经屯平原，陶谦屯发乾，以逼绍。太祖与绍会击，皆破之。

辎重，只能依靠抢掠过活。现在不如积蓄我军的力量，先进行固守。敌人想要作战不成，想攻城又没办法，势必溃散分离，然后我们选出精锐的军队，占据要害地点，攻击他们，就能打败敌人。"刘岱不听，与黄巾军交战，果然被杀死了。鲍信便和州吏万潜等人前往东郡去迎接曹操兼任兖州牧。曹操进军到寿张县以东进攻黄巾军。鲍信奋战而死，才勉强打败了敌人。曹操悬赏寻找鲍信的尸体，但没能找到。大家便用木头雕刻出鲍信的形象，哭祭他。曹操追赶黄巾军，一直追到济北。黄巾军乞降。冬季，曹操接受三十多万降兵及男女家属达到一百多万人，挑选出其中的精锐兵士，称为"青州兵"。

袁术和袁绍有矛盾，袁术向公孙瓒请求援助。公孙瓒就派刘备驻扎高唐，单经驻扎平原，陶谦驻扎发乾，用来威胁袁绍。曹操与袁绍共同出兵攻击，把他们全都打败了。

**三国志**

**原　文**

　　四年春，军鄄城。荆州牧刘表断术粮道①，术引军入陈留，屯封丘②，黑山余贼及於夫罗等佐之。术使将刘详屯匡亭③。太祖击详，术救之，与战，大破之。术退保封丘，遂围之，未合，术走襄邑，追到太寿，决渠水灌城。走宁陵，又追之，走九江。夏，太祖还军定陶。

　　下邳阙宣聚众数千人，自称天子；徐州牧陶谦与共举兵④，取泰山华、费，略任城。秋，太祖征陶谦，下十余城⑤，谦守城不敢出。

　　是岁，孙策受袁术使渡江，数年间遂有江东。

**注　释**

　　①**粮道**：运粮的通道。②**封丘**：地名，位于今河南省。③**匡亭**：在今河南省。④**举兵**：领兵起义。⑤**下**：攻下。

**译　文**

　　初平四年（193）春天，曹操驻扎于鄄城。荆州牧刘表截断袁术的粮道。袁术领兵进入陈留，驻扎于封丘。黑山残余的贼军与于夫罗等人一起协助他。袁术派将军刘详驻扎于匡亭。曹操攻击刘详，袁术前去救援，曹操与袁术交战，重创袁术。袁术撤退守卫封丘，曹操就包围了他。但还未能合围，袁术就逃向了襄邑。曹操追到太寿，挖开水渠引水灌城。袁术逃向宁陵，曹操又追赶他，袁术逃向九江。夏季，曹操的军队返回定陶。

下邳人阙宣聚集几千人，自称天子。徐州牧陶谦与他一起发兵，夺取泰山郡的华县、费县，攻占任城。秋季，曹操征讨陶谦，攻占十几座城市。陶谦坚守城池，不敢出战。

这一年，孙策接受袁术的命令，渡江南下。几年内就占领了江东之地。

## 原文

兴平元年春，太祖自徐州还。初，太祖父嵩，去官后还谯，董卓之乱，避难琅邪，为陶谦所害，故太祖志在复仇东伐。

夏，使荀彧、程昱守鄄城，复征陶谦，拔五城，遂略地至东海。还过郯，谦将曹豹与刘备屯郯东，要太祖。太祖击破之，遂攻拔襄贲，所过多所残戮。

会张邈与陈宫叛迎吕布①，郡县皆应。荀彧、程昱保鄄城，范、东阿二县固守，太祖乃引军还。布到，攻鄄城不能下，西屯濮阳。太祖曰："布一旦得一州，不能据东平，断亢父、泰山之道，乘险要我，而乃屯濮阳，吾知其无能为也。"遂进军攻之。布出兵战，先以骑犯青州兵。青州兵奔，太祖陈乱②，驰突火出，坠马，烧左手掌。司马楼异扶太祖上马，遂引去。未至营止，诸将未与太祖相见，皆怖。太祖乃自力劳军③，令军中促为攻具④，进复攻之，与布相守百余日。蝗虫起，百姓大饿，布粮食亦尽，各引去⑤。

## 注释

①**迎**：迎接。②**陈**：通"阵"，军队作战时所摆出的战斗队形。③**自力**：自己奋力支持。④**促为**：尽快准备。⑤**引**：带领军队撤退。

## 译文

兴平元年（194）春天，曹操从徐州返回。当初，曹操的父亲曹嵩离职之后返回谯郡，董卓作乱时他又前往琅邪避难，被陶谦杀害，所以曹操有了进攻东方来报仇的意向。

夏季，曹操派荀彧与程昱守卫鄄城，再次讨伐陶谦，攻下五座城市，占领许多土地，一直打到东海。回来时途经郯县，陶谦的部将曹豹与刘备驻扎在郯县东侧，拦击曹操。曹操打败了他们，接着攻下襄贲。他复仇心切，所经之处，总是破坏城池、杀戮人民。

恰逢张邈和陈宫叛变，迎来吕布，各郡县纷纷响应。荀彧和程昱守卫鄄城，范县和东阿县两个县也被守住了。曹操于是领兵返回。吕布来到徐州后，攻打鄄城，没能攻下，向西驻扎在濮阳。曹操说："吕布突然轻易地得到了一个州，却无法占据东平，没有截断亢父和泰山的道路，利用险要地形截击我们，而是选择退守濮阳。我就知道他已经无所作为了。"便进军攻打吕布。吕布应战，先派骑兵进攻青州兵。青州兵逃走，曹操的军阵被冲乱。曹操冒着火骑马冲出，但从马上坠落，烧伤了左手。司马楼异将曹操扶上马，领着他冲出去。曹操还没有回到军营，各位将领没能见到曹操，都非常惊慌。曹操强撑病体亲自去慰劳军队，命令军队中赶快制作攻城用具，准备再次攻打吕布。曹操的军队与吕布对峙百余天。这时蝗灾暴发，老百姓们陷入饥荒，吕布军队的粮食也吃完了，双方就分别退兵了。

**原 文**

秋九月，太祖还鄄城。布到乘氏①，为其县人李进所破，东屯山阳。于是绍使人说太祖，欲连和②。太祖新失兖州，军食尽，将许之。程昱止太祖，太祖从之。冬十月，太祖至东阿。是岁谷一斛五十余万钱，人相食，乃罢吏兵新募者。陶谦死，刘备代之。

二年春，袭定陶。济阴太守吴资保南城，未拔。会吕布至，又击破之。夏，布将薛兰、李封屯巨野，太祖攻之，布救兰，兰败，布走，遂斩兰等。布复从东缗与陈宫将万余人来战，时太祖兵少，设伏，纵奇兵击③，大破之。布夜走，太祖复攻，拔定陶，分兵平诸县。布东奔刘备，张邈从布，使其弟超将家属保雍丘。秋八月，围雍丘。冬十月，天子拜太祖兖州牧。十二月，雍丘溃，超自杀，夷邈三族④。邈诣袁术请救，为其众所杀，兖州平，遂东略陈地⑤。

**注 释**

①**乘氏**：古县名，位于今山东省巨野县西南。②**连和**：联合。③**纵**：指挥。④**夷**：

灭，平。**三族**：指父族、母族与妻族。⑤**陈**：国名。治所位于陈县。

**译文**

　　秋季九月，曹操回到鄄城。吕布抵达乘氏县，被乘氏县人李进打败，于是驻扎在东边的山阳。这时袁绍派人劝说曹操，想与之联合。当时曹操刚刚丢掉兖州，军队的粮食也吃完了，就想答应袁绍的要求。程昱劝阻曹操，曹操接受程昱的意见。冬季十月，曹操抵达东阿县。这一年的谷子卖到一斛五十多万钱，出现了人吃人的情况。曹操就把新招募来的官吏与士兵遣散。此时，陶谦去世，刘备接替他代理徐州牧。

　　兴平二年（195）春天，曹操袭击定陶。济阴太守吴资守卫南城，曹操没能攻占。正值吕布来到，曹操打败了他。当年夏天，吕布部将薛兰、李封驻扎于巨野，曹操攻打他们，吕布来救薛兰，薛兰被打败，吕布逃走，薛兰等人被杀。吕布又从东缗进兵，与陈宫率领一万多名士兵前来交战。当时曹操的兵力不多，于是设下埋伏，派奇兵袭击吕布，把他们打得大败。吕布连夜逃走。曹操再度进攻，占领定陶，又分派兵力，将各县平定。吕布向东逃跑，投奔刘备。张邈跟随吕布，让弟弟张超率家人守卫雍丘。秋季八月，曹操包围雍丘。冬季十月，皇帝任命曹操担任兖州牧。十二月，雍丘被攻克，张超自杀。曹操杀光张邈的三族亲属。张邈到袁术那里求援，被袁术部下杀死。兖州全部被平定，曹操就向东进兵去攻占陈地。

**原文**

　　是岁，长安乱，天子东迁，败于曹阳，渡河幸安邑①。

　　建安元年春正月，太祖军临武平，袁术所置陈相袁嗣降。太祖将迎天子，诸将或疑，荀彧、程昱劝之②，乃遣曹洪将兵西迎，卫将军董承与袁术将苌奴拒险，洪不得进。

　　汝南、颍川黄巾何仪、刘辟、黄邵、何曼等，众各数万，初应袁术，又附孙坚③。二月，太祖进军讨破之，斩

●迁銮舆曹操秉政

魏书

〇一三

辟、邵等，仪及其众皆降。天子拜太祖建德将军，夏六月，迁镇东将军，封费亭侯。秋七月，杨奉、韩暹以天子还洛阳，奉别屯梁。太祖遂至洛阳，卫京都，暹遁走。天子假太祖节钺④，录尚书事⑤。洛阳残破，董昭等劝太祖都许。九月，车驾出辕辕而东⑥，以太祖为大将军，封武平侯。自天子西迁，朝廷日乱，至是宗庙社稷制度始立⑦。

**译 文**

这一年，长安出现动乱，皇帝东迁，在曹阳被叛军击败，渡过黄河来到安邑。

建安元年（196）春季元月，曹操的军队抵达武平城，袁术封的陈地守将袁嗣投降。曹操要去迎接汉献帝，各位将领中有人表示不理解。荀彧和程昱劝勉曹操去迎接汉献帝。曹操于是派曹洪领兵向西迎接皇帝。卫将军董承与袁术的部将苌奴占据险要之地抵挡，曹洪没办法前进。

汝南、颍川的黄巾军何仪、刘辟、黄邵、何曼等人，各自坐拥数万人。他们最先响应袁术，后又依附孙坚。二月，曹操讨伐并打败了他们，杀了刘辟、黄邵等人。何仪和他的部下全部投降了。汉献帝任命曹操为建德将军，夏季六月，又升为镇东将军，封为费亭侯。秋季七月，杨奉与韩暹将汉献帝送回洛阳。杨奉另行驻军梁城。曹操于是来到洛阳，保卫京城。韩暹逃走。汉献帝授予曹操符节和斧钺，总领尚书事务。洛阳城市残破，董昭等人劝说曹操将都城建在许昌。九月，汉献帝的车驾出辕辕关向东而去。献帝任命曹操为大将军，封他为武平侯。自从天子西迁，朝廷越来越混乱，到了此时，才又开始建立起宗庙社稷的各项制度。

**原 文**

天子之东也，奉自梁欲要之，不及。冬十月，公征奉①，奉南奔袁术，遂攻其梁屯，拔之。于是以袁绍为太尉，绍耻班在公下②，不肯受。公乃固辞，以大将军让绍。天子拜公司空，行车骑将军③。是岁用枣祗、韩浩等议，始兴屯田④。

吕布袭刘备，取下邳。备来奔。程昱说公曰："观刘备有雄才而甚得众心，终不为人下，不如早图之⑤。"公曰："方今收英雄时也⑥，杀一人而失天下之心，不可。"

张济自关中走南阳。济死，从子绣领其众。二年春正月，公到宛。张绣降，既而悔之，复反。公与战，军败，为流矢所中⑦，长子昂、弟子安民遇害。公乃引兵还舞阴，绣将骑来钞，公击破之。绣奔穰，与刘表合。公谓诸将曰："吾降张绣等，失不便取其质⑧，以至于此。吾知所以败。诸卿观之，自今已后不复败矣。"遂还许。

注 释

①**公**：指曹操。**征**：征讨。②**班**：位次，规定出等级。③**行**：兼代官职。大官兼管小官之事称为行。④**兴**：兴起。⑤**图**：图谋，设法去对付。⑥**方今**：当今，现在。**收**：召集，网罗。⑦**流矢**：乱箭。⑧**质**：人质。

译 文

汉献帝东迁时，杨奉准备在梁城截击他们，却没能赶上。冬季十月，曹操征讨杨奉，杨奉向南方逃走，投奔袁术。曹操攻打杨奉在梁城的营地，并攻克了它。此时，朝廷任命袁绍为太尉。袁绍认为太尉的职位不如曹操的，感到是耻辱，不肯接受。曹操就坚辞大将军之职，把职位让给袁绍。汉献帝任命曹操为司空，兼代理车骑将军一职。这一年，曹操采纳了枣祗、韩浩等人的建议，开始屯田。

吕布袭击刘备，夺取下邳。刘备投奔曹操。程昱劝说曹操："我看刘备是雄才大略之人，又很得大众的拥护，终究不会久居于人下，不如尽早除掉他。"曹操说："如今正是吸纳英雄的时候，杀了一个人会失掉天下人心，我不可以这样做。"

张济从关中逃到南阳。张济死后，其侄子张绣统领其部下。建安二年（197）春季正月，曹操抵达宛城。张绣投降，过了不久又感到后悔，于是叛变。曹操和张绣交战，打了败仗。曹操被箭射中，他的长子曹昂、侄子曹安民都被张绣杀死。曹操领兵退回舞阴。张绣率领骑兵包抄进攻，曹操打败了他们。张绣逃奔到穰县，与刘表会合。曹操对众将说："我招降了张绣等人，错在没能马上收编他们的军队，留下他作为人质，以致造成这样的失败。我知道我为什么会失败了。各位请看着吧，从今以后，我再也不会失败了。"于是回到许都。

袁术欲称帝于淮南①，使人告吕布。布收其使②，上其书③。术怒，攻布，为布所破。秋九月，术侵陈，公东征之。术闻公自来，弃军走，留其将桥蕤、李丰、梁纲、乐就；公到，击破蕤等，皆斩之。术走渡淮。公还许。

公之自舞阴还也，南阳、章陵诸县复叛为绣，公遣曹洪击之，不利，还屯叶，数为绣、表所侵④。冬十一月，公自南征，至宛。表将邓济据湖阳⑤。攻拔之，生擒济，湖阳降。攻舞阴，下之。

三年春正月，公还许。初置军师祭酒。三月，公围张绣于穰。夏五月，刘表遣兵救绣，以绝军后。公将引还，绣兵来追，公军不得进，连营稍前。公与荀彧书曰："贼来追吾，虽日行数里，吾策之，到安众，破绣必矣。"到安众，绣与表兵合守险，公军前后受敌。公乃夜凿险为地道，悉过辎重，设奇兵。会明，贼谓公为遁也，悉军来追。乃纵奇兵步骑夹攻，大破之。秋七月，公还许。荀彧问公："前以策贼必破，何也？"公曰："虏遏吾归师，而与吾死地战，吾是以知胜矣。"

①淮南：国、郡名。汉初是淮南国，魏国将其改为淮南郡。治所位于寿春。②收：扣留。③上：指向朝廷报告。④数：多次。⑤湖阳：县名，位于今河南省叶县南。

袁术想在淮南称帝，派人告知吕布。吕布逮捕袁术的使节，将其书信送上朝廷。袁术大怒，去进攻吕布，被吕布打败。秋季九月，袁术进攻陈地，曹操向东讨伐他。袁术听说曹操亲自来攻，弃军而逃，留下其部将桥蕤、李丰、梁纲、乐就迎战。曹操抵达陈地，打败了桥蕤等人，把他们都杀了。袁术逃走，渡过淮河。曹操返回许都。

曹操从舞阴返回时，南阳、章陵各县又出现叛变，投降张绣。曹操派曹洪去攻打他们，没能战胜，退守叶县，又多次遭到张绣、刘表的进攻。冬季十一月，曹操亲自南征，抵达宛城。刘表的部将邓济占据湖阳。曹军进攻，攻占湖阳，活捉邓济，湖阳

三国志

投降。曹操攻打舞阴，并攻克了它。

　　建安三年（198）春季正月，曹操返回许都，开始设置军师祭酒一职。三月，曹操在穰县包围张绣。夏季五月，刘表派军队救援张绣，截断曹军后路。曹操准备退兵，张绣的军队前来追击。曹操的军队无法前进，便将军营相连，逐渐推进。曹操给荀彧写信道："贼人不断追击我。虽然我军每天只能走几里路，但我预计，抵达安众以后，就一定能打败张绣。"在安众，张绣与刘表的军队合兵防守险要之地。曹军腹背受敌。曹操就在夜里挖开险要路口，凿通地道，将辎重全运过去，设下奇兵。天亮后，对方认为曹军逃跑了，就出动所有军队来追赶。曹操就出奇兵，步兵、骑兵两面进行夹攻，大败张绣。秋天七月，曹操回到许都。荀彧问曹操："前些日子，您预计敌人一定会被打败，有什么依据呢？"曹操说："敌人阻挡住我们的退路，是与我们已陷入死地的士兵进行决战，因此我知道我们会胜利。"

原　文

　　吕布复为袁术使高顺攻刘备①，公遣夏侯惇救之，不利。备为顺所败。九月，公东征布。

　　冬十月，屠彭城②，获其相侯谐。进至下邳，布自将骑逆击③。大破之，获其骁将成廉。追至城下，布恐，欲降。陈宫等沮其计④，求救于术，劝布出战，战又败，乃还固守，攻之不下。时公连战，士卒罢⑤，欲还，用荀攸、郭嘉计，遂决泗、沂水以灌城。

　　月余，布将宋宪、魏续等执陈宫，举城降，生禽布、宫，皆杀之。太山臧霸、孙观、吴敦、尹礼、昌豨各聚众。布之破刘备也，霸等悉从布。布败，获霸等，公厚纳待，遂割青、徐二州附于海以委焉，分琅邪、东海、北海为城阳、利城、昌虑郡。

注　释

　　①**为**：替。**高顺**：人名，吕布手下的大将。②**屠**：任意屠杀。③**逆击**：此处指接战。④**沮**：阻止。⑤**罢**：通"疲"，疲劳，疲惫。

译　文

　　吕布又为袁术而派高顺攻打刘备。曹操派夏侯惇去援救，没能取胜。刘备被高顺打败。九月，曹操东征吕布。

冬季十月，在彭城屠杀当地百姓，抓住彭城相侯谐。曹军进军下邳，吕布亲自率骑兵迎击。曹操大败吕布，俘获吕布手下猛将成廉，直接追到下邳城下。吕布害怕了，希望投降。陈宫等人打消了他的想法，一边向袁术求援，一边劝吕布出战。吕布出战再败，回城坚守。曹操攻打不下来。当时，曹操连续作战，士兵极为疲惫，想要退兵。曹操便采纳了荀攸、郭嘉的计策，挖开泗水、沂水，以河水灌城。

一个多月后，吕布的部将宋宪、魏续等人抓住陈宫，献城投降。曹操活捉吕布、陈宫，把他们都杀了。泰山人臧霸、孙观、吴敦、尹礼、昌豨等人聚集人众。吕布击败刘备时，臧霸等人都跟随了吕布。吕布失败后，曹操抓住臧霸等人，给予他们优厚的待遇，将青州、徐州的沿海之地委任给他们管理。从琅琊郡、东海郡、北海郡中分出城阳郡、利城郡和昌虑郡。

初，公为兖州，以东平毕谌为别驾①。张邈之叛也，邈劫谌母弟妻子②；公谢遣之③，曰："卿老母在彼，可去。"谌顿首无二心④，公嘉之，为之流涕。既出，遂亡归。及布破，谌生得，众为谌惧，公曰："夫人孝于其亲者，岂不亦忠于君乎！吾所求也。"以为鲁相⑤。

四年春二月，公还至昌邑。张杨将杨丑杀杨，眭固又杀丑，以其众属袁绍，屯射犬。夏四月，进军临河，使史涣、曹仁渡河击之。固使杨故长史薛洪、河内太守缪尚留守，自将兵北迎绍求救，与涣、仁相遇犬城。交战，大破之，斩固。公遂济河，围射犬。洪、尚率众降，封为列侯，还军敖仓。以魏种为河内太守，属以河北事。

①别驾：官名，为州牧、刺史的佐官。因为当他们追随州牧、刺史出行时，需要别乘驿车随行，因此称为"别驾"。②劫：扣留。③谢：感谢，这里有惋惜、不得已的含义。④顿首：叩头，旧时用作下对上的敬礼。⑤以为：任用。

当初，曹操担任兖州牧时，任命东平人毕谌为别驾。张邈叛乱，劫走毕谌的母亲、弟弟与妻子儿女。曹操向毕谌表示惋惜，让他回去，说："您的老母在张邈那里，您可以在他那边为官。"毕谌叩头表示自己没有二心。曹操夸奖他，为他的忠诚流下热泪。毕谌趁出行的机会，逃归张邈。在吕布被击败后，毕谌被活捉。大家都为毕谌感到担心。曹操说："那种能够孝敬父母的人，难道会不忠于其君主吗？这正是我所寻找的人啊！"便让毕谌出任鲁国相。

建安四年（199）春季二月，曹操返回昌邑，张杨的部将杨丑杀掉张杨，眭固又杀了杨丑，带着张杨的部属投降袁绍，驻扎在射犬。夏季四月，曹操进军，抵达黄河边，派遣史涣、曹仁渡河攻打眭固，眭固让原任张杨长史的薛洪与河内太守缪尚留守，自己率军向北迎接袁绍，并向袁绍求救。眭固和史涣、曹仁在犬城相遇，双方交战。曹军击败眭固的军队，杀死了他。曹操随后渡过黄河，包围射犬。薛洪和缪尚率部下投降，受封列侯。曹操领兵返回敖仓，任命魏种为河内太守，将黄河以北的事务委托给他。

初，公举种孝廉。兖州叛，公曰："唯魏种且不弃孤也①。"及闻种走，公怒曰："种不南走越、北走胡②，不置汝也③！"既下射犬，生禽种，公曰："唯其才也！"释其缚而用之。

是时袁绍既并公孙瓒，兼四州之地④，众十余万，将进军攻许。诸将以为不可敌，公曰："吾知绍之为人，志大而智小，色厉而胆薄，忌克而少威⑤，兵多而分画不明，将骄而政令不一，土地虽广，粮食虽丰，适足以为吾奉也。"秋八月，公进军黎阳，使臧霸等入青州破齐、北海、东安，留于禁屯河上。九月，

●曹操官渡败袁绍

魏书

〇一九

公还许，分兵守官渡。冬十一月，张绣率众降，封列侯。十二月，公军官渡。

**译 文**

起初，曹操推荐魏种为孝廉。兖州叛变时，曹操说："只有魏种不会背叛我。"等到曹操听说魏种也逃走，愤怒地说："魏种只要不向南逃到越人的地方，不向北逃到胡人的地方，我就不会放过你。"等到占据射犬，活捉魏种，曹操说："看在他的才能的份上。"给他松绑并且任用了他。

这时，袁绍已经吞并了公孙瓒的土地，共占有四个州的土地，拥有十几万军队，准备进攻许都。曹操的部将都认为无法抵御袁绍。曹操说："我了解袁绍的为人。他志向很大，但才智很低，外表严厉而内心怯懦，好猜忌又缺少威望。他的士兵虽多，但部署得不得当，将领骄横，政令不统一。尽管他的土地广阔，粮食充足，却是正好拿来送给我的。"秋八月，曹操进军黎阳，派臧霸等人进入青州，攻克齐、北海、东安等郡，命于禁在黄河边上驻守。九月，曹操返回许都，分派一支部队守卫官渡。冬季十一月，张绣率军投降，被封为列侯。十二月，曹操驻扎于官渡。

**原 文**

袁术自败于陈，稍困①，袁谭自青州遣迎之②。术欲从下邳北过，公遣刘备、朱灵要之③。会术病死。程昱、郭嘉闻公遣备，言于公曰："刘备不可纵④。"公悔，追之不及。备之未东也，阴与董承等谋反，至下邳，遂杀徐州刺史车胄，举兵屯沛。遣刘岱、王忠击之，不克。庐江太守刘勋率众降⑤，封为列侯。

五年春正月，董承等谋泄，皆伏诛。公将自东征备，诸将皆曰："与公争天下者，袁绍也。今绍方来而弃之东，绍乘人后，若何？"公曰："夫刘备，人杰也，今不击，必为后患。袁绍虽有大志，而见事迟，必不动也。"郭嘉亦劝公，遂东击备，破之，生禽其将夏侯博。备走奔绍，获其妻子。备将关羽屯下邳，复进攻之，羽降。昌豨叛为备，又攻破之。公还官渡，绍卒不出。

注释

①**稍困**：逐渐衰微。②**袁谭**：袁绍长子。③**要**：通"腰"，从中路截击。④**纵**：放走。⑤**率**：带领。

译文

袁术自从在陈地被击败后，逐渐陷入困境之中。袁谭从青州派人迎接他。袁术打算经过下邳的北边，曹操派刘备和朱灵前去截击。正巧袁术病死。程昱和郭嘉听说曹操派刘备领兵，对曹操说："不可以放刘备出去。"曹操感到后悔，派人去追刘备，已经来不及了。刘备没有到东方去，暗地里与董承等人谋划攻打曹操，到了下邳后，刘备杀掉徐州刺史车胄，统领军队，驻扎在沛县。曹操派刘岱和王忠去攻打他，没有战胜。庐江太守刘勋率部下投降，被封为列侯。

建安五年（200）春季正月，董承等人的阴谋败露，都被处死。曹操准备亲自东征刘备。众将领都说："与您争夺天下的人是袁绍。现在袁绍正领兵来攻，而您却不管他，向东进攻刘备；如果袁绍乘机在背后攻击我们，该怎么办？"曹操说："那刘备是人中豪杰，现在不打败他，将来必然成为后患。袁绍虽然有大志，但他遇事迟疑，无法当机立断，一定不会攻击我的。"郭嘉也鼓励曹操，于是进兵攻打刘备并打败了他，活捉其部将夏侯博。刘备逃走，投奔袁绍。曹军捉住刘备的妻子儿女。刘备的部将关羽驻守下邳。曹操前去进攻，关羽投降。昌豨叛变，投奔刘备。曹操又打败了他。曹操返回官渡，而袁绍始终没有出兵。

原文

二月，绍遣郭图、淳于琼、颜良攻东郡太守刘延于白马，绍引兵至黎阳，将渡河。夏四月，公北救延。荀攸说公曰："今兵少不敌，分其势乃可。公到延津，若将渡兵向其后者，绍必西应之，然后轻兵袭白马①，掩其不备，颜良可禽也。"公从之。绍闻兵渡，即分兵西应之。公乃引军兼行趣白马，未至十余里，良大惊，来逆战。使张辽、关羽前登②，击破，斩良。遂解白马围，徙其民，循河而西。绍于是渡河追公军，至延津南。公勒兵驻营南阪下，使登垒望之，曰："可五六百骑。"有顷，复白："骑稍多，步兵不可胜数。"公曰："勿复白。"乃令骑解鞍放马。是时，白马辎重就道。诸将以为敌骑多，不如还保营。荀攸曰："此所以饵敌③，如何去之！"绍骑将文丑与刘备将五六千骑前后至。诸将复白："可上马。"公曰："未也。"有顷，骑至稍多，或分趣辎重④。公曰："可矣。"乃皆上马。时骑不满六百，遂纵兵击，大破之，斩丑。良、丑皆绍名将也，再战，悉禽⑤，绍军大震。公还军官渡。绍进保阳武。关羽亡归刘备。

译 文

二月，袁绍派郭图、淳于琼、颜良前往白马进攻东郡太守刘延。袁绍领兵赶往黎阳，准备渡过黄河。夏季四月，曹操向北救援刘延。荀攸劝曹操："如今我们兵力少，无法与袁绍抗衡，必须分散其兵力才能取胜。您到达延津后，做出似乎要渡河攻打袁绍后方的样子。袁绍一定会向西进军迎战。然后您派出轻装骑兵去袭击白马，趁敌人没有防备时偷袭，就能抓住颜良。"曹操接受了他的意见。袁绍听说曹军渡河，果然派出一支队伍去西边应战。曹操于是领兵昼夜兼程奔袭白马。距白马只有十几里路时，颜良才得到消息，大惊，匆忙出兵迎战。曹操派张辽和关羽为先锋，击败颜良的军队，杀死了颜良。曹操解除了对白马的包围，把白马的居民都迁走，沿黄河西去。袁绍渡过黄河，追击曹军，追到延津的南面。曹操整顿军队，把军营扎在南山坡下，派人爬上堡垒，观察敌军。观察的人说："约有五六百名骑兵。"不一会儿，又报告说："骑兵正在逐渐增加，步兵无数。"曹操说："不用说了。"就命令骑兵解下马鞍，放开马匹。这时，曹军从白马缴获的物资都被扔在路上。众将领都认为敌人骑兵众多，不如退守营垒。荀攸说："这是用于引诱敌人的钓饵，怎能拉走呢？"袁绍的部将文丑与刘备率领五六千名骑兵衔尾追来。众将领又说："可以上马了。"曹操说："还不到时候。"过了一会儿，袁军骑兵越来越多，有人急忙去抢夺物资。曹操说："可以了。"就让曹军全体上马。当时曹操只有不足六百骑兵，全部出击，把袁军打得大败，杀死文丑。颜良与文丑都是袁绍手下名将，两次作战就被曹军杀掉。袁绍的军队大为震动。曹操的军队返回官渡。袁绍进军守卫阳武。关羽逃回到刘备那里。

八月，绍连营稍前，依沙堆为屯①，东西数十里。公亦分营与相当，合战不利②。时公兵不满万，伤者十二三。绍复进临官渡，起土山地道。公亦于内作之，以相应。绍射营中，矢如雨下，行者皆蒙楯③，众大惧。时公粮少，与荀彧书，议欲还许。彧以为："绍悉众聚官渡，欲与公决胜败。公以至弱当至强，若不能制④，必为所乘，是天下之大机也。且绍，布衣之雄耳⑤，能聚人而不能用。夫以公之神武明哲而辅以大顺，何向而不济！"公从之。

孙策闻公与绍相持，乃谋袭许，未发，为刺客所杀。

汝南降贼刘辟等叛应绍，略许下。绍使刘备助辟，公使曹仁击破之。备走，遂破辟屯。

①**沙**：沙堆。**堆**：小丘。②**合战**：交战。③**蒙**：遮蔽。**楯**：即盾，藤编的盾牌。④**制**：获得胜利。制服。⑤**布衣之雄**：平民当中的英雄。

八月，袁绍的军队结成连营，逐步前进，依靠沙堤修建营垒，东西长几十里。曹操也分别扎营与袁军对抗，交战不利。此时，曹操的军队还不足一万人，二三成的士兵受伤。袁绍又进逼官渡，修建土山与地道。曹操也在营垒当中的相应地点修土山、地道，抵挡敌人。袁军向曹营射箭，箭如雨下。曹营当中行走的人都必须使用盾牌遮掩身体。大家都非常恐慌。当时曹操的军粮不足。曹操给荀彧写信，准备退回许都。荀彧说："袁绍将全部兵力聚集在官渡，准备与您一决胜负。您以极弱小的兵力去抵御强大的敌人，如果不能制伏他们，就一定会被敌人压倒，这是争夺天下的关键时刻。而袁绍只是个平庸的领袖而已。他能搜集人才，却不会合理使用他们。凭借您的非凡武功，英明才智，再加上占据大义的名分，人心所向，就能无往不胜。"曹操接受了他的意见。

孙策听说曹操和袁绍彼此对峙，就谋划袭击许都，还没出兵，便被刺客杀掉了。

汝南投降的贼人刘辟等人叛变，响应袁绍，在许都城外抢掠。袁绍派刘备援救刘辟，曹操派曹仁把刘备打败。刘备逃走，曹仁攻占刘辟的营垒。

袁绍运谷车数千乘至①，公用荀攸计，遣徐晃、史涣邀击②，大破之，尽烧其车。公与绍相拒连月，虽比战斩将③，然众少粮尽，士卒疲乏，公谓运者曰："却十五日为汝破绍，不复劳汝矣。"

冬十月，绍遣车运谷，使淳于琼等五人将兵万余人送之，宿绍营北四十里。绍谋臣许攸贪财，绍不能足，来奔，因说公击琼等。左右疑之，荀攸、贾诩劝公。公乃留曹洪守，自将步骑五千人夜往，会明至。琼等望见公兵少，出陈门外。公急击之，琼退保营，遂攻之。绍遣骑救琼。左右或言："贼骑稍近，请分兵拒之。"公怒曰："贼在背后，乃白！"士卒皆殊死战④，大破琼等，皆斩之。绍初闻公之击琼，谓长子谭曰："就彼攻琼等，吾攻拔其营，彼固无所归矣！"乃使张郃、高览攻曹洪⑤。郃等闻琼破，遂来降。绍众大溃，绍及谭弃军走，渡河。追之不及，尽收其辎重图书珍宝，虏其众。公收绍书中，得许下及军中人书，皆焚之。冀州诸郡多举城邑降者。

●曹操乌巢烧粮草

①乘：古代计量单位，一辆车四匹马为一乘。②邀击：拦击。③比战：每次交战。④死战：拼命死战。⑤张郃：人名，字儁乂，名将。

三国志

〇二四

**译 文**

　　袁绍的运粮车来了几千辆，曹操采纳荀攸的计策，派徐晃、史涣去拦击粮车，大败袁军，把其运粮车都烧光了。曹操与袁绍对峙几个月，虽然每次作战都能杀死敌将，但是士兵不足，军粮用尽，战士疲乏。曹操对运粮的人说："再辛苦十五天，我会打垮袁绍，就不用再劳累你们了。"

　　冬季十月，袁绍派车辆去运粮，让淳于琼等五人率领一万多名士兵护送，居住在袁绍大营以北四十里处。袁绍的谋臣许攸贪财，袁绍无法满足他；他就来投奔曹操，劝说曹操攻打淳于琼等人。曹操的部下不信任许攸，只有荀攸、贾诩鼓励曹操进兵。曹操就留下曹洪守营，亲率步兵、骑兵五千人在夜间出兵前往，天刚亮就抵达敌营。淳于琼等人看见曹军人少，就出兵在营门外摆开阵势。曹操猛攻袁军，淳于琼退回营内。曹操攻打军营。袁绍派遣骑兵来救援。曹操的手下有人说："敌军骑兵逼近了，请分出一支部队去抵挡他们。"曹操大怒，说："敌军赶到背后时再报告。"士兵们都拼死作战，大败淳于琼等人，将他们都杀死了。袁绍起先听说曹操攻打淳于琼时，对其长子袁谭说："趁着他去进攻淳于琼，我去攻占他的大营。他就无处可归了。"便派张郃、高览去攻打曹洪。张郃等人听说淳于琼被消灭，就来投降曹操。袁军大败。袁绍和袁谭弃军逃走，渡过黄河。曹操追赶他们，却没有追上。曹军缴获了他们的全部辎重、地图、文书、珍宝等，俘虏诸多士兵。曹操在缴获的袁绍文件中，找到许都与曹军中人给袁绍的很多书信，但他全都给烧了。冀州各郡中，很多守将都献出城池，投降曹操。

**原 文**

　　初，桓帝时有黄星见于楚、宋之分[①]，辽东殷馗善天文，言后五十岁当有真人起于梁、沛之间，其锋不可当。至是凡五十年，而公破绍，天下莫敌矣。

　　六年夏四月，扬兵河上，击绍仓亭军，破之。绍归，复收散卒，攻定诸叛郡县。九月，公还许。绍之未破也，使刘备略汝南，汝南贼共都等应之。遣蔡扬击都，不利，为都所破。公南征备。备闻公自行[②]，走奔刘表，都等皆散。

　　七年春正月，公军谯，令曰："吾起义兵，为天下除暴乱。旧土人民[③]，死丧略尽[④]，国中终日行，不见所识，使吾凄怆伤怀。其举义兵已来，将士绝无后者，求其亲戚以后之<sup>⑤</sup>，授土田，官给耕牛，置学师以教之。为存者立庙，使祀其先人，魂而有灵，吾百年之后何恨哉！"遂至浚仪，治睢阳渠，遣使以太牢祀桥玄。进军官渡。

**译 文**

当初，在汉桓帝时期，在天空上属于楚州、宋州的分野当中出现一颗黄星。辽东人殷馗擅长天文，预言五十年后会有真命天子在梁、沛一带兴起，势不可当。从那时起，到曹操击败袁绍这一年，正好一共五十年，天下无人能胜过曹操了。

建安六年（201）夏季四月，曹操挥兵渡过黄河，攻打袁绍在仓亭的驻军，打败了他们。袁绍回去后，又集结了逃散的士兵，平定了反叛他的各个郡县。九月，曹操返回许都。袁绍还没被打败时，派刘备去攻取汝南，汝南的贼人共都等人支持他。曹操派蔡扬去攻打共都，没能取胜，反而被共都打败。曹操向南亲征刘备。刘备听说曹操亲征，逃走投奔刘表。共都等人全都溃散了。

建安七年春季正月，曹操的军队驻扎于谯县，发布命令："我兴义兵，为天下除去暴乱。故乡的人民几乎死光了。在谯县境内走上一天，也见不到一个相识的人，这让我极为痛心。自从我兴义兵以来，我军将士绝后的人，就寻找他们的亲戚来作为自己的后嗣，分给土地，官府发给他们耕牛，设立学校，派老师去教育他们。帮助活下来的人建设宗庙，让他们可以祭祀自己的祖先，如果死者有魂灵的话，我死后也没有遗憾了。"于是曹操前往浚仪，修治睢阳渠，派使者以太牢的祭品祭祀桥玄。接着又进兵官渡。

**原 文**

绍自军破后，发病欧血<sup>①</sup>，夏五月死。小子尚代，谭自号车骑将军，屯黎阳。秋九月，公征之，连战。谭、尚数败退，固守。

八年春三月，攻其郭<sup>②</sup>，乃出战，击，大破之，谭、尚夜遁。夏四月，进军邺。五月还许，留贾信屯黎阳。

己酉，令曰："《司马法》'将军死绥'，故赵括之母，乞不坐括。是古之将者，军破于外，而家受罪于内也。自命将征行，但赏功而不罚罪，非国典也。其令诸将出征，败军者抵罪，失利者免官爵。"

秋七月，令曰："丧乱已来，十有五年，后生者不见仁义礼让之风，吾甚伤之。其令郡国各修文学，县满五百户置校官③，选其乡之俊造而教学之④，庶几先王之道不废⑤，而有以益于天下。"

八月，公征刘表，军西平。公之去邺而南也，谭、尚争冀州，谭为尚所败，走保平原。尚攻之急，谭遣辛毗乞降请救。诸将皆疑，荀攸劝公许之，公乃引军还。冬十月，到黎阳，为子整与谭结婚。尚闻公北，乃释平原还邺。东平吕旷、吕翔叛尚，屯阳平，率其众降，封为列侯。

魏书

**译 文**

袁绍自从被曹操打败后，患了重病，夏五月时吐血而死。他的小儿子袁尚承袭其职位。袁谭自封车骑将军，驻扎黎阳。秋季九月，曹操去征讨他们，接连打了几仗。袁谭、袁尚不断败退，闭关不出。

建安八年（203）春季三月，曹操攻打袁谭驻守的外城，袁军出来交战。曹操攻击袁军，打败了他们。袁谭、袁尚连夜逃走。夏季四月，曹操进军邺城。五月返回许都，留下贾信驻守黎阳。

己酉那天，曹操下令："《司马法》上说：'将军由于退却而被处死。'所以赵括的母亲请求不要由于赵括打了败仗而受连坐。这是由于古代将领在外面打败仗，自己的家庭就要在国内被惩罚。自从我委派将领出征以来，只奖赏有功的，而不处罚有罪的，这是不符合国家的典章的。现在命令各位将领出征时，作战失败的会依法治罪，作战不利的要免除官职与爵位。"

秋季七月，曹操下令说："战乱开始以来已有十五年了。青年人没有看到过仁义礼让的风气，我为此十分担忧。现在命令各个郡国都应当提倡文化教育。满五百户人口的县应当设置学校和学官，挑选当地的优秀子弟加以教育。这样，也许可以让先王的道义不会荒废，并且有益于天下。"

八月，曹操征讨刘表，驻扎于西平。曹操离开邺城向南进发时，袁谭与袁尚开始争夺冀州。袁谭被袁尚击败，逃到平原驻防。袁尚加紧攻打他。袁谭派辛毗去向曹操求降并请求支援。曹军众将领都非常怀疑袁谭，只有荀攸劝说曹操应当答应。曹操便领兵返回。冬季十月，曹操到达黎阳，让儿子曹整与袁谭联姻。袁尚听说曹操领兵北上，就停止了对平原的进攻，回到邺城。东平人吕旷、吕翔背叛袁尚，驻扎于阳平。他们率领部下投降曹操，被封为列侯。

**原文**

　　九年春正月，济河，遏淇水入白沟以通粮道。二月，尚复攻谭，留苏由、审配守邺。公进军到洹水，由降。既至，攻邺，为土山、地道。武安长尹楷屯毛城，通上党粮道①。夏四月，留曹洪攻邺，公自将击楷，破之而还。尚将沮鹄守邯郸②，又击拔之。易阳令韩范、涉长梁岐举县降，赐爵关内侯。五月，毁土山、地道，作围堑，决漳水灌城；城中饿死者过半。秋七月，尚还救邺，诸将皆以为"此归师，人自为战，不如避之"。公曰："尚从大道来，当避之；若循西山来者，此成禽耳。"尚果循西山来③，临滏水为营。夜遣兵犯围，公逆击破走之，遂围其营。未合，尚惧，遣故豫州刺史阴夔及陈琳乞降④，公不许，为围益急。尚夜遁，保祁山，追击之。其将马延、张颉等临阵降，众大溃，尚走中山。尽获其辎重，得尚印绶节钺，使尚降人示其家，城中崩沮。

　　八月，审配兄子荣夜开所守城东门内兵⑤。配逆战，败，生禽配，斩之，邺定。公临祀绍墓，哭之流涕；慰劳绍妻，还其家人宝物，赐杂缯絮，廪食之。

**注释**

①**上党**：地名，东汉时治所位于壶关县（今山西长治北）。②**沮鹄**：人名，袁尚的谋士，沮授之子。③**西山**：即太行山。④**乞降**：乞求投降。⑤**内**：通"纳"，接纳。

建安九年（204）春季正月，曹操渡河，堵住淇河，让河水流入白沟之中，以打通粮道。二月，袁尚又攻打袁谭，留下苏由与审配防守邺城。曹操进军洹水，苏由投降。曹操抵达邺城以后，发兵攻打，修筑土山与地道。武安县令尹楷驻扎毛城，保证上党的粮道保持畅通。夏季四月，曹操留下曹洪进攻邺城，他亲率士兵进攻尹楷，把他打垮以后才回来。袁尚的部将沮鹄防守邯郸，曹操又攻克邯郸。易阳令韩范、涉长梁岐献出土地投降，被赐予关内侯的爵位。五月，曹操拆毁土山与地道，修建围城的深沟，掘开漳河，水灌城内，城内的人过半饿死。秋季七月，袁尚回兵援救邺城，众将都认为："这是回来救城的军队，为保家而战，我们应当避开他们。"曹操说："袁尚从大道回来，我们应当避开他们；如果他沿西山而来，这就是他要被我们擒获了。"袁尚果然沿西山回来，到滏水边扎营。袁尚在夜里派兵进攻包围圈，曹操迎击，打跑了他们，接着包围了袁尚的营垒。还没有完成合围时，袁尚就害怕了，派遣原豫州刺史阴夔和陈琳来要求投降，曹操不答应，围攻袁尚更急。袁尚在夜里逃跑，来到祁山。曹操追击他。袁尚的部将马延、张颉等人临阵投降，全军大败，袁尚逃向中山。曹操获得了袁尚的所有军用物资，得到了袁尚的印章、绶带及符节、斧钺，让投降的袁尚部下拿给他们的家人看。城中人心因此涣散。

八月，审配的侄子审荣在晚上打开其守卫的城东门让曹军进城。审配迎战，战败。曹军活捉审配，砍了他的脑袋。邺城被平定了。曹操到袁绍的墓前祭祀，痛哭流泪；慰问袁绍的妻子，将袁绍家人的财物返还给他们，并赐给他们布帛及丝絮，由官府的仓库供养他们。

初，绍与公共起兵，绍问公曰："若事不辑<sup>①</sup>，则方面何所可据？"公曰："足下意以为何如<sup>②</sup>？"绍曰："吾南据河，北阻燕、代，兼戎狄之众<sup>③</sup>，南向以争天下，庶可以济乎？"公曰："吾任天下之智力，以道御之，无所不可。"

九月，令曰："河北罹袁氏之难<sup>④</sup>，其令无出今年租赋！"重豪强兼并之法<sup>⑤</sup>，百姓喜悦。天子以公领冀州牧，公让还兖州。公之围邺也，谭略取甘陵、安平、勃海、河间。尚败，还中山。谭攻之，尚奔故安，遂并其众。公遗谭书，责以负约，与之绝婚，女还，然后进军。谭惧，拔平原，走保南皮。十二月，公入平原，略定诸县。

**注 释**

①辑：成功。②足下：对他人的尊称。③燕、代：春秋时期两个国家的名字，相当于河北省北部及山西省东北部一带。**戎狄**：古族名。古代称西方游牧部落为戎，北方游牧部落为狄。④**河北**：黄河以北区域。**罹**：遭受。⑤**重**：加重。

**译 文**

当初，袁绍与曹操一起起兵。袁绍问曹操："假如大事没成功，那么哪些地区可以作为倚仗？"曹操说："您认为哪些地方合适？"袁绍说："我在南面倚靠黄河，北面以燕、代之地为险阻，加上戎狄的军队，向南可以争夺天下，差不多能够成功吧？"曹操说："我任用天下的才智之士与力量，以道义指挥他们，没有无法办成的事。"

九月，曹操下令："河北地区的人民蒙受袁氏所造成的灾难，不必交纳今年的租赋。"这是一部重申禁止豪强兼并土地的法律，百姓很高兴。天子任命曹操兼任冀州牧，曹操推辞，仍兼任兖州牧。曹操围攻邺城时，袁谭攻占甘陵、安平、渤海、河间等地。袁尚被打败后，退回中山。袁谭去攻打他，袁尚又逃往故安，袁谭吞并袁尚的军队。曹操给袁谭送去书信，责备他违背誓约，与他断绝姻亲关系，先将袁谭的女儿送回，随后进军。袁谭畏惧，放弃平原，逃到南皮驻守。十二月，曹操进入平原城，平定各县。

**原 文**

十年春正月，攻谭，破之，斩谭，诛其妻子，冀州平。下令曰："其与袁氏同恶者，与之更始①。"令民不得复私仇，禁厚葬②，皆一之于法。是月，袁熙大将焦触、张南等叛攻熙、尚，熙、尚奔三郡乌丸。触等举其县降，封为列侯。初讨谭时，民亡椎冰，令不得降。顷之，亡民有诣门首者，公谓曰："听汝则违令③，杀汝则诛首，归深自藏，无为吏所获。"民垂泣而去；后竟捕得。

夏四月，黑山贼张燕率其众十余万降，封为列侯。故安赵犊、霍奴等杀幽州刺史、涿郡太守。三郡乌丸攻鲜于辅于犷平④。秋八月，公征之，斩犊等，乃渡潞河救犷平，乌丸奔走出塞⑤。

**注　释**

①**更始**：改过自新。②**禁**：禁止。③**听**：听任。④**犷平**：县名，属于渔阳镇，位于今北京市密云区西南。⑤**奔**：逃跑。

**译　文**

建安十年（205）春季正月，曹操进攻袁谭，打败了他，杀了袁谭及其妻子儿女。冀州被平定了。曹操下令："那些与袁氏一同作恶的人，给他们改过自新的机会。"曹操下令百姓们不可以私自复仇，禁止厚葬，全都以法律进行统一治理。这个月，袁熙的大将焦触、张南等人叛变，进攻袁熙、袁尚。袁熙、袁尚逃到三郡乌丸人那边去了。焦触等人献出所在的县城投降，受封列侯。此前征讨袁谭时，有些被征用来凿冰的百姓逃跑，曹操下令不许接受这些人的投降。不久，有个逃亡的百姓来到军营门前自首。曹操说："接受你的投降，就是违反命令。杀了你却又是诛杀自首的人。你回去藏到深山当中，不要让官吏捉到。"这个百姓哭着离开了，最终还是被官府捕获。

夏季四月，黑山贼人张燕率领其部下十几万人投降，受封列侯。故安人赵犊、霍奴等人杀死幽州刺史及涿郡太守。三郡乌丸在犷平进攻鲜于辅。秋季八月，曹操征讨他们，杀掉了赵犊等人；又渡潞河去援救犷平，乌丸人逃往塞外。

**原　文**

九月，令曰："阿党比周①，先圣所疾也②。闻冀州俗，父子异部，更相毁誉③。昔直不疑无兄④，世人谓之盗嫂；第五伯鱼三娶孤女，谓之挝妇翁；王凤擅权⑤，谷永比之申伯；王商忠议，张匡谓之左道：此皆以白为黑，欺天罔君者也。吾欲整齐风俗，四者不除，吾以为羞。"冬十月，公还邺。

初，袁绍以甥高幹领并州牧，公之拔邺，幹降，遂以为刺史。幹闻公讨乌丸，乃以州叛，执上党太守，举兵守壶关口。遣乐进、李典击之，幹还守壶关城。十一年春正月，公征幹。幹闻之，乃留其别将守城，走入匈奴，求救于单于，单于不受。公围壶关三月，拔之。幹遂走荆州，上洛都尉王琰捕斩之。

注释

①阿党：结为死党。比周：彼此勾结。②疾：厌恶、痛恨。③更相：相互。毁誉：诽谤，吹捧。④直不疑：南阳人，汉文帝时担任郎官。⑤擅权：独揽大权。

译文

九月，曹操下令说："结为私党彼此袒护，这是古代圣贤最痛恨的行为。我听说冀州的风俗是父亲与儿子分别结成一帮，互相诋毁，自我吹捧。过去直不疑没有兄长，世人却说他与嫂子私通；第五伯鱼三次结婚娶的都是孤女，人们却说他殴打岳父；王凤独揽大权，谷永将他比喻成贤明的申伯；王商忠诚地为朝廷出谋划策，张匡却说他是旁门左道。这些全都是颠倒黑白，欺骗上天与君王的事例。我想要整肃社会风气，这四种弊端不消除，就是我的耻辱。"冬季十月，曹操返回邺城。

当初，袁绍让他的外甥高幹兼任并州牧，曹操攻下邺城，高幹投降，就任命他为并州刺史。高幹听说曹操去讨伐乌丸，就在并州作乱，抓住上党太守，发兵驻守壶关关口。曹操派乐进和李典去进攻他，高幹退回防守壶关城。建安十一年（206）春季正月，曹操讨伐高幹。高幹听说后，留下其偏将守壶关城，自己跑到匈奴，向匈奴单于求援，匈奴单于没有答应。曹操围攻壶关三个月，攻克壶关城。高幹逃向荆州，上洛都尉王琰抓住高幹，把他杀了。

原文

秋八月，公东征海贼管承，至淳于①，遣乐进、李典击破之，承走入海岛。割东海之襄贲、郯、戚以益琅邪②，省昌虑郡③。

三郡乌丸承天下乱，破幽州，略有汉民合十余万户。袁绍皆立其酋豪为单于，以家人子为己女，妻焉。辽西单于蹋顿尤强，为绍所厚，故尚兄弟归之，数入塞为害。公将征之，凿渠，自呼沲入泒水，名平虏渠；又从泃河口凿入潞河，名泉州渠，以通海。

十二年春二月，公自淳于还邺。丁酉，令曰："吾起义兵诛暴乱，于今十九年，所征必克，岂吾功哉？乃贤士大夫之力也。天下虽未悉定，吾当要与贤士大夫共定之；而专飨其劳④，吾何以安焉！其促定功行封。"于是大封功臣二十余人，皆为列侯，其余各以次受封，及复死事之孤⑤，轻重各有差。

**注 释**

①**淳于**：县名，位于今山东省安丘市东北。②**郯**：县名，位于今山东省郯城县北。③**省**：减省，引申为撤销。**昌虑郡**：建安三年曹操新设立的郡，治所位于昌虑县。④**飨**：享受。⑤**复**：免除徭役与租税。

**译 文**

秋季八月，曹操东征沿海贼寇管承，到达淳于，派乐进、李典打败了管承，管承逃到海岛上。曹操从东海郡分割出襄贲、郯县、戚县扩大琅琊郡，撤销昌虑郡。

三郡的乌丸人趁着天下大乱，攻占幽州，抢走十几万户的汉族百姓。袁绍将他们的酋长与豪强都立为单于，将亲属的女儿认作自己的女儿，嫁给这些酋豪为妻。辽西单于蹋顿的势力最强，得到袁绍的优待，所以袁尚兄弟前去投奔他。他们多次进入塞内，造成极大的危害。曹操准备讨伐他们，便开凿河渠，从呼沲河通到泒水，给它起名为平虏渠。曹军又从泃河口挖渠通到潞河，称为泉州渠，通过它与大海相连。

建安十二年（207）春季二月，曹操从淳于返回邺城。二月丁酉这一天，下令："我兴义兵讨伐暴乱，到现在已有十九年了。每次出征都必定取得胜利，这难道是我的功劳吗？这是贤明的士大夫的功劳啊。虽然天下还没能完全平定，我必须和各位贤明的士大夫一起平定天下；但是让我独占这些功劳，我怎能安心呢？要赶快评定每个人的功劳，给予封赏。"于是封赏了二十多名功臣，将他们封为列侯，其余的人按照功劳大小依次封赏，并且给战死的将士遗孤们免除徭役赋税，其轻重多少依照等级有所不同。

**原 文**

将北征三郡乌丸，诸将皆曰："袁尚，亡虏耳①，夷狄贪而无亲，岂能为尚用？今深入征之，刘备必说刘表以袭许。万一为变，事不可悔。"惟郭嘉策表必不能任备②，劝公行。夏五月，至无终。秋七月，大水，傍海道不通，田畴请为乡导③，公从之。引军出卢龙塞，塞外道绝不通，乃堑山堙谷五百余里，经白檀，历平冈④，涉鲜卑庭，东指柳城。未至二百里，虏乃知之。尚、熙与蹋顿、辽西单于楼班、右北平单于能臣抵之等将数万骑逆军。八月，登白狼山，卒与虏遇，众甚盛。公车重在后，被甲者少，左右皆惧。公登高，望虏陈不整，乃纵兵击之，使张辽为先锋，虏众大崩，斩蹋顿及名王已下，胡、汉降者二十余万口。辽东单于速仆丸及辽西、北平诸豪，弃其种人⑤，与尚、熙奔辽东，众尚有数千骑。初，辽东太守公孙康恃远不服。及公破乌丸，或说公遂征之，尚兄弟可禽也。公曰："吾方使康斩送尚、熙首，不烦兵矣。"九月，公引兵自柳城还，康即斩尚、熙及速仆丸等，传其首。诸将或问："公还而康斩送尚、熙，何也？"公曰："彼素畏尚等，吾急之则并力，缓之则自相图，其势然也。"十一月至易水，代郡乌丸行单于普富卢、上郡乌丸行单于那楼将其名王来贺。

注释

①亡虏：逃亡之敌。**耳**：罢了，语气词。②**策**：推断。③**田畴**：人名，字子泰。**乡导**：向导。④**平冈**：县名，西北置县，位于今河北省滦平县东北。⑤**种人**：同一部族的人。

译文

曹操要前往北方征讨三郡乌丸。众将领都说："袁尚是丧家之犬罢了。夷狄部族贪财又不讲情谊，怎么会被袁尚所利用呢？现在深入乌丸境内去征伐他们，刘备必然会鼓动刘表来袭击许都，如果出现变故，后悔都来不及。"只有郭嘉认为刘表一定不会重用刘备，劝曹操出征。夏季五月，曹操抵达无终。秋季七月，发大水，沿海的道路为之不通。田畴请求担任向导，曹操答应了。田畴领兵从卢龙塞出关。塞外的道路中断，无法通行。曹军就开凿山路，填平河谷，修了五百多里的道路，经过白檀、平冈，穿越鲜卑族的居住区，向东直奔柳城。距柳城还有二百多里时，敌人才发觉。袁尚、袁熙和蹋顿、辽西单于楼班、右北平单于能臣抵之等人率几万名骑兵进攻曹军。八月，曹操登上白狼山，与敌人突然遭遇，敌兵很多。曹操军队的车辆与辎重都在后面，披甲的士兵不多。侍卫和将领都很惊慌。曹操登上高处，看到敌人的阵容并不整齐，就指挥军队出击，让张辽担任先锋。敌人军队被彻底击溃。曹军杀死蹋顿及其他有名望的单于等多位乌丸首领，招降的胡人、汉人共有二十多万。辽东单于速仆丸与辽西、北平各部酋长，扔下其部族子民，和袁尚、袁熙逃往辽东，他们只剩下几千名骑兵。

当初，辽东太守公孙康仗着自己的地盘偏远，不服从曹操，等到曹操打败乌丸后，有的人劝说曹操趁势征伐辽东，能够抓住袁尚兄弟。曹操说："我正要让公孙康砍下袁尚、袁熙二人的头送过来，不用劳师远征了。"九月，曹操领兵从柳城返回，公孙康立即砍下袁尚、袁熙与速仆丸等人的头用驿马送来。将领当中有人问道："您一收兵回来，公孙康就砍下袁尚、袁熙的头送来，这是什么原因呢？"曹操说："公孙康向来害怕袁尚等人。我逼急了，他们就会合力抵御；我不给他们压力，他们就会自相残杀。这是形势发展的必然。"十一月，曹操抵达易水，代郡乌丸行单于普富卢、上郡乌丸行单于那楼率领有名望的乌丸首领们前来道贺。

原　文

十三年春正月，公还邺，作玄武池以肄舟师。汉罢三公官，置丞相、御史大夫①。夏六月，以公为丞相。秋七月，公南征刘表。八月，表卒，其子琮代，屯襄阳，刘备屯樊。九月，公到新野②，琮遂降，备走夏口。公进军江陵，下令荆州吏民，与之更始。乃论荆州服从之功，侯者十五人，以刘表大将文聘为江夏太守，使统本兵，引用荆州名士韩嵩、邓义等。益州牧刘璋始受征役③，遣兵给军。十二月，孙权为备攻合肥。公自江陵征备，至巴丘，遣张憙救合肥。权闻憙至，乃走。公至赤壁，与备战，不利。于是大疫，吏士多死者，乃引军还。备遂有荆州江南诸郡④。

注　释

①罢：废除。置：设置。②新野：县名，位于今河南省新野县。③益州：州名，治所在成都。刘璋：人名，字季玉。④江南诸郡：指武陵、零陵、长沙、桂阳等荆州各郡。

●曹操兴兵下江南

　　建安十三年（208）春季正月，曹操返回邺城，修建玄武池来训练水军。朝廷废除了三公的官职，设置丞相及御史大夫。夏季六月，汉献帝任命曹操为丞相。秋季七月，曹操南征刘表。八月，刘表去世，其儿子刘琮接替其职位，驻扎于襄阳，刘备驻扎于樊城。九月，曹操抵达新野，刘琮投降，刘备逃往夏口。曹操进军江陵，向荆州的官员及百姓下令，叫他们跟随新主人，开始新的生活。曹操又评议这次降服中荆州官员们的功绩，封十五个人为侯；任命原刘表的大将文聘为江夏太守，让他统领本部军队；又选用荆州的名士韩嵩、邓义等人。益州牧刘璋也开始接受朝廷派发的徭役，派士兵来补充曹军。十二月，孙权为了刘备而进攻合肥。曹操从江陵出发征讨刘备，抵达巴丘，派张喜去救合肥。孙权听说张喜到了，就撤退了。曹操抵达赤壁，与刘备作战，没有取胜。在那个地方出现了大瘟疫，官吏士兵中很多人都病死了。曹操于是领兵返回。刘备占有了荆州在长江以南的各郡。

　　十四年春三月，军至谯，作轻舟，治水军①。秋七月，自涡入淮，出肥水②，军合肥。辛未，令曰："自顷已来，军数征行，或遇疫气，吏士死亡不归，家室怨旷③，百姓流离，而仁者岂乐之哉？不得已也。其令死者家无基业不能自存者，县官勿绝廪④，长吏存恤抚循，以称吾意。"置扬州郡县长吏，开芍陂屯田⑤。十二月，军还谯。

　　十五年春，下令曰："自古受命及中兴之君，曷尝不得贤人君子与之共治天下者乎！及其得贤也，曾不出闾巷，岂幸相遇哉？上之人不求之耳。今天下尚未定，此特求贤之急时也。'孟公绰为赵、魏老则优，不可以为滕、薛大夫。'若必廉士而后可用，则齐桓其何以霸世！今天下得无有被褐怀玉而钓于渭滨者乎？又得无盗嫂受金而未遇无知者乎？二三子其佐我明扬仄陋，唯才是举，吾得而用之。"冬，作铜雀台。

①治：训练。②肥水：水名，位于今安徽省中部。③家室：夫妇，也指家属。怨旷：

男女成年没能婚配的，男的称为旷男，女的称为怨女。④**县官**：国家和各级政府。
⑤**芍陂**：古代淮水最为著名的水利工程。

建安十四年（209）春季三月，曹军抵达谯县，制造轻快的小型战船，操练水军。
秋季七月，曹军从涡河进入淮河，经肥水上陆，驻扎于合肥。辛未那一天，曹操下令："近
几年来，军队多次出征。有时会遭遇瘟疫，官吏和士兵多有死亡，回不了家，家属怨
恨，夫妻离别，百姓们也流离失所。这难道是仁义之士所愿意看到的吗？只是不得已
罢了。现在下令：对那些阵亡将士家中没有产
业，家属无法养活自身的，官府不得停止供应
口粮，地方长官要进行抚恤慰问。这样才符合
我的心愿。"曹操设置扬州各郡县的长官，开挖
芍陂，让军队屯田。十二月，曹军返回谯县。

建安十五年（210）春天，曹操下令："自
古以来，承受天命建国的君主，还有中兴的君
主，有谁没有得到过贤人和君子与他共同治理
天下呢？那些被他们得到的贤人，有些还没能
走出里巷，难道是他们侥幸相遇的吗？只不过
是有些执政者没有去寻访罢了。现在天下还未
平定，这正是特别急切地寻访贤人的时候。'孟
公绰做赵国、魏国的长老就非常优秀，但做滕
国、薛国的大夫却极为平庸。'如果都像这样一
定要任用廉洁的士人，那么齐桓公靠什么在世

●曹操大宴铜雀台

间称霸？现在天下难道没有像姜太公那样身穿粗布衣，胸怀大才，在渭河边钓鱼的人
吗？又难道没有像陈平那样私通嫂嫂、收受黄金的名声，却没有遇到魏无知那样的伯
乐吗？你们要帮助我推举选用地位卑贱的贤人，只依据才能举荐，让我能够得到他们，
任用他们。"冬季，曹操修建了铜雀台。

十六年春正月，天子命公世子丕为五官中郎将，置官属①，为丞
相副。太原商曜等以大陵叛，遣夏侯渊、徐晃围破之。张鲁据汉中，

三月，遣钟繇讨之。公使渊等出河东与繇会。是时关中诸将疑繇欲自袭，马超遂与韩遂、杨秋、李堪、成宜等叛。遣曹仁讨之。超等屯潼关，公敕诸将："关西兵精悍，坚壁勿与战②。"

秋七月，公西征，与超等夹关而军。公急持之③，而潜遣徐晃、朱灵等夜渡蒲阪津，据河西为营。公自潼关北渡，未济，超赴船急战。校尉丁斐因放牛马以饵贼④，贼乱取牛马，公乃得渡，循河为甬道而南⑤。贼退，拒渭口，公乃多设疑兵，潜以舟载兵入渭，为浮桥，夜，分兵结营于渭南。贼夜攻营，伏兵击破之。超等屯渭南，遣信求割河以西请和，公不许。九月，进军渡渭。超等数挑战，又不许；固请割地，求送任子，公用贾诩计，伪许之。韩遂请与公相见，公与遂父同岁孝廉，又与遂同时侪辈，于是交马语移时，不及军事，但说京都旧故，拊手欢笑。既罢，超等问遂："公何言？"遂曰："无所言也。"超等疑之。他日，公又与遂书，多所点窜，如遂改定者；超等愈疑遂。公乃与克日会战，先以轻兵挑之，战良久，乃纵虎骑夹击，大破之，斩成宜、李堪等。遂、超等走凉州，杨秋奔安定，关中平。诸将或问公曰："初，贼守潼关，渭北道缺，不从河东击冯翊而反守潼关，引日而后北渡，何也？"公曰："贼守潼关，若吾入河东，贼必引守诸津，则西河未可渡，吾故盛兵向潼关；贼悉众南守，西河之备虚，故二将得擅取西河；然后引军北渡，贼不能与吾争西河者，以有二将之军也。连车树栅，为甬道而南，既为不可胜，且以示弱。渡渭为坚垒，虏至不出，所以骄之也；故贼不为营垒而求割地。吾顺言许之，所以从其意，使自安而不为备，因畜士卒之力，一旦击之，所谓疾雷不及掩耳，兵之变化，固非一道也。"始，贼每一部到，公辄有喜色。贼破之后，诸将问其故。公答曰："关中长远，若贼各依险阻，征之，不一二年不可定也。今皆来集，其众虽多，莫相归服，军无适主，一举可灭，为功差易，吾是以喜。"

①**官属**：主官的属吏。②**敕**：命令。③**持**：挟持。④**饵贼**：诱惑敌人。⑤**循**：沿着。

译 文

建安十六年（211）春季正月，汉献帝任命曹操的世子曹丕为五官中郎将，设置五官中郎将的属官，让曹丕担任丞相的助手。太原人商曜等人占领大陵发动叛变。曹操派遣夏侯渊、徐晃包围大陵，攻克了那里。张鲁占据汉中，三月，曹操派遣钟繇讨伐他，又派夏侯渊等人从河东出发与钟繇会合。当时关中的各个军阀都怀疑钟繇会袭击自己，马超便与韩遂、杨秋、李堪、成宜等人造反。曹操派曹仁讨伐他们。马超等人驻扎于潼关。曹操告诫各路将领："关西的军队精锐强悍，你们应当坚壁防守，不要与他们作战。"

秋季七月，曹操西征，与马超等人在潼关两侧彼此相对驻军。曹操抓紧牵制住马超，同时悄悄地派徐晃、朱灵等人在夜间渡过蒲阪津，倚靠黄河西边扎营。曹操从潼关向北渡河，尚未完全渡过之时，马超赶来猛烈进攻曹操的战船。校尉丁斐便将牛马放出来当诱饵，马超军去乱抢牛马时，曹操才得以渡河，沿着黄河修筑通道向南进兵。马超军退回后，在渭口抵挡曹军。曹操就大设疑兵，悄悄用船将军队运到渭水，建造浮桥，在夜里调动军队到渭河南岸扎营。马超军在夜里进攻曹营。曹操埋伏军队打败他们。马超等人退守渭河南岸，派人送信请求割让黄河以西的土地议和，曹操没有答应。九月，曹操进军，渡过渭河。马超等人多次挑战，曹操没有应战。马超等人多次请求割让土地，并送子弟当人质。曹操采纳贾诩的建议，假装答应。韩遂请求和曹操见面。曹操与韩遂的父亲在同一年被选为孝廉，又和韩遂年龄相仿，辈分相同。于是两个人马头相错，交谈了很久，谈话中没有牵扯到军事，只是提及京城里旧日的朋友，谈得兴起两人拍手欢笑。谈完以后，马超等人问韩遂："曹操与你讲了些什么？"韩遂说："没说什么要紧的事情。"马超等人开始起疑心。几天后，曹操又给韩遂写信。信中文字有多处涂改，似乎是经韩遂遮掩的样子。马超等人更加怀疑韩遂了。曹操就与马超等人约定日子开战，先派出轻装的军队前来挑战，交战很久，曹操再出动勇猛的骑兵从两侧夹击，将敌人打败，杀死成宜、李堪等人。韩遂、马超等人逃往凉州，杨秋逃到安定，关中地区被平定。曹操的部将中有人询问："以前，敌人驻守潼关，渭北的道路无人设防。我们不从河东攻打冯翊，却紧盯潼关，拖延了很久才得以北渡黄河。这是为什么呢？"曹操说："敌军守住潼关，假如我们到河东去，敌军必定守卫各个渡口，这样无法渡过黄河西岸。我故意以重兵向潼关进攻，敌人就会将全部兵力放在南面进

●马　超

行守卫，西河的守备就会空虚，所以我方的两位将军才可以全力攻占西河；然后我们领兵北渡。贼军无法与我们争夺西河的原因，就是那里有我们两位将军的部队了。我们把军车相连，修起栅栏，筑成通道向南部进军，既让敌人无法袭击取胜，又向敌人表示我们力量不足。渡过渭河，修建起坚固的堡垒，敌军到来也不会出战，是让敌人变得骄傲轻敌。所以敌人没有修筑营垒，只请求割地讲和。我答应他们的话，依从他们的意愿，让他们安心，不加防备，趁机积蓄力量，休养士兵，突然进攻敌人，就是迅雷不及掩耳的力量。用兵变化莫测，本来就没有固定的程式。"起先敌人每一支部队到来时，曹操就面露喜色。敌军被打败后，众将军问他为什么会面带喜色。曹操回答："关中地区地方广大，如果敌军各自驻守险阻来守卫，我们去征讨他们，没有一两年的工夫是无法平定的。现在他们全都集合到这里，敌人虽然多，但他们互相之间并不服气，没有归属感，军中没有一个适合的统帅，我们可以一举加以歼灭，比较容易成功。我因此感到高兴。"

原文

　　冬十月，军自长安北征杨秋，围安定。秋降，复其爵位①，使留抚其民人。十二月，自安定还，留夏侯渊屯长安。

　　十七年春正月，公还邺。天子命公赞拜不名②，入朝不趋③，剑履上殿④；如萧何故事⑤。马超余众梁兴等屯蓝田，使夏侯渊击平之。割河内之荡阴、朝歌、林虑，东郡之卫国、顿丘、东武阳、发干，巨鹿之廮陶、曲周、南和，广平之任城，赵之襄国、邯郸、易阳以益魏郡。

　　冬十月，公征孙权。

　　十八年春正月，进军濡须口，攻破权江西营，获权都督公孙阳，乃引军还。诏书并十四州，复为九州。夏四月，至邺。

注 释

①复：恢复。②赞拜：古代臣子朝拜皇帝时，司仪会在旁边唱导。**不名**：不直接称呼其姓名，只称呼官职。③趋：小步快走，以表恭敬。④**剑履上殿**：允许佩带剑，穿着鞋上殿。⑤**故事**：旧例。

译 文

冬季十月，曹操的军队从长安向北进发，征讨杨秋，包围安定。杨秋投降。曹操恢复其旧有的爵位，让他留在当地来安抚民众。十二月，曹操从安定返回，将夏侯渊留下驻守长安。

建安十七年（212）春季正月，曹操率军返回邺城。献帝允许曹操朝见行礼时，司仪唱礼不必提及名讳，进入朝堂可以不采用小步急走的方式，还可以佩戴长剑，不必脱鞋就上殿，和西汉初年萧何所享受的待遇相同。马超的手下梁兴聚集残兵驻守蓝田，曹操命夏侯渊去平定。拆分河内郡的荡阴、朝歌、林虑，东部的卫国、顿丘、东武阳、发幹，巨鹿郡的瘿陶、曲周、南和，广平郡的任城，赵郡的襄国、邯郸、易阳，将以上地区并入魏郡，来增加魏郡的地盘。

冬季十月，曹操讨伐孙权。

建安十八年（213）春季正月，曹操进军濡须口，攻克孙权位于长江西岸的军营，俘虏孙权的都督公孙阳，然后退兵返回。汉献帝下诏把天下十四个州合并为九州。夏季四月，曹操抵达邺城。

原 文

五月丙申，天子使御史大夫郗虑持节策命公为魏公，曰：

朕以不德①，少遭愍凶②，越在西土，迁于唐、卫。当此之时，若缀旒然③，宗庙乏祀，社稷无位；群凶觊觎④，分裂诸夏⑤，率土之民，朕无获焉，即我高祖之命将坠于地。朕用夙兴假寐，震悼于厥心，曰："惟祖惟父，股肱先正，其孰能恤朕躬？"乃诱天衷，诞育丞相，保乂我皇家，弘济于艰难，朕实赖之。今将授君典礼，其敬听朕命。

昔者董卓初兴国难，群后释位以谋王室，君则摄进，首启戎行，此君之忠于本朝也。后及黄巾反易天常，侵我三州，延及平民，君又翦之以宁东夏，此又君之功也。韩暹、杨奉专用威命，君则致讨，克黜其难，遂迁许都，造我京畿，设官兆祀，不失旧物，天地鬼神于是获乂，此又君之功也。袁术僭逆，肆于淮南，慑惮君灵，用丕显谋，蕲阳之役，桥蕤授首，棱威南迈，术以陨溃，此又君之功也。回戈东征，吕布就戮，乘辕将返，张杨殂毙，眭固伏罪，张绣稽服，此又君之功也。袁绍逆乱天常，谋危社稷，凭恃其众，称兵内侮，当此之时，王师寡弱，天下寒心，莫有固志，君执大节，精贯白日，奋其武怒，运其神策，致届官渡，大歼丑类，俾我国家拯于危坠，此又君之功也。济师洪河，拓定四州，袁谭、高幹，咸枭其首，海盗奔迸，黑山顺轨，此又君之功也。乌丸三种，崇乱二世，袁尚因之，逼据塞北，束马县车，一征而灭，此又君之功也。刘表背诞，不供贡职，王师首路，威风先逝，百城八郡，交臂屈膝，此又君之功也。马超、成宜，同恶相济，滨据河、潼，求逞所欲，殄之渭南，献馘万计，遂定边境，抚和戎狄，此又君之功也。鲜卑、丁零，重译而至，筚于、白屋，请吏率职，此又君之功也。君有定天下之功，重之以明德，班叙海内，宣美风俗，旁施勤教，恤慎刑狱，吏无苛政，民无怀慝；敦崇帝族，表继绝世，旧德前功，罔不咸秩；虽伊尹格于皇天，周公光于四海，方之蔑如也。

**注 释**

①**朕**：从秦始皇起，"朕"成为皇帝称呼自己的专有名词。②**慭**：忧患，忧伤。**凶**：灾难。③**缀旒**：比喻在这个位置上却毫无实际权力。④**觊觎**：非分的期望、企图。⑤**分裂**：使分裂。

**译 文**

　　五月丙申，汉献帝派御史大夫郗虑手拿符节册封曹操为魏公。诏书当中说：

　　我由于缺乏修养，从小就遇到灾祸和不幸，首先迁到西部地区，又辗转于古代的唐国、卫国一带。当时，我的命运犹如旗子上所缝缀的飘带一样，飘忽不定。此时，宗庙没人去祭祀，社稷神位没有固定的地点加以安置。大批恶徒心怀叵测，准备篡夺政权，分裂国家。全国的百姓，没有一个人依附于我。高皇帝开创的基业，即将崩溃。

我因此感到无法安眠，心中极为哀痛，常说："祖宗啊，父亲啊，辅佐我们的公卿大夫啊，有谁可以帮助我呢？"这样终于感动了上天，将曹丞相赐予我，来保护皇室的平安，是你从艰难困苦当中将我们拯救出来，有了你，朕就有了实在的依靠。现在要为曹丞相您举行典礼，请敬听我的册命。

过去董卓发动叛乱，各地诸侯都离开辖地来护卫王室，是您督促他们进兵，率先向敌军攻击，这是您忠心于朝廷的功绩。后来黄巾军违背天意，侵占了三个州，使得百姓都受到危害，您把他们消灭，平定东方，这又是您的大功。韩暹与杨奉专权，您去讨伐，消除祸害，随后迁都许昌，修建京城，设置百官，恢复宗庙祭祀，祖先的制度没有丧失，天地鬼神都得以安宁。这又是您的功劳。袁术称帝叛乱，在淮南横行，但他也畏惧您的威严。您施展高妙的谋略，在蕲阳交战，杀死桥蕤，趁着军威正盛向南进军，把袁术打败，袁术丧命。这又是您的功劳。回师东征，活捉吕布并处死，大军即将返回时，又把张杨消灭，眭固认罪伏诛，张绣叩头请降，这又是您的功劳。袁绍叛乱，淆乱天道，阴谋倾覆社稷，他凭借自己兵马众多，发动军队挑动内战。在这时，国家的军队力量薄弱，天下的百姓都感到失望恐惧，没有坚定的意志。您坚持操守，您的精诚使得上天也显示出征兆，振奋您的勇武与气魄，运用您的神妙计策，在官渡歼灭大量敌人，从危难灭亡当中拯救我的国家。这又是您的功劳。带领军队渡过黄河，平定四州，袁谭、高幹等人都被您枭首，海盗逃窜，黑山的贼人投降。这又是您的功劳。乌丸三支部族，两代人都扰乱边疆，袁尚利用他们，占据塞北，您整顿军队，不费吹灰之力就消灭了他们。这又是您的功劳。刘表荒谬昏乱，背叛朝廷，不肯交纳租赋，国家的军队一出征，刘表就丧失了威风，八个郡的上百座城市陆续投降，这又是您的功劳。马超、成宜，狼狈为奸，占据黄河与潼关一带，企图实现其妄想，您在渭南消灭了他们，杀死的敌人达到数万。从此平定了边境，安抚戎狄部族。这又是您的功劳。鲜卑、丁零这些民族，辗转来到京城进行朝贡。箄于、白屋这些民族，称臣纳贡。请求朝廷派官吏去治理，这又是您的功劳。您有平定天下的功绩，又有高尚的德行，整顿全国的秩序，推行良好的社会风俗，普遍认真地推广教育，体贴下情，谨慎处理刑事案件，官吏们不使用苛刻的政令，百姓们没有欺诈狡猾之心。您真诚地尊敬与优待皇室亲族，上表使得绝后的王族有人加以继承，对过去的功臣与有道德的人，全都给予官职加以任用。即便说伊尹的功德感动上帝，周公的政绩照耀四海，但都不如您啊！

**原　文**

朕闻先王并建明德①，胙之以土②，分之以民，崇其宠章③，备其

魏书

礼物，所以藩卫王室④，左右厥世也。其在周成⑤，管、蔡不静，惩难念功，乃使邵康公赐齐太公履，东至于海，西至于河，南至于穆陵，北至于无棣，五侯九伯，实得征之，世祚太师，以表东海；爰及襄王，亦有楚人不供王职，又命晋文登为侯伯，锡以二辂、虎贲、钺钺、秬鬯、弓矢，大启南阳，世作盟主。故周室之不坏，繄二国是赖。今君称丕显德，明保朕躬，奉答天命，导扬弘烈，绥爰九域，莫不率俾，功高于伊、周，而赏卑于齐、晋，朕甚恶焉。朕以眇眇之身，托于兆民之上，永思厥艰，若涉渊水，非君攸济，朕无任焉。今以冀州之河东、河内、魏郡、赵国、中山、常山、巨鹿、安平、甘陵、平原凡十郡，封君为魏公。锡君玄土，苴以白茅，爰契尔龟，用建冢社。昔在周室，毕公、毛公入为卿佐，周、邵师保出为二伯，外内之任，君实宜之。其以丞相领冀州牧如故。又加君九锡，其敬听朕命。以君经纬礼律，为民轨仪，使安职业，无或迁志，是用锡君大辂、戎辂各一，玄牡二驷。君劝分务本，穑人昏作，粟帛滞积，大业惟兴，是用锡君衮冕之服，赤舄副焉。君敦尚谦让，俾民兴行，少长有礼，上下咸和，是用锡君轩悬之乐，六佾之舞。君翼宣风化，爰发四方，远人革面，华夏充实，是用锡君朱户以居。君研其明哲，思帝所难，官才任贤，群善必举，是用锡君纳陛以登。君秉国之钧，正色处中，纤毫之恶，靡不抑退，是用锡君虎贲之士三百人。君纠虔天刑，章厥有罪，犯关干纪，莫不诛殛，是用锡君钺钺各一。君龙骧虎视，旁眺八维，掩讨逆节，折冲四海，是用锡君彤弓一，彤矢百，玈弓十，玈矢千。君以温恭为基，孝友为德，明允笃诚，感于朕思，是用锡君秬鬯一卣，珪瓒副焉。魏国置丞相已下群卿百寮，皆如汉初诸侯王之制。往钦哉，敬服朕命！简恤尔众，时亮庶功，用终尔显德，对扬我高祖之休命！

注释

①并建：分封。明德：这里指大功与高尚道德。②祚：赏赐。③崇：崇尚。宠章：

加恩特赐的典章。④**藩卫**：保卫。**藩**：篱笆。⑤**周成**：周成王。

**译 文**

　　我听说过去的帝王都为德行崇高的人封爵，赐予他们土地，分给人民，给他们崇高的荣誉，为他们配备礼仪制度用品，用他们来保卫王室，辅佐君王治理天下。在周成王时期，管叔、蔡叔发动叛乱，平定祸乱后评定各位功臣，就派邵康公赐予齐太公鞋履；向东到海边，向西到黄河，向南到穆陵，向北到无棣，这片区域当中的五侯九伯，齐太公都能够去征讨；让他世代担任太师，在东海边立表褒扬其功绩。到了周襄王时期，楚国没有履行对周王的义务，不纳贡。周王就任用晋文公为诸侯盟主，赐予他两辆大车、护卫的勇士、斧钺、米酒与弓箭，让他在南阳开拓土地，世代担任诸侯的盟主。周王室之所以没有衰灭，全靠这两个国家。如今您有崇高的品行，全心保卫我，顺应天意，做出了非常伟大的功绩，使得九州安宁，百姓循规蹈矩。您的功劳比伊尹、周公更高，而得到的奖赏却不如齐太公、晋文公，对此我感到非常惭愧。我这样一个渺小的人，位居亿万百姓之上，经常想到执政的困难，就如身临深渊，足履薄冰一般。没有您的帮助，我无法担任这一重任。现在把冀州的河东、河内、魏郡、赵国、中山、常山、巨鹿、安平、甘陵、平原，共有十个郡赐给您，封您为魏公。赐给您黑色的土壤，用白色茅草包裹起来，您去刻灼龟甲进行占卜，选地建立魏国的宗庙与社稷。过去在周朝，毕公、毛公到朝廷来担任辅佐大臣，周公、邵公以太师太保的身份前往外地做方伯。朝廷内外的重任，您都适宜担当。您还可以像以前一样，以丞相的身份兼任冀州牧。又给您加赐九锡，您敬听我的命令。由于您安排制定了礼仪与法律，让它们成为人民的规范准则，使人民安居乐业，没有人三心二意，所以我赐予您一辆君王的大车、一辆兵车、八匹黑马。您勉励百姓们应当守住本分，发展农业，农民努力进行耕作，粮食布帛有了大量储存，国家也因此兴旺发达，因此赐给您衮冕礼服，配红色的厚底鞋。您真诚地提倡谦让，让人民得以仿效实行，青年人与老年人都非常有礼貌，上下之间都非常和睦，因此赐给您成套的乐器，六队舞人演出的舞乐。您推广教化，让四方都到处传扬，远方的人们为之洗心革面，中原地区富裕而充实，因此赐予您的居室以红色大门。您研究贤王的智慧，为帝王分担困难的事务，给有才能的人以官职，任用贤人，所有的优秀人才都得到推荐，因此赐予您从殿檐下的阶梯上殿的荣耀。您掌握一国的权柄，庄严地处在公正执中的地位，哪怕有丝毫的邪恶，也不会不予以斥退以及抑制，因此赐予您三百名护卫。您认真地监察朝廷的刑罚，揭露那些有罪之人，违犯国家法律的人，没有不遭到诛杀的，因此赐予您斧、钺各一件。您像龙

魏书

马一样奔驰，如猛虎一般环视，旁观八方，征讨叛臣，击败四海的敌人，因此赐予您一张红色的弓、一百支红色的箭，还有十张黑色的弓、一千支黑色的箭。您以温恭为根本，把孝敬父母、友爱兄弟作为美德，聪明、守信、真诚、忠实，使得我极为感动，因此赐予您芬芳的美酒一坛，配上玉制酒勺。魏国能够设置丞相以下的各级官员，全与汉代初年诸侯王的官属制度相同。您去魏国吧！要恭敬地听从我的命令，选拔与抚慰部下，时常建立功勋，来完善您的崇高品德，回报并颂扬高祖皇帝的美好遗命。

**三国志**

○四六

### 原 文

秋七月，始建魏社稷宗庙。天子聘公三女为贵人①，少者待年于国。九月，作金虎台，凿渠引漳水入白沟以通河。冬十月，分魏郡为东西部，置都尉。十一月，初置尚书、侍中、六卿。

马超在汉阳，复因羌、胡为害，氐王千万叛应超②，屯兴国③。使夏侯渊讨之。

十九年春正月，始耕籍田④。南安赵衢、汉阳尹奉等讨超，枭其妻子，超奔汉中。韩遂徙金城，入氐王千万部，率羌、胡万余骑与夏侯渊战，击，大破之，遂走西平⑤。渊与诸将攻兴国，屠之。省安东、永阳郡。

安定太守毌（guàn）丘兴将之官，公戒之曰："羌、胡欲与中国通，自当遣人来，慎勿遣人往。善人难得，必将教羌、胡妄有所请求，因欲以自利；不从便为失异俗意，从之则无益事。"兴至，遣校尉范陵至羌中，陵果教羌，使自请为属国都尉。公曰："吾预知当尔，非圣也，但更事多耳。"

### 注 释

①聘：依照礼节来明媒正娶。贵人：妃嫔当中的第一级。②叛应：反叛并响应。③屯：驻扎军队。④籍田：古代时，天子、诸侯征用民力加以耕种的田地。⑤走：逃跑。西平：郡名。

### 译 文

建安十八年（213）秋七月，曹操开始建设魏国的宗庙社稷。汉献帝娶了曹操的三个女儿作为后宫的贵人，其中最小的一个留在魏国，等长大之后再进宫。九月，修建金虎台，开凿水渠将漳河水引入白沟，一直通往黄河。冬季十月，将魏郡分为东西两部，设置都尉。十一月，魏国开始设置尚书、侍中、六卿等各级官员。

马超在汉阳，又依附羌人、胡人祸害百姓。氐王千万反叛并响应马超，驻扎在兴国。曹操派夏侯渊前去讨伐。

建安十九年（214）春季正月，曹操第一次进行"耕籍田"的礼仪。南安人赵衢、汉阳人尹奉等将领去进攻马超，斩杀其妻子儿女。马超逃往汉中。韩遂搬迁到金城，进入氐王千万的部落里，率领一万多名羌人与胡人的骑兵与夏侯渊交战。夏侯渊击败了他。韩遂逃往西平。夏侯渊与众将进攻兴国，屠杀当地居民，撤销安东和永阳两个郡。

安定太守毌丘兴即将赴任。曹操告诫他："羌人、胡人想要与中国有所往来，就会自己派人前来，你千万别派人前去。因为很难找到适宜的使者。一般人一定会让羌人、胡人狂妄地提出过分要求，他就可以从中得利。我们不答应这些要求，会丧失羌人、胡人的拥护，答应这些要求，又对国家没有好处。"丘兴赴任后，派校尉范陵前往羌人部落。范陵果然唆使羌人，让他们要求封自己为属国都尉。曹操说："我早就预料到会出现这种情况。我不是圣人，只是经历的事情多而已。"

**原文**

三月，天子使魏公位在诸侯王上，改授金玺、赤绂、远游冠。

秋七月，公征孙权。初，陇西宋建自称河首平汉王，聚众枹罕①，改元，置百官，三十余年。遣夏侯渊自兴国讨之。

冬十月，屠枹罕，斩建，凉州平。公自合肥还。

十一月，汉皇后伏氏坐昔与父故屯骑校尉完书，云帝以董承被诛怨恨公，辞甚丑恶，发闻②，后废黜死，兄弟皆伏法③。十二月，公至孟津。天子命公置旄头④，宫殿设钟虡。乙未，令曰："夫有行之士未必能进取⑤，进取之士未必能有行也。陈平岂笃行，苏秦岂守信邪？而陈平定汉业，苏秦济弱燕。由此言之，士有偏短，庸可废乎！有司明思此义，则士无遗滞，官无废业矣。"又曰："夫刑，百姓之命也，而军中典狱者或非其人，而任以三军死生之事，吾甚惧之。其选明达法理者，使持典刑。"于是置理曹掾属。

**二十年春正月，天子立公中女为皇后。省云中、定襄、五原、朔方郡，郡置一县领其民，合以为新兴郡。**

注 释

①**枹罕**：县名。位于今甘肃省临夏县东北。②**发闻**：发觉。③**伏法**：被处以死刑。④**旄头**：即旄头骑，是古代皇帝出行时要在最前面开道的警卫骑兵。⑤**行**：德行。

译 文

三月，汉献帝让魏公曹操的地位在各诸侯王之上，改为授予他金印、红色的绶带及远游冠。

秋季七月，曹操讨伐孙权。当初，陇西人宋建自称河首平汉王，在枹罕聚集兵马，改换年号，设立百官，已有三十多年了。曹操派夏侯渊从兴国进发去讨伐他。

冬季十月，曹军屠枹罕城，杀死宋建，平定凉州。曹操从合肥返回邺城。

●曹操棒杀伏皇后

十一月，汉献帝皇后伏氏曾在给父亲——前任屯骑校尉伏完的信里说汉献帝因为董承被诛杀而怨恨曹操，用词极为恶毒。信被发现后，伏皇后因此被废黜并处死，她的兄弟也都被处死。十二月，曹操抵达孟津，汉献帝命令曹操可以使用拥有旄头的仪仗，可以在宫殿中摆设钟架。乙未日那天，曹操下令说："有德行的人未必可以进取功名，进取功名的人未必有德行。陈平难道有敦厚的德行吗？苏秦难道恪守信用吗？但是陈平却奠定了汉朝的基业，苏秦扶持弱小的燕国变得强盛。由此看来，士人都有自己的缺点，怎么能因此而废弃不用呢？主管选拔任用的人明白这个道理，就不会遗漏人才，官府也就不会有荒废的事务了。"他又说："刑法是关系到百姓性命的关键大事，但是军队中主管刑狱的人有一部分不称职，把有关三军将士生死的大事交给他们，我很担心。要选用通晓法律事务的人才，让他们主持刑狱。"于是专门设置了理曹掾属的官职。

建安二十年（215）春季正月，汉献帝将曹操的次女立为皇后，撤销云中、定襄、五原、朔方各郡，将这几个郡改成由县来统领百姓，然后再合并为新兴郡。

　　三月，公西征张鲁，至陈仓，将自武都入氐；氐人塞道，先遣张郃、朱灵等攻破之。夏四月，公自陈仓以出散关，至河池。氐王窦茂众万余人，恃险不服。五月，公攻屠之。西平、金城诸将麹演、蒋石等共斩送韩遂首。秋七月，公至阳平。张鲁使弟卫与将杨昂等据阳平关，横山筑城十余里，攻之不能拔，乃引军还。贼见大军退，其守备解散。公乃密遣解慓、高祚等乘险夜袭，大破之，斩其将杨任，进攻卫，卫等夜遁，鲁溃奔巴中。公军入南郑，尽得鲁府库珍宝。巴、汉皆降。复汉宁郡为汉中；分汉中之安阳、西城为西城郡，置太守；分锡、上庸郡，置都尉。

　　八月，孙权围合肥，张辽、李典击破之。

　　九月，巴七姓夷王朴胡、賨邑侯杜濩举巴夷、賨民来附，于是分巴郡，以胡为巴东太守，濩为巴西太守，皆封列侯。天子命公承制封拜诸侯守相。

　　三月，曹操西进征讨张鲁，抵达陈仓，将要从武都进入氐人居住的地区；氐人堵塞道路，曹操先派出张郃、朱灵等人打垮了他们。夏季四月，曹操从陈仓出兵大散关，抵达河池。氐王窦茂拥有一万多名士兵，据守天险，不肯降服。五月，曹操攻打河池，大开杀戒。西平和金城的将领麹演、蒋石等人共同杀死韩遂，把其首级送交曹操。秋季七月，曹操抵达阳平。张鲁让他的弟弟张卫与部将杨昂等人据守阳平关，在山腰修建十几里长的城墙。曹操无法攻克，就领兵返回。贼军见曹操的大军撤退，防守变得松懈。曹操就秘密地派出解慓、高祚等人越过天险在夜间袭击敌人，大败敌军，杀死敌将杨任，又去进攻张卫。张卫等人连夜逃走，张鲁溃败，逃到巴中。曹操的军队进入南郑，将张鲁仓库当中的珠宝全部缴获。巴郡、汉中地区都投降了。曹操把汉宁郡重新设定为汉中郡，又把汉中的安阳、西城划分出来成立西城郡，设置太守；划出锡郡与上庸两郡，设置都尉。

　　八月，孙权围攻合肥，被张辽与李典打败。

　　九月，巴郡的七姓夷王朴胡和賨邑侯杜濩率巴人、夷人与賨民前来归附。曹操便把巴郡分成东西两郡。任命朴胡为巴东郡太守，杜濩为巴西郡太守，把两个人都封为列侯。汉献帝授予曹操分封诸侯、任命太守及国相的权力。

　　冬十月，始置名号侯至五大夫，与旧列侯、关内侯凡六等，以赏军功。

　　十一月，鲁自巴中将其余众降。封鲁及五子皆为列侯。刘备袭刘璋，取益州，遂据巴中；遣张郃击之。

　　十二月，公自南郑还，留夏侯渊屯汉中。

　　二十一年春二月，公还邺。三月壬寅，公亲耕籍田。夏五月，天子进公爵为魏王。代郡乌丸行单于普富卢与其侯王来朝。天子命王女为公主，食汤沐邑①。秋七月，匈奴南单于呼厨泉将其名王来朝，待以客礼，遂留魏，使右贤王去卑监其国。八月，以大理钟繇为相国②。

　　冬十月，治兵，遂征孙权，十一月至谯。

　　二十二年春正月，王军居巢③，二月，进军屯江西郝溪④。权在濡须口筑城拒守，遂逼攻之，权退走。三月，王引军还，留夏侯惇、曹仁、张辽等屯居巢。

　　①汤沐邑：诸侯觐见天子，皇帝赐予京城以内的供给诸侯住宿及斋戒沐浴的封邑。②大理：官名，即汉朝的廷尉。掌管司法刑狱。③居巢：县名，位于今安徽省巢湖市东北。④郝溪：地名。

　　冬季十月，开始设置名号为侯至五大夫的爵位名称，加上此前的列侯、关内侯，共有六等，用于奖赏立下军功的人。

　　十一月，张鲁率残部从巴中来投降。朝廷将张鲁及其五个儿子都封为列侯。刘备袭击刘璋，夺取益州，占据巴中。曹操派张郃去攻打刘备。

　　十二月，曹操从南郑返回，留下夏侯渊守卫汉中。

三国志

建安二十一年（216）春季二月，曹操返回邺城。三月壬寅，曹操亲自参与耕籍田的仪式。夏季五月，汉献帝将曹操晋爵为魏王。代郡乌丸行单于普富卢及其部下侯王来朝见。汉献帝赐封魏王曹操的女儿为公主，封给汤沐邑。秋季七月，匈奴南单于呼厨泉率领其手下有名望的酋长来朝见，曹操用对宾客的礼节接待他们。他们被留在魏国，由右贤王去卑监管匈奴国。八月，任命大理卿钟繇为相国。

冬季十月，曹操在操练军队之后，便去讨伐孙权，十一月到达谯郡。

建安二十二年（217）春季正月，曹操的军队驻扎于居巢。二月，驻扎在江西郝溪。孙权在濡须口筑城防御。曹操去攻打，孙权撤兵。三月，曹操领兵退回，留下夏侯惇、曹仁、张辽等人驻守居巢。

**原文**

夏四月，天子命王设天子旌旗，出入称警跸①。五月，作泮宫②。六月，以军师华歆为御史大夫。冬十月，天子命王冕十有二旒，乘金根车，驾六马，设五时副车③，以五官中郎将丕为魏太子。

刘备遣张飞、马超、吴兰等屯下辩；遣曹洪拒之。

二十三年春正月，汉太医令吉本与少府耿纪、司直韦晃等反④，攻许，烧丞相长史王必营⑤，必与颍川典农中郎将严匡讨斩之。曹洪破吴兰，斩其将任夔等。三月，张飞、马超走汉中，阴平氐强端斩吴兰，传其首。

夏四月，代郡、上谷乌丸无臣氐等叛，遣鄢陵侯彰讨破之。

六月，令曰："古之葬者，必居瘠薄之地。其规西门豹祠西原上为寿陵，因高为基，不封不树。《周礼》：冢人掌公墓之地，凡诸侯居左右以前，卿大夫居后，汉制亦谓之陪陵。其公卿大臣列将有功者，宜陪寿陵，其广为兆域，使足相容。"

秋七月，治兵，遂西征刘备，九月，至长安。

**注释**

①**警跸**：指皇帝出入的地方要严加戒备，断绝行人。警，警戒。皇帝出行时严格戒备。②**泮宫**：古代诸侯所设立的行宫。③**设**：设置。④**反**：谋反。⑤**丞相长史**：官

名，丞相府属官当中的最高长官。

夏季四月，汉献帝命曹操能够使用天子所用的旌旗，出入可以用警卫清道戒严。五月，曹操修建泮宫。六月，任命军师华歆为御史大夫。冬季十月，汉献帝命曹操可以戴有十二条旒的冠冕，乘坐金根车，车子以六匹马驾驭，配以五时副车，册封五官中郎将曹丕为魏太子。

刘备派遣张飞、马超、吴兰等人驻守于下辩；曹操派曹洪去对抗他们。

建安二十三年（218）春季正月，汉朝太医令吉本及少府耿纪、司直韦晃等人谋反，攻打许都，烧毁丞相长史王必的军营。王必及颍川典农中郎将严匡讨伐他们，将他们都杀掉了。曹洪打败吴兰，杀死吴兰部将任夔等人。三月，张飞、马超逃回汉中。阴平的氐人强端杀掉吴兰，将其首级送到朝廷。

夏季四月，代郡和上谷的乌丸无臣氐等发起叛乱。曹操派鄢陵侯曹彰击败叛军。

六月，曹操下令："古人下葬，必定选用瘠薄的土地。可以将西门豹祠以西的高原规划，作为我的墓地，依照原本存在的高山作为陵墓的基址，不起坟冢，也不种树。《周礼》规定：冢人掌管国家公墓，只要是诸侯，都葬在王陵前面的左右两侧，卿大夫们则葬在诸侯的后面。汉代的制度也将其称为陪陵。那些有功劳的公卿、大臣、将军们，应当在我的陵区内陪葬。现在扩充陵墓的地域，使其能够容纳下陪葬的人。"

秋季七月，曹操操练兵马，向西征讨刘备。九月到达长安。

●宴长江曹操赋诗

冬十月，宛守将侯音等反，执南阳太守，劫略吏民，保宛。初，曹仁讨关羽，屯樊城，是月使仁围宛。

二十四年春正月，仁屠宛，斩音。夏侯渊与刘备战于阳平，为备所杀。三月，王自长安出斜谷，军遮要以临汉中，遂至阳平。备因险拒守①。夏五月，引军还长安。秋七月，以夫人卞氏为王后。遣于禁助曹仁击关羽。八月，汉水溢，灌禁军，军没，羽获禁，遂围仁。使徐晃救之。九月，相国钟繇坐西曹掾魏讽反免。冬十月，军还洛阳。孙权遣使上书，以讨关羽自效。王自洛阳南征羽，未至，晃攻羽，破之，羽走，仁围解。王军摩陂。

二十五年春正月，至洛阳。权击斩羽，传其首。庚子，王崩于洛阳，年六十六。遗令曰："天下尚未安定，未得遵古也。葬毕，皆除服②。其将兵屯戍者，皆不得离屯部。有司各率乃职③。敛以时服④，无藏金玉珍宝。"谥曰武王。二月丁卯，葬高陵。

评曰：汉末，天下大乱，雄豪并起，而袁绍虎视四州，强盛莫敌。太祖运筹演谋，鞭挞宇内，揽申、商之法术，该韩、白之奇策，官方授材，各因其器，矫情任算，不念旧恶，终能总御皇机，克成洪业者，惟其明略最优也。抑可谓非常之人，超世之杰矣。

译 文

冬季十月，宛城守将侯音等人叛乱，抓住南阳太守，抢劫官吏及平民的财产，在宛城防守。当初，曹仁为了进攻关羽，驻守樊城。当月，曹操就派曹仁前去包围宛城。

建安二十四年（219）春季正月，曹仁屠杀宛城的军民，杀死侯音。夏侯渊与刘备在阳平作战，被刘备杀死。三月，曹操从长安经斜谷进兵，在险要地点驻军进行守卫，逼近汉中，到达阳平。刘备利用险要的地势进行防守。夏季五月，曹操领兵返回长安。秋季七月，曹操立夫人卞氏为王后；派于禁帮助曹仁进攻关羽。八月，汉水泛滥，淹没于禁的军营，曹军被消灭。关羽抓住于禁，又包围了曹仁。曹操派徐晃去救援曹仁。九月，相国钟繇因西曹掾魏讽造反受牵连，被免职。冬季十月，曹军返回洛阳。孙权派使节送信，希望讨伐关羽为朝廷效力。曹操从洛阳向南进攻关羽，他还没抵达战场，徐晃已经开始进攻关羽，打败了他，关羽逃走，对曹仁的包围得以解除。曹操在摩陂驻军。

建安二十五年（220）春季正月，曹操抵达洛阳。孙权攻打关羽，杀死了他，把首级送给曹操。正月庚子，曹操在洛阳去世，终年六十六岁。他在遗嘱中说："天下还没有完全安定，不可以遵守古代葬制。安葬完毕，大家就不要继续守丧了。率领士兵驻防的将领都不要离开驻地，各级官员依旧坚守职责。用平常穿的衣服为我收殓，墓中不要藏有金玉珍宝。"他的谥号为"武王"。二月丁卯，将他埋葬在高陵之中。

评论说：汉朝末年，天下大乱，豪强同时兴起，袁绍在北方四州虎视天下，力量强大，无人是其敌手。曹操运筹帷幄，以武力征讨国内，采取申不害、商鞅的法家治国方针，通晓韩信、白起的用兵方略，根据每个人的才能授予相应官职，使得人尽其才，克制感情，讲求谋略，不计旧仇，最终完全掌握了国家机要，建立大业，就因为他拥有最为卓越的智慧与才略。曹操可以说是一个极为非凡的人物、盖世的豪杰。

# 董二袁刘传

**原 文**

董卓字仲颖，陇西临洮人也。少好侠，尝游羌中，尽与诸豪帅相结①。后归耕于野，而豪帅有来从之者，卓与俱还，杀耕牛与相宴乐。诸豪帅感其意，归相敛②，得杂畜千余头以赠卓。

汉桓帝末，以六郡良家子为羽林郎。卓有才武，旅力少比③，双带两鞬，左右驰射。为军司马，从中郎将张奂征并州有功，拜郎中④，赐缣九千匹，卓悉以分与吏士。迁广武令，蜀郡北部都尉，西域戊己校尉，免。征拜并州刺史⑤、河东太守，迁中郎将⑥，讨黄巾，军败抵罪。韩遂等起凉州，复为中郎将，西拒遂。于望垣硖北，为羌、胡数万人所围，粮食乏绝。卓伪欲捕鱼，堰其还道当所渡水为池，使水淳满数十里，默从堰下过其军而决堰⑦。比羌、胡闻知追逐，水已深，不得渡。

时六军上陇西，五军败绩，卓独全众而还，屯住扶风。拜前将军，封
斄乡侯，征为并州牧。

**注 释**

①**豪帅**：地方豪强，也指部落首领，此处指羌族首领。②**敛**：聚拢。③**旅力**：旅
通"膂"，体力。④**拜**：指授予官职。⑤**征拜**：授予官职。⑥**迁**：升官调职。⑦**默**：
私下里。

**译 文**

董卓字仲颖，是陇西临洮人。当他年轻时，喜欢行侠仗义，曾到羌族各地进行漫
游，与羌族的各部首领都有所交往。后来回到故乡从事农耕工作，那些羌族的首领们
有一些会来投奔他，董卓就与他们共同回到故乡，宰杀耕牛来款待他们，与他们共同
饮酒作乐。首领们被董卓的诚意打动，回去后搜集东西，共获得一千多头牲畜，并把
这些牲畜送给董卓。

东汉桓帝末年，董卓依靠六郡大户子弟的地位
而获得羽林郎一职。董卓才武双全，体力极强，很
少有人能与他相比，他身体的两侧都挂有弓袋，在
骑马奔驰时可以左右开弓。当时，董卓担任军司马，
追随中郎将张奂讨伐并州，立下大功，被任命为郎中，
赏赐细绢九千匹，董卓将这些绢全都分给手下将士。
历任广武令、蜀郡北部都尉、西域戊己校尉等职，
后来因事被免职。后来又被任命为并州刺史、河东
太守，升为中郎将，讨伐黄巾军，作战失败，遂被
免掉职务以抵罪。韩遂等人在凉州造反，董卓又被
朝廷任命为中郎将，在西边抵御韩遂。在望垣硖北面，
被数万羌族与胡人包围，粮食断绝。董卓假装做出
捕鱼虾以济军粮的假象，在河道上游筑堰，使数十
里河水大涨。汉军从大坝下悄悄通过，然后掘开水坝。等到羌人与胡人听到消息赶到
时，水已经很深了，人无法渡过。当时有六支军队在陇西作战，其中有五支军队都战
败了，只有董卓带领的这支部队没有受到任何损失而胜利返回，驻扎在扶风地区。朝
廷任命他为前将军，封侯作为奖赏，后来又任命他为并州牧。

●董 卓

灵帝崩，少帝即位。大将军何进与司隶校尉袁绍谋诛诸阉官，太后不从。进乃召卓使将兵诣京师①，并密令上书曰："中常侍张让等窃幸乘宠，浊乱海内②。昔赵鞅兴晋阳之甲，以逐君侧之恶。臣辄鸣钟鼓如洛阳③，即讨让等。"欲以胁迫太后。卓未至，进败。中常侍段珪等劫帝走小平津，卓遂将其众迎帝于北芒，还宫。时进弟车骑将军苗为进众所杀④，进、苗部曲无所属，皆诣卓。卓又使吕布杀执金吾丁原，并其众，故京都兵权唯在卓。

先是，进遣骑都尉太山鲍信所在募兵，适至，信谓绍曰："卓拥强兵，有异志，今不早图，将为所制；及其初至疲劳，袭之可禽也。"绍畏卓，不敢发，信遂还乡里。

注 释

①诣：前往。②浊乱：使混乱，扰乱破坏。③辄：即，就，便。④车骑将军：官名，汉文帝时期开始设置，掌管征伐大事，地位仅次于大将军。

译 文

灵帝死后，少帝继承皇位，大将军何进与司隶校尉袁绍预谋杀掉宫里的宦官，何太后不同意这么干。于是，何进派人去找董卓，希望他率军来到京城，而且暗地指使他向皇帝上奏章，奏章里这样写道："中常侍张让等人暗中倚仗皇上你的宠幸，将国家搞得纷乱不堪。以前，赵鞅发动晋阳的部队来清除皇帝身边的小人。现在，臣率军鸣钟击鼓来到洛阳，为的就是讨伐张让等这些小人。"想以此来威逼太后同意其计划。但是，董卓还没能赶到京城，何进就失败了。中常侍段珪等人劫持小皇帝逃往小平津，董卓便带领他的军队在北芒迎接小皇帝，于是皇帝返回宫中。就在此时，何进的弟弟车骑将军何苗被何进的将士杀害，何进、何苗的将士没了归属，都投靠了董卓。董卓又让吕布杀掉执金吾丁原，吞并了丁原的军队，所以，京城的兵权都掌握在董卓一个人手中。

在此之前，何进派骑都尉太山鲍信就地招募士兵，鲍信招兵完毕，回来告诉袁绍："董卓拥有极为强大的兵力，他另有图谋，现在如不趁早把他除掉，以后将会被他所牵制；现在，我们趁他刚到京城，极为疲惫的时候，袭击他，就可以把他抓住。"袁

三国志

绍害怕董卓，不敢发兵进攻他，于是鲍信回乡了。

**原　文**

　　于是以久不雨，策免司空刘弘而卓代之①，俄迁太尉，假节钺虎贲。遂废帝为弘农王。寻又杀王及何太后②。立灵帝少子陈留王，是为献帝。卓迁相国，封郿侯，赞拜不名③，剑履上殿，又封卓母为池阳君，置家令、丞。卓既率精兵来，适值帝室大乱，得专废立，据有武库甲兵，国家珍宝，威震天下。卓性残忍不仁，遂以严刑胁众，睚眦之隙必报④，人不自保。尝遣军到阳城。时适二月社⑤，民各在其社下，悉就断其男子头，驾其车牛，载其妇女财物，以所断头系车辕轴，连轸而还洛，云攻贼大获，称万岁。入开阳城门，焚烧其头，以妇女与甲兵为婢妾。至于奸乱宫人公主。其凶逆如此。

　　初，卓信任尚书周毖，城门校尉伍琼等，用其所举韩馥、刘岱、孔伷、张咨、张邈等出宰州郡⑥。而馥等至官，皆合兵将以讨卓。卓闻之，以为毖、琼等通情卖己，皆斩之。

**注　释**

　　①策：同"册"，指皇帝下达的诏书。②寻：不久。③赞拜：一种礼节。古代臣子朝见皇帝时，有司仪在一边唱礼。唱礼时要直呼朝拜臣子的名字。④睚眦：瞪大眼睛，极为愤怒地注视别人。⑤社：古代人们祭祀土地之神的地方。那一天，同社的人会在一起宴饮、歌舞。⑥宰：主管。

●董卓议立陈留王

**译　文**

　　于是，皇帝以久旱没有下雨为借口，罢免了司空刘弘的官职，而让董卓替代他，不久，董卓就升任太尉，皇帝赐予他符节斧钺、虎贲卫士。不久，董卓把少帝废为弘农王。很快又杀掉弘农王与何太后。立灵帝的幼子陈留王为皇帝，这就是汉献帝。董卓升任相国，封郿侯，他朝见皇帝时可以不必称呼自己的姓名，可以带剑穿鞋上朝，皇帝又封董卓的母亲为池阳君，下面设置令、丞等官员。董卓已率领精兵抵达京城，又恰逢皇室大乱，所以他有废立皇帝的专权，掌控了武器库里的所有铠甲、兵器，国家的奇珍异宝，因此他得以威震天下。董卓性情残忍，丝毫不仁慈。动辄就以严刑威胁民众，即便是被瞪了一眼这样的微小不满也要加以报复，弄得人人自危。董卓曾派遣军队来到阳城。那时，恰逢二月，是民间祭祀土地神的时候，乡民都集中到土地庙前，士兵把所有男子的头都砍掉，驾着他们的车马，装载妇女和财物，将砍下的男子的头挂在车辕上，一辆接一辆地返回洛阳，对百姓说袭击了盗贼，并且取得大胜，高呼万岁。进入开阳城之后，将那些人头焚烧，把掠来的妇女赏给士兵作为奴仆或者妾。以至淫乱官人与公主。他竟然凶逆到了这种程度。

以前，董卓信任尚书周珌、城门校尉伍琼等人，任用他们所推荐的韩馥、刘岱、孔伷、张咨、张邈等到京外任州郡长官。但是，韩馥等人到任后，都将队伍集合起来准备讨伐董卓。董卓听到这一消息后，认为周珌、伍琼等人与韩馥等人是事先串通好的，把他出卖了，因此，杀害了周、伍二人。

### 原文

　　河内太守王匡，遣泰山兵屯河阳津，将以图卓。卓遣疑兵若将于平阴渡者，潜遣锐众从小平北渡，绕击其后，大破之津北，死者略尽。卓以山东豪杰并起，恐惧不宁。初平元年二月，乃徙天子都长安。焚烧洛阳宫室，悉发掘陵墓，取宝物。卓至西京，为太师①，号曰尚父。乘青盖金华车，爪画两轓，时人号曰竿摩车。卓弟旻为左将军，封鄠侯；兄子璜为侍中中军校尉典兵；宗族内外并列朝廷。公卿见卓，谒拜车下②，卓不为礼。召呼三台尚书以下自诣卓府启事。筑郿坞，高与长安城埒③，积谷为三十年储，云事成，雄据天下，不成，守此足以毕老。尝至郿行坞，公卿已下祖道于横门外。横音光。卓豫施帐幔饮④，诱降北地反者数百人，于坐中先断其舌，或斩手足，或凿眼，或镬煮之，未死，偃转杯案间，会者皆战栗亡失匕箸，而卓饮食自若。太史望气，言当有大臣戮死者。故太尉张温时为卫尉，素不善卓，卓心怨之，因天有变，欲以塞咎⑤，使人言温与袁术交关，遂笞杀之。法令苛酷，爱憎淫刑，更相被诬，冤死者千数。百姓嗷嗷，道路以目。悉椎破铜人、钟虡，及坏五铢钱。更铸为小钱，大五分，无文章，肉好无轮郭⑥，不磨鑢⑦。于是货轻而物贵，谷一斛至数十万。自是后钱货不行。

**译 文**

　　河内太守王匡，派遣泰山兵驻扎于河阳津，准备讨伐董卓。董卓派出探子假意要在平阴渡河，私下派遣精锐部队从小平津过河抵达北岸，绕到王匡军队的身后对其进行袭击，结果在河阳津北岸打败王匡，王匡的士兵多数死掉了。因为崤山以东一带的豪杰纷纷反抗，董卓心中感到恐惧。初平元年（190）二月，便将皇帝迁到长安，以长安为首都，将洛阳的宫室烧掉，把陵墓都挖出来，盗取其中的宝物。董卓到达长安后，当上太师，号称尚父。出门乘坐的是青盖金华车，车厢两边都是精美彩绘，当时，人们将这种车子称为竿摩车。董卓的弟弟董旻任左将军，封为鄠侯；侄子董璜任侍中、中军校尉，掌握兵权；董氏家族及其亲戚都在朝廷为官。公卿等大官遇到董卓也要跪拜在车下，自报姓名，董卓也没有回礼。而且召唤官职在三台尚书之下的官员自行到其府中禀报政事。他修筑郿坞，城墙修建得和长安城的城墙一边高，储存的粮食足以供三十年使用，他说，如果大事成了，就占据天下称王，假如不成，就守着这些家产足以度过余生。他曾到郿坞视察，公卿以下的官员都在横门外围设宴为其饯行。董卓事先设置好帐篷，准备了酒席，诱降三百多名北地的反叛者，先在座位上将他们的舌头割掉，或者把他们的手脚砍掉，或把眼睛挖掉，或者用大锅煮死，当时没有立即死掉的，就跌倒在桌子当中辗转抽搐，所有参加宴会的人都战战兢兢的，筷子和汤匙都掉在地上，而董卓却在那里喝酒吃菜，神色不变。太史观看天象，说将会有大臣被杀。原太尉张温时任卫尉，和董卓的关系不好，董卓忌恨他，因为观天象，朝廷即将出现灾变，所以董卓想用他来抵挡灾祸，便派人故意扬言张温与袁术勾结，于是，便对他加以鞭笞，直至其死掉。朝廷的法令残酷而苛刻，董卓根据自己的爱憎而滥用刑罚，人们彼此诬陷，冤死的人不下千人。老百姓怨声载道，在路上见到熟人只能以眼神示意。董卓下令将所有的铜人、铜钟都砸碎，又废除了五铢钱。另外，他将铜铸成小钱，每个小钱只值五分，小钱上面没有任何文字和花纹，钱的边缘与小孔没有轮廓，也不打磨齐整，于是，钱币的价值小了，但是物价却上涨了。谷物达到几十万钱一斛。从此以后，钱币就无法通用了。

**原　文**

三年四月，司徒王允、尚书仆射士孙瑞、卓将吕布共谋诛卓。是时，天子有疾新愈，大会未央殿。布使同郡骑都尉李肃等，将亲兵十余人，伪著卫士服守掖门①。布怀诏书。卓至，肃等格卓。卓惊呼布所在。布曰"有诏"，遂杀卓，夷三族②。主簿田景前趋卓尸③，布又杀之；凡所杀三人，余莫敢动。长安士庶咸相庆贺，诸阿附卓者皆下狱死④。

初，卓女婿中郎将牛辅典兵别屯陕，分遣校尉李傕、郭汜、张济略陈留、颍川诸县。卓死，吕布使李肃至陕，欲以诏命诛辅。辅等逆与肃战⑤，肃败走弘农，布诛肃。其后辅营兵有夜叛出者，营中惊，辅以为皆叛，乃取金宝，独与素所厚支胡赤儿等五六人相随，逾城北渡河，赤儿等利其金宝，斩首送长安。

●王允定计诛董卓

**注　释**

①掖门：宫殿的侧门。②夷三族：杀光三族。夷，诛杀。三族，指父族、母族、妻族。③主簿：官名。汉朝时设置，在中央与地方郡署当中掌管文书及印鉴的官吏。④阿附：奉承迎合。⑤逆：迎战敌人。

初平三年（192）四月，司徒王允、尚书仆射士孙瑞、董卓手下大将吕布联合起来谋划诛杀董卓。这个时候，皇上病体刚复原，在未央殿设宴款待群臣。吕布指使同郡的骑都尉李肃等人，带上十几名亲信士兵，换上卫士的装束，假装在守卫掖门。吕布怀揣诏书。当董卓抵达掖门时，李肃等人突袭董卓，将其捉住，董卓大惊，大叫吕布在哪里。吕布回应："我这里有皇帝的诏书。"于是杀掉董卓，而且诛灭了他的三族。主簿田景扑向董卓的尸体，吕布就连带着将田景也杀掉了；连杀三人，从那以后，其余的人就不敢再妄动了。长安城里的各界民众都在庆贺，那些依附董卓的人都被关进牢狱，被判处死刑。

起初，董卓的女婿中郎将牛辅率军驻扎陕县，他分别派遣校尉李傕、郭汜、张济等将抢劫掠夺陈留、颖川等地。董卓死后，吕布派李肃前往陕县，准备依靠皇帝的命令杀掉牛辅。牛辅等人率领士兵迎战李肃，结果李肃大败，逃往弘农，吕布就把李肃杀了。后来，牛辅军队中的士兵有在夜晚叛逃的，兵营中一片惊慌，牛辅认为士兵都叛变了，于是便带上金银财宝，独自与向来关系不错的支胡赤儿等五六个人一起逃跑了，穿越城北，渡过黄河，支胡赤儿等人贪图其金银财宝，把他杀掉后将其首级送到了长安。

比傕等还，辅已败，众无所依，欲各散归。既无赦书，而闻长安中欲尽诛凉州人，忧恐不知所为。用贾诩策，遂将其众而西，所在收兵，比至长安，众十余万，与卓故部曲樊稠、李蒙、王方等合围长安城。十日城陷，与布战城中，布败走。傕等放兵略长安老少[1]，杀之悉尽，死者狼籍。诛杀卓者，尸王允于市。葬卓于郿，大风暴雨震卓墓，水流入藏[2]，漂其棺椁。傕为车骑将军、池阳侯，领司隶校尉、假节。汜为后将军、美阳侯。稠为右将军、万年侯。傕、汜、稠擅朝政。济为骠骑将军、平阳侯，屯弘农。

是岁，韩遂、马腾等降，率众诣长安。以遂为镇西将军，遣还凉州，腾征西将军，屯郿。侍中马宇与谏议大夫种邵、左中郎将刘范等谋，欲使腾袭长安，己为内应，以诛傕等。腾引兵至长平观，宇等谋泄，出奔槐里。稠击腾，腾败走，还凉州；又攻槐里，宇等皆死。时三辅民尚数十万户，催等放兵劫略，攻剽城邑<sup>③</sup>，人民饥困，二年间相啖食略尽<sup>④</sup>。

**注释**

①略：掠夺。②藏：用来埋葬棺材的坑穴。③剽：抢劫。④啖：吃。

**译文**

等到李催等人从陈留返回后，牛辅已经战败，众人失去了能够依靠的人，纷纷想解散回家。既然没有赦罪的诏书，又听说长安城当中即将杀光凉州人，都非常忧愁害怕，不知道该如何是好。李催等人采纳贾诩的计策，于是带领他的军队向西进军，一路上不断收集走散的士兵，等他率兵抵达长安时，部队已有十几万人了，于是他就与董卓的老部下樊稠、李蒙、王方等将领联合起来，包围了长安城。两军交战十天，最后李催攻破了长安城，与吕布在城中激战，吕布战败逃走。李催等人放任士兵抢掠长安城里的大人小孩，并将他们全部杀光，尸体散乱躺在地上。之前诛杀董卓的人，将司徒王允的尸体扔到大街上。李催等人把董卓的尸体埋葬在郿县，一天，狂风暴雨毁掉了董卓的坟墓，雨水流进了坟坑，棺材被雨水漂浮起来。李催当了车骑都尉、池阳侯，兼任司隶校尉、持符节。郭汜称为后将军、美阳侯。樊稠当上右将军、万年侯。三个人共同把持着朝政大权。任命张济为骠骑将军、平阳侯，率兵驻扎于弘农地区。

这年，韩遂、马腾等人向李催投降，率军来到长安。于是，任命韩遂为镇西将军，派遣他返回凉州，任命马腾为征西将军，驻军于郿县。侍中马宇和谏议大夫种邵、左中郎将刘范等人密谋，想让马腾率兵偷袭长安，他们率军在城内为内应，铲除李催等人。等到马腾率军抵达长平观时，马宇等人的计划泄露了，于是他们逃到槐里。樊稠率兵迎战马腾，马腾战败逃往凉州；樊稠又攻打槐里，马宇等人全部败亡。当时，三辅地区的人总共有几十万户，李催等将领放任士兵对这些地区抢掠，人们饱受饥饿痛苦，两年的时间中，人吃人的现象时常发生，最后那里的人几乎灭绝了。

**原文**

诸将争权，遂杀稠，并其众。汜与催转相疑，战斗长安中。催质天子于营，烧宫殿城门，略官寺，尽收乘舆服御物置其家。催使公卿诣汜请和，汜皆执之<sup>①</sup>。相攻击连月，死者万数。

傕将杨奉与傕军吏宋果等谋杀傕，事泄，遂将兵叛傕。傕众叛，稍衰弱。张济自陕和解之，天子乃得出，至新丰、霸陵间。郭汜复欲胁天子还都郿。天子奔奉营，奉击汜破之。汜走南山，奉及将军董承以天子还洛阳。傕、汜悔遣天子，复相与和，追及天子于弘农之曹阳。奉急招河东故白波帅韩暹、胡才、李乐等合，与傕、汜大战。奉兵败，傕等纵兵杀公卿百官，略宫人入弘农。天子走陕，北渡河，失辎重，步行，唯皇后贵人从②，至大阳，止人家屋中。奉、暹等遂以天子都安邑，御乘牛车。太尉杨彪、太仆韩融近臣从者十余人。以暹为征东、才为征西、乐征北将军，并与奉、承持政。遣融至弘农，与傕、汜等连和，还所略宫人公卿百官，及乘舆车马数乘。是时蝗虫起，岁旱无谷，从官食枣菜。诸将不能相率，上下乱，粮食尽。奉、暹、承乃以天子还洛阳。出箕关，下轵道，张杨以食迎道路，拜大司马。语在《杨传》。天子入洛阳，宫室烧尽，街陌荒芜③，百官披荆棘，依丘墙间。州郡各拥兵自卫，莫有至者。饥穷稍甚，尚书郎以下，自出樵采，或饥死墙壁间。

译 文

　　李傕等将领彼此争权夺利，于是他们便杀掉了樊稠，兼并了他的军队。郭汜和李傕互相之间又有了猜疑，他们在长安城当中发生了冲突。李傕把皇帝扣押在兵营当中作为人质，放火烧掉了宫殿与城门，抢劫掠夺官府，将皇帝平时所用的车轿、穿的衣服、日常用品等全部搜集起来放入自己的家里。他又指使朝中的公卿大臣前往郭汜那里请求讲和，但是郭汜把这些去求和的人都扣押起来。双方彼此争斗几个月，死伤数万人。

　　李傕的部下杨奉及军吏宋果等人密谋杀掉李傕，后来事情泄露，他们两个人便带领队伍反叛李傕。李傕的军队里发生叛变后，势力逐渐减弱。张济从陕县来到长安，调解郭、李之间的矛盾，此时皇帝才被李傕放了出来，来到新丰、霸陵之间。郭汜又想强行威迫皇帝在郿县建都。情急之下，皇帝逃到杨奉的兵营，于是，杨奉率军打败郭汜。郭汜逃到南山，杨奉和将军董承请皇帝返回洛阳。李傕和郭汜都后悔放走了皇帝，所以又重新和好，在弘农曹阳追上正在返回洛阳途中的皇帝。杨奉连忙召集河东郡原白波起义军首领韩暹、胡才、李乐等人与自己会合，同李傕和郭汜展开大战。杨奉大败，李傕等将领放任士兵屠杀朝中百官，抢掠宫人，把他们带往弘农郡。皇帝逃亡到陕县，一直往北渡过黄河，路上把车马与行李都丢弃了，只好步行，皇帝身边仅有皇后及贵妃们跟随，当他们走到大阳时，只能歇息在百姓的家里。杨奉、韩暹等人追赶上皇帝，将皇帝一行人暂时安顿在安邑县，此时皇帝出门所乘坐的是牛车。追随皇帝的有太尉杨彪、太仆韩融及皇帝的近臣等十多人。任命韩暹为征东将军、胡才为征西将军、李乐为征北将军，与杨奉、董承共同主持朝政。又派韩融到弘农与李傕、郭汜等讲和，李傕、郭汜把俘虏的公卿百官与宫人放了出去，归还了皇帝的数套车马。这时，闹蝗灾，又逢干旱，粮食歉收，跟随的官员只能以枣、菜为食，而各个将领又分属于不同派系，所以从上到下都非常混乱，粮食早已吃完。杨奉、韩暹、董承便请皇帝返回洛阳。出了箕关，路过轵道，太守张杨带着粮食在路上迎接皇帝，皇帝封张杨为大司马。这件事被记载在《张杨传》当中。皇帝进入洛阳后，看到宫殿都被烧毁，街道荒废，长满了杂草，百官只好拔除荆棘乱草，暂时在土堆断墙边安顿下来。地方上，州郡长官纷纷拥兵自立，没有一个愿意保护皇帝。饥饿穷困越来越严重，官职在尚书郎以下的官员都亲自出城砍柴、采摘野菜，有的官员居然饿死在残垣断壁之间。

**原　文**

太祖乃迎天子都许。暹、奉不能奉王法，各出奔，寇徐、扬间，为刘备所杀。董承从太祖岁余，诛。建安二年，遣谒者仆射裴茂率关西诸将诛傕，夷三族。汜为其将五习所袭，死于郿。济饥饿，至南阳寇略，为穰人所杀，从子绣摄其众①。才、乐留河东，才为怨家所杀，乐病死。遂、腾自还凉州，更相寇，后腾入为卫尉，子超领其部曲。十六年，超与关中诸将及遂等反，太祖征破之。语在《武纪》。遂奔金城，为其将所杀。超据汉阳，腾坐夷三族②。赵衢等举义兵讨超③，超走汉中从张鲁，后奔刘备，死于蜀。

**注　释**

①**从子**：侄子。②**坐**：因犯……罪或错误。③**义兵**：这里指帮助朝廷镇压反叛的

地方武装。

　　曹操迎接献帝，在许昌建都。韩暹和杨奉不能执行王法，都各自逃走了，他们率军在徐州、扬州一带烧杀抢掠，后来被刘备杀死。董承追随曹操一年多，后来被杀。建安二年（197），朝廷派遣谒者仆射裴茂率领关西各将把李傕除掉了，并且灭掉了他的三族。郭汜被他的部将五习偷袭，死在郿县。张济因为没粮食，到南阳一带烧杀抢夺，被穰人杀掉，侄儿张绣统领了他的军队。胡才、李乐留守河东郡，后来胡才被其仇人杀害，李乐病死。韩遂、马腾各自率军返回凉州，过了不久两军又彼此攻击。后来，马腾进朝廷当了卫尉，他的儿子马超统领他的私人部队。建安十六年（211），马超和关中诸将以及韩遂率军反抗朝廷，曹操亲自征讨叛军并击败了他们。这件事被记载在《武帝纪》当中。韩遂逃到金城，后被其部将杀害。马超占据了汉阳，其父马腾因此事受到牵连而被灭三族。赵衢等人组织义军讨伐马超，马超逃到汉中追随张鲁，后来又投奔刘备，最终死在蜀地。

　　袁绍字本初，汝南汝阳人也。高祖父安，为汉司徒。自安以下四世居三公位，由是势倾天下。绍有姿貌威容，能折节下士，士多附之，太祖少与交焉。以大将军掾为侍御史①，稍迁中军校尉，至司隶。

　　灵帝崩，太后兄大将军何进与绍谋诛诸阉官，太后不从。乃召董卓，欲以胁太后。常侍、黄门闻之，皆诣进谢，唯所错置。时绍劝进便可于此决之，至于再三，而进不许。令绍使洛阳方略武吏检司诸宦者②。又令绍弟虎贲中郎将术选温厚虎贲二百人，当入禁中③，代持兵黄门陛守门户④。中常侍段珪等矫太后命⑤，召进入议，遂杀之，宫中乱。术将虎贲烧南宫嘉德殿青琐门，欲以迫出珪等。珪等不出，劫帝及帝弟陈留王走小平津。绍既斩宦者所署司隶校尉许相⑥，遂勒兵捕诸阉人，无少长皆杀之。或有无须而误死者，至自发露形体而后得免。宦者或有行善自守而犹见及。其滥如此。死者二千余人。急追珪等，珪等悉赴河死。帝得还宫。

①掾：所属官员。②方略：计策与谋略。③禁中：此处指宫中。④兵：武器。⑤矫：谎称，诈称。⑥署：任命。

译 文

袁绍字本初，汝南郡汝阳县人。其高祖父袁安在汉朝当过司徒。从袁安以下，四代人都官居三公，所以袁家的势力遍布全国。袁绍本人长得很英俊，而且能够放低自己的身价去结识有才能的人，这些人多数都依附于他，曹操年轻时也和他有来往。后来，袁绍以大将军的属官身份在朝廷当了侍御史，官位逐渐升到中军校尉，后来官居司隶校尉。

灵帝驾崩后，太后的兄长大将军何进和袁绍共同谋划杀掉宫里所有的太监，太后没有同意，何进就把董卓召进京城，想以董卓威胁太后。常侍、黄门听到这一消息后，都到何进那里谢罪，所有的人都听从他的处置。当时，袁绍劝何进趁着此机会把宦官都杀掉，而且反复地向他说明这样去做的理由，但是何进没有答应。他命令袁绍到洛阳策划组织武官，监视宦官的动向。又指使袁绍的兄弟虎贲中郎将袁术挑选出二百

名虎贲勇士，开进禁城里取代手持兵器的黄门守卫宫门。中常侍段珪等人假托太后的旨意，把何进召进宫里商量政务，借机把他除掉了。宫里顿时混乱了。袁术率领武士放火烧毁南宫嘉德殿青琐门，想靠这件事迫使段珪等人从宫里出来，段珪等人不愿出来，将少帝及其弟陈留王劫持到小平津。袁绍杀掉张让、段珪所任命的司隶校尉许相之后，便指使士兵将所有的宦官都捉起来，无论年龄大小，统统都杀掉。其中有不少没有胡子的人也被误认为是宦官而杀掉了，以至于有的人在脱掉自己的衣服，赤身露体之后才保证不被误杀。有些安分守己、没有做坏事的宦官也被杀掉了。袁绍指挥的屠杀宦官的行为竟然到了如此程度。被杀掉的人多达两千余人。袁绍又派人追赶段珪等人，段珪等人逃到黄河边上，最后全部投河自杀。皇帝就这样返回宫里。

●袁绍

**原　文**

　　董卓呼绍，议欲废帝，立陈留王。是时绍叔父隗为太傅，绍伪许之，曰："此大事，出当与太傅议。"卓曰："刘氏种不足复遗。"绍不应，横刀长揖而去。绍既出，遂亡奔冀州。侍中周毖、城门校尉伍琼、议郎何颙等，皆名士也，卓信之，而阴为绍①，乃说卓曰："夫废立大事，非常人所及。绍不达大体，恐惧故出奔，非有他志也。今购之急②，势必为变。袁氏树恩四世，门生故吏遍于天下，若收豪杰以聚徒众，英雄因之而起，则山东非公之有也。不如赦之，拜一郡守，则绍喜于免罪，必无患矣。"卓以为然，乃拜绍勃海太守，封邟乡侯。

**注　释**

　　①阴：暗中。②购：悬赏抓捕犯人。

**译　文**

　　董卓召袁绍前去，与他共同商议准备废除少帝，立少帝的弟弟陈留王为皇帝。这时袁绍的叔父袁隗是太傅，袁绍表面上答应了这件事，说："这件事是大事，我应当回去与太傅商量一下。"董卓说："刘氏的后代不值得再被保留下了。"袁绍不答应，横拿佩刀作揖就出去了。袁绍出来后，逃到冀州。侍中周毖、城门校尉伍琼、议郎何颙等都是名士，董卓很信任他们，而他们私下里为袁绍出谋划策，他们劝董卓："废立皇帝是大事，不是平常人可以做到的。袁绍不识大体，因为惧怕才会出逃，并没有别的阴谋。现在着急捉捕他，必然会引起他的叛变。袁家对天下的恩惠已有四代了，学生和旧的属吏遍布天下，假如他广泛地收揽豪杰、聚集门徒及随从，天下的英雄都会依附于他，跟随他造反，如果是那样的话，山东就不能归你所有了。不如赦免他，任命他当一个郡守，这样袁绍高兴地免了罪就不会有祸患了。"董卓认为他们说得有理，于是任命袁绍为渤海太守，封邟乡侯。

**原　文**

　　绍遂以勃海起兵，将以诛卓。语在《武纪》。绍自号车骑将军，主盟，与冀州牧韩馥立幽州牧刘虞为帝，遣使奉章诣虞，虞不敢受。后馥军安平，为公孙瓒所败。瓒遂引兵入冀州，以讨卓为名，内欲袭馥。馥怀不自安。会卓西入关，绍还军延津，因馥惶遽，使陈留高干、颖川荀谌等说馥曰："公孙瓒乘胜来向南，而诸郡应之，袁车骑引军东向，此其意不可知，窃为将军危之①。"馥曰："为之奈何？"谌曰："公孙提燕、代之卒，其锋不可当。袁氏一时之杰，必不为将军下。夫冀州，天下之重资也，若两雄并力，兵交于城下，危亡可立而待也。夫袁氏，将军之旧，且同盟也，当今为将军计，莫若举冀州以让袁氏。袁氏得冀州，则瓒不能与之争，必厚德将军。冀州入于亲交，是将军有让贤之名，而身安于泰山也。愿将军勿疑！"馥素恇怯②，因然其计。馥长史耿武、别驾闵纯、治中李历谏馥曰："冀州虽鄙③，带甲百万，谷支十年。袁绍孤客穷军，仰我鼻息，譬如婴儿在股掌之上，绝其哺乳，立可饿杀。奈何乃欲以州与之？"馥曰："吾，袁氏故吏，且才不如本初，度德而让④，古人所贵，诸君独何病焉⑤！"从事赵浮、程奂请以兵拒之，馥又不听。乃让绍，绍遂领冀州牧。

注 释

①窃：暗地里。这里是表达个人意见时所使用的谦辞。②怯：害怕畏缩。③鄙：指地理位置较为偏远的地方。④度：估量。⑤病：责难。

译 文

袁绍从渤海郡起兵，即将讨伐董卓。这件事被记载在《武帝纪》当中。袁绍自封车骑将军，主持联盟大事，与冀州牧韩馥一起迎立幽州牧刘虞做皇帝，并派使者拿奏章前去觐见刘虞，但刘虞不敢接受。后来，韩馥的队伍驻扎于安平，又被公孙瓒击败。公孙瓒便率军队进入冀州，他以讨伐董卓为名义，实际上想要进攻韩馥。韩馥心里忐忑。正好此时董卓向西进入潼关，于是袁绍就带领军队回到延津，韩馥心里非常害怕，就让陈留人高干、颖川人荀谌等人劝说韩馥："公孙瓒乘胜向南来到此处，各郡都响应其号召。袁绍率军向东转移，我们还不清楚他的图谋，我们认为将军您处于极为危险的境地。"韩馥说："我如今该怎么办呢？"荀谌说："公孙瓒统领燕、代两地的军队，其锋芒是无人能抵挡的。袁绍是当今的豪杰，当然不会甘心居于将军您之下。而冀州是天下要地，假如他们两支强有力的军队都来进攻您，交战于城下，您的危险马

三国志

上就会到来。袁绍是您相识多年的朋友了，又是您讨伐董卓的同盟，现在，我们替您打算，将军您不如将冀州让给袁绍。袁绍得到冀州，公孙瓒就不能与他争夺这个地方了，袁绍必然会感激您。这样，冀州到了您的好朋友手里，而将军您又得到让贤的美名，自己也会像泰山一般安稳。希望将军您别再迟疑了！"韩馥素来胆小，因而觉得荀谌等人的计策很有道理。韩馥的长史耿武、别驾闵纯、治中李历劝阻他："冀州尽管地处偏僻，但是拥有百万军队，粮食充足，足以支持十年之需。袁军已经是穷途末路的军队，他们要依附于我们才可以生存，就像怀中的婴儿被捧在手上一样，不给它喂奶，它就马上会饿死。为什么要把冀州让给袁绍呢？"韩馥说："我是袁氏的老部将，而我的才能不如袁绍，权衡自己的才德后，将位子让给贤能之人，这是古人所推崇的美德，你们忧虑些什么呢？"从事赵浮、程奂请求以武力抗击袁绍，韩馥没有听他的建议。于是，韩馥就把自己的位子让给袁绍，袁绍便成为冀州牧。

**原 文**

　　从事沮授说绍曰："将军弱冠登朝，则播名海内；值废立之际，则忠义奋发；单骑出奔，则董卓怀怖；济河而北，则勃海稽首①。振一郡之卒，撮冀州之众②，威震河朔，名重天下。虽黄巾猾乱，黑山跋扈，举军东向，则青州可定；还讨黑山，则张燕可灭；回众北首③，则公孙必丧；震胁戎狄，则匈奴必从。横大河之北，合四州之地，收英雄之才，拥百万之众，迎大驾于西京④，复宗庙于洛邑，号令天下，以讨未复⑤，以此争锋，谁能敌之？比及数年，此功不难。"绍喜曰："此吾心也。"即表授为监军、奋威将军。卓遣执金吾胡母班、将作大匠吴脩赍诏书喻绍，绍使河内太守王匡杀之。卓闻绍得关东、乃悉诛绍宗族太傅隗等。当是时，豪侠多附绍，皆思为之报，州郡蜂起，莫不假其名。馥怀惧，从绍索去，往依张邈。后绍遣使诣邈，有所计议，与邈耳语。馥在坐上，谓见图构，无何起至溷自杀⑥。

**注 释**

　　①**稽首**：叩头到地上。这是古代的跪拜礼节，在这里代表投降归顺的含义。②**撮**：掌控，掌握。③**北首**：头朝北面。④**大驾**：这里指皇帝。⑤**未复**：这里指未被收复之

人。⑥**无何**：不久，形容时间短促。

　　从事沮授劝说袁绍道："将军您年轻的时候在朝廷做官，扬名海内外；在董卓打算废掉少帝、立献帝的时候，您则发扬忠义的精神；一个人跑出京城，使董卓感到非常害怕；当您渡过黄河向北而去以后，渤海内的所有豪杰都低头向您跪拜。您统帅了渤海郡的军队，掌握了冀州的人马，威震河北，名扬天下。虽然黄巾军狡猾作乱，黑山蛮横无理，只要将军您率兵东征，青州的黄巾叛军就可以被平定；回来再讨伐黑山军，就可以把张燕这支队伍灭掉；您再率领队伍掉转头向北前进，那么公孙瓒必死无疑；如果您以强大的威力震撼威胁戎狄，那么匈奴必然会服从于您。横扫黄河以北的地区，兼并四州的土地，聚集天下的英才，统领百万大军，然后在西京迎接皇帝的到来，在洛阳重建宗庙，向全天下发号施令，继续讨伐还没有归顺朝廷的地方州郡，将军您如果以这样的力量来争取强大获取胜利，有谁能够阻挡得了呢？等到几年以后，建立这样的功业并不困难。"袁绍听了非常高兴，说："你的这些话正好符合我的心意。"于是，他就向皇帝推荐沮授任监军、奋威将军。董卓派遣执金吾胡母班、将作大匠吴脩带着皇帝的命令劝说袁绍，袁绍指使河内太守王匡把这两个特使杀了。董卓听到袁绍占据了关东地区的消息后，就派人全部杀掉袁氏家族的太傅袁隗等人。这时，天下的豪杰侠客大多数都依附于袁绍，都想替他报这个家仇，州郡蜂拥而起，都假借他的名义。韩馥心里非常害怕，于是就向袁绍请求离开，然后前往张邈的军队投靠他。后来有一次袁绍派遣使者到张邈那里商议事情，使者和张邈附耳密语。韩馥当时在座位上看到了他们的这一举动，以为他们要谋害自己，过了一会儿就起身去厕所自尽了。

　　初，天子之立非绍意，及在河东，绍遣颍川郭图使焉。图还说绍迎天子都邺，绍不从。会太祖迎天子都许，收河南地，关中皆附。绍悔，欲令太祖徙天子都鄄城以自密近，太祖拒之。天子以绍为太尉，转为大将军，封邺侯，绍让侯不受。顷之。击破瓒于易京，并其众。出长子谭为青州，沮授谏绍："必为祸始。"绍不听，曰："孤欲令诸儿各据一州也。"又以中子熙为幽州①，甥高干为并州。众数十万，以审配、逢纪统军事，田丰、荀谌、许攸为谋主，颜良、文丑为将率，简精卒

十万②，骑万匹，将攻许。

**注释**

①**中子**：指二儿子。②**简**：挑选，挑拣。

**译文**

当初，立献帝并非袁绍的本意，等到抵达河东时，袁绍便派遣颍川人郭图为使者觐见汉献帝。郭图回来后就劝说袁绍迎接献帝建都于邺城，袁绍没有采纳这个建议。此时正值太祖迎接天子建都于许昌，并收复河南各地，关中地区都归附于太祖。袁绍非常后悔，就希望太祖将献帝迁到鄄城，以便自己可以密切地接近献帝，太祖拒绝了袁绍的请求。献帝任命袁绍为太尉，不久又升任大将军，封邺侯，袁绍不接受侯爵封号。不久，袁绍在易京击败公孙瓒，而且兼并了他的队伍。让长子袁谭出任青州刺史，沮授劝阻袁绍："您的这种做法必定是祸乱的开端。"袁绍没有听从他的告诫，说："我要让我的儿子们各自占有一个州郡。"他又让他的次子袁熙出任幽州刺史，让外甥高干出任并州刺史。袁绍拥有几十万军队，让审配、逢纪主管军队事务，田丰、荀谌、许攸为其主要谋士，颜良、文丑为将军，又挑选出十万名精锐士兵，数万匹战马，准备进兵许昌。

**原文**

先是，太祖遣刘备诣徐州拒袁术。术死，备杀刺史车胄，引军屯沛。绍遣骑佐之。太祖遣刘岱、王忠击之，不克。建安五年，太祖自东征备。田丰说绍袭太祖后，绍辞以子疾，不许。丰举杖击地曰："夫遭难遇之机①，而以婴儿之病失其会②，惜哉！"太祖至，击破备；备奔绍。

**注释**

①**遭**：遇到。②**会**：时机。

**译文**

在此之前，太祖派刘备前往荆州抵抗袁术。袁术死后，刘备除掉徐州刺史车胄，自己率军驻扎于沛县。袁绍派遣人马去协助他。太祖派刘岱、王忠进攻刘备，没能取得胜利。建安五年（200），太祖亲自东征，征讨刘备。田丰劝说袁绍趁机袭击太祖的后方，袁绍以儿子有病为由把这事推辞了，没有采纳其建议。田丰举起手杖敲打地面说：“遇到一个极为难得的机会，而因为小孩子的病失去了机会，真是可惜啊！”太祖到达徐州，打败刘备的队伍；刘备去投奔了袁绍。

　　绍进军黎阳，遣颜良攻刘延于白马。沮授又谏绍：“良性促狭，虽骁勇不可独任。”绍不听。太祖救延，与良战，破斩良。绍渡河，壁延津南，使刘备、文丑挑战。太祖击破之，斩丑，再战，禽绍大将。绍军大震。太祖还官渡。沮授又曰：“北兵数众而果劲不及南，南谷虚少而货财不及北；南利在于急战，北利在于缓搏。宜徐持久，旷以日月。”绍不从。连营稍前①，逼官渡，合战，太祖军不利，复壁。绍为高橹，起土山，射营中，营中皆蒙楯，众大惧。太祖乃为发石车，击绍楼，皆破，绍众号曰霹雳车。绍为地道，欲袭太祖营。太祖辄于内为长堑以拒之②，又遣奇兵袭击绍运车③，大破之，尽焚其谷。太祖与绍相持日久，百姓疲乏，多叛应绍，军食乏。会绍遣淳于琼等将兵万余人北迎运车，沮授说绍：“可遣将蒋奇别为支军于表④，以断曹公之钞⑤。”绍复不从。琼宿乌巢，去绍军四十里。太祖乃留曹洪守，自将步骑五千，候夜潜往攻琼。绍遣骑救之，败走。破琼等，悉斩之。太祖还，未至营，绍将高览、张郃等率其众降。绍众大溃，绍与谭单骑退渡河。余众伪降，

●战官渡袁绍败绩

尽坑之。沮授不及绍渡，为人所执，诣太祖，太祖厚待之。后谋还袁氏，见杀。

**注　释**

①**稍前**：逐渐向前推进。②**堑**：壕沟。③**奇兵**：发起突然袭击的队伍。④**表**：外围。⑤**钞**：掠夺。

**译　文**

　　袁绍率军进攻黎阳，派颜良在白马向刘延发动进攻。沮授又劝说袁绍："颜良的性格极为孤僻、急躁，虽然勇猛，但是不能独自承担重任。"袁绍没有听取他的劝告。双方开战后，太祖率军援助刘延，与颜良展开战斗，大破颜良的军队，并且杀掉了他。袁绍率军渡过黄河，在延津南侧建立壁垒，命刘备、文丑挑战。太祖打败了他们，杀掉了文丑，接着再战，俘虏袁绍的大将。袁军大为震惊。太祖率军回到官渡。这时，沮授又对袁绍说："北方军队尽管人数众多，但是不如南方军队那样果敢强劲，南方军队的粮食储备及物资财富不如北方军队；南方军队适合速战，北方军队适合持久作战。我们应当打持久战，拖延时间。"袁绍没有听从沮授的建议。把水上的军营连接起来，逐渐向前移动，逼近官渡，双方展开争战，太祖的军队出师不利，返回军营坚守壁垒。袁绍在军营当中垒起高楼，把土堆积成山，向太祖的军营射箭，太祖军营当中的官兵举着盾牌护住头部，大为惊慌。于是，太祖便建造发石车，攻击袁绍营中高楼，把它们全部摧毁，袁军把这种发石车称为霹雳车。袁绍又挖起地道，想偷袭太祖的军营。太祖就在营内挖出长长的壕沟阻击袁军，又派骑兵偷袭袁绍的运粮车，击败了他运粮的队伍，把袁绍的军粮都烧光了。太祖和袁绍的军队相持的时间非常长，百姓被折磨得疲劳困苦，大多数都背叛了太祖，投靠袁绍，曹军军粮缺乏。正在此时，袁绍派部将淳于琼率领一万余名士兵往北出发，迎接运粮车，沮授提醒袁绍："您应当派将军蒋奇率军在淳于琼所带队伍的外围加以保护，以防止曹操抢劫。"袁绍又没有听从他的告诫。淳于琼率军在乌巢宿营，离袁绍的军营仅有四十里。于是，太祖让曹洪留守军营，亲率步兵、骑兵共五千余人在夜间偷袭淳于琼。袁绍派骑兵去救援，但是被打败。太祖打败淳于琼等人，将他们都杀掉。太祖返回军营，还没等他走到营地，袁绍的部将高览、张郃等率领他们的队伍前来向太祖投降。袁绍的军队溃散，袁绍和袁谭单枪匹马闯出重围后，渡过黄河。剩下的兵士假意投降，被发现后都被活埋。沮授没来得及与袁绍一起渡过黄河，被人抓获，押去见太祖，太祖很友好地款待了他。后来，沮授企图逃回袁绍那里，被太祖杀掉。

初，绍之南也，田丰说绍曰："曹公善用兵，变化无方，众虽少，未可轻也，不如以久持之。将军据山河之固，拥四州之众，外结英雄，内修农战①，然后简其精锐，分为奇兵，乘虚迭出②，以扰河南，救右则击其左，救左则击其右，使敌疲于奔命，民不得安业；我未劳而彼已困，不及二年，可坐克也。今释庙胜之策，而决成败于一战，若不如志，悔无及也。"绍不从。丰恳谏，绍怒甚，以为沮众③，械系之。绍军既败，或谓丰曰："君必见重。"丰曰："若军有利，吾必全，今军败，吾其死矣。"绍还，谓左右曰："吾不用田丰言，果为所笑。"遂杀之。绍外宽雅④，有局度，忧喜不形于色⑤，而内多忌害⑥，皆此类也。

①**农战**：这里指推广农耕，加强战备。②**迭**：轮流。③**沮**：败坏。④**宽雅**：宽容娴雅。形容人的品质好。⑤**形**：流露。⑥**忌害**：猜疑、陷害别人。

当初，袁绍率军南下，田丰劝他："曹公精于用兵，兵术变化无常，军队虽少，但不可以轻视，不如长期与他相持。将军您依靠山河地理的险固，拥有四州民众，对外结交天下的英雄，对内修治农耕、积极备战，然后挑选精锐部队，分成几支奇兵，趁对方空虚时不断出击，以此骚扰黄河以南之地，曹军援助右边，我们就攻击他们的左边；救助左边，我们就进攻他们的右边，使敌人不断奔波，疲劳至极，百姓无法安居乐业；我军没有感到疲劳，而敌军已经疲乏困倦，不出两年，我们就能够坐取胜利。现在放弃坐在庙堂之中就可以取胜的策略，而是把

●田丰

三国志

成功与否放在一场会战上，如果我们不能如愿取胜，后悔就来不及了。"袁绍不采纳田丰的建议，田丰诚恳地进谏，袁绍大怒，认为这些话有损士气，就给他带上刑具，把他关进监牢。袁绍的军队打了败仗，有人对田丰说："你肯定会得到重用。"田丰说："如果我军打胜仗，我还能保命，现在我军打了败仗，我肯定会死掉的。"袁绍回到营中，对身边的人说："我没能采纳田丰的建议，果然被他嘲笑了。"于是就把田丰杀了。从外表看来，袁绍为人宽厚文雅，气度宽宏，忧愁和喜悦都不会在脸上表现出来，但是内心的猜疑和害人之心却非常重，都是像处理田丰那样对人。

**原文**

　　冀州城邑多叛，绍复击定之。自军败后发病，七年，忧死。

　　绍爱少子尚，貌美，欲以为后而未显<sup>①</sup>。审配、逢纪与辛评、郭图争权，配、纪与尚比<sup>②</sup>，评、图与谭比。众以谭长，欲立之。配等恐谭立而评等为己害，缘绍素意，乃奉尚代绍位。谭至，不得立，自号车骑将军。由是谭、尚有隙。太祖北征谭、尚。谭军黎阳，尚少与谭兵，而使逢纪从谭。谭求益兵，配等议不与。谭怒，杀纪。太祖渡河攻谭，谭告急于尚。尚欲分兵益谭，恐谭遂夺其众，乃使审配守邺，尚自将兵助谭，与太祖相拒于黎阳。自九月至二月，大战城下，谭、尚败退，入城守。太祖将围之，乃夜遁。追至邺，收其麦，拔阴安，引军还许。太祖南征荆州，军至西平。谭、尚遂举兵相攻，谭败奔平原。尚攻之急，谭遣辛毗诣太祖请救。太祖乃还救谭，十月至黎阳。尚闻太祖北，释平原还邺。其将吕旷、吕翔叛尚归太祖，谭复阴刻将军印假旷、翔。太祖知谭诈，与结婚以安之，乃引军还。尚使审配、苏由守邺，复攻谭平原。太祖进军将攻邺，到洹水，去邺五十里，由欲为内应，谋泄，与配战城中，败，出奔太祖。太祖遂进攻之，为地道，配亦于内作堑以当之。配将冯礼开突门，内太祖兵三百余人，配觉之，从城上以大石击突中栅门，栅门闭，入者皆没。太祖遂围之，为堑，周四十里，初令浅，示若可越。配望而笑之，不出争利。太祖一夜掘之，广深二丈，决漳水以灌之，自五月至八月，城中饿死者过半。尚闻邺急，将兵万余人还救之，依西山来，东至阳平亭，去邺十七里，临滏水，举火以示城中，城中亦举火相应。配出兵城北，欲与尚对决围。太祖逆击之，败还，尚亦破走，依曲漳为营，太祖遂围之。未合，尚惧，遣阴夔、陈琳乞降，不听。尚还走滥口，进复围之急，其将马延等临陈降，众大溃，尚奔中山。尽收其辎重，得尚印绶、节钺及衣物，以示其家，城中崩沮③。配兄子荣守东门，夜开门内太祖兵，与配战城中，生禽配。配声气壮烈，终无挠辞④，见者莫不叹息。遂斩之。高幹以并州降，复以幹为刺史。

**注 释**

①**后**：指嗣子，即爵位或职位的继承人。②**比**：亲近。这里指关系极为密切。③**崩沮**：崩溃瓦解。④**挠辞**：屈从的言辞。

**译 文**

　　冀州一些地方的军队多半背叛了袁绍，袁绍派兵重新平定了这些地方。袁绍自从被曹军打败后就生病了，建安七年（202），袁绍忧郁愤怒而死。

　　袁绍极为喜欢小儿子袁尚，袁尚长得很俊美，袁绍想让他作为自己的继承人，但是没有公开宣布。当时，审配、逢纪和辛评、郭图彼此争权夺利，审配、逢纪与袁尚勾结在一起，辛评、郭图与袁谭勾结在一起。众人由于袁谭是袁绍长子，希望拥立他做袁绍的继承人。审配等人害怕袁谭被拥立后，辛评等人会谋害自己，于是按照袁绍原本的想法，拥护袁尚继承了袁绍的职位。袁谭就去了冀州，因为不能够成为继承人，于是自封车骑将军。从此，袁尚和袁谭之间产生了矛盾。太祖率军北上讨伐袁谭和袁尚。当时，袁谭率军驻扎在黎阳，袁尚给他的兵力非常少，而且让逢纪跟随袁谭。袁谭向袁尚请求增兵，审配等人不给他部队。袁谭一怒之下杀了逢纪。太祖率军渡过黄河进攻袁谭的队伍，袁谭向袁尚求援，袁尚打算派一部分部队去援助袁谭，但是又害怕袁谭趁机吞并他的部队，就命审配留守邺城，自己亲自率军来支援袁谭，与太祖在黎阳作战。从头年九月到第二年二月，双方在城下展开激战，袁谭、袁尚败退，退到城中坚守。太祖准备从外面把他们包围起来，但是袁谭、袁尚在夜间趁机逃跑。太祖追赶他们到了邺城，割了那里百姓的麦子，攻占了阴安，然后又率领军队返回许昌。太祖继续向南征讨荆州，军队打到了西平。袁谭、袁尚出兵互相攻击，袁谭战败跑到平原。袁尚的进攻极为猛烈，袁谭便派辛毗到太祖那里求援。太祖便掉转军队去援助袁谭，十月抵达黎阳。袁尚听说太祖回军北上，马上把对平原的包围撤掉，退回邺城。他的部将吕旷、吕翔背叛了他，并投降太祖，袁谭又暗地里刻了将军的印章送给吕旷、吕翔。太祖知道袁谭极为阴险狡诈，就让自己的儿子娶了袁谭的女儿，以安定袁谭的心，于是，太祖就率军回去了。袁尚命审配、苏由防守邺城，自己率军再次向固守平原的袁谭发动进攻。太祖率军准备进攻邺城，到达洹水时，离邺城还有五十里，苏由准备在城里作内应，与太祖里应外合，阴谋泄露，苏由与审配在城中发生争斗，战败，从城中逃出投奔太祖。于是太祖进攻邺城，挖地道，审配也在城中挖壕沟进行抵抗。审配的部将冯礼将突门打开，把太祖的三百多名将士放入城里，审配发现后，从城墙上以大石块袭击突门当中的栅门，栅门便被关闭起来。进入突门的曹军均被砸死。太祖包围邺城，在四周挖壕沟，长四十余里，刚开始时挖得很浅，表明可以通过。审配在城上看到后感到好笑，没有在有利的时机出兵争夺。太祖在一夜之间，挖了一条宽度与深度都有两丈的壕沟，又决开漳水使其流入沟内，从那年的五月到八月，城中饿死了超过一半的人。袁尚听说邺城的情况危急，就带上一万多名士兵前来援救，他们沿西山奔来，往东一直赶到阳平亭，这里离邺城有十七里远，靠近滏水的时候，就燃起大火向城内的人暗示援兵已到，城中的人也燃起火与他们呼应。审配率军开北门出城，想与袁尚内外呼应，以便冲破曹军包围。太祖率军迎战，审配败退返回城内，袁尚也败走，沿曲漳扎营，太祖率军包围了他。还没有完全包围起来，袁尚感到极为恐惧，派阴夔、陈琳到太祖那里要求投降，太祖没有答应。袁尚逃回滥口，太祖又进军把他包围了起来，情况更加紧急，袁尚的部将马延等人临阵投降，军队马上溃散，袁尚逃到中山。太祖缴获了他全部的军需物资，得到袁尚的印章、符节、斧钺及衣物，把这些衣物拿给其将士看，守军的士气顿时瓦解。审配哥哥的儿子审荣防守东门，夜间打开东门将太祖的军队放了进来，太祖的军队与审配的军队在城中进行激战，审配被活捉，审配慷慨壮烈，没有求饶，在场的人没有不为他感到叹息的。太祖杀掉了他。高干献出并州向太祖投降，太祖仍然任命他为并州刺史。

太祖之围邺也，谭略取甘陵[①]、安平、勃海、河间，攻尚于中山。尚走故安从熙，谭悉收其众。太祖将讨之，谭乃拔平原，并南皮，自屯龙凑。十二月，太祖军其门，谭不出，夜遁奔南皮，临清河而屯。十年正月，攻拔之，斩谭及图等。熙、尚为其将焦触、张南所攻，奔辽西乌丸。触自号幽州刺史，驱率诸郡太守令长，背袁向曹，陈兵数万，杀白马盟，令曰："违命者斩！"众莫敢语，各以次歃。至别驾韩珩，曰："吾受袁公父子厚恩，今其破亡，智不能救，勇不能死，于义阙矣；若乃北面于曹氏②，所弗能为也。"一坐为珩失色。触曰："夫兴大事，当立大义，事之济否，不待一人，可卒珩志③，以励事君。"高幹叛，执上党太守，举兵守壶口关。遣乐进、李典击之，未拔。十一年，太祖征幹。幹乃留其将夏昭、邓升守城，自诣匈奴单于求救，不得，独与数骑亡，欲南奔荆州，上洛都尉捕斩之。十二年，太祖至辽西击乌丸。尚、熙与乌丸逆军战，败走奔辽东，公孙康诱斩之，送其首。太祖高韩珩节，屡辟不至④，卒于家。

**译　文**

　　太祖包围邺城时，袁谭占据甘陵、安平、渤海、河间，向驻守中山的袁尚发起进攻。袁尚败退到故安投奔袁熙，袁谭将其军队全部收编。太祖准备征讨袁谭，袁谭占领平原，并且吞并南皮，自己则驻守于龙凑。十二月，太祖的军队抵达其驻地，袁谭不敢迎战，夜间逃到南皮，沿清河驻扎军队。建安十年正月，太祖攻占南皮，杀掉袁谭及郭图等人。袁熙、袁尚被他的部将焦触、张南攻击，跑到辽西郡乌丸。焦触自封幽州刺史，威迫各郡太守、各县县令等人，背叛袁氏家族投奔曹军，他集合出几万人的队伍，杀白马结盟宣誓，并下令："违抗命令的人一律杀头！"大家都不敢说话，每个人都依照次序用马血涂抹嘴唇。轮到别驾韩珩时，他说："我受袁家父子的厚爱，如今袁家败亡，凭我的智慧不能救他们，也没有为他们而死的勇气，从大义上来说，我已经有所欠缺了；如果我投降曹军，这是我做不到的。"满座的人听到韩珩的话后都为之惊恐变色。焦触说："凡是干大事的人，就应当建立大义，事情是否成功并不是靠一个人，我可

以成全韩珩的心愿，以勉励侍奉先主之人。"高幹发动叛乱，拘留了上党太守，发兵守护壶口关。太祖派乐进、李典偷袭，没能攻破壶口关。建安十一年，太祖征伐高幹。高幹便留他的部将夏昭、邓升守城，自己跑到匈奴单于那里求援，没有得到援助，高幹独自与几名骑兵逃走，想向南投奔荆州，上洛都尉把他们抓住杀掉了。建安十二年，太祖抵达辽西进攻乌丸。袁尚、袁熙率军与乌丸的军队作战，战败逃到辽东，公孙康把他们诱杀了，将其首级献给太祖。太祖赞赏韩珩的气节，屡次召他做官都不愿意，他最后死在家里。

**原 文**

袁术字公路，司空逢子，绍之从弟也。以侠气闻。举孝廉[①]，除郎中[②]，历职内外，后为折冲校尉、虎贲中郎将。董卓之将废帝，以术为后将军；术亦畏卓之祸，出奔南阳。会长沙太守孙坚杀南阳太守张咨，术得据其郡。南阳户口数百万，而术奢淫肆欲，徵敛无度，百姓苦之。既与绍有隙，又与刘表不平而北连公孙瓒；绍与瓒不和而南连刘表。其兄弟携贰[③]，舍近交远如此。引军入陈留。太祖与绍合击，大破术军。术以余众奔九江，杀扬州刺史陈温，领其州。以张勋、桥蕤等为大将军。李傕入长安，欲结术为援，以术为左将军，封阳翟侯，假节，遣太傅马日䃅因循行拜授[④]。术夺日䃅节，拘留不遣。

**注 释**

①**举**：推荐。②**除**：任命。③**携贰**：亲信的人背叛。④**循行**：来回进行视察。

**译 文**

袁术字公路，是司空袁逢的儿子，袁绍的堂弟。以侠义气度闻名天下，被授予郎中的头衔，在朝廷内外历任官职，后来任折冲校尉、虎贲中郎将。董卓准备废掉少帝时，任命袁术为后将军；袁术也害怕董卓作乱，于是出走奔向南阳。恰好长沙太守孙坚杀了南阳太守张咨，袁术才得以占据南阳。南阳有几百万的户口，而袁术穷奢极欲，荒淫无度，没有节制地向百姓征粮征税，百姓深受其苦。袁术既同袁绍有怨，又同刘表不和而与北方的公孙瓒联合；袁绍与公孙瓒不和而向南联合刘表。他们兄弟之间不团结，有二心，舍近交远竟然到了这样的程度。袁术率军北上进入陈留郡。太祖和袁绍联合起来偷袭袁术，结果袁术大败。袁术带着剩下的士兵逃到九江，杀了扬州刺史陈温，占领了扬州。任命张勋、桥蕤等为大将军。李傕率军进入长安后，想结交袁术作为他的外援，就以献帝的名义任命袁术为左将军，封为阳翟侯，授予符节，又派太傅马日磾借巡行视察的名义授予袁术官职。袁术夺走了马日磾的符节，把他扣留不让他回朝廷。

**原 文**

时沛相下邳陈珪，故太尉球弟子也。术与珪俱公族子孙，少共交游，书与珪曰："昔秦失其政，天下群雄争而取之，兼智勇者卒受其归。今世事纷扰，复有瓦解之势矣，诚英乂有为之时也。与足下旧交①，岂肯左右之乎②？若集大事，子实为吾心膂。"珪中子应时在下邳，术并胁质应③，图必致珪。珪答书曰："昔秦末世，肆暴恣情，虐流天下，毒被生民，下不堪命④，故遂土崩。今虽季世，未有亡秦苛暴之乱也。曹将军神武应期，兴复典刑，将拨平凶慝⑤，清定海内，信有征矣。以为足下当戮力同心，匡翼汉室⑥，而阴谋不轨，以身试祸，岂不痛哉！若迷而知反，尚可以免。吾备旧知，故陈至情，虽逆于耳，骨肉之惠也。欲吾营私阿附，有犯死不能也。"

●袁术

**注 释**

①**足下**：古时下称上或同辈的尊称。②**左右**：控制。③**胁质**：威胁作为人质。④**堪命**：忍受命运的安排及摆布。⑤**凶慝**：凶恶。⑥**匡翼**：辅佐。

**译 文**

当时沛相下邳人陈珪，是原太尉陈球的侄子。袁术与陈珪都是公族子弟，年轻时有所结交，写信对陈珪说："以前秦朝政治腐败，天下众多英雄争相想取代它，只有智勇兼备的人才得以成功。当今世上非常混乱，又出现了瓦解的势态，这正是英雄豪杰大有作为的时机。我与你是老交情，怎么能左右您的想法呢？如果聚众做大事，你实在是我的心腹及依靠的对象。"陈珪的次子陈应当时正在下邳，袁术劫持他为人质，希望陈珪来投靠他。陈珪回信说："以前在秦朝末期，任性残暴、胡作非为，虐政遍施天下，毒害人们，下面的人无法活命，所以政权土崩瓦解。今日尽管是衰微的世道，但是并不如秦亡时那样苛刻、暴虐。曹将军神明英武，顺应天下形势，恢复国家的典章制度，就要派兵清剿各地的军阀，平定国家的动乱，这的确是非常清楚了。我始终认为你能同心协力，协助汉室，没想到你竟然暗中有阴谋，自找灾祸，怎么不让人心痛呢！如果迷了路但是能知道返回的话，还可以免除灾祸。我作为你的老朋友，所以表达我最真挚的建议，尽管不好听，但确实是骨肉之间才有的感情。要让我为了私人的利益来投靠你，我死也不会做。"

兴平二年冬，天子败于曹阳。术会群下谓曰："今刘氏微弱，海内鼎沸。吾家四世公辅，百姓所归，欲应天顺民，于诸君意如何？"众莫敢对。主簿阎象进曰："昔周自后稷至于文王，积德累功，三分天下有其二，犹服事殷。明公虽奕世克昌①，未若有周之盛②，汉室虽微，未若殷纣之暴也。"术嘿然不悦。用河内张炯之符命，遂僭号。以九江太守为淮南尹。置公卿，祠南北郊。荒侈滋甚，后宫数百皆服绮縠，余粱肉，而士卒冻馁③，江淮间空尽，人民相食。术前为吕布所破，后为太祖所败，奔其部曲雷薄、陈兰于灊山，复为所拒，忧惧不知所出。将归帝号于绍，欲至青州从袁谭，发病道死。妻子依术故吏庐江太守刘勋，孙策破勋，复见收视。术女入孙权宫，子耀拜郎中，耀女又配于权子奋。

注　释

①**明公**：古代对有地位的人的尊称，此处指袁术。②**有周**：即西周。有，加在朝代名称的前面，名词词头。③**冻馁**：忍冻挨饿。

译　文

兴平二年（195）冬天，汉献帝在曹阳被击败。袁术召集部下："如今刘氏政权已衰败，国内就像一锅烧开了的水。我家四代身为公卿辅佐皇室，得到百姓的拥护，要想顺应天意与民心，不知道各位有哪些意见？"众人没有敢答话的。主簿阎象进言说："过去西周从后稷到文王，积累了众多的恩德功勋，拥有全国三分之二的土地，但是依旧是服侍殷朝的臣子。您家虽然数代都很兴旺，也不如周王朝那样强盛，汉室虽然非常衰弱，但是还不如商纣王那样残暴。"袁术没有回应，非常不高兴。袁术后来用河内人张炯造的符命，自称皇帝。任命九江太守为淮南尹。下设公卿百官，在南北城郊祭祀天地。荒淫奢侈日益严重，后宫几百人都身穿绫罗绸缎，有吃不尽的山珍海味，但是士兵们却饥寒困苦，江淮之间的财物都被耗尽，人吃人的现象很多。袁术最先被吕布打败，后来又被太祖打败，到灊山投奔他的部将雷薄、陈兰，但是被他们拒绝，他极为害怕，不知道该怎么办。他准备把皇帝的尊号送给袁绍，想到青州投靠袁谭，却病死在路上。妻子儿女都投靠了袁术的老部下庐江太守刘勋。孙策击败刘勋后，袁术的妻儿子女又被孙策收留。袁术的女儿入了孙权的后宫，儿子袁耀被任命为郎中，袁耀的女儿又嫁给了孙权的儿子孙奋。

**原　文**

　　刘表字景升，山阳高平人也。少知名，号八俊。长八尺余，姿貌甚伟。以大将军掾为北军中候。灵帝崩，代王睿为荆州刺史。是时山东兵起，表亦合兵军襄阳。袁术之在南阳也，与孙坚合从，欲袭夺表州，使坚攻表。坚为流矢所中死[1]，军败，术遂不能胜表。李傕、郭汜入长安，欲连表为援，乃以表为镇南将军、荆州牧，封成武侯，假节。天子都许，表虽遣使贡献，然北与袁绍相结。治中邓羲谏表，表不听，羲辞疾而退，终表之世。张济引兵入荆州界，攻穰城，为流矢所中死。荆州官属皆贺，表曰："济以穷来，主人无礼，至于交锋，此非牧意，牧受吊，不受贺也。"使人纳其众；众闻之喜，遂服从。长沙太守张羡叛表，表围之连年不下。羡病死，长沙复立其子怿，表遂攻并怿，南收零、桂，北据汉川，地方数千里，带甲十余万[2]。

**注　释**

　　①**流矢**：没有明确目标的乱箭。②**带甲**：身披盔甲的将士，此处指军队。

刘表字景升，山阳高平人。年轻时极为有名，号称八俊。身高达到八尺有余，姿态容貌极为伟岸。以大将军的属官担任北军中候。灵帝死后，他代替王睿担任荆州刺史。这时崤山以东的地方起兵叛乱，刘表也集合队伍驻扎于襄阳。袁术在南阳时，曾与孙坚联合，想偷袭刘表的州郡，让孙坚攻击刘表。孙坚中流箭死亡，军队大败，袁术因此不能战胜刘表。李傕、郭汜进入长安后，想联合刘表作为自己的外援，于是任命刘表为镇南将军、荆州牧，封成武侯，授予符节。天子在许昌建都，刘表虽然派使者进献贡品，但是在北面却与袁绍彼此勾结。治中邓羲劝刘表不要这样去做，刘表不听，邓羲借口生病辞官离去，直到刘表死去。张济率军进入荆州界内，进攻穰城，激战中被流箭射中而死。荆州的官员都前来向刘表道贺，刘表说："张济穷困潦倒，主人却没有按照礼节来迎接他，以至于彼此争战，这不是我的本意，我只接受悼念，不接受祝贺。"刘表派人安抚张济的部队，士兵们都很高兴，服从刘表。长沙太守张羡背叛刘表，刘表将其包围起来，连续几年都没攻下来。张羡病死，长沙人又拥立其子张怿，刘表攻占了长沙，吞并了张怿的部队，向南收复零陵、桂阳二郡，向北占据汉川，管辖方圆几千里，拥有十几万军队。

太祖与袁绍方相持于官渡，绍遣人求助，表许之而不至，亦不佐太祖，欲保江汉间[1]，观天下变。从事中郎韩嵩、别驾刘先说表曰："豪杰并争，两雄相持，天下之重，在于将军。将军若欲有为，起乘其弊可也[2]；若不然，固将择所从。将军拥十万之众，安坐而观望。夫见贤而不能助，请和而不得，此两怨必集于将军，将军不得中立矣。夫以曹公之明哲，天下贤俊皆归之，其势必举袁绍[3]，然后称兵以向江汉[4]，恐将军不能御也。故为将军计者，不若举州以附曹公，曹公必重德将军；长享福祚，垂之后嗣[5]，此万全之策也。"表大将蒯越亦劝表，表狐疑，乃遣嵩诣太祖以观虚实。嵩还，深陈太祖威德，说表遣子入质。表疑嵩反为太祖说，大怒，欲杀嵩，考杀随嵩行者，知嵩无他意，乃止。表虽外貌儒雅[6]，而心多疑忌，皆此类也。

①**江汉间**：此处指荆州，因为其境内有江水与汉水。②**弊**：疲惫。③**举**：攻克。④**称兵**：发兵。⑤**垂**：流传。⑥**儒雅**：文雅，形容人的外表很斯文出众。

译 文

太祖和袁绍在官渡地区对峙，袁绍派人向刘表求助，刘表答应了其请求却没有派兵，也没有帮助太祖，只想保住他在江、汉之间的领地，坐观天下变化。从事中郎韩嵩、别驾刘先劝告刘表："如今天下豪杰彼此争夺地盘，袁绍与曹操两雄争雄不下，天下的重心在于将军您。将军假如想要有所作为，就可以趁他们两败俱伤时兴起；假如不这样做的话，就应当选择站在哪一边。将军坐拥十万士兵，却安坐观察其成败，遇到有才能的人不能帮助他，也不可能劝和，这样一来，两家必然将怨恨都集中在将军您身上，将军希望保持中立的态度是不可能的。依靠曹公的才能，天下的贤士俊杰都会归附他，他肯定能够消灭袁绍。然后发兵向汉阳进攻，恐怕将军无法抵挡他的进攻。所以我为将军着想，不如带领荆州的百姓归附曹公，曹公必然感激将军，那么将军就能够长久地享受福禄，还可以传给子孙后代，这是万全之策。"刘表的部将蒯越也劝他去这样做，刘表感到犹豫不决，就派韩嵩到太祖那边观察虚实动静。韩嵩回来之后，称赞太祖的威武恩德，并且劝刘表派其长子去太祖那里做人质。刘表怀疑韩嵩反过来为太祖说话，非常生气，准备杀掉韩嵩，将韩嵩的随从拷打而死，知道韩嵩没有二心后才不予追究。刘表尽管从外表看起来非常儒雅，但内心却有着诸多猜疑与忌讳，都像上面所说的这种情况一样。

原 文

刘备奔表，表厚待之，然不能用。建安十三年，太祖征表，未至，表病死。

初，表及妻爱少子琮，欲以为后，而蔡瑁、张允为之支党①，乃出长子琦为江夏太守，众遂奉琮为嗣。琦与琮遂为雠隙。越、嵩及东曹掾傅巽等说琮归太祖，琮曰："今与诸君据全楚之地，守先君之业②，以观天下，何为不可乎？"巽对曰："逆顺有大体③，强弱有定势。以人臣而拒人主，逆也；以新造之楚而御国家，其势弗当也；以刘备

而敌曹公，又弗当也。三者皆短，欲以抗王兵之锋，必亡之道也。将军自料何与刘备？"琮曰："吾不若也④。"巽曰："诚以刘备不足御曹公乎，则虽保楚之地，不足以自存也；诚以刘备足御曹公乎，则备不为将军下也。愿将军勿疑。"太祖军到襄阳，琮举州降。备走奔夏口。

●刘玄德荆州依刘表

注释

①**支党**：党羽。②**先君**：死去的父亲，此处指刘表。③**体**：纲领。④**若**：比得上，如。

译文

刘备投奔刘表，刘表非常厚待他，但是不打算重用他。建安十三年（208），太祖征伐刘表，还没有抵达，刘表就病死了。

当初，刘表和妻子非常喜欢小儿子刘琮，想让他成为继承人，而蔡瑁、张允是刘琮的支持者，于是他将长子刘琦派往江夏任太守，众人便拥立刘琮当了刘表的继承人。刘琦和刘琮之间成为仇敌。蒯越、韩嵩和东曹掾傅巽等人劝说刘琮依附太祖，刘琮说："现在，我和大家共同占据整个荆州，守卫先父所遗留下的基业，据此观察天下的变化，有什么不好之处吗？"傅巽说："叛逆和归顺都有一定道理，强大与羸弱都有一定的形势。我们处于臣属的地位而去抗拒君主，这是背叛；以新开辟的土地与朝廷对抗，从形势上看，我们并非朝廷的对手；以刘备去抵抗曹公，也并非他的对手。对于这三者，我们都处于劣势，希望抵抗朝廷军队的锋芒，这是走向必然灭亡的道路。将军自己权衡一下自己与刘备相比如何？"刘琮说："我比不上刘备。"傅巽说："你真的认为刘备无法抵抗曹军，那么我们尽管保住了楚地，还是无法保存自己；你真的认为刘备可以抵抗曹公呢，那么刘备也不会屈居于将军之下了。我希望将军不要再怀疑。"太祖的军队抵达襄阳后，刘琮率领荆州的全部百姓投降。刘备逃往夏口。

太祖以琼为青州刺史、封列侯。删越等侯者十五人<sup>①</sup>。越为光禄勋；嵩，大鸿胪；羲，侍中；先，尚书令；其余多至大官。

评曰：董卓狼戾贼忍<sup>②</sup>，暴虐不仁，自书契已来<sup>③</sup>，殆未之有也<sup>④</sup>。袁术奢淫放肆，荣不终己，自取之也。袁绍、刘表，咸有威容、器观，知名当世。表跨蹈汉南<sup>⑤</sup>，绍鹰扬河朔，然皆外宽内忌，好谋无决，有才而不能用，闻善而不能纳，废嫡立庶，舍礼崇爱<sup>⑥</sup>，至于后嗣颠蹶<sup>⑦</sup>，社稷倾覆，非不幸也。昔项羽背范增之谋，以丧其王业；绍之杀田丰，乃甚于羽远矣！

注 释

①**侯者**：此处指被封侯之人。②**狼戾贼忍**：比喻人的行为犹如狼一般凶狠，如贼一般残忍。③**书契**：此处指文字。契为刻的意思，纸没有出现时，将文字刻在竹片之上。④**殆**：或许，恐怕，表猜测。⑤**跨蹈**：占据。⑥**礼**：这里指封建道德规范及准则。⑦**颠蹶**：衰败，困窘。

译 文

太祖任命刘琼为青州刺史，封列侯。与删越等人共同封侯的共有十五人。删越任光禄勋；韩嵩任大鸿胪；邓羲任侍中；刘先任尚书令；其余的人多半也当了大官。

评论说：董卓如豺狼虎豹般凶暴残忍，暴虐且不仁爱，自从有书籍记载的历史以来，大概还没有过这样的记载。袁术荒淫奢侈、放荡无度，无法享受终身荣禄，这是他自作自受。袁绍、刘表都仪表出众、气宇非凡，天下闻名。刘表称雄江汉之间，袁绍在河北威风八面，但是他们都是外表宽厚，而内心多有猜忌的人，喜欢谈论计谋，但是不能作决断，有人才而不能任用，听到良言而不予采纳，废掉长子而立幼子，违背礼仪而宠信自己喜爱的人，以至子孙后代无处可去，丧失祖宗的基业，这并非命运不幸的原因。当年项羽不采纳范增的谋略，丧失称王天下的基业；袁绍杀掉田丰，竟然比项羽更加昏庸。

# 荀彧荀攸贾诩传

原 文

　　荀彧字文若，颍川颍阴人也。祖父淑，字季和，朗陵令。当汉顺、桓之间，知名当世。有子八人，号曰八龙。彧父绲，济南相。叔父爽，司空。

　　彧年少时，南阳何颙异之，曰：“王佐才也。”永汉元年，举孝廉，拜守宫令。董卓之乱，求出补吏①。除亢父令②，遂弃官归，谓父老曰：“颍川，四战之地也，天下有变，常为兵冲③，宜亟去之，无久留。”乡人多怀土犹豫，会冀州牧同郡韩馥遣骑迎之，莫有随者，彧独将宗族至冀州。而袁绍已夺馥位，待彧以上宾之礼。彧弟谌及同郡辛评、郭图，皆为绍所任。彧度绍终不能成大事，时太祖为奋武将军，在东郡，初平二年，彧去绍从太祖。太祖大悦曰：“吾之子房也。”以为司马，时年二十九。是时，董卓威陵天下④，太祖以问彧，彧曰：“卓暴虐已甚，必以乱终，无能为也。”卓遣李傕等出关东，所过虏略，至颍川、陈留而还。乡人留者多见杀略。明年，太祖领兖州牧，后为镇东将军，彧常以司马从。兴平元年，太祖征陶谦，任彧留事。会张邈、陈宫以兖州反，潜迎吕布⑤。布既至，邈乃使刘翊告彧曰：“吕将军来助曹使君击陶谦，宜亟供其军食。”众疑惑。彧知邈为乱，即勒兵设备，驰召东郡太守夏侯惇，而兖州诸城皆应布矣。时太祖悉军攻谦，留守兵少，而督将大吏多与邈、宫通谋。惇至，其夜诛谋叛者数十人，众乃定。豫州刺史郭贡帅众数万来至城下，或言与吕布同谋，众甚惧。贡求见彧，彧将往。惇等曰：“君，一州镇也，往必危，不可。”彧曰：“贡与邈等，分非素结也，今来速，计必未定；及其未定说之，纵不为用，可使中立，若先疑之，彼将怒而成计。"贡见彧无惧意，谓鄄城未易攻，遂引兵去。又与程昱计，使说范、东阿，卒全三城，以待太祖。太祖自徐州还击布濮阳，布东走。二年夏，太祖军乘氏，大饥，人相食。

**注 释**

①补：委任官职。②除：拜官授职。③兵冲：用兵的要冲所在。④威：权势。陵：凌驾。⑤潜：暗中。

**译 文**

　　荀彧字文若，是颍川颍阴人。其祖父是荀淑，字季和，曾担任朗陵令。在汉顺帝、汉桓帝时期，是当时的名士。共有八个儿子，在当时被称为八龙。他的父亲荀绲，曾做过济南国相。他的叔父荀爽，当过司空。

　　荀彧年轻时，南阳人何颙很欣赏他，何颙说："荀彧是能够辅佐帝王的人才。"永汉元年（189），举荐他当孝廉，任命他为守宫令。董卓叛乱时，他要求出任地方官，被任命为亢父县的县令，他弃官回到家里，对乡亲说："颍川是四面受敌之地，天下如果有变乱发生，首先受到冲击，咱们应当尽快离开，不要长久留在此处。"乡里的人都非常怀念故土不想离开，恰逢来自同郡的冀州牧韩馥派人骑马迎接他们，却没有一个人愿意跟随他离去，他只带领着宗族到了冀州。此时，袁绍得到韩馥的官位，袁绍以接待上等宾客的礼节接待荀彧。他的弟弟荀谌及同郡的辛评、郭图，都得到了袁绍的重用。但是荀彧考虑到袁绍难以成大事，这时候，太祖担任奋武将军，驻守在东郡，初平二年（191），荀彧离开袁绍，跟随太祖。太祖非常高兴地说："你是我的张良啊。"任命他做司马，那时他才二十九岁。正在这时，董卓依靠他的势力威慑天下，太祖询问荀彧对策，荀彧说："董卓生性暴虐，最终会造成祸乱，自取灭亡，成不了大气候。"董卓派李傕等出关东，所经过之地都遭到了掠夺，他们来到颍川、陈留才回来。颍川留下的百姓大多被杀。第二年，太祖担任兖州牧，后担任镇东将军，荀彧常常以司马的身份跟随在太祖身边。兴平元年（194），太祖征伐陶谦，让荀彧负责管理留守事务。这时正赶上张邈、陈宫在兖州造反，他们暗中勾结吕布。等到吕布一来，张邈就派刘翊报告荀彧："吕将军是来帮助曹使君攻打陶谦的，应当立刻供给军粮给他。"大家都十分疑惑，不知如何是好。荀彧知道张邈即将造反，立即率领军队进行戒备，派快马召见东郡太守夏侯惇来援助，可是兖州各个城池都响应吕布了。这时，太祖带领所有军队在攻打陶谦，留守的兵力很少，而且督战的将领与主要官员多数和张邈、陈宫暗中勾结。夏侯惇赶来后，当夜就诛杀了谋叛者多达数十人，部队这才安定下来。豫州刺史郭贡带领数万人马来到城下，有人说郭贡要与吕布共同谋反，大家都非常惶恐。郭贡要求面见荀彧，荀彧打算前去见他。夏侯惇等人说："您可是一州的长官，您去的话一定有危险，千万不能去。"荀彧说："郭贡和张邈这些人，不是一开始就勾结的，现在他这么着急前来，肯定还没来得及拿定主意；趁着他的主意还没拿定时劝说他，就算不能利用他，还可以让他保持中立，假如现在就怀疑他，那么他恼怒之下就定下主意了。"郭贡看见荀彧没有一点害怕的意思，他认为鄄城不容易攻打，于是带领军队返回了。荀彧又和程昱商量，让他去劝说范县、东阿县，最终保全了这三座城，等待太祖回来。太祖从徐州返回后，在濮阳攻打吕布，吕布向东逃跑。第二年夏天，太祖驻军乘氏县，当地发生了重大灾荒，甚至出现了人吃人的现象。

原 文

陶谦死，太祖欲遂取徐州，还乃定布。彧曰："昔高祖保关中，光武据河内，皆深根固本以制天下，进足以胜敌，退足以坚守①，故虽有困败而终济大业②。将军本以兖州首事，平山东之难，百姓无不归心悦服。且河、济③，天下之要地也，今虽残坏，犹易以自保，是亦将军之关中、河内也，不可以不先定。今以破李封、薛兰，若分兵东击陈宫，宫必不敢西顾，以其间勒兵收熟麦，约食畜谷，一举而布可破也。破布，然后南结扬州，共讨袁术，以临淮、泗。若舍布而东，多留兵则不足用，少留兵则民皆保城，不得樵采④。布乘虚寇暴，民心益危，唯鄄城、范、卫可全，其余非己之有，是无兖州也。若徐州不定，将军当安所归乎？且陶谦虽死，徐州未易亡也。彼惩往年之败，将惧而结亲，相为表里。今东方皆以收麦，必坚壁清野以待将军⑤，将军攻之不拔，略之无获，不出十日，则十万之众未战而自困耳。前讨徐州，威罚实行，其子弟念父兄之耻，必人自为守，无降心，就能破之，尚不可有也。夫事固有弃此取彼者，以大易小可也，以安易危可也，权一时之势，不患本之不固可也。今三者莫利，愿将军熟虑之。"太祖乃止。大收麦，复与布战，分兵平诸县。布败走，兖州遂平。

●吕 布

①以：依靠。②济：成功。③河、济：黄河及济水流域。④樵采：砍柴拾草。⑤清野：清除郊野，将粮食藏起来，使敌人掠夺不了物资。是一种对付优势敌人入侵的作战方法。

译 文

陶谦死后，太祖打算马上进攻徐州，等到回去再去平定吕布。荀彧说："过去汉高祖守住关中，光武帝占据河内，这些地方都是足以建立牢固的根基来夺取天下的，前进能够战胜敌人，后退还可以坚守，就算遭遇一些困难失败，最终还是能成就大业的。将军您原本是凭借兖州首先起义的，平定山东的灾难，百姓没有不心甘情愿归顺您的。黄河、济水，这样的地方为天下的要冲，现在虽被破坏，但还可以凭借它以求自保，这些地方也是将军的关中、河内啊，不可以不首先平定这些地方。现在已经打败了李封、薛兰，如果兵分几路分头东进攻打陈宫，陈宫必定不敢顾及西面，就在这一段时间里派士兵去收割已经长成的麦子，节约粮食来储存谷物，就能打垮吕布。打败吕布后，再向南联合扬州，一起讨伐袁术，这样足以控制淮水、泗水。假如不顾吕布向东进军，多留下一些兵力，那么部队就不足，少留一些兵，那么全民都需要出来守城，没有时间外出打柴拾草了。吕布会乘虚攻城，残虐百姓，民心就更加不稳，只有鄄城、范县、卫县能够保全，其他的州县就不会属于我们了，因此也就会失掉兖州。要是徐州还不能被平定，将军还有什么地方可以倚仗呢？并且陶谦虽然死去，徐州还是不易被攻破。他们吸取了以往战败的教训，由于害怕，他们必定会团结在一起，内外援助，相互接应。现在东方都在忙于收割麦子，必然坚壁清野等待您的到来，将军要是攻打他们无法取胜，那么就没有任何收获，不到十天的时间，十万的军队不用交战就会感到疲惫不堪。以前讨伐徐州，军队当中实行威严的惩罚措施，那里的百姓会想到自己的父亲兄弟受到的耻辱，一定会主动防守，他们不会有投降的想法，就算能打败他们，也是不能占有这个地方的。因此任何事情都有放弃这个而得到那个的道理，拿大的来换小的是可以的，拿安全的来交换不安全的也是可以的，权衡一时的形势，不担忧根

本还没有稳固是可以的。现在这三方面都没有好处，这就希望您要仔细考虑了。"太祖于是打消了这一念头。大力收割麦子，后来又与吕布交战，分兵几路平定各县。吕布逃跑，兖州于是也被平定了。

原 文

建安元年，太祖击破黄巾。汉献帝自河东还洛阳。太祖议奉迎都许，或以山东未平，韩暹、杨奉新将天子到洛阳，北连张杨，未可卒制①。或劝太祖曰："昔晋文纳周襄王而诸侯景从，高祖东伐为义帝缟素而天下归心②。自天子播越，将军首唱义兵，徒以山东扰乱，未能远赴关右，然犹分遣将帅，蒙险通使③，虽御难于外，乃心无不在王室，是将军匡天下之素志也④。今车驾旋轸，东京榛芜，义士有存本之思，百姓感旧而增哀。诚因此时，奉主上以从民望，大顺也；秉至公以服雄杰，大略也；扶弘义以致英俊⑤，大德也。天下虽有逆节，必不能为累，明矣。韩暹、杨奉其敢为害！若不时定，四方生心，后虽虑之，无及。"太祖遂至洛阳，奉迎天子都许。天子拜太祖大将军，进彧为汉侍中，守尚书令。常居中持重，太祖虽征伐在外，军国事皆与彧筹焉。太祖问彧："谁能代卿为我谋者？"彧言"荀攸、钟繇"。先是，彧言策谋士，进戏志才。志才卒，又进郭嘉。太祖以彧为知人，诸所进达皆称职，唯严象为扬州，韦康为凉州，后败亡。

注 释

①卒：通"猝"，突然。②缟素：白色丧服，缟、素都是白色的生绢。③蒙：遭受。④匡：扶正。⑤致：招徕。

译 文

建安元年（196），太祖一举击败黄巾军。汉献帝从河东返回洛阳。太祖商量迎接汉献帝并且迁都到许昌，有人认为山东还没被平定，韩暹、杨奉最近将天子送到洛阳，北面联合张杨，还不能在短期内完全控制住局势。荀彧劝告太祖："过去晋文公接周襄王返回王城，诸侯就如影子般忠实地跟随他，以前汉高祖东征项羽，为义帝穿白戴孝，因此收服天下人心。自从天子流亡在外，将军首倡义兵，只是由于山东地区的扰乱，没能来到关中、陇右这么远的地方，但是还是分别派出将帅，冒险与朝廷取得联系，虽然在外面抵御暴乱，但是心里还是时刻忠实于王室的，这也是将军您匡扶天下的愿望。现在皇上返回京城，东京已经荒芜了，杂草丛生，义士都有存留朝廷根本的想法，百姓都会怀念过去的君主而更加感伤。您应该在这个时候，拥戴皇上回城，以此来顺应民意，这实在是最好不过的了；主持公正就能让英雄豪杰归顺您，这是非常好的谋略啊；通过匡扶大义可以吸引来更多的优秀人才，这才是最大的德行啊。天下虽然存在叛乱，但一定不会牵累咱们，这是非常明显的。韩暹、杨奉他们哪里还敢作乱呢！要是不及时去平定叛乱，各地都产生了叛离的想法，事后尽管能想到这些，但也是无可挽救了。"太祖于是来到洛阳，迎接天子并迁都于许昌。天子授予太祖大将军一职，晋升荀彧为汉侍中，代理尚书令。荀彧经常在朝中处理重要事务，太祖尽管在外面征伐，军国大事都要与荀彧一起商量。太祖问荀彧："谁能代替你与我商量谋略呢？"荀彧说"荀攸、钟繇都行"。在这之前，荀彧谈到可以出谋划策的人，他向太祖推荐过戏志才。戏志才死了，又向太祖推荐郭嘉。太祖认为他能够做到知人善用，他所推荐的人都非常称职，只有严象担任扬州刺史，韦康担任凉州刺史，后来这两个人都战死在战场上。

原文

自太祖之迎天子也，袁绍内怀不服①。绍既并河朔②，天下畏其强。太祖方东忧吕布，南拒张绣，而绣败太祖军于宛。绍益骄，与太祖书，其辞悖慢。太祖大怒，出入动静变于常，众皆谓以失利于张绣故也。钟繇以问彧，彧曰："公之聪明，必不追咎往事，殆有他虑。"则见太祖问之，太祖乃以绍书示彧，曰："今将讨不义，而力不敌，何如？"彧曰："古之成败者，诚有其才，虽弱必强，苟非其人，虽强易弱，刘项之存亡，足以观矣。今与公争天下者，唯袁绍尔。绍貌外宽而内忌，任人而疑其心，公明达不拘，唯才所宜，此度胜也。绍迟重少决③，失在后机④，公能断大事，应变无方⑤，此谋胜也。绍御军宽缓，法令不立，士卒虽众，其实难用，公法令既明，赏罚必行，士卒虽寡，皆争致死，此武胜也。绍凭世资，从容饰智，以收名誉，故士之寡能好问者多归之，公以至仁待人，推诚心不为虚美，行己谨俭，而与有功者无所吝惜，故天下忠正效实之士咸愿为用，此德胜也。夫以四胜辅天子，扶义征伐，谁敢不从？绍之强其何能为！"太祖悦。或曰："不先取吕布，河北亦未易图也。"太祖曰："然。吾所惑者，又恐绍侵扰关中，乱羌、胡，南诱蜀汉，是我独以兖、豫抗天下六分之五也。为将奈何？"或曰："关中将帅以十数，莫能相一，唯韩遂、马超最强。彼见山东方争，必各拥众自保。今若抚以恩德，遣使连和，相持虽不能久安，比公安定山东，足以不动。钟繇可属以西事。则公无忧矣。"

**译 文**

自从太祖迎接天子后，袁绍就对他不服。袁绍已经兼并了黄河以北地区，天下都非常害怕他的强大。太祖正担忧盘踞东方的吕布，南边还要抵御张绣，张绣在宛县打败太祖的军队。袁绍更加骄横，他向太祖写信，里边的措辞极为傲慢无礼。太祖非常愤怒，连行为举止都与平常不一样了，大家都认为他是由于和张绣作战失败的缘故。钟繇问荀彧这件事，荀彧说："曹公如此聪明，一定不会为过去的事情而悔恨，肯定还会有其他的顾虑。"于是他拜见太祖并问起这件事，太祖便将袁绍写给他的信拿给他看，对荀彧说："我现在就想讨伐这个不义的人，可是力量又不如他，应该怎么办呢？荀彧说："自古以来较量胜败的人，都是非常有才能的，表面上看起来弱小，但实际上却非常强大，如果不是那样的人，即使开始时非常强大，最终也会变得极为弱小，从刘邦、项羽的存亡，我们就能从中窥见一斑。现在那些与您争夺天下的人，只是袁绍一人。袁绍这个人外表看起来宽宏大量，但是内心却极为狭窄，他重用别人却又怀疑这个人，您却明智通达，不拘于小节，只要有才能就一定会任用这个人，您在气度上就超越了袁绍啊。袁绍做事犹豫，容易失去时机，您却能当机立断，懂得随机应变，在谋略上又超过他了。袁绍治理军队松懈，法令都没能确立起来，虽然人数众多，但是不能被重用，您制定出严明的法令，赏罚必定要兑现，兵士虽然少点，可是都能为您效死命，这在武力上就超越了他。袁绍依靠祖宗传下来的资本，举止装得有智慧，用来骗得好名声，因此归顺他的人都是没有真实才能，仅仅喜好声誉的人，您却尽仁爱之心对待身边的人，靠的是诚心，并非是虚名，自己办事谨慎，非常节约，可是对那些有功的人却赏赐丰厚，所以天下忠诚、正直，注重实际的人都愿意得到您的重用，这是在德行上超越了袁绍。您靠着四方面的优势去辅佐天子，扶持正义，讨伐叛臣，谁能够不听从您的命令呢？袁绍再强大又有什么用呢！"太祖非常高兴。荀彧说："不率先攻打吕布，黄河以北也不是好拿下的。"太祖说："我也是这么想的。我担心的是袁绍如侵扰关中，勾结羌、胡作乱，向南劝诱蜀地，那么我就只能靠兖州、豫州来抵御天下六分之五的力量了。那我该怎么办呢？"荀彧说："关中将帅有好几十人，没人能够彻底将其统一起来，只有韩遂、马超最强大。他们看到山东正在征战，肯定会拥兵自保。现在您要是以恩德来安抚他们，派使者和他们联合，即使不能维持长久的安定，等到您安定山东时，还能保证他们不行动。钟繇可以去办西边的事情。您不要忧虑这件事了。"

原文

　　三年，太祖既破张绣，东禽吕布，定徐州，遂与袁绍相拒。孔融谓彧曰："绍地广兵强；田丰、许攸，智计之士也，为之谋；审配、逢纪，尽忠之臣也，任其事；颜良、文丑，勇冠三军，统其兵：殆难克乎！"彧曰："绍兵虽多而法不整。田丰刚而犯上，许攸贪而不治。审配专而无谋，逢纪果而自用[1]，此二人留知后事[2]，若攸家犯其法，必不能纵也，不纵，攸必为变。颜良、文丑，一夫之勇耳，可一战而禽也。"

　　五年，与绍连战。太祖保官渡，绍围之。太祖军粮方尽，书与彧，议欲还许以引绍[3]。彧曰："今军食虽少，未若楚、汉在荥阳、成皋间也。是时刘、项莫肯先退，先退者势屈也。公以十分居一之众，画地而守之，扼其喉而不得进，已半年矣。情见势竭，必将有变，此用奇之时，不可失也。"太祖乃住。遂以奇兵袭绍别屯，斩其将淳于琼等，绍退走。审配以许攸家不法，收其妻子，攸怒叛绍；颜良、文丑临阵授首；田丰以谏见诛：皆如彧所策。

注 释

①果：果断。自用：自恃聪明，不听别人的劝告。②后事：后方的事务。③引：引退。

译 文

建安三年（198），太祖已经击败张绣，向东捉拿了吕布，并平定徐州，于是与袁绍交战。孔融对荀彧说："袁绍的领地广大，兵力又强；田丰、许攸，这些足智多谋的人能够为他出谋划策；审配、逢纪，这些忠诚于主人的人为他效力；颜良、文丑，在三军当中是最为勇猛的人，由他们来统领袁绍的部队，实在是难以攻克的！"荀彧说："袁绍的兵力虽多，但是他的军纪不行。田丰这个人性格刚烈，容易冒犯主上，许攸这个人贪财，却不懂得约束自己。审配专横却缺少谋略，逢纪刚愎自用，不听从别人的意见，让这两个人留守来主持后方事务，如果许攸触犯法纪，一定不放过他，一定要遭到惩罚，许攸就会叛乱。颜良、文丑这两个人，不过是有勇无谋的人，只要一交战就可以把他们拿下。"

建安五年（200），曹操和袁绍多次交战。太祖在官渡自保，袁绍包围太祖。太祖的军粮已经快吃没了，他写信给荀彧，打算回到许都。荀彧说："现在军粮尽管缺少，但还不像楚、汉军队在荥阳、成皋那里的情况。那时，刘邦、项羽都不想率先撤退，谁先撤退，谁就会陷入劣势。您现在以十分之一的兵力来抗拒袁绍，卡住敌人的咽喉使他无法动弹已经半年了。现在的形势出现了衰竭的现象，一定会有变化出现，这是运用奇兵的时机啊，一定要坚持住，不能丧失好机会啊。"太祖于是打消了这一念头。于是用奇兵在别屯偷袭袁绍，斩杀其大将淳于琼等人，袁绍败逃。审配以许攸家人不守法为由，将他的妻子和儿女都逮捕了，许攸一怒之下叛变；颜良、文丑临阵被杀；田丰因为劝谏袁绍而被

●袁谭、袁尚争夺冀州

杀，一切都正如荀彧所说的那样。

六年，太祖就谷东平之安民①，粮少，不足与河北相支，欲因绍新破②，以其间击讨刘表。彧曰："今绍败，其众离心，宜乘其困③，遂定之；而背兖、豫，远师江、汉，若绍收其余烬，承虚以出人后，则公事去矣。"太祖复次于河上。绍病死。太祖渡河，击绍子谭、尚，而高干、郭援侵略河东，关右震动，钟繇帅马腾等击破之。语在《繇传》。

八年，太祖录彧前后功，表封彧为万岁亭侯。

九年，太祖拔邺，领冀州牧。彧说太祖"宜复古置九州，则冀州所制者广大④，天下服矣"。太祖将从之，彧言曰："若是，则冀州当得河东、冯翊、扶风、西河、幽、并之地，所夺者众。前日公破袁尚，禽审配，海内震骇，必人人自恐不得保其土地，守其兵众也；今使分属冀州，将皆动心。且人多说关右诸将以闭关之计；今闻此，以为必以次见夺⑤。一旦生变，虽有守善者，转相胁为非，则袁尚得宽其死，而袁谭怀贰，刘表遂保江、汉之间，天下未易图也。愿公急引兵先定河北，然后修复旧京，南临荆州，责贡之不入，则天下咸知公意，人人自安。天下大定，乃议古制，此社稷长久之利也。"太祖遂寝九州议。

①就谷：就食。移兵到粮食多的地方，使军队获得足够的补给。②因：乘着，趁着，凭借。③宜：应当。④制：管辖。⑤以次：依次。

建安六年（201），太祖为取得供养把军队调到东平的安民，由于粮食很少，不能够和黄河以北的敌人相持久，所以打算利用袁绍刚被打败的形势，趁这个时机讨伐刘表。荀彧说："现在袁绍被打败了，他已经众叛亲离了，应该趁着这个好时机，赶紧把他给平定了；如果一旦离开兖州、豫州，率领部队远征长江、汉水这些地方，要是

这个时候袁绍重新整合起以前的部队，乘虚进入我们的后方，那么您的大事就没希望了。"太祖又在河上驻军。袁绍得病去世了。太祖渡过黄河，奋力攻击袁绍的儿子袁谭、袁尚，这个时候，高幹、郭援侵犯河东，关西动荡，钟繇带领马腾等把他们给攻破了。这事在《钟繇传》中有记载。

建安八年（203），太祖记录了荀彧前后所立的战功，上表给皇上封他做万岁亭侯。

建安九年（204），太祖拿下了邺城，兼任冀州牧。有人劝说太祖："应该恢复古代设置的九州，那么冀州所能管辖的地方就扩大了，天下就容易归降了。"太祖打算听从这个建议，荀彧说："要是这样的话，那么冀州就应该得到河东、冯翊、扶风、西河、幽州、并州的地盘，所要取得的地方太大了。目前您只是打败了袁绍，活捉了审配，全国的人都感到震惊，一定会有人担心不能保住自己的地盘，而他们都拥有自己的军队；要是现在就使他们分别归属于冀州，那么人心就很惶恐。而且现在很多人在劝说关西的将领们采取闭关自守的政策；现在要是听说这件事，都会认为他们会被您逐一夺下了。一旦有变故发生，即使有坚持善良的，也会因为受到压迫转过来干坏事，那么袁尚就能延长他死亡的时间，而袁谭就会怀有二心，刘表于是就能在长江、汉水之间保存实力，天下也就不容易得到了。现在我希望您带领军队先快速平定黄河以北，然后再恢复原来的京都洛阳，向南平定荆州，谴责刘表不向天子朝贡，那么天下的人都知道您的心愿了，人心就会得到稳定。等到天下太平以后，那时候再商议恢复九州的古制，这才是为国家长远打算的计谋啊。"太祖于是把九州的建议放在一边。

**原文**

是时荀攸常为谋主①。彧兄衍以监军校尉守邺，都督河北事。太祖之征袁尚也，高幹密遣兵谋袭邺，衍逆觉②，尽诛之，以功封列侯。太祖以女妻彧长子恽，后称安阳公主。彧及攸并贵重，皆谦冲节俭③，禄赐散之宗族知旧④，家无余财。十二年，复增彧邑千户，合二千户。

太祖将伐刘表，问彧策安出，彧曰："今华夏已平，南土知困矣。可显出宛、叶而间行轻进，以掩其不意。"太祖遂行。会表病死，太祖直趋宛、叶如彧计，表子琮以州逆降。

十七年，董昭等谓太祖宜进爵国公，九锡备物，以彰殊勋，密以谘彧。彧以为太祖本兴义兵以匡朝宁国，秉忠贞之诚，守退让之实⑤；

君子爱人以德，不宜如此。太祖由是心不能平。会征孙权，表请彧劳军于谯，因辄留彧，以侍中光禄大夫持节，参丞相军事。太祖军至濡须，彧疾留寿春，以忧薨，时年五十。谥曰敬侯。明年，太祖遂为魏公矣。

子恽，嗣侯，官至虎贲中郎将。初，文帝与平原侯植并有拟论，文帝曲礼事彧。及彧卒，恽又与植善，而与夏侯尚不穆⑥，文帝深恨恽。恽早卒，子甝、霬以外甥故犹宠待。恽弟俣，御史中丞，俣弟诜，大将军从事中郎，皆知名，早卒。诜弟顗，咸熙中为司空。恽子甝，嗣为散骑常侍，进爵广阳乡侯，年三十薨。子頵嗣。霬官至中领军，薨，谥曰贞侯，追赠骠骑将军。子恺嗣。霬妻，司马景王、文王之妹也，二王皆与亲善。咸熙中，开建五等，霬以著勋前朝，改封恺南顿子。

**注 释**

①**谋主**：主谋之人。②**逆**：预先猜测。③**谦冲**：谦虚。④**知旧**：相识的旧朋友。⑤**守**：保持。⑥**穆**：和睦。

**译 文**

此时，荀攸是太祖最主要的谋士。荀彧的兄长荀衍以监军校尉的身份驻守于邺城，管理黄河以北的各项事务。太祖讨伐袁尚时，高幹秘密派兵想要偷袭邺城，荀衍事先觉察，把他们都诛杀了，因为这次战功他被封为列侯。太祖将自己的女儿嫁给荀彧的长子荀恽为妻，后来被封为安阳公主。荀彧和荀攸都是位高权重之人，但是他们为人都很谦和、节俭，他们的俸禄都赏赐或分给同宗族的人和部下了，家里没有多余的财物。建安十二年（207），曹操又为他增加食邑千户，食邑共计两千户。

太祖要讨伐刘表，问荀彧应当采用什么策略，荀彧说："现在中原已被平定，南方的统治者已经知道自己的困难了。现在可以公开向宛县、叶县地区进兵，同时抄小路轻装进击，出其不意袭击他们。"太祖于是采纳他的计策。这时候恰逢刘表去世，太祖于是直接赶往宛县、叶县。一切按照荀彧说的去做，刘表的儿子刘琮在荆州投降。

建安十七年（212），董昭等对太祖说他应当将自己晋爵为国公，置备九锡的仪仗，用来表彰曹操的特殊功劳，曹操暗中询问荀彧的意见。荀彧认为太祖本来就是为匡扶社稷才成立了义军，应当怀着对国家的忠心，知道保持退让的行动；君子应该靠高尚的品德去仁爱他人，不应当接受这些殊荣。太祖因为这件事心里不高兴。恰逢讨伐孙

权，太祖上表请求让荀彧去谯县劳军，他找机会将荀彧留在那里，凭借侍中光禄大夫的身份手持符节，参与丞相府里的军务。太祖的军队到达濡须口，荀彧得病留在寿春，因为长期忧郁而去世，死时才五十岁。谥号为敬侯。第二年，太祖被封为魏公。

　　荀彧的儿子荀恽，继承父亲的爵位，官至虎贲中郎将。当初，魏文帝与平原侯曹植都有被立为太子的希望，文帝用超出荀彧身份的礼节厚待他。等到荀彧死后，他的儿子荀恽却与曹植交好，但是他和夏侯尚关系很差，文帝对荀恽非常怨恨。荀恽很年轻就去世了，留下了两个儿子名叫荀甝和荀霬，因为他们是文帝外甥的缘故，受到了很大的宠爱。荀恽的弟弟荀俣，担任御史中丞，荀俣的弟弟荀诜，任大将军从事中郎，在当时他们都非常有名望，早年去世。荀诜的弟弟荀顗，在咸熙年间（264—265）担任司空。荀恽的儿子荀甝，继承了父亲的散骑常侍的官职，晋爵为广阳乡侯，三十岁时就去世了。他的儿子荀頵继承了爵位。荀霬官至中领军，荀霬死后谥号为贞侯，追赠为骠骑将军。他的儿子荀恺继承父亲的官职。荀霬的妻子是司马景王、文王的妹妹，这两个王对他都非常好。咸熙年间，开始设立五等爵位，荀霬因为对前朝立下了很大的功劳，改封荀恺为南顿子。

原　文

　　荀攸字公达，彧从子也。祖父昙，广陵太守。攸少孤。及昙卒，故吏张权求守昙墓。攸年十三，疑之，谓叔父衢曰："此吏有非常之色①，殆将有奸②！"衢寤，乃推问③，果杀人亡命。由是异之。何进秉政，征海内名士攸等二十余人。攸到，拜黄门侍郎。董卓之乱，关东兵起，卓徙都长安。攸与议郎郑泰、何颙、侍中种辑、越骑校尉伍琼等谋曰："董卓无道④，甚于桀纣，天下皆怨之，虽资强兵，实一匹夫耳。今直刺杀之以谢百姓，然后据崤、函，辅王命，以号令天下，此桓文之举也。"事垂就而觉，收颙、攸系狱，颙忧惧自杀，攸言语饮食自若，会卓死得免。弃官归，复辟公府，举高第，迁任城相，不行。攸以蜀汉险固，人民殷盛，乃求为蜀郡太守，道绝不得至，驻荆州。

注　释

①非常：不正常。②奸：奸诈。③推问：推究，追问。④无道：不合道义。

荀攸字公达，是荀彧的侄子。他的祖父荀昙，担任过广陵太守。荀攸很小的时候父亲就去世了。等到祖父荀昙去世时，荀昙此前的手下张权要求为荀昙守墓。荀攸那一年恰好十三岁，他对这件事很疑惑，对叔父荀衢说："这个人的脸色不好，恐怕他会使诈！"荀衢顿时醒悟，于是对他进行追查，这个人果然是杀人在逃。他于是对荀攸另眼相看。何进掌权时，征召了像荀攸这样全国知名的人士二十多人。等到荀攸到任时，授予他黄门侍郎一职。董卓叛乱时，关东军起义，董卓把都城迁到长安。荀攸和议郎郑泰、何颙，侍中种辑，越骑校尉伍琼等一起出谋划策："董卓没有人道，比夏桀、商纣王还要残暴，天下人都怨恨他，现在他虽然凭借强大的兵力，但只是个武夫而已。现在我们直接将他杀了，向天下的百姓谢罪，然后凭借崤山、函谷关，一起来辅佐王命，命令天下的人，这就是齐桓公、晋文公的举动啊。"事情快被实施的时候被察觉了，董卓逮捕了何颙、荀攸，并把他们打入大牢。何颙非常害怕就自杀了，但是荀攸却像往常一样说话、吃饭，等到董卓死后，他被赦免。于是他辞官回到家里，后来他又被招进公府，他的政绩很好，后来成为任城相，他没有去上任。荀攸认为蜀郡这个地方极为险峻，人民非常富裕，于是请求他担任蜀郡太守，由于道路阻隔不能到达，于是他进驻荆州。

太祖迎天子都许，遗攸书曰："方今天下大乱，智士劳心之时也，而顾观变蜀汉，不已久乎[1]！"于是征攸为汝南太守，入为尚书。太祖素闻攸名，与语大悦，谓荀彧、钟繇曰："公达，非常人也，吾得与之计事，天下当何忧哉！"以为军师。建安三年，从征张绣。攸言于太祖曰："绣与刘表相恃为强[2]，然绣以游军仰食于表[3]，表不能供也，势必离。不如缓军以待之，可诱而致也；若急之[4]，其势必相救。"太祖不从[5]，遂进军之穰，与战。绣急，表果救之。军不利。太祖谓攸曰："不用君言至是。"乃设奇兵复战，大破之。

是岁，太祖自宛征吕布，至下邳，布败退固守，攻之不拔，连战，士卒疲，太祖欲还。攸与郭嘉说曰："吕布勇而无谋，今三战皆北，其锐气衰矣。三军以将为主，主衰则军无奋意。夫陈宫有智而迟，今

三国志

一
一
〇

及布气之未复，宫谋之未定，进急攻之，布可拔也。"乃引沂、泗灌城，城溃，生禽布。

**译　文**

太祖迎奉天子抵达都城许昌，他给荀攸写信："如今天下正大乱，也是有才智的人劳心之时，可是你观察蜀郡的变化，已经使用了很长时间了！"于是征召荀攸任汝南太守，入都出任尚书。太祖平时就听说荀攸的声名，和他一交谈心中就十分高兴，于是他对荀彧、钟繇说："公达，他可不是一般的人才啊，我能和他计议国家大事，天下还有什么可以忧愁的事情呢！"太祖让他当了军师。建安三年（198），荀攸跟随曹操讨伐张绣。荀攸对太祖说："张绣和刘表都彼此依靠，势力才变得强大，但是张绣是带领着流动的部队向刘表索要给养的，要是刘表不给他供给，两个人必定会产生摩擦。现在不如减缓行军速度来等待时机，可以诱使他来归降；假如急于进军，他们两人势必会彼此救助。"太祖没有听从他的意见，向穰县快速进军，在那里和张绣交战了。张绣非常着急，刘表果然救援了他。曹操的军事行动非常不顺利。太祖对荀攸说："这是我没有采纳你的计谋才会这样的。"于是又布置了奇兵再次与张绣交战，将张绣打败。

就在这一年，太祖从宛县征讨吕布，到下邳城时，吕布败退坚持守住阵地，曹操攻打吕布却没能攻下，连着战了好几天，士兵都极为疲惫，太祖打算回去。荀攸和郭嘉劝说他："吕布尽管很勇猛，但是他没有计谋，现在多次交战却都战败，他的锐气被挫败。三军以将帅为主，假如将帅的锐气消减，那么整支军队也就没有斗志了。至于陈宫，他尽管有智慧，但是行动迟缓，现在趁着吕布的锐气还没恢复，陈宫还没定下计谋，应该快速攻打他们，吕布就能够被打败了。"于是曹操掘开沂水、泗水，把下邳城给淹了。下邳城被攻克，曹操活捉吕布。

**原　文**

后从救刘延于白马，攸画策斩颜良。语在《武纪》。太祖拔白马还，遣辎重循河而西①。袁绍渡河追，卒与太祖遇②。诸将皆恐，说太祖还保营，攸曰："此所以禽敌，奈何去之！"太祖目攸而笑③。遂以辎重饵贼，贼竞奔之，陈乱④。乃纵步骑击，大破之，斩其骑将文丑，太祖遂与绍相拒于官渡。军食方尽，攸言于太祖曰："绍运车旦暮至，其将韩猛锐而轻敌，击可破也。"太祖曰："谁可使？"攸曰："徐晃可。"乃遣晃及史涣邀击破走之⑤，烧其辎重。会许攸来降，言绍遣淳于琼等将万余兵迎运粮，将骄卒惰，可要击也。众皆疑。唯攸与贾诩劝太祖。太祖乃留攸及曹洪守。太祖自将攻破之，尽斩琼等。绍将张郃、高览烧攻橹降，绍遂弃军走。郃之来，洪疑不敢受，攸谓洪曰："郃计不用，怒而来，君何疑？"乃受之。

注 释

①**辎重**：军用物资。**循**：沿着。②**卒**：通"猝"，突然。③**目**：看。④**陈**：通"阵"，阵形。⑤**邀**：中途进行拦截。

译 文

　　荀攸后来跟随曹操前往白马去营救刘延，荀攸为曹操出个计谋把颜良斩杀了。这件事记录在《武帝纪》中。太祖攻克白马回来，命令管理运输物资的部队沿黄河往西走。袁绍渡过黄河追击这些部队，这些部队最终与太祖相遇。每个将领都很害怕，劝说太祖回师护卫军营，荀攸说："这正是擒拿敌人的大好时机，怎能回去！"太祖看着荀攸笑了。于是曹操用军械等物资引诱敌人，敌人都跑去抢东西，队伍顿时混乱。曹操于是派遣步兵、骑兵一起攻打他们，把他们打败了，斩杀了骑将文丑，太祖于是才与袁绍在官渡交战。军队的粮食快吃完了，荀攸对太祖说："袁绍运军粮的车早晚都会前来，他的大将韩猛非常勇猛但是轻敌，只要攻打就可以打败他们。"太祖说："那么谁能去干这件事呢？"荀攸说："徐晃可以。"于是曹操派徐晃和史涣在中途拦截敌人，把他们打败了，把他们的军用物资烧毁。这时候，正赶上许攸前来投降，他说袁绍正派淳于琼等率领一万多士兵护送运粮，但是袁绍的军队将领骄傲、士兵懒散，可以在中途进行拦截。大家感到很疑惑。只有荀攸和贾诩劝说太祖进击。太祖于是留荀攸与曹洪防守大营。太祖亲自带兵攻打送粮的军队，把淳于琼等将领都斩杀了。袁绍的大将张郃、高览烧毁进攻用的望楼之后投降，袁绍于是丢下军队独自逃跑。张郃前来归降后，曹洪还有所怀疑，不敢接受，荀攸对曹洪说："张郃是由于其计谋没有被袁绍采纳，因此很生气才来投奔您的，为什么还要怀疑他呢？"

于是接受了他的投降。

　　七年，从讨袁谭、尚于黎阳。明年，太祖方征刘表，谭、尚争冀州。谭遣辛毗乞降请救，太祖将许之，以问群下。群下多以为表强，宜先平之，谭、尚不足忧也。攸曰："天下方有事，而刘表坐保江、汉之间，其无四方志可知矣①。袁氏据四州之地，带甲十万，绍以宽厚得众，借使二子和睦以守其成业②，则天下之难未息也③。今兄弟遘恶④，此势不两全。若有所并则力专，力专则难图也。及其乱而取之，天下定矣，此时不可失也。"太祖曰："善。"乃许谭和亲⑤，遂还击破尚。其后谭叛，从斩谭于南皮。冀州平，太祖表封攸曰："军师荀攸，自初佐臣，无征不从，前后克敌，皆攸之谋也。"于是封陵树亭侯。十二年，下令大论功行封，太祖曰："忠正密谋，抚宁内外，文若是也。公达其次也。"增邑四百，并前七百户，转为中军师。魏国初建，为尚书令。

　　①**四方志**：志在四方，指成就大事业的志向。②**成业**：已经成就的事业，现有的基业。③**难**：灾难。④**遘恶**：成为仇敌。⑤**和亲**：指曹操的儿子娶了袁谭的女儿。

　　建安七年（202），荀攸跟随曹操在黎阳讨伐袁谭与袁尚。第二年，太祖准备征讨刘表，袁谭、袁尚正争夺冀州。袁谭派辛毗向曹操乞降，并要求曹操予以援救，太祖打算答应其请求，就这件事问臣子。臣下多数都认为刘表非常强大，应当先平定他，袁谭、袁尚不值得忧虑。荀攸说："天下现在正在发生大变，可是刘表坐守长江与汉水之间，他胸无大志这是大家都知道的。袁氏却占据青州、益州、幽州、并州这四个州，统率着十万大军，袁绍因为对部下宽厚才得到部下的拥戴，假如这两个儿子可以和睦相处，坚守他们现在的基业，那么天下的灾难还不能停止。现在他们兄弟两个彼此敌视，双方不可能都留存下来。要是一方被另一方吞并的话，那么袁氏的力量就会汇聚在一起了。要是他们的力量集中在一块，那么就难以征伐了，现在可不能失去机会啊。"太祖说："太好了。"于是就答应与袁谭和亲，回过头来击败了袁尚。后来袁谭叛变，在南皮这个地方，曹操斩杀了他。冀州被平定后，太祖上表要求加封荀攸："军师荀攸，自从辅佐我开始，每次征战都能取胜，前后所击败的敌人，没有一个不是靠荀攸的计谋的。"于是封荀攸为陵树亭侯。建安十二年，下令大张旗鼓地论功行赏，太祖说："为人忠诚正直，谋划周密，对内、对外都能实行安抚，首功是文若，次为公达。"为他增加食邑四百户，连同之前的共有七百户，后来又升他为中军师。魏国刚建立时，任命他为尚书令。

原文

攸深密有智防①，自从太祖征伐，常谋谟帷幄②，时人及子弟莫知其所言。太祖每称曰："公达外愚内智，外怯内勇，外弱内强，不伐善③，无施劳④，智可及⑤，愚不可及，虽颜子、甯武不能过也。"文帝在东宫，太祖谓曰："荀公达，人之师表也，汝当尽礼敬之。"攸曾病，世子问病，独拜床下，其见尊异如此。攸与钟繇善，繇言："我每有所行，反覆思惟，自谓无以易；以咨公达，辄复过人意。"公达前后凡画奇策十二，唯繇知之。繇撰集未就，会薨，故世不得尽闻也。攸从征孙权，道薨。太祖言则流涕。

长子缉，有攸风，早没。次子适嗣，无子，绝。黄初中，绍封攸孙彪为陵树亭侯，邑三百户，后转封丘阳亭侯。正始中，追谥攸曰敬侯。

注释

①**智防**：才智。②**谋谟**：谋划。③**伐善**：夸耀自身的长处。④**施劳**：夸耀自身的功劳。⑤**及**：够得上。

译文

荀攸考虑问题非常深入且周密，他很有智慧，还知道保守秘密，自从跟随太祖征伐天下，他经常在军帐当中谋划计谋，一般的人与他的子弟都不知道他说什么。太祖时常赞赏他："公达表面愚钝，其实很聪慧，表面怯懦，实际上极为勇敢，外表软弱但内心刚强，不喜欢自夸，不炫耀自身的功劳，他的聪明是有人赶得上的，但是他的愚钝是无人能赶得上的，即使是颜回、甯武也无法超过他。"文帝当太子时，太祖对他说："荀公达是可以为人师表的，你一定要按礼节来对待他啊。"荀攸曾生病，太子去看望他，跪拜在床前，他竟被尊敬到这种程度。荀攸和钟繇关系很好，钟繇说："我每次有什么行动，都需要反复思考，自己认为是没必要更改的；每次拿去与荀攸商量，他的答复总是出乎人的意料。"公达前后共谋划的奇策共有十二个，只有钟繇知道。钟繇撰写文集还没完成就去世了，所以世上再也无人知道了。荀攸跟随曹操征讨孙权，在路上去世。太祖每次说起他都会流泪。

荀攸的长子荀缉，很有荀攸的风范，很年轻就去世了。他的次子荀适继承了父亲的官爵，他没有儿子，所以爵位断绝。黄初年间（220—226），封荀攸的孙子荀彪为陵树亭侯，食邑三百户，后来转封他为丘阳亭侯。正始年间（240—249），追封荀攸谥号为敬侯。

贾诩字文和，武威姑臧人也。少时人莫知，唯汉阳阎忠异之[1]，谓诩有良、平之奇。察孝廉为郎，疾病去官，西还至汧，道遇叛氐，同行数十人皆为所执[2]。诩曰："我段公外孙也，汝别埋我，我家必厚赎之。"时太尉段颎，昔久为边将，威震西土，故诩假以惧氐。氐果不敢害，与盟而送之，其余悉死。诩实非段甥，权以济事[3]，咸此类也[4]。

①**异**：认为不凡。②**执**：逮捕。③**济事**：成事。④**咸**：都。

贾诩字文和，是武威姑臧人。年轻时没人知道他，只有汉阳的阎忠非常欣赏他，说贾诩有张良、陈平等人的奇才。他被举荐当了孝廉，担任郎官，因为生病辞官，向西还乡到了汧县，路上遭遇氐族叛乱，同行的几十个人都被叛乱的氐族抓住。贾诩说："我是段公的外孙，你千万别埋掉我，我家一定会用重金来赎我的。"此时的太尉段颎，原先很长时间都担任边防的将军，在西部边疆名声很大，所以贾诩借用段颎来吓唬氐族。

氏族的叛贼果然不敢杀害他，和他订立盟约并送他回去了，其余的人都被杀了。其实贾诩并非段太尉的亲属，只不过是随机应变而已。

董卓之入洛阳，诩以太尉掾为平津都尉，迁讨虏校尉。卓婿中郎将牛辅屯陕，诩在辅军。卓败，辅又死，众恐惧，校尉李傕、郭汜、张济等欲解散，间行归乡里。诩曰："闻长安中议欲尽诛凉州人，而诸君弃众单行，即一亭长能束君矣①。不如率众而西，所在收兵，以攻长安，为董公报仇，幸而事济②，奉国家以征天下③，若不济，走未后也。"

众以为然。傕乃西攻长安。语在《卓传》。后诩为左冯翊，傕等欲以功侯之，诩曰："此救命之计，何功之有！"固辞不受。又以为尚书仆射，诩曰："尚书仆射，官之师长，天下所望，诩名不素重，非所以服人也。纵诩昧于荣利④，奈国朝何！"乃更拜诩尚书，典选举，多所匡济⑤，傕等亲而惮之。会母丧去官，拜光禄大夫。傕、汜等斗长安中，傕复请诩为宣义将军。傕等和，出天子，佑护大臣，诩有力焉。天子既出，诩上还印绶。是时将军段煨屯华阴，与诩同郡，遂去傕托煨。诩素知名，为煨军所望。煨内恐其见夺，而外奉诩礼甚备，诩愈不自安。

●贾诩

①束：制约。②济：成功。③国家：指朝廷。④昧：贪冒。⑤匡济：匡正，保全。

　　董卓进入都城洛阳，贾诩以太尉属官的身份出任平津都尉，后来又升任讨虏校尉。董卓的女婿中郎将牛辅驻扎于陕县，贾诩在牛辅的军队当中任职。董卓被击败后，牛辅此时又死了，士兵都很害怕，这时候，校尉李傕、郭汜、张济等都准备解散军队，抄小路返回家乡。贾诩说："我听说长安城当中有人打算把凉州人都杀光，但是各位将领却准备丢下部队单独返回家乡，只要是个亭长就可以抓住你们。倒不如带领着部队向西进发，到所到的地方招收士兵，到时再进攻长安，替董公报仇，要是幸运，成就大事，我们就可以尊奉国家去征讨天下叛贼，假如不成功，那么再逃跑也不晚。"大家都认为这样做是很有道理的。李傕于是往西攻打长安。这件事被记载在《董卓传》中。后来贾诩任左冯翊官长，李傕等想因为这次功劳封他为侯，贾诩说："这只不过是用于救命的计谋，哪里算是什么功劳啊！"坚决不肯接受。后来又让他担任尚书仆射，贾诩说："尚书仆射，是百官的师长，被天下人所仰望，我贾诩的声名并不显赫，不值得让众人为我所折服。即使贾诩我贪慕虚荣，那么对国家又有什么好处呢！"于是又改为任命贾诩做尚书，掌管选举贤才，对人事工作有所匡正、保全，李傕等跟他亲近，但又害怕他。后来恰逢贾诩的母亲去世，他辞掉官职，授予他光禄大夫一职。李傕、郭汜在长安当中争斗时，李傕又请求贾诩任宣义将军。李傕等人讲和，放出天子，保护大臣，全都依靠贾诩的力量。天子被放出以后，贾诩归还了官印与绶带。这时候将军段煨驻守于华阴，他和贾诩是一郡的人，贾诩离开了李傕投奔段煨。贾诩向来名声很好，段煨很敬重他。但段煨害怕自己的权势被他人夺取，表面上对贾诩很好，可是实际上却加以提防，贾诩因此感到不安。

　　张绣在南阳，诩阴结绣①，绣遣人迎诩。诩将行，或谓诩曰："煨待君厚矣，君安去之？"诩曰："煨性多疑，有忌诩意②，礼虽厚，不可恃，久将为所图。我去必喜，又望吾结大援于外，必厚吾妻子。绣无谋主，亦愿得诩，则家与身必俱全矣③。"诩遂往，绣执子孙礼，煨果善视其家。诩说绣与刘表连和。太祖比征之，一朝引军退，绣自追之。诩谓绣曰："不可追也，追必败。"绣不从，进兵交战，大败而还。诩谓绣曰："促更追之，更战必胜。"绣谢曰："不用公言，以至于此。

今已败，奈何复追？"诩曰："兵势有变，亟往必利。"绣信之，遂收散卒赴追，大战，果以胜还。问诩曰："绣以精兵追退军，而公曰必败；退以败卒击胜兵，而公曰必克。悉如公言，何其反而皆验也？"诩曰："此易知耳。将军虽善用兵，非曹公敌也。军虽新退，曹公必自断后；追兵虽精，将既不敌，彼士亦锐，故知必败。曹公攻将军无失策，力未尽而退，必国内有故；已破将军，必轻军速进，纵留诸将断后，诸将虽勇，亦非将军敌，故虽用败兵而战必胜也。"绣乃服。是后，太祖拒袁绍于官渡，绍遣人招绣，并与诩书结援。绣欲许之，诩显于绣坐上谓绍使曰："归谢袁本初，兄弟不能相容，而能容天下国士乎？"绣惊惧曰："何至于此！"窃谓诩曰："若此，当何归？"诩曰："不如从曹公。"绣曰："袁强曹弱，又与曹为仇，从之如何？"诩曰："此乃所以宜从也。夫曹公奉天子以令天下，其宜从一也。绍强盛，我以少众从之，必不以我为重。曹公众弱，其得我必喜，其宜从二也。夫有霸王之志者，固将释私怨，以明德于四海，其宜从三也。愿将军无疑！"绣从之，率众归太祖。太祖见之，喜，执诩手曰："使我信重于天下者，子也。"表诩为执金吾，封都亭侯，迁冀州牧。冀州未平，留参司空军事。袁绍围太祖于官渡，太祖粮方尽，问诩计焉出，诩曰："公明胜绍，勇胜绍，用人胜绍，决机胜绍，有此四胜而半年不定者，但顾万全故也。必决其机，须臾可定也。"太祖曰："善。"乃并兵出，围击绍三十余里营，破之。绍军大溃，河北平。太祖领冀州牧，徙诩为太中大夫。

　　建安十三年，太祖破荆州，欲顺江东下。诩谏曰："明公昔破袁氏，今收汉南，威名远著，军势既大；若乘旧楚之饶，以飨吏士，抚安百姓④，使安土乐业，则可不劳众而江东稽服矣⑤。"太祖不从，军遂无利。太祖后与韩遂、马超战于渭南，超等索割地以和，并求任子。诩以为可伪许之。又问诩计策，诩曰："离之而已。"太祖曰："解。"一承用诩

谋。语在《武纪》。卒破遂、超，诩本谋也。

**注 释**

①阴：暗地里。②忌：不信任。③身：自己。④抚安：安抚，安顿。⑤稽服：诚心诚意地信服。

**译 文**

张绣驻守于南阳时，贾诩暗中与张绣联络，张绣派人迎接贾诩。贾诩打算前去，有人劝贾诩说："段煨对您这么好，您为什么还要离开他这里呢？"贾诩说："段煨这个人生性就多疑，而且有嫉妒我的心思，尽管对我很有礼貌，对我很好，可是我不能长久地依靠他，要是我长期在这里，他就怀疑我要取代他。我走了，他肯定会很高兴，他肯定还希望我在外面联合更强大的力量，他肯定对我的妻子与儿女好的。张绣没有可以商量大计的人，也愿意我去投靠他，那么我的家室与我自己都可以得到保全。"贾诩于是去投靠张绣，张绣以小辈对待长辈的礼节来厚待贾诩，段煨果然对贾诩的家人非常好。贾诩劝说张绣与刘表联合。太祖不断攻打张绣，有一天他突然下令撤军，张绣要亲自带着士兵去追击他。贾诩对张绣说："您一定不可以去追击他，假如追的话是肯定会失败的。"张绣不听贾诩的话，出兵与曹操交战，结果吃了败仗。贾诩对张绣说："现在快速去追曹操，再打一场的话肯定取胜。"张绣道歉说："我没有听从您的话，才到了现在这个局面。现在已经打了败仗，为什么还要去追他呢？"贾诩说："作战的形势是不断变化的，马上去追击他肯定是有利的。"张绣于是相信了他，收拢散乱的部下去追击曹操，与曹操大打一仗，结果胜利归来。他问贾诩："我凭借着精兵追击曹操已撤退的军队，您却说我肯定会失败；等我撤回来，您却让我用打了败仗的士兵去追击曹操打胜的军队，但我却取胜了。一切都像您所说的那样，为什么这些违反常理的事情却全部得到验证呢？"贾诩说："这是非常简单的事！将军您虽然擅长用兵打仗，但不是曹操的对手。曹操的军队尽管刚刚撤退，曹操肯定会自己亲自断后的；追击的军队虽然很精良，但是将领却无法对抗，他们的士兵还是很勇猛的，所以我就知道您会失败。曹操的将领在反攻时没有失误，但是没有耗尽战斗力的时候便撤退了，肯定是国内临时出现了变故；而且他们已经打败了您，一定会轻装快速前进，即使留下将领断后，这些将领尽管勇猛，也不是将军您的对手，所以虽然用打过败仗的士兵却还是可以获胜的。"张绣于是对贾诩很佩服。以后，太祖在官渡与袁绍交战，袁绍派人招降张绣，而且给贾诩写信邀请与他结成援助的关系。张绣打算同意其请求，贾诩毫不顾忌地对袁绍派来的使者说："请您回去谢绝袁本初，兄弟还彼此不能相容呢，难道能容得下天下间的杰出人才吗？"张绣非常害怕地说道："为什么会这样呢！"他偷偷地对贾诩说："要是这样的话，应当归附谁啊？"贾诩说："不如归顺曹操。"张绣说："袁绍的兵力强大，曹操的兵力不足，而且我又与他有仇怨，归顺他又怎么样呢？"贾诩说："这就是为什么要去归顺他的原因。曹公奉天子的命令来号令天下，这也是为什么必定要归顺他的第一个原因。袁绍现在尽管强大，要是我们靠这点人马去投靠他，他肯定不会重用我们。曹公虽身处弱势，要是我们去投靠他，他一定会特别高兴的，这就是应该归顺他的第二个原因。曹操这个人有霸王之志，肯定会放下此前的私怨，用来向天下的人表明自己品德高尚，这是第三个一定要归顺他的原因。请将军不要再怀疑了！"张绣听从贾诩的建议，带领部队归顺太祖。太祖看到他们来归降，心中非常高兴，他拉着贾诩的手说："使我的信誉得以被天下人看重的人是你啊。"曹操上表要求封贾诩为执金吾，封为都亭侯，后来又升为冀州牧。冀州那时还没有被平定，留下贾诩来作为司空军事参谋。袁绍在官渡将太祖围困，那时候太祖的军粮已用完，他问贾诩有没有好的计策，贾诩说："您的智慧胜过袁绍，勇气也胜过袁绍，用人也要比袁绍技高一筹，对时机的把握也超过袁绍，您有这四个方面的优势却在半年的时间里还没有击败袁绍，只是要顾忌万无一失的缘故。必须要果断地把握时机，在很短的时间里就足以把他平定了。"太祖说："太好了。"于是一起出兵，包围并进攻袁绍长达三十余里营地，把袁绍的军队打败了。袁绍的军队溃败，黄河以北地区也被平定。太祖兼任冀州牧，提拔贾诩为太中大夫。

建安十三年（208），太祖平定荆州，准备顺江东下。贾诩劝谏："明公当初打败袁绍，现在又收复了汉水以南区域，您的威名已经传播得很远了，军势也已经壮大；如果利用荆州原本就富饶的条件，来对官兵实行赏赐，安抚百姓，让他们能安居乐业，那么不必劳师动众就可以使江东地区臣服。"太祖不听从其意见，于是作战后没能取得什么利益。太祖后来和韩遂、马超在渭南交战，马超等想让曹操割给他们土地来求和，并请求放回人质。贾诩认为可以假装答应其要求。曹操又问贾诩对策，贾诩说："只要离间他们就可以了。"太祖说："我明白了。"于是采用了贾诩的计谋。这些事情都被记录在《武帝纪》中。最终曹操击败韩遂、马超的军队，这就是靠贾诩出的计谋。

原　文

是时，文帝为五官将，而临淄侯植才名方盛①，各有党与②，有夺

宗之议。文帝使人问诩自固之术③，诩曰："愿将军恢崇德度，躬素士之业，朝夕孜孜，不违子道。如此而已。"文帝从之，深自砥砺。太祖又尝屏除左右问诩，诩嘿然不对④。太祖曰："与卿言而不答，何也？"诩曰："属适有所思⑤，故不即对耳。"太祖曰："何思？"诩曰："思袁本初、刘景升父子也。"太祖大笑，于是太子遂定。诩自以非太祖旧臣，而策谋深长，惧见猜疑，阖门自守，退无私交，男女嫁娶，不结高门，天下之论智计者归之。

文帝即位，以诩为太尉，进爵魏寿乡侯，增邑三百，并前八百户。又分邑二百，封小子访为列侯。以长子穆为驸马都尉。帝问诩曰："吾欲伐不从命以一天下，吴、蜀何先？"对曰："攻取者先兵权，建本者尚德化。陛下应期受禅，抚临率土，若绥之以文德而俟其变，则平之不难矣。吴、蜀虽蕞尔小国，依阻山水，刘备有雄才，诸葛亮善治国，孙权识虚实，陆议见兵势，据险守要，泛舟江湖，皆难卒谋也。用兵之道，先胜后战，量敌论将，故举无遗策。臣窃料群臣，无备、权对，虽以天威临之，未见万全之势也。昔舜舞干戚而有苗服，臣以为当今宜先文后武。"文帝不纳。后兴江陵之役，士卒多死。诩年七十七，薨，谥曰肃侯。子穆嗣，历位郡守。穆薨，子模嗣。

评曰：荀彧清秀通雅，有王佐之风，然机鉴先识，未能充其志也。荀攸、贾诩，庶乎算无遗策，经达权变，其良、平之亚欤！

●决胜负贾诩谈兵

①**盛**：兴盛。②**党与**：同党。③**固**：巩固。**术**：策略。④**嘿**：通"默"，沉默。⑤**属**：恰好，正好。

　　这个时候，魏文帝担任五官中郎将，而临淄侯曹植的才能与名声极大，他们各自有自己的党羽，都有彼此争夺王位的想法。魏文帝派人请问贾诩如何巩固自己的地位，贾诩说："希望将军能够提高品德，亲自认真学习贫寒素士的学业，一天到晚都勤奋学习，不做违背为人子者的道义的事情就行了。"魏文帝听从他的意见，刻苦磨炼自己。太祖曾把身边的人屏退后悄悄问贾诩，贾诩沉默不语。太祖说："我和你说话，你却不回答，到底是为什么呢？"贾诩说："我恰好在思考问题，所以不能马上回答您。"太祖于是问："你在想什么呢？"贾诩回答说："我在想袁本初、刘景升父子。"太祖听后大笑，于是太子的事最终被确定下来。贾诩认为他不是太祖的老臣，但是他的计谋却非常长远，害怕因此受到猜疑，于是整天闭门不出，回家也不与家人交流，儿女嫁娶，也不攀附达官贵族，天下的人谈论起有智谋的人没有人不想起他的。

　　魏文帝登上皇位，任命贾诩为太尉，封为魏寿乡侯，增加食邑三百户，和以前的加起来共有八百户。后来又分给他食邑二百户，封其小儿子贾访为列侯。任命他的长子贾穆任驸马都尉。文帝问贾诩："我现在想讨伐那些不听从命令的人来实现全天下的统一，吴国、蜀国这两个国家到底应当先打哪个？"贾诩回答："夺取领土首先依靠的是武力，建立根本的事业必定要依靠道德教化。陛下应当接受上天的禅让，安抚天下，如果用道德教化来安抚天下百姓的话，那么平定天下就没有困难了。吴国、蜀国尽管是小国，但是他们凭借着天然形成的山水优势，而且刘备非常有才能，诸葛亮又擅长治理国家，孙权能够看出敌我虚实，陆逊懂得分析军事形势，他们依靠险要的地势来加以防守，水军在江湖上游荡，这些都不是马上就能除掉的。用兵之道，在于先分析是否有取胜的把握，估量敌人的实力，分析对方的将领，所以打起仗来就不会有什么失策。我在私下里分析我们的群臣当中，没有人是刘备、孙权的对手，您现在虽然靠天威取得天下，但还不是万无一失。从前唐舜舞动干戚使有苗服从了他，我现在认为应该先用文治，再使用武力。"文帝没有采纳他的建议。后来发动江陵战役，士兵死伤很多。贾诩在七十七岁时去世，其谥号是肃侯。他的儿子贾穆继承爵位，一直担任郡守。贾穆去世，贾穆的儿子贾模继承爵位。

　　评论说：荀彧为人清廉，人品突出，有辅佐帝王的贤臣风范，可是他的机智与高远的见识，没能让他的志向充分发挥出来。荀攸、贾诩，这两个人几乎从未失算过，他们懂得通达，会随机应变，应当是张良、陈平这一类人吧！

# 钟繇华歆王朗传

**原文**

　　钟繇字元常，颍川长社人也。尝与族父瑜俱至洛阳[①]，道遇相者[②]，曰："此童有贵相[③]，然当厄于水[④]，努力慎之！"行未十里，度桥，马惊，堕水几死。瑜以相者言中，益贵繇，而供给资费，使得专学。举孝廉[⑤]，除尚书郎、阳陵令，以疾去。辟三府，为廷尉正、黄门侍郎。是时，汉帝在西京，李傕、郭汜等乱长安中，与关东断绝。太祖领兖州牧，始遣使上书。傕、汜等以为"关东欲自立天子，今曹操虽有使命，非其至实"，议留太祖使，拒绝其意。繇说傕、汜等曰："方今英雄并起，各矫命专制，唯曹兖州乃心王室，而逆其忠款，非所以副将来之望也。"傕、汜等用繇言，厚加答报，由是太祖使命遂得通。太祖既数听荀彧之称繇，又闻其说傕、汜，益虚心。后傕胁天子，繇与尚书郎韩斌同策谋。天子得出长安，繇有力焉。拜御史中丞，迁侍中尚书仆射，并录前功封东武亭侯。

**注释**

　　①**族父**：族兄弟之父，泛指同族的叔伯。②**道**：在路上。**相者**：看相之人。③**贵相**：富贵的相貌。④**厄**：灾难。⑤**孝廉**：古代选官的两类科目名称。

**译文**

　　钟繇字元常，是颍川长社人。他曾经与族父钟瑜一起去洛阳，在路上遇到相面之人，那个人对钟瑜说："这个孩子有富贵之相，可是会遭到水淹的祸患，一定要慎重啊！"走了没过十里，过桥时，马受到惊吓，钟繇掉到水里几乎淹死。钟瑜觉得相面的人说中了，就更加器重钟繇，并且供给他费用，使他能专心学习。钟繇被举荐为孝廉，又授予他尚书郎、阳陵令的官职，因为得病就辞掉了官职。三公府征召他，他在这里担任廷尉正、黄门侍郎。就在这时，汉帝在西京，李傕、郭汜等在长安城当中掀起叛乱，与关东断绝联系。太祖兼任兖州牧，才派遣使者上书朝廷。李傕、郭汜等人以为："关东准备自己独立，自己做天子，现在曹操虽然派来使者，但并非出自他的真心。"于是他们商量着扣留太祖的使者，拒绝太祖的意图。钟繇劝李傕、郭汜等人说："现在正是英雄兴起的时候，都假托皇帝命令并独断专行，只有曹兖州对王室忠心一片，现在应当欢迎他，而不是拒绝他，这并非是咱们将来的愿望。"李傕、郭汜等采纳钟繇的意见，于是对使者给予丰厚的回报，因此曹操的使命能够传达。太祖已经听荀彧好几次称赞钟繇了，又听说他劝说过李傕、郭汜，就对他更加虚心。后来李傕胁迫天子，钟繇和尚书郎韩斌一起出谋划策。天子能够离开长安，都是钟繇的功劳。钟繇被任命为御史中丞，后来升任侍中尚书仆射，加上以前建立的功劳被封为东武亭侯。

**原　文**

　　时关中诸将马腾、韩遂等，各拥强兵相与争。太祖方有事山东，以关右为忧<sup>①</sup>。乃表繇以侍中守司隶校尉<sup>②</sup>，持节督关中诸军，委之以后事，特使不拘科制<sup>③</sup>。繇至长安，移书腾、遂等，为陈祸福，腾、遂各遣子入侍。太祖在官渡，与袁绍相持，繇送马二千余匹给军。太祖与繇书曰："得所送马，甚应其急。关右平定，朝廷无西顾之忧，足下之勋也<sup>④</sup>。昔萧何镇守关中，足食成军，亦适当尔。"其后匈奴单于作乱平阳，繇帅诸军围之，未拔；而袁尚所置河东太守郭援到河东，众甚盛。诸将议欲释之去，繇曰："袁氏方强，援之来，关中阴与之通<sup>⑤</sup>，所以未悉叛者，顾吾威名故耳。若弃而去，示之以弱，所在之民，谁非寇雠？纵吾欲归，其得至乎！此为未战先自败也。且援刚愎好胜，必易吾军，若渡汾为营，及其未济击之，可大克也。"张既说马腾会击援，腾遣子超将精兵逆之。援至，果轻渡汾，众止之，不从。济水未半，击，大破之，斩援，降单于。语在《既传》。其后河东卫固作乱，与张晟、张琰及高幹等并为寇，繇又率诸将讨破之。自天子西迁，洛阳人民单尽，繇徙关中民，又招纳亡叛以充之，数年间民户稍实。太祖征关中，得以为资，表繇为前军师。

**注释**

①**关右**：地区名，即关西，因为古人将西边称作右，所以就有了这种叫法。②**表**：古代奏章的一种，这里指给皇上上奏章。③**科制**：科条制度。④**足下**：古代下称上或平辈相称的敬称。⑤**阴**：暗地里。**通**：勾结。

**译文**

这时候关中的各个将领如马腾、韩遂等人，都依靠强大的兵力彼此争夺领地。太祖正赶上在崤山以东出现战事，他正担心着关西的局势。于是上表请求任命钟繇为侍中守司隶校尉，持符节率领关中的各支军队，把后事托付给他，特许他不受科条制度的限制。钟繇到达长安，他写信给马腾、韩遂等人，向他们陈说利害，马腾、韩遂都派自己的儿子来京城侍奉皇帝。太祖正在官渡与袁绍对战，钟繇给军队送去两千多匹马。太祖给钟繇写信："我收到了你送来的马，真是太及时了。关西已被平定，朝廷没有西顾之忧，这都是你的功劳啊。从前萧何镇守关中，给军队提供了大量粮食，你的功劳与他的相当啊。"在这之后，匈奴单于在平阳作乱，钟繇带领各路军队围攻他，没能取胜；袁尚所设的河东太守郭援到达河东，他的部下很多。将领们商量着准备撤退，钟繇说："袁氏正是强大的时候，郭援到来，关中有人暗中与他勾结，之所以没全部背叛，是因为看在我的声名的份上。要是就这么回去了，就会显得我们很软弱，咱们现在这个地方的百姓，哪个不是咱们的仇敌呢？要是我们想回去就可以回得去吗？这样做是不战自败。况且郭援刚愎好胜，一定轻视我们的军队，要是他们渡过河在那里安营扎寨，在他们还没过河时攻打他们，一定可以打败他们。"张既劝说马腾联合攻击郭援，马腾派他的儿子马超带领精兵迎战。郭援赶到，果真打算轻装渡过汾河，部下劝阻他，他不听。渡水还没渡到一半时，钟繇领军出击，把郭援打败了，斩杀郭援，降伏单于。这些在《张既传》当中有记载。后来河东的卫固起兵作乱，与张晟、张琰及高幹等一起做寇贼抢掠，钟繇又带将领们讨伐他们，并把他们打败了。自从天子向西迁都长安，洛阳的人口就随之减少了，钟繇迁徙关中的人们过去，又招纳了叛逃的人前来补充，几年的工夫，洛阳的百姓与户口多了起来。太祖征伐关中时，能够获得足够的物资，他上表请求钟繇担任前军师。

　　魏国初建，为大理①，迁相国②。文帝在东宫③，赐繇五熟釜，为之铭曰："於赫有魏，作汉藩辅。厥相惟钟，实干心膂。靖恭夙夜，匪遑安处。百寮师师，楷兹度矩④。"数年，坐西曹掾魏讽谋反⑤，策罢就第。文帝即王位，复为大理。及践阼，改为廷尉，进封崇高乡侯。迁太尉，转封平阳乡侯。时司徒华歆、司空王朗，并先世名臣。文帝罢朝，谓左右曰："此三公者，乃一代之伟人也，后世殆难继矣！"明帝即位，进封定陵侯，增邑五百，并前千八百户，迁太傅。繇有膝疾，拜起不便。时华歆亦以高年疾病，朝见皆使载舆车，虎贲舁上殿就坐。是后三公有疾，遂以为故事。

　　①**大理**：官名，即廷尉。掌管刑狱，为九卿之一。②**相国**：官名，是辅佐皇帝的高级官吏。③**东宫**：太子居住的宫殿。④**楷**：楷模。**度矩**：法度。⑤**坐**：因为……而获罪。**掾**：官名，是丞相府的属官，负责掌管属吏任免。

　　魏国刚建立时，钟繇担任大理，后来升为相国。文帝做太子时，曾赏赐钟繇五熟釜，上面雕刻着："伟大的魏国，是汉朝的藩屏辅佐。相国钟繇为国家的栋梁啊，日夜为国家操劳，无法安心睡觉，百官应向您学习，您是他们的楷模啊。"几年后，钟繇受到西曹掾魏讽谋反一事的牵连，被罢官。魏文帝登上王位，又任命他为大理。等到文帝登上皇位，改任廷尉，进封崇高乡侯。后来升为太尉，转封平阳乡侯。此时，司徒华歆、司空王朗均为前朝的名臣。文帝罢朝后，对身边的人说："这三公啊，是一代伟人，后世是难以为继了！"等到明帝即位，进封钟繇为定陵侯，增加食邑五百户，连同此前的共为一千八百户，升他为太傅。钟繇的膝盖有疾病，跪拜不便。华歆也因为年龄大了有病，每次朝见，明帝都命令手下用车拉着他们，由虎贲抬着上殿就座。以后，三公有病，就以此作为惯例。

　　初，太祖下令，使平议死刑可宫割者①。繇以为"古之肉刑，更历圣人②，宜复施行，以代死刑。"议者以为非悦民之道，遂寝。及文帝临飨群臣③，诏谓"大理欲复肉刑，此诚圣王之法。公卿当善共议。"议未定，会有军事，复寝。太和中，繇上疏曰："大魏受命，继踪虞、夏。孝文革法，不合古道。先帝圣德④，固天所纵，坟典之业⑤，一以贯之。是以继世，仍发明诏，思复古刑，为一代法。连有军事，遂未施行。陛下远追二祖遗意，惜斩趾可以禁恶，恨入死之无辜，使明习律令，与群臣共议。出本当右趾而入大辟者，复行此刑。《书》云：'皇帝清问下民，鳏寡有辞于苗。'此言尧当除蚩尤、有苗之刑，先审问于下民之有辞者也。若今蔽狱之时，讯问三槐、九棘、群吏、万民，使如孝景之令，其当弃市，欲斩右趾者许之。其黥、劓、左趾、宫刑者，自如孝文，易以髡、笞。能有奸者，率年二十至四五十，虽斩其足，犹任生育。今天下人少于孝文之世，下计所全，岁三千人。张苍除肉刑，所杀岁以万计。臣欲复肉刑，岁生三千人。子贡问能济民可谓仁乎？子曰：'何事于仁，必也圣乎，尧、舜其犹病诸！'又曰：'仁远乎哉？我欲仁，斯仁至矣。'若诚行之，斯民永济。"书奏，诏曰："太傅学优才高，留心政事，又于刑理深远。此大事，公卿群僚善共平议。"司徒王朗议，以为"繇欲轻减大辟之条，以增益劓刑之数，此即起偃为竖，化尸为人矣。然臣之愚，犹有未合微异之意。夫五刑之属，著在科律，自有减死一等之法，不死即为减。施行已久，不待远假斧凿于彼肉刑，然后有罪次也。前世仁者，不忍肉刑之惨酷，是以废而不用。不用已来，历年数百。今复行之，恐所减之文未彰于万民之目，而肉刑之问已宣于寇雠之耳，非所以来远人也。今可按繇所欲轻之死罪，使减死之髡、劓。嫌其轻者，可倍其居作之岁数。内有以生易死不訾之恩，外无以劓易钛骇耳之声。"议者百余人，与朗同者多。帝以吴、蜀未平，且寝。

太和四年，繇薨。帝素服临吊，谥曰成侯。子毓嗣。初，文帝分毓户邑，封繇弟演及子劭、孙豫列侯。

**注　释**

①**平议**：商议、评论。**宫割**：宫刑。又称腐刑，是破坏生殖机能的刑罚。②**更历**：经历。**圣人**：这里指皇帝。③**临飨**：用酒食款待。④**圣德**：圣明有高尚的大德。⑤**坟典之业**：即三坟五典，泛指古代的典籍，这里指古代的典章制度。

**译　文**

　　起初，太祖下令，让大家讨论死刑是否可以改成宫刑。钟繇认为："古代以来的肉刑，经过以往圣人的使用，可以再次施行，可以用它来代替死刑。"参加议论的人认为这个方法不是能够让民众高兴的事情，于是这件事就被搁置下来了。等到魏文帝宴请群臣的时候，下诏说："大理打算实行肉刑，这实在是圣王的法度。公卿你们应该在一起好好讨论讨论。"讨论还没有决定下来，正好赶上战事发生，于是又被搁置下来了。太和年间（227—233），钟繇上疏说："大魏自从奉受天命以来，继承追寻着虞、夏之政。汉朝的孝文帝改革法令，并不遵循着古道。先帝非常圣明，并且有大德，本来就是上天所赐予的，古代的典章制度是一定要遵循的，应该贯彻到底。所以文帝继承皇位后，下达了英明的诏书，想恢复古代的刑法，并把它作为整个朝代的典章。正好赶上接连的战事，最终没能实行。陛下应该追念两位先祖的遗愿，怜悯那些被砍去脚趾能阻止作恶的人，悲痛那些无辜被判死刑死去的人，让法律能够被百姓知道，和群臣一起商议。宽恕那些应该被砍去右脚趾被列入死刑的人，仍旧对他们实行这种刑罚。《商书》说：'皇帝详细询问老百姓的时候，鳏寡都对有苗氏有怨言。'这也就是说尧帝在实行除掉蚩尤、有苗的刑罚时，是先征求那些有怨言的百姓的。要是现在断案的时候，讯问三公、九卿、群臣、万民，使他们像对孝景帝的法令那样，对那些应当判处死刑的人，那些愿意砍掉右趾的人应该答应他们。至于刺字、割鼻、砍掉左趾、实行宫刑的犯人，应该像孝文帝那样，换成剃头发、鞭笞。可是对于那些犯奸淫罪的人，要是年龄在二十岁至四五十岁，即便是被砍去了脚，还是能够生育的。现在的人口比起孝文帝之世那时候少多了，估计实行这样的刑罚，每年能够多保全三千人。张苍废除肉刑，每年要多杀上万的人。我现在想恢复肉刑，每年能多活三千人。子贡曾经问能够拯救民众就可以说是'仁'了吗？孔子说：'这哪里只是仁啊，已经是圣德了，即使是尧、舜都很难做到！'他又说：'仁离我们很远吗？我想要仁，仁已经来了。'如果能好好实行下去，老百姓就会永远得到好处。"奏折被呈上以后，明帝下诏说："太傅的学问和才能实在是高，又那么关心政事，对刑理研究很深入。对于这样的大事，公卿和百官一定要好好一起讨论。"司徒王朗发表自己的看法，他认为："钟繇想减轻和减少死刑的条款，来增加刖刑的人数，这就好比让倒下的人站起来，让死尸变成人一样。但是我还是有一点和这个不相同的想法。设立五刑的条款，都是写在科律里的，本来就有减免死刑一等的法令，只要是不处死就已经是减免了。而且已经实行很长时间了，没有必要靠着斧凿实行肉刑，然后才有罪刑的差别。以前推行仁政的人，是不忍心肉刑的残酷的，因此才废除。已经有一百多年不用了。现在要是再实行，恐怕减刑的文书还没有给老百姓看，实行肉刑的消息就传到敌人的耳朵里去了，使远方的人也不会来臣服了。现在可以采纳钟繇想减轻死罪的想法，把死刑变成髡刑、刖刑。如果觉得这样还轻的话，可以增加服刑的年数。对于国内我们就能有用生来换死的恩德，在国外我们就消除了实行肉刑的恐惧。"参加议论的有上百人，大家都同意王朗的说法。明帝借口吴国、蜀国还没有被平定，把这件事给搁下了。

太和四年（230），钟繇去世。明帝穿着孝服为他吊丧，封他谥号为成侯。他的儿子钟毓继承爵位。当初，文帝分给钟毓户邑，封钟繇的弟弟钟演及他的儿子钟劭、孙子钟豫为列侯。

魏书

**原文**

毓字稚叔。年十四为散骑侍郎，机捷谈笑，有父风。太和初，蜀相诸葛亮围祁山，明帝欲西征，毓上疏曰："夫策贵庙胜①，功尚帷幄②，不下殿堂之上，而决胜千里之外。车驾宜镇守中土③，以为四方威势之援。今大军西征，虽有百倍之威，于关中之费④，所损非一。且盛暑行师，诗人所重，实非至尊动轫之时也⑤。"迁黄门侍郎。时大兴洛阳宫室，车驾便幸许昌，天下当朝正许昌。许昌逼狭，于城南以毡为殿，备设鱼龙曼延，民罢劳役。毓谏，以为"水旱不时，帑藏空虚，凡此之类，可须丰年"。又上"宜复关内开荒地，使民肆力于农"。事遂施行。

正始中，为散骑常侍。大将军曹爽盛夏兴军伐蜀，蜀拒守，军不得进。爽方欲增兵，毓与书曰："窃以为庙胜之策，不临矢石；王者之兵，有征无战。诚以干戚可以服有苗，退舍足以纳原寇，不必纵吴汉于江关，骋韩信于井陉也。见可而进，知难而退，盖自古之政。惟公侯详之！"爽无功而还。后以失爽意，徙侍中，出为魏郡太守。爽既诛，入为御

一一九

史中丞、侍中廷尉。听君父已没，臣子得为理谤，及士为侯，其妻不复配嫁，毓所创也。

钟毓字稚叔。在十四岁时就出任散骑侍郎，人非常机灵，思维敏捷，喜欢谈笑，有他父亲的风范。太和初年（228），蜀相诸葛亮进攻祁山，明帝准备向西征讨他，钟毓上疏表示："制定政策的可贵之处在于朝廷制定战胜敌人的政策，建立功业应当在帷帐当中进行，在殿堂上不必下台阶，就能获得千里之外的胜利。您应当镇守中原，作为各个地方的后援。现在大军西征，就算有百倍威力，在关中所耗费的，不是一点点的损失啊。更何况夏天时进军，世人都很重视，还没到您亲自去讨伐的时候。"升他为黄门侍郎。这时候正在大力建造洛阳宫室，皇上前往许昌，天下的官员在许昌朝见天子。许昌的道路很狭窄，于是在城南用毡子搭了宫殿，又准备了鱼龙曼延的节目，使民众感到劳累。钟毓进谏，他认为："水旱灾害还不时在发生，国库空虚，这类事应该在收成好的年份再做。"他又上书说："应该再开垦关内的荒地，让民众都去种地。"没过多久就得以执行了。

正始年间（240—248），他担任散骑常侍。大将军曹爽在盛夏时节去讨伐蜀国，蜀国坚决防守，大军无法前进。曹爽正要求增兵，钟毓给他写信："我认为决胜在朝廷之上的政策，不是靠石块与箭的；王者的军队，是只征讨而不交战的。这实在是可以舞动干戚，就让有苗臣服的，后退三十里就可以让原邑的敌人臣服，也没必要像吴汉那样出兵前往江关，像韩信那样到井陉去作战。应该知道何时可以前进，何时应该后退，这恐怕是自古以来打仗的策略，您必须要考虑清楚了！"曹爽没有立功就回来了。后来钟毓因为不迎合曹爽的心意，被调离了侍中之职，出京城担任魏郡太守。曹爽被杀后，他又被调进京城作为御史中丞、侍中廷尉。听到君父死了，臣子应为他辩护，等到士人被封侯，他的妻子就不能被逼改嫁，这是钟毓所首创的规矩。

## 原文

正元中，毌丘俭、文钦反，毓持节至扬、豫州班行赦令①，告谕士民②，还为尚书。诸葛诞反，大将军司马文王议自诣寿春讨诞。会吴大将孙壹率众降③，或以为"吴新有衅，必不能复出军。东兵已多，可须后问"。毓以为"夫论事料敌，当以己度人④。今诞举淮南之地以与吴国，孙壹所率，口不至千，兵不过三百。吴之所失，盖为无几。若寿春之围未解，而吴国之内转安，未可必其不出也。"大将军曰："善。"遂将毓行。淮南既平，为青州刺史，加后将军，迁都督徐州诸军事，假节⑤，又转都督荆州。景元四年薨，追赠车骑将军，谥曰惠侯。子骏嗣。毓弟会，自有传。

## 注释

①班：颁布。赦令：减免罪行的命令。②告谕：向民众宣告。③会：恰好赶上。④以己度人：从自己这个方面出发来猜测别人。⑤假节：持节。古代使臣出使，持节作为凭证，所以叫假节。魏晋以后持节为官名，能够专杀平民。假节，有权力诛杀违反军令的人。

## 译文

正元年间（255），毌丘俭、文钦造反，钟毓持符节赶到扬州、豫州颁布并执行赦免令，他向这些地方的官民宣告命令。回来的时候担任尚书。诸葛诞造反，大将军司马文王准备亲自前往寿春讨伐诸葛诞。恰巧吴国的大将孙壹带领部下归降，有人认为"吴国如今出现了新的矛盾，肯定不会出兵了。我们东面的军队已足够多，可以在以后再做打算"。钟毓却认为"处理事情，猜测敌人，必定要根据自己的情况去预估情况。现在诸葛诞把淮南的地方都给了吴国，孙壹手下仅有三百兵力与上千口人。吴国等于没有受到任何损失。要是寿春的围困还无法解除，吴国的内乱被平息了，他们也许会出兵的"。大将军说："实在是太好了。"于是按照钟毓说的去做。淮南被平定后，钟毓出任青州刺史，加封后将军，提升为都督徐州诸军事，持皇帝节符，又转任荆州都督。景元四年（263）去世，追赠他为车骑将军，谥号惠侯。儿子钟骏继承爵位。钟毓的弟弟钟会，自身有传。

华歆字子鱼，平原高唐人也。高唐为齐名都，衣冠无不游行市里。歆为吏，休沐出府[1]，则归家阖门[2]。议论持平，终不毁伤人。同郡陶丘洪亦知名，自以明见过歆[3]。时王芬与豪杰谋废灵帝。语在《武纪》。芬阴呼歆、洪共定计，洪欲行，歆止之曰："夫废立大事，伊、霍之所难。芬性疏而不武[4]，此必无成，而祸将及族。子其无往！"洪从歆言而止。后芬果败，洪乃服[5]。举孝廉，除郎中，病，去官。灵帝崩，何进辅政，征河南郑泰、颍川荀攸及歆等。歆到，为尚书郎。董卓迁天子长安，歆求出为下邽令，病不行，遂从蓝田至南阳。时袁术在穰，留歆。歆说术使进军讨卓，术不能用。歆欲弃去，会天子使太傅马日磾安集关东，日磾辟歆为掾。东至徐州，诏即拜歆豫章太守，以为政清静不烦，吏民感而爱之。孙策略地江东，歆知策善用兵，乃幅巾奉迎。策以其长者，待以上宾之礼。后策死。太祖在官渡，表天子征歆。孙权欲不遣，歆谓权曰："将军奉王命，始交好曹公，分义未固，使仆得为将军效心，岂不有益乎？今空留仆，是为养无用之物，非将军之良计也。"权悦，乃遣歆。宾客旧人送之者千余人，赠遗数百金。歆皆无所拒，密各题识，至临去，悉聚诸物，谓诸宾客曰："本无拒诸君之心，而所受遂多。念单车远行，将以怀璧为罪，愿宾客为之计。"众乃各留所赠，而服其德。

①**休沐**：休息与沐浴，借指古代官吏的假日。②**阖门**：关上大门。③**明见**：才智见识。④**疏**：不拘小节。**武**：勇武。⑤**服**：信服。

华歆字子鱼，是平原高唐人。高唐为齐国名都，士大夫没有不来市里交游的。华歆那时是官吏，恰逢休假走出官府，回到家里就将门关起来。他议论人都非常公平，始终都不中伤别人。同郡的陶丘洪很有名气，他自以为见识比华歆高明。这时候，王

三国志

一二二

芬与地方的豪强势力打算联合废除灵帝。这些事情在《武帝纪》中有记载。王芬暗地里找来华歆、陶丘洪一起商量大计，陶丘洪想去，华歆阻止他："废立是国之大事，伊尹、霍光对这种情况都感到为难。王芬这个人的本性就很放纵，不勇武，这样做肯定是不会成功的，而且会给三族带来灾祸。你千万不可以去啊！"陶丘洪听从华歆的话没有前去。后来王芬的阴谋果然败露，陶丘洪才佩服华歆。华歆被举荐做了孝廉，授予他郎中的官职，后来因生病而辞官回家。灵帝去世后，何进辅佐朝政，征召河南的郑泰、颍川的荀攸与华歆等人。华歆到任，任尚书郎。董卓把天子迁徙到长安，华歆要求出任下邽令，由于得病不能到任，于是就从蓝田来到南阳。这时候，袁术在穰县，扣留了华歆。华歆劝说袁术，让其进军讨伐董卓，袁术不听从他的。华歆想离开他，恰逢天子派太傅马日磾到关东聚会，马日磾任命华歆为掾。向东来到徐州，下诏任命华歆为豫章太守，由于他处理政事很清廉且不苛烦，那里的官吏和百姓都非常爱戴他。孙策占领江东地区，华歆知道孙策擅长用兵，于是头上缠幅巾前去迎接他。孙策认为他是长辈，所以用上宾的礼节招待了他。后来孙策死了。太祖驻守于官渡，上表向天子请求征召华歆。孙权却不想放他走，华歆对孙权说："将军应当遵奉王命，应该和曹公建立良好的交情，现在情谊还不牢固，让我为您效力，难道不好吗？如果您现在留下我，就好比是养着一个没有用处的东西，这并非是将军的良策。"孙权听了之后很高兴，于是让华歆走了。宾客旧人为他送行的多达上千人，送给他的盘缠就有好几百金。华歆都收下了，在上面暗中做下记号，等到要走时，把所收到的礼金全放在一起，对宾客说："我不是有意拒绝你们的心意，所以我接受的就非常多。想着我要驾着单车走如此远的路，就会怀着美玉导致祸患，希望宾客们能为我考虑。"于是宾客把送给他的东西全都收回了，暗地里很佩服他的人格。

原　文

歆至，拜议郎①，参司空军事，入为尚书，转侍中，代荀彧为尚书令。太祖征孙权，表歆为军师。魏国既建，为御史大夫。文帝即王位，拜相国，封安乐乡侯。及践阼②，改为司徒。歆素清贫，禄赐以振施亲戚故人，家无担石之储。公卿尝并赐没入生口，唯歆出而嫁之。帝叹息，下诏曰："司徒，国之俊老，所与和阴阳理庶事也③。今大官重膳，而司徒蔬食，甚无谓也。"特赐御衣，及为其妻子男女皆作衣服。三府议："举孝廉，本以德行，不复限以试经。"歆以为"丧乱以来，六籍堕废，当务存立，以崇王道④。夫制法者，所以经盛衰⑤。今听孝廉不以经试，恐学业遂从此而废。若有秀异，可特征用。患于无其人，何患不得哉？"帝从其言。

**注 释**

①**议郎**：官名。西汉时期设置的。掌管顾问应对。属光禄勋。②**践阼**：登上皇位。③**阴阳**：这里指表里。**庶事**：众多的事务。④**崇**：推崇。⑤**经**：治理。**盛衰**：这里指衰世。

**译 文**

等到华歆来了，皇帝授予他议郎的官职，参预司空军事，后来入朝任尚书，转任侍中，代荀彧任尚书令。太祖讨伐孙权，上表请求让华歆任其军师。魏国建立后，华歆任御史大夫。文帝登上王位后，拜他为相国，封安乐乡侯。等到文帝登上皇位后，改任司徒。华歆一直都很清贫，他的俸禄都分给其族人与老朋友了，家里连一担米的储蓄都没有。公卿都曾接受赏赐来的没入官府当中的仆人，只有华歆将她们嫁了出去。文帝赞叹良久，他下诏："司徒，是国家当中的良才，是辅佐国家协调内外事务，处理各种事务的人。现在大臣们都有丰盛的膳食，仅有司徒吃粗茶淡饭，真是不合理啊。"于是特意赏赐他御衣，还为他的妻子儿女都制作衣服。三公官府讨论后决定："推举孝廉，本来只是依据道德行为的标准，不再用考经典来加以限制。"华歆认为："自从战乱开始以来，六经都已散落，现在最急着要干的是恢复、保存典籍，用来推崇王道。至于制定法令，是用来治理衰世的。现在我听说举荐孝廉不需要依靠经试，学业恐怕从此就会被荒废了吧。要是有十分优秀的人，也可以特别征召他们。最害怕的是没有这种人，有什么好担心得不到这类人才呢？"文帝听从了他的话。

**原 文**

黄初中，诏公卿举独行君子①，歆举管宁，帝以安车征之②。明帝即位，进封博平侯，增邑五百户，并前千三百户，转拜太尉。歆称病乞退，让位于宁。帝不许。临当大会，乃遣散骑常侍缪袭奉诏喻指曰③："朕新莅庶事，一日万几，惧听断之不明。赖有德之臣，左右朕躬④，而君屡以疾辞位。夫量主择君，不居其朝，委荣弃禄，不究其位，古人固有之矣，顾以为周公、伊尹则不然⑤。洁身徇节，常人为之，不望之于君。君其力疾就会，以惠予一人。将立席几筵，命百官总己，以须君到，朕然后御坐。"又诏袭："须歆必起，乃还。"歆不得已，乃起。

**注 释**

①**独行**：指志节高尚，不随俗沉浮。②**征**：征召。③**喻**：说明旨意。④**左右**：帮助，辅佐。⑤**不然**：不这样。

**译 文**

黄初年间（220—226），皇帝下诏给公卿们，让他们举荐志节行为都很高尚的人，华歆举荐管宁，皇帝以安车征召他。明帝即位后，进封华歆为博平侯，为他增加食邑五百户，加上此前的共有一千三百户，后来转任太尉。华歆称病请求退休，把职位让给管宁。明帝不同意。等到召见群臣的大会时，明帝就派散骑常侍缪袭奉诏书，说明皇上的旨意："朕最近亲自处理政务，每天都非常繁忙，我很害怕处理不当。幸亏有才德极高的大臣，在我的身边辅佐我，但是您却多次称病要求辞官。您多想想君主，不在朝廷中供职，不要荣誉与俸禄，不求职位，古代就有许多这样的人，但是我认为周公、伊尹就不会这样。保持自身良好的品德，坚持好的操守，这是普通人能做的，我不希望您这样做。您应该继续带病坚持上朝参与朝政，来帮助我。朕将站在筵桌旁，命百官回到自己的职位上，等到您来之后，朕才会就座。"还命令缪袭："一定等到华歆起身，你才能回来。"华歆不得已，于是起身前往。

**原 文**

太和中，遣曹真从子午道伐蜀<sup></sup>①，车驾东幸许昌。歆上疏曰："兵乱以来，过逾二纪②。大魏承天受命，陛下以圣德当成康之隆③，宜弘一代之治④，绍三王之迹。虽有二贼负险延命⑤，苟圣化日跻，远人怀德，将襁负而至。夫兵不得已而用之，故戢而时动。臣诚愿陛下先留心于治道，以征伐为后事。且千里运粮，非用兵之利；越险深入，无独克之功。如闻今年征役，颇失农桑之业。为国者以民为基，民以衣食为本。使中国无饥寒之患，百姓无离土之心，则天下幸甚，二贼之衅，可坐而待也。臣备位宰相，老病日笃，犬马之命将尽，恐不复奉望銮盖，不敢不竭臣子之怀，唯陛下裁察！"帝报曰："君深虑国计，朕甚嘉之。

贼凭恃山川，二祖劳于前世，犹不克平，朕岂敢自多，谓必灭之哉！诸将以为不一探取，无由自弊，是以观兵以窥其衅。若天时未至，周武还师，乃前事之鉴，朕敬不忘所戒。"时秋大雨，诏真引军还。太和五年，歆薨，谥曰敬侯。子表嗣。

初，文帝分歆户邑，封歆弟缉列侯。表，咸熙中为尚书。

**注　释**

①**子午道**：古代隧道名。汉平帝元始五年开辟的从关中到汉中的通道。②**纪**：十二年。③**成康之隆**：指周成王与周康王时代的兴盛，即儒家所宣扬的"成康之道"。④**宜**：应当。**弘**：弘扬。⑤**延命**：苟延残喘。

**译　文**

太和年间（227—233），明帝派曹真经由子午道去讨伐蜀国，明帝向东抵达许昌。华歆上疏表示："自从动乱开始以来，已经超过二十四年。大魏承受天命，陛下您依靠圣德使得国家犹如处于周成王、康王的兴盛时期，应该发扬这一代的政绩，继承三王的德行。现在虽然还有两个逆贼还在奋力顽抗，如果您的圣明教化能逐渐好起来，那么就能让远方的人怀念您的恩德，会背着小孩前来归顺您。兵是到不得已时才用的，聚集起来的原因是在必要的时候才会使用的。臣真心希望陛下可以首先治理国家，把征伐的事放一放。并且路经千里运送粮食，这对用兵也是非常不利的；而且要经过很多险峻的地方，不会建立独胜的战功。要是百姓听说今年要征兵的消息，就不会专心于农事了。治国的都是把百姓看作基础的，百姓把衣食看作根本。要是能让中国没有饥寒之忧，百姓没有离开故土的打算，那么天下的人就非常幸运了，这两个逆贼尽管在挑衅，咱们可以坐在家里等待着他们。臣现在身为宰相，而且年老病重，我为您效力的时间也不多了，恐怕也无法再侍奉您了，不敢不尽我的能力，希望陛下可以慎重考虑！"明帝回答他："您忧虑国家的大计，朕很高兴。但是逆贼凭借着山川之险，二祖在前世已经操劳了，还没能把他们平定，朕哪里敢自夸啊，我认为一定可以消灭他们！将领们认为不去尝试一下的话，他们就不可能自己衰退，所以观察敌军是需要窥探他们的。要是时机还不到的话，那么过去周武王撤军的事，就是我们的前车之鉴，朕是不敢忘记告诫自己的。"这时正值秋季的大雨，于是下诏给曹真带领军队回来了。太和五年（231），华歆去世，谥号为敬侯。其儿子华表继承爵位。

起初，文帝从华歆的食邑中分出一部分，封给华歆的弟弟华缉，封他为列侯。华表在咸熙年间（264—265）担任尚书。

　　王朗字景兴，东海郯人也。以通经，拜郎中，除菑丘长。师太尉杨赐，赐薨，弃官行服①。举孝廉，辟公府，不应。徐州刺史陶谦察朗茂才。时汉帝在长安，关东兵起，朗为谦治中，与别驾赵昱等说谦曰："《春秋》之义，求诸侯莫如勤王②。今天子越在西京，宜遣使奉承王命③。"谦乃遣昱奉章至长安。天子嘉其意，拜谦安东将军。以昱为广陵太守，朗会稽太守。孙策渡江略地。朗功曹虞翻以为力不能拒，不如避之。朗自以身为汉吏，宜保城邑，遂举兵与策战，败绩④，浮海至东冶。策又追击，大破之。朗乃诣策。策以朗儒雅，诘让而不害⑤。虽流移穷困，朝不谋夕，而收恤亲旧，分多割少，行义甚著。

　　①**行服**：守孝。②**勤王**：为帝王之事而效力。③**奉承**：接受，承接。④**败绩**：打败仗。⑤**诘让**：责备。

　　王朗字景兴，是东海郡郯城人。他通晓经学，皇上授予他郎中之职，任命他为菑丘长。他拜太尉杨赐为师，杨赐死后，他辞官为老师守孝。后来他被举荐为孝廉，征召入公府，他坚决不去应征。徐州刺史陶谦察举王朗为茂才。这时候汉帝在长安，关东发生战事，王朗被任命为陶谦的治中，他和别驾赵昱等劝陶谦："按照《春秋》的义理，要想当诸侯都不如为皇帝效力。现在天子远在西京，应该马上派使者去接受帝王的命令。"陶谦于是派赵昱拿着奏章来到长安。天子赞赏了其心意，授予陶谦安东将军之职。任命赵昱为广陵太守，王朗担任会稽太守。孙策这时候渡过长江侵略土地。王朗的功曹虞翻认为依靠他们的力量不能和孙策抗衡，不如避开他，不和孙策交战。王朗认为自己是汉朝的官吏，就应该尽自己的力量保全城邑，于是带领军队和孙策交战，但是打了败仗，通过海路到达了东冶。孙策又继续追击他，把王朗彻底打败了。王朗于是拜见孙策。孙策认为王朗人长得很儒雅，责备他但是不伤害他。王朗虽然流离失所，非常穷困，吃了上顿没下顿，可是他却尽自己的能力收容、抚恤他的亲友老朋友，分多割少，他的操行和道义特别显著。

太祖表征之，朗自曲阿展转江海，积年乃至。拜谏议大夫，参司空军事。魏国初建，以军祭酒领魏郡太守，迁少府、奉常、大理。务在宽恕，罪疑从轻。钟繇明察当法，俱以治狱见称。

文帝即王位，迁御史大夫，封安陵亭侯。上疏劝育民省刑曰："兵起已来三十余年，四海荡覆，万国殄瘁①。赖先王芟除寇贼②，扶育孤弱，遂令华夏复有纲纪③。鸠集兆民④，于兹魏土，使封鄙之内⑤，鸡鸣狗吠，达于四境，蒸庶欣欣，喜遇升平。今远方之寇未宾，兵戎之役未息，诚令复除足以怀远人，良宰足以宣德泽，阡陌咸修，四民殷炽，必复过于曩时而富于平日矣。《易》称敕法，《书》着祥刑，一人有庆，兆民赖之，慎法狱之谓也。昔曹相国以狱市为寄，路温舒疾治狱之吏。夫治狱者得其情，则无冤死之囚；丁壮者得尽地力，则无饥馑之民；穷老者得仰食仓廪，则无馁饿之殍；嫁娶以时，则男女无怨旷之恨；胎养必全，则孕者无自伤之哀；新生必复，则孩者无不育之累；壮而后役，则幼者无离家之思；二毛不戒，则老者无顿伏之患。医药以疗其疾，宽繇以乐其业，威罚以抑其强，恩仁以济其弱，赈贷以赡其乏。十年之后，既笄者必盈巷。二十年之后，胜兵者必满野矣。"

①殄瘁：痛苦。②芟除：芟除杂草，引申为除去。③纲纪：国家法纪。④鸠集：聚集。兆民：万民。⑤封鄙：疆域。鄙：边远的地区。

太祖上表征召王朗，王朗从曲阿辗转很多江河湖泊，用了多年的时间才抵达京城。他被授予谏议大夫之职，参与司空军事。魏国刚建国，王朗以军祭酒的身份兼任魏郡太守，后来被提拔为少府、奉常、大理。他办案非常宽恕，罪行难以决断时就会从轻处理。钟繇明察当时的法令，他们两个都是依靠治理诉讼案件得到称颂的。

三国志

文帝即王位，提拔王朗担任御史大夫，封他为安陵亭侯。王朗上疏劝谏文帝应当让百姓休养生息，减轻刑罚。他说："自从发生战事已有三十多年了，全国各地动荡不安，各个诸侯国都备受苦难。依靠先王清除贼寇，抚育孤寡老弱，使国家的法度得以实行。把百姓聚集到魏国的土地上，让我们在疆域之内，鸡鸣狗叫的声音可以传到四方，百姓生活安乐，都很高兴赶上了好年代。现在远方的贼寇还没有得到平定，战争还没有停止，应该下令免除赋税及徭役，这样的话，就能让远方的人信服，想要归顺我们，有才德的宰相可以宣扬您的恩德，把农田都修治好，使百姓生活富裕，士农工商富裕兴旺。一定又要超越过去的时光，比平日更繁荣，《易经》上提倡整顿法令，《尚书》提倡应当使用适当的刑罚，天子一个人做了好事，那么全民就会幸福，这是说要谨慎恰当地实行法律。从前曹相国把断案的相关事宜交给后来的继承人，路温舒痛恨管理刑狱的官吏。执法的人可以知道真实的情况，那么就不会有冤死在狱中的人了；那些年轻身壮的人，假如能使出自己的力气，那么就不会有挨饿的人了；要是那些老人能得到粮仓所供应的粮食，那么就不会有饿死的人了；嫁娶能够及时的话，那么就不会有男子娶不到媳妇，女子找不到婆家的怨恨了；要是胎儿得到健全的保养，那么孕妇就不会有伤痛的悲哀了；新生的孩子能够得到养育，那么就没有养育不好孩子的忧患了；先让他们长大成人之后，再让他们去服役，那么就不会有少年时就离家的思念了；头发白了的老人不必服兵役，那么老人就不会有困顿摔倒的忧虑了。有病的能够及时就医，放宽徭役让百姓可以安居乐业，用严厉的刑罚来惩罚强暴，对弱小的人施加恩惠，当他们贫乏时救济他们。这样做了十年之后，成年的妇女一定满大街上有。二十年之后，能够服兵役的人必定会充满原野的。

**原文**

及文帝践阼，改为司空，进封乐平乡侯。时帝颇出游猎，或昏夜还宫。朗上疏曰："夫帝王之居，外则饰周卫①，内则重禁门②，将行则设兵而后出幄③，称警而后践墀④，张弧而后登舆⑤，清道而后奉引，遮列而后转毂，静室而后息驾，皆所以显至尊，务戒慎，垂法教也。近日车驾出临捕虎，日昃而行，及昏而反，违警跸之常法，非万乘之至慎也。"帝报曰："览表，虽魏绛称虞箴以讽晋悼，相如陈猛兽以戒汉武，未足以喻。方今二寇未殄，将帅远征，故时入原野以习戎备。

至于夜还之戒，已诏有司施行。"

**注 释**

①**周卫**：警卫严密。②**禁门**：宫门。③**幄**：帷帐。④**墀**：宫殿当中的台阶。⑤**张弧**：指把弓拉开，做好发射准备。

**译 文**

等到魏文帝登上皇位，王朗改任司空，进封乐平乡侯。当时文帝经常外出游猎，有时到了天黑时才回到宫里。王朗上疏说："帝王的宫室，在外界都布置了周密警卫，在里面设置诸多门禁，打算外出时，应该先派卫兵，然后才从帷帐当中出来，布置好了警卫然后才从殿阶上走下来，等到侍卫拉开弓才可以上车，把道路清理之后才可以引导马车往前走，掩蔽皇上的车驾之后才能发车，居室被清理干净之后，皇上才能休息，这一切都是为了显示皇上的至高无上。尽量谨慎地去加以戒备。给后人留下足以效法的典范。现在皇上出去捕捉老虎，太阳过了中午才要出发，等到天黑了才返回，违背了帝王出行的规定，不符合皇上应该高度谨慎的规矩。"文帝回答："看到你的奏章之后，即使是魏绛称引虞箴来讽谏晋悼公，司马相如陈述猛兽以劝谏汉武帝，也不如你这样让人明白。现在有蜀、吴两个逆贼还没有被除掉，将帅们还在远方不断征战，所以有时候会到原野上练习战备。至于夜里回来时的警戒，已经按你所说的方法去办了。"

**原 文**

初，建安末，孙权始遣使称藩①，而与刘备交兵②。诏议"当兴师与吴并取蜀不"？朗议曰："天子之军，重于华、岱，诚宜坐曜天威③，不动若山。假使权亲与蜀贼相持，搏战旷日，智均力敌，兵不速决，当须军兴以成其势者，然后宜选持重之将④，承寇贼之要⑤，相时而后动，择地而后行，一举更无余事。今权之师未动，则助吴之军无为先征。且雨水方盛，非行军动众之时。"帝纳其计。黄初中，鹈鹕集灵芝池，诏公卿举独行君子。朗荐光禄大夫杨彪，且称疾，让位于彪。帝乃为彪置吏卒，位次三公。诏曰："朕求贤于君而未得，君乃翻然称疾，非徒不得贤，更开失贤之路，增玉铉之倾。无乃居其室出其言

不善，见违于君子乎！君其勿有后辞。"朗乃起。

**注　释**

①**藩**：藩国。②**交兵**：交战。③**曜**：显示。④**持重**：稳重。⑤**要**：要害。

**译　文**

当初，建安末年，孙权开始派人到魏国称自己为属国，并且与刘备作战。皇上下诏议论："应否出兵与吴国一起攻打蜀国？"王朗建议道："天子的军队，应该比华山、泰山更加稳重，显示天威，应该像大山一样岿然不动。要是孙权亲自与蜀国交战，并且长时间交战，他们的智力和实力相当，而且战争不能迅速得以解决，等到我们动用大军来安定大局时，然后才可以选用稳重的将领，击中寇贼的要害之地，还要等待时机，选择好地形之后，只要一动兵就能控制大局。现在孙权还没有出动部队，那么援助吴国的军队也就没有必要先开仗了。现在的雨多并且非常大，也不是行军动众的好时机。"文帝采纳了王朗的计谋。黄初年间（220—226），鹈鹕在灵芝池当中聚集，文帝下诏要求公卿们举荐志节高尚的人。王朗举荐光禄大夫杨彪，并借口称自己有病，想把自己的职位让给杨彪。文帝于是给杨彪安排了官吏士卒，地位仅次于三公。下诏说："朕向您寻求有才德的人没能求到，您却说有病，我不但没有得到有贤德的人，反而失去了贤才，增加了玉铉倾倒的忧虑啊。是否是我在宫里说话不当，违背了您的心意了！您还是别辞官了。"王朗于是起身任事。

**原　文**

孙权欲遣子登入侍，不至。是时车驾徙许昌，大兴屯田，欲举军东征。朗上疏曰："昔南越守善，婴齐入侍，遂为冢嗣，还君其国。康居骄黠，情不副辞，都护奏议以为宜遣侍子①，以黜无礼。且吴濞之祸，萌于子入②，隗嚣之叛，亦不顾子③。往者闻权有遣子之言而未至，今六军戒严④，臣恐舆人未畅圣旨⑤，当谓国家愠于登之逋留，是以为之兴师。设师行而登乃至，则为所动者至大，所致者至细，犹未足以为庆。设其傲狠，殊无入志，惧彼舆论之未畅者，并怀伊邑。臣愚以为宜敕别征诸将，各明奉禁令，以慎守所部。外曜烈威，内广耕稼，使泊然若山，澹然若渊，势不可动，计不可测。"是时，帝以成军遂行，权子不至，车驾临江而还。

注　释

①**侍子**：古代诸侯或属官的国君派儿子入宫侍奉皇帝的，称为侍子。②**萌**：萌发，开始。③**顾**：顾念。④**戒严**：戒备森严。⑤**畅**：知道。

译　文

孙权想派自己的儿子孙登入宫侍奉文帝，没有到达。这时候，文帝已经起身返回许昌，他大力鼓励垦田，并且打算带军东征。王朗上疏："从前的南越王坚持做善事，婴齐前来侍奉他，他被立为太子，等他回国就作为君王治理国家。康居王为人狡猾、傲慢，说一套做一套，都护奏议应当派遣侍子进朝，来惩罚他的无礼。更何况吴濞的祸患，是由于他儿子入侍导致的，隗嚣的叛乱，也没有顾及他的儿子。以前我听说过孙权打算派他的儿子入侍的传言，但是没有到达，如今六军戒备森严，臣恐怕众人不清楚您的心意，会说国家是由于恼怒孙登来拖延时间，所以才对吴国发兵的。要是我们派兵了，孙登这时候抵达，那么做出的行动极大，所得到的效果很小，这不值得庆幸。如果孙权傲慢，没有派他儿子来入侍，我担心那些不明白您心意的人必定是不畅快的。臣认为还是分别命令出征的将领，各自严明地奉行禁令，小心地收束自己的部下。对外显示我们强大的武力，对内扩大耕种面积，使将士们能够坦然对待，就如高山一样淡泊，就如深潭一样平静，威势不可动摇，计谋就不可能被猜测出来。"但是这时候，文帝已经集合军队，孙权的儿子没有到达，文帝到了长江边又返回了。

原　文

明帝即位，进封兰陵侯，增邑五百，并前千二百户。使至邺省文昭皇后陵，见百姓或有不足。是时方营修宫室，朗上疏曰："陛下即位已来，恩诏屡布，百姓万民莫不欣欣。臣顷奉使北行①，往反道路，闻众徭役，其可得蠲除省减者甚多②。愿陛下重留日昃之听③，以计制寇。昔大禹将欲拯天下之大患④，故乃先卑其宫室，俭其衣食，用能尽有九州⑤，弼成五服。句践欲广其御儿之疆，减夫差于姑苏，故亦约其身以及家，俭其家以施国，用能囊括五湖，席卷三江，取威中国，定霸华夏。汉之文、景亦欲恢弘祖业，增崇洪绪，故能割意于百金之台，昭俭于弋绨之服，内减太官而不受贡献，外省徭赋而务农桑，用能号称升平，几致刑错。孝武之所以能奋其军势，拓其外境，诚因祖考畜积素足，故能遂成大功。霍去病，中才之将，犹以匈奴未灭，不治第宅。明恤远者略近，事外者简内。自汉之初及其中兴，皆于金革略寝之后，然后凤阙猥闶，德阳并起。今当建始之前足用列朝会，崇华之后足用序内官，华林、天渊足用展游宴，若且先成阊阖之象魏，使足用列远人之朝贡者，修城池，使足用绝逾越，成国险，其余一切，且须丰年。一以勤耕农为务，习戎备为事，则国无怨旷，户口滋息，民充兵强，而寇戎不宾，缉熙不足，未之有也。"转为司徒。

**注释**

①顷：近来。②蠲：除去，免除。③日昃：太阳到中午就要偏斜，比喻事物发展到一定的程度就会向相反的方向发展。④大患：大的灾难。⑤尽有：全部占有。

**译文**

明帝即位，进封王朗为兰陵侯，增加食邑五百户，合计以前的一共是一千二百户。并派他到邺城去查看文昭皇后的陵墓，他看见有的百姓还衣食不足。当时正在修宫室，王朗上疏说："自从陛下即位以来，颁布了很多恩诏，百姓万民都十分欢喜。我近来奉命到了北方，在我去和回来的道路上，一路打听百姓服徭役的事情，我知道那些徭役很多都可以减轻或者免除。希望陛下能够视日中就昃的说法，用计策制胜敌人。从前大禹想把百姓从祸患中解救出来，于是住在低矮的房子里，节衣缩食，因此占有了九州，王畿之外的五服宾从。勾践想扩大他所统治的疆土，在姑苏把夫差杀了，也能约束自己和家人，也能使全国都节俭，因此他能够占领五湖，拥有三江，在中原取得威望，称霸华夏。汉朝的文帝、景帝都想恢复祖先的宏伟大业，扩大自己的业绩，所以才不建造耗费百金的露台，减少了宫内太监的人数，不接受贡献，对外减轻徭役，鼓励农桑，所以才能称得上是升平，而且使刑罚几乎不被用到。汉武帝的军事优势之所以那么大，能够开拓疆域，那是因为祖先留下来的基业，所以才能成就大事业。霍去病是中等才能的大将，还想到匈奴还没有被消灭，不能建造宅第。这说明打算长远的人一定不要先考虑眼前的利益，在外面想建立功业的人一定要先做到内部俭省。从汉初到中兴年间，都是战争消除了之后，才开始修建宫殿和宗庙的。可是现在正在修建始殿前足用来举行朝会，修建崇华殿后足用来安排内官，华林、天渊足够用来开展游乐宴饮了，现在先建成阊阖的像魏，使它能够安置下遥远地区前来朝贡的人，修建城池，使它们能够用来禁绝攀越就够了，成为皇宫的险要结构，其余的一切，等到丰年的时候再办吧。现在要以勤耕农为根本的事务，练习军事，那么人民就没有什么怨言了，户口也就增多了，民多兵强，要是这样贼寇还不归顺，百姓还不和衷，那是不可能的。"转任他为司徒。

**原　文**

　　时屡失皇子，而后宫就馆者少，朗上疏曰："昔周文十五而有武王，遂享十子之祚，以广诸姬之胤①。武王既老而生成王，成王是以鲜于兄弟②。此二王者，各树圣德，无以相过，比其子孙之祚，则不相如③。盖生育有早晚，所产有众寡也。陛下既德祚兼彼二圣，春秋高于姬文育武之时矣④，而子发未举于椒兰之奥房⑤，藩王未繁于掖庭之众室。以成王为喻，虽未为晚，取譬伯邑，则不为夙。《周礼》六宫内官百二十人，而诸经常说，咸以十二为限，至于秦汉之末，或以千百为数矣。然虽弥猥，而就时于吉馆者或甚鲜，明'百斯男'之本，诚在于一意，不但在于务广也。老臣慺慺，愿国家同祚于轩辕之五五，而未及周文之二五，用为伊邑。且少小常苦被褥泰温，泰温则不能便柔肤弱体，是以难可防护，而易用感慨。若常令少小之缊袍，不至于甚厚，则必咸保金石之性，而比寿于南山矣。"帝报曰："夫忠至者辞笃，爱重者言深。君既劳思虑，又手笔将顺，三复德音，欣然无量。朕继嗣未立，以为君忧，钦纳至言，思闻良规。"朗著《易》《春秋》《孝经》《周官传》，奏议论记，咸传于世。太和二年薨，谥曰成侯。子肃嗣。初，文帝分朗户邑，封一子列侯，朗乞封兄子详。

**注　释**

①胤：后代。②鲜：少。③相如：相比较，相等。④春秋：年龄。⑤奥房：后妃

所居住的地方。

当时出现了许多次皇子夭折的情况，可是后宫中与皇上共寝的人很少，王朗上疏："从前周文王十五岁就生了武王，于是拥有十个儿子的福气，使姬姓的后代大为增加。武王老了的时候才生了成王，成王的兄弟就不多。这两位帝王，都树立了大恩德，没有人能比得过他们，但是拿他们子孙的福气相比，就不一样了。因此生育有早晚，所生的孩子的个数也不一样。陛下的仁德和他们一样，年龄比文王生武王的时候要大，但是后宫中还没有皇子出生，藩王在妃嫔的宫室中也生得不多。现在拿成王相比还不是很晚，但是拿伯邑相比，那就不早了。《周礼》中记载六宫中有内官一百二十人，而且经文中常说，都以十二为限度，至于到了秦汉的末年，妃嫔就达到成百上千了。虽然妃嫔的人数多，可是能够侍寝的并不多，说明'多子'的根本，的确在于只专心一人，不在于多。老臣诚心诚意希望您的福祚能像轩辕那样有二十五个儿子，如果不如周文王那样有十个儿子，我会忧郁。并且小孩常常由于被褥太暖和，会让身体长得很柔弱，因此难以保护，常常让人感叹。要是让小孩的缊袍不至于太暖和，不至于太厚，那么就能保住金石般的体质，寿命就会像南山一样长。"明帝回复他说："你的心意很忠诚，言语也很恳切，仁爱深重语言真切。你很善于思考，而且又亲自提笔上书顺势助成君王的美德，你三次上书了，我非常高兴。我的继承人还没有确立，你为这事忧虑。我很愿意接受你的劝告，愿意听到你劝告的话。"王朗著《易经》《春秋》《孝经》《周官传》，奏议论记，在后世都有流传。太和二年（228）王朗去世，谥号为成侯。他的儿子王肃继承了爵位。当初，文帝把王朗的户邑分了一部分封给他的儿子为列侯，王朗请求封他的兄弟的儿子王详。

肃字子雍。年十八，从宋忠读《太玄》，而更为之解。黄初中，为散骑黄门侍郎。太和三年，拜散骑常侍。四年，大司马曹真征蜀，肃上疏曰："前志有之，'千里馈粮，士有饥色，樵苏后爨，师不宿饱[1]'，此谓平途之行军者也。又况于深入阻险，凿路而前，则其为劳必相百也。今又加之以霖雨[2]，山坂峻滑[3]，众逼而不展，粮县而难继[4]，实行军者之大忌也。闻曹真发已逾月而行裁半谷[5]，治道功夫，战士悉作。

魏书

一三五

是贼偏得以逸而待劳，乃兵家之所惮也。言之前代，则武王伐纣，出关而复还；论之近事，则武、文征权，临江而不济。岂非所谓顺天知时，通于权变者哉！兆民知圣上以水雨艰剧之故，休而息之，后日有衅，乘而用之，则所谓'悦以犯难，民忘其死者'矣。"于是遂罢。又上疏："宜遵旧礼，为大臣发哀，荐果宗庙。"事皆施行。又上疏陈政本曰："除无事之位，损不急之禄，止因食之费，并从容之官；使官必有职，职任其事，事必受禄，禄代其耕，乃往古之常式，当今之所宜也。官寡而禄厚，则公家之费鲜，进仕之志劝。各展才力，莫相倚仗。敷奏以言，明试以功，能之与否，简在帝心。是以唐、虞之设官分职，申命公卿，各以其事，然后惟龙为纳言，犹今尚书也，以出内帝命而已。夏、殷不可得而详。《甘誓》曰'六事之人'，明六卿亦典事者也。《周官》则备矣，五日视朝，公卿大夫并进，而司士辨其位焉。其记曰：'坐而论道，谓之王公；作而行之，谓之士大夫。'及汉之初，依拟前代，公卿皆亲以事升朝。故高祖躬追反走之周昌，武帝遥可奉奏之汲黯，宣帝使公卿五日一朝，成帝始置尚书五人。自是陵迟，朝礼遂阙。可复五日视朝之仪，使公卿尚书各以事进。废礼复兴，光宣圣绪，诚所谓名美而实厚者也。"

**注 释**

①**宿饱**：经常饱。②**霖雨**：连绵大雨。③**峻**：陡峭。④**县**：遥远。⑤**裁**：才。

**译 文**

王肃字子雍。他十八岁时，跟随宋忠读《太玄》，并且可以自己重新做出解释。黄初年间（220—226），担任散骑黄门侍郎。太和三年（229），他出任散骑常侍。太和四年（230），大司马曹真征伐蜀国，王肃上疏："过去的书上有记载，'从千里之外转运粮食，士兵脸上就会露出饥饿的神色，等到砍完柴、打完草之后再进行煮饭，士兵们就会常挨饿'，这就是在平坦的路上行军的情况啊。更何况是深入道路崎岖艰险的地方呢，凿开道路往前走，那么他们必定会劳累百倍。现在又下着大雨，山坡那么高，道路又滑，部队拥挤不能前进，粮食又难以到达，这实在是用兵的大忌啊。我听说曹真出发已有一个月了，但是只走到子午谷的半道上，开路的事情，战士都可以干。但是敌人却在远处以逸待劳，这是兵家最为害怕的情况。说到前代，就有武王伐纣，出了关又返回的情况；说到近代的，有武帝、文帝征讨孙权的情况，都已经抵达江边，但是不渡江。难道是没有天时的帮忙吗？那是因为他们知道善于权变的缘故啊！百姓知道是因为下雨行军艰难，才会让他们休息，以后有机会，能够趁机加以利用，就会出现百姓高兴利用，克服困难，民众忘掉死亡的情况了。"于是停止军事行动。又上疏说："过去遵循以往的礼节，对大臣表示哀思，在宗庙摆上果品来祭祀他们。"这些事情明帝都已经实行了。后来他又上疏陈述政事的根本问题时说："废除那些无用的职位，减少不急需的俸禄，停发依靠别人生活的费用，裁减那些办事拖沓的官员；让每个官员都有事情可干，任职就要干实事，干实事就会接受俸禄，俸禄能够代替耕种，自古以来都是这样的，现在也应该这样。官位少了，俸禄就会增多了，那么国家的花费就少了，这样能够鼓励士人做官。展示他们的才智，而且不相互倚仗。让官员们陈述政绩，然后按他们陈述的再进行考核，这些人谁可以使用，您的心中就有数了。因此唐、虞设官分职，再次命令公卿，让他们各自做好自己的事情，然后让龙担任喉舌的官，就类似于现在的尚书，让他们上传下达皇帝的命令。夏、殷的情况就不是那么详细的。《甘誓》上说'六事之人'，说明六卿也是管事的人。《周官》已经非常详备了，每五日就要上朝，公卿大夫都一起来，司士就能看出朝臣的位置了。《考工记》上说：'坐着谈论政事的人，均为王公；具体去办事的人则是士大夫。'等到汉朝初年，按照前代旧例，公卿都亲自入朝办事。所以高祖亲自追赶回头就跑的周昌，武帝在远征时还能批复汲黯的奏章，宣帝命令公卿每五日要上朝一次，成帝开始设置尚书五人。从此以后制度开始逐渐衰败了，朝礼也就不周全了。可恢复五日一上朝的礼仪，让公卿尚书上报要办的事情。废除的礼仪应当复兴，光宣圣绪，这实在是名声好而且实效多的事情啊！"

**魏书**

一三七

### 原文

青龙中，山阳公薨<sup>①</sup>，汉主也。肃上疏曰："昔唐禅虞，虞禅夏，皆终三年之丧，然后践天子之尊。是以帝号无亏，君礼犹存。今山阳公承顺天命，允答民望，进禅大魏，退处宾位。公之奉魏，不敢不尽节。魏之待公，优崇而不臣。既至其薨，樕敛之制<sup>②</sup>，舆徒之饰<sup>③</sup>，皆同之于王者，是故远近归仁，以为盛美。且汉总帝皇之号，号曰皇帝。

有别称帝，无别称皇，则皇是其差轻者也④。故当高祖之时，土无二王，其父见在而使称皇，明非二王之嫌也。况今以赠终，可使称皇以配其谥。"明帝不从使称皇，乃追谥曰汉孝献皇帝。

**注 释**

①**山阳公**：即汉献帝刘协。曹丕代汉称帝后，献帝被废，做了山阳公。②**槺敛**：给尸体穿上衣服放入棺材里。敛，通"殓"。③**舆徒**：运送灵车的车子与护送灵车的仆役。④**差**：等级。

**译 文**

青龙年间（234），山阳公去世，山阳公即汉朝皇帝。王肃上疏说："以前的唐尧将君位禅让给虞舜，虞舜又禅让给夏禹，都是守丧三年，然后才登上天子之位。因此帝号没有改变，原先的君主的礼仪制度依旧存在。现在山阳公顺应上天的命令，顺应百姓的愿望，把王位禅让给大魏，自己退处于宾客的位置上。山阳公供奉魏国，不能不尽礼节。魏国国君对山阳公也依旧是很尊崇，而不称之为臣子。他逝世以后的葬殓礼节，灵车的装饰，都应按照帝王的标准，因此远近的人都归顺于仁德，他们都认为这是非常美好的事情。并且汉朝拥有帝号和皇号，称为皇帝。这与称呼帝与单独称呼皇是有所区别的，因此汉高祖的时候，国土上就没有两个帝王，如果父亲还在的话，就只称皇，主要是为了避免有两个帝王的误会。况且现在是寿终正寝了，就可以称为皇来与他的谥号相配。"明帝没有采纳让他称皇的建议，于是追赠他谥号为汉孝献皇帝。

**原 文**

后肃以常侍领秘书监①，兼崇文观祭酒②。景初间，宫室盛兴，民失农业，期信不敦③，刑杀仓卒。肃上疏曰："大魏承百王之极，生民无几，干戈未戢④，诚宜息民而惠之以安静遐迩之时也⑤。夫务畜积而

三国志

●汉献帝

息疲民，在于省徭役而勤稼穑⑥。今宫室未就，功业未讫，运漕调发⑦，转相供奉。是以丁夫疲于力作，农者离其南亩⑧，种谷者寡，食谷者众，旧谷既没，新谷莫继。斯则有国之大患，而非备豫之长策也。今见作者三四万人，九龙可以安圣体，其内足以列六宫，显阳之殿，又向将毕，惟泰极已前，功夫尚大，方向盛寒，疾疢或作。诚愿陛下发德音，下明诏，深愍役夫之疲劳，厚矜兆民之不赡，取常食廪之士，非急要者之用，选其丁壮，择留万人，使一期而更之，咸知息代有日，则莫不悦以即事，劳而不怨矣。计一岁有三百六十万夫，亦不为少。当一岁成者，听且三年。分遣其余，使皆即农，无穷之计也。仓有溢粟，民有余力：以此兴功，何功不立？以此行化，何化不成？夫信之于民，国家大宝也。仲尼曰：'自古皆有死，民非信不立。'夫区区之晋国，微微之重耳，欲用其民，先示以信，是故原虽将降，顾信而归，用能一战而霸，于今见称。前车驾当幸洛阳，发民为营，有司命以营成而罢。既成，又利其功力，不以时遣。有司徒营其目前之利，不顾经国之体。臣愚以为自今以后，倘复使民，宜明其令，使必如期。若有事以次，宁复更发，无或失信。凡陛下临时之所行刑，皆有罪之吏，宜死之人也。然众庶不知，谓为仓卒。故愿陛下下之于吏而暴其罪。钧其死也，无使污于宫掖而为远近所疑。且人命至重，难生易杀，气绝而不续者也，是以圣贤重之。孟轲称杀一无辜以取天下，仁者不为也。汉时有犯跸惊乘舆马者，廷尉张释之奏使罚金，文帝怪其轻，而释之曰：'方其时，上使诛之则已。今下廷尉。廷尉，天下之平也，一倾之，天下用法皆为轻重，民安所措其手足？'臣以为大失其义，非忠臣所宜陈也。廷尉者，天子之吏也，犹不可以失平，而天子之身，反可以惑谬乎？斯重于为己，而轻于为君，不忠之甚也。周公曰：'天子无戏言；言则史书之，工诵之，士称之。'言犹不戏，而况行之乎？故释之之言不可不察，周公之戒不可不法也。"又陈"诸鸟兽无用之物，

**而有刍谷人徒之费，皆可蠲除。"**

译　文

后来王肃以常侍的身份兼任秘书监，同时兼任崇文观祭酒。景初年间（237—239），大兴建筑宫室，百姓耽误农业生产，官府不讲信用，没有经过仔细调查，就仓促对百姓加以刑罚。王肃上疏："大魏继承了百王的大业，百姓本来就少，战争还没有停止，实在应该让百姓得以休养，让人口增加，并且对他们施加恩惠。让天下的百姓安稳生活了，还应当减少徭役让他们努力从事农业生产。现在宫室还没修完，功业还没建立，由水路调运粮食，从别处来供应。因此民工就会感到非常疲惫，农民离开所耕种的土地，种粮食的人越来越少，吃粮食的人却变得越来越多，原先的陈粮已被吃完，新粮还没成熟。那么这就会成为国家最大的祸患，这可不是有准备的为国家的长远打算的政策啊。现在服劳役的人多达三四万，九龙殿就可以使圣上足以使用，这里的房间足以安排六宫的了，显阳殿的建造又快完工了，现在只有泰极殿的前面，还需要花大工夫，只是现在已是大寒天了，疾病有可能发生。真心希望陛下可以大发善心，立刻下达英明的诏书，体恤役夫们的疲劳，多体谅天下百姓的贫穷，减少那些吃国家俸禄而没有真才实干的人，那些不急需的费用也考虑要减少，挑选出健壮的人丁，留下一万人，让他们服役一段时间就替换新的人来服役，让他们能够得到足够的休养，那么他们就会极为高兴地去为陛下办事，劳作时也就不会抱怨了。这样的话，一年有三百六十五万民工也不算少了。应当一年建完的宫殿，现在让它在三年的时间里完成。把那些余下来的人再迁回去，让他们去种地，这才是长远的打算啊。这样做就会让粮仓里有大量的多余粮食，人民也就会有足够的力气；要以这种方法来建立功业，什么功业不成功呢？要是用这种方法来施行教化，什么教化不会成功呢？取得人民的信任，这是这个国家最大的宝藏啊。孔子说：'自古以来人都是要死的，没有在百姓的心中建立信用，他们就不会服从统治。'那么小的一个晋国，微不足道的重耳，他想要使用民力，就首先要在民众中树立威信，所以原邑虽然快要投降了，但是还能顾及信用

三国志

来撤兵，并且靠着一次战争就足以称霸了，到现在还被称颂！前些日子您有幸亲自来到洛阳，征发那里的民力来修建宫殿，有司命令他们在宫殿建成后就让他们回到家中。等到建成之后，却又让他们继续劳作，并不是按时把他们遣返回去的。这些官吏只是看到眼前的利益，没有考虑国家的根本大业。我虽然很愚钝，但是我认为从今以后，要是再动用百姓的人力，应该建立明确的法令，到了一定的期限就应当让服役的百姓回去。如果赶上了其他的事情还要继续使用的话，宁可再使用其他人，也不要在百姓的心中失去信用。只要是陛下临时要执行刑罚的人，都是有罪官吏，是应当被杀死的人。可是老百姓却不了解啊，他们会认为处理得非常仓促。所以希望陛下把他们交给下面的官吏进行处理，揭露他们的罪过。同样都要处死，还是不要让这些人玷污了宫廷，还要被远近的人怀疑。更何况人的生命是极为重要的，获得生命很难，要想死却是很容易的事情，只要气一断就不能再继续了，所以圣贤都极为重视生命。孟轲说即使杀一个没有罪过的人就能取得天下，这也是仁德的人所不会去干的事情。汉朝的时候，有一个犯人违反了帝王出去时应戒严的命令，惊扰了皇上的拉车的马，廷尉张释之向皇上奏报对他处以罚金，文帝怪罪他对那人的处罚太轻了，张释之回答：'那个时候，要是皇上下令杀了他也没什么。现在您却将他交给廷尉处理。廷尉这个官职，是天下的一杆秤，假如倾斜了，天下的官吏用法就会都随之加重刑罚，那么百姓就会整天提心吊胆，又哪里敢放手去做事呢？'臣认为大大违背道义，那不是忠臣应该说的。廷尉是天子的官吏，尚且还可以做到不失公平，贵为天子，却反而能糊涂办错事吗？这是重视为自己，轻视为国君，实在是不忠诚啊。周公说：'天子说的话没有玩笑话；只要说了就应该记到史册里，让乐工诵唱它，士大夫称引它。'说话都不能开玩笑，更何况是行动呢？所以张释之的话不可以不去细细查明，周公的告诫不应该不去学习。"王肃又说："像那些鸟兽一样没有用的东西，它们只是白白浪费着粮食和饲养它们的人力，都应该废除它们。"

**原　文**

　　帝尝问曰："汉桓帝时，白马令李云上书言：'帝者，谛也[1]。是帝欲不谛。'当何得不死？"肃对曰："但为言失逆顺之节。原其本意，皆欲尽心，念存补国。且帝者之威，过于雷霆，杀一匹夫，无异蝼蚁[2]。宽而宥之[3]，可以示容受切言，广德宇于天下。故臣以为杀之未必为是也。"帝又问："司马迁以受刑之故[4]，内怀隐切[5]，著《史记》非贬

一四一

孝武⑥，令人切齿。”对曰：“司马迁记事，不虚美⑦，不隐恶。刘向、扬雄服其善叙事⑧，有良史之才，谓之实录。汉武帝闻其述《史记》，取孝景及己本纪览之，于是大怒，削而投之。于今此两纪有录无书。后遭李陵事⑨，遂下迁蚕室。此为隐切在孝武，而不在于史迁也。”

### 原　文

正始元年，出为广平太守。公事征还，拜议郎。顷之，为侍中，迁太常。时大将军曹爽专权，任用何晏、邓飏等。肃与太尉蒋济、司农桓范论及时政①，肃正色曰："此辈即弘恭、石显之属②，复称说邪！"爽闻之，戒何晏等曰："当共慎之！公卿已比诸君前世恶人矣。"坐宗庙事免。后为光禄勋。时有二鱼长尺，集于武库之屋③，有司以为吉祥。肃曰："鱼生于渊而亢于屋，介鳞之物失其所也④。边将其殆有弃甲之变乎？"其后果有东关之败。徙为河南尹。嘉平六年，持节兼太常，奉法驾⑤，迎高贵乡公于元城。是岁，白气经天，大将军司马景王问肃其故⑥，肃答曰："此蚩尤之旗也⑦，东南其有乱乎？君若修己以安百姓，则天下乐安者归德，唱乱者先亡矣⑧。"明年春，镇东将军毌丘俭、扬州刺史文钦反，景王谓肃曰："霍光感夏侯胜之言，始重儒学之士，良有以也。安国宁主，其术焉在？"肃曰："昔关羽率荆州之众，降于禁于汉滨，遂有北向争天下之志。后孙权袭取其将士家属，羽士众一旦瓦解。今淮南将士父母妻子皆在内州，但急往御卫，使不得前，必有关羽土崩之势矣。"景王从之，遂破俭、钦。后迁中领军，加散骑常侍，增邑三百，并前二千二百户。甘露元年薨，门生缞绖者以百数。追赠卫将军，谥曰景侯。子恽嗣。恽薨，无子，国绝。景元四年，封肃子恂为兰陵侯。咸熙中，开建五等，以肃著勋前朝，改封恂为丞子。

**译文**

正始元年（240），王肃出任广平太守。因为有公事征召他回来，授予他议郎之职。没过多久，又让他出任侍中，提升为太常。这时候恰逢大将军曹爽专权，曹爽任用何晏、邓飏等。王肃与太尉蒋济、司农桓范谈论起时政时，王肃很严肃地说："这类人就是弘恭、石显那样的人，他们有什么值得称道的呢！"曹爽听说了这些话，告诫何晏等说："你们一定要谨慎地和他们相处！公卿已经把你们诸位比作前代的恶人了。"王肃由于宗庙祭祀的事情被认定为有罪而被罢免了官职。后来又任用他做光禄勋。这时候有两条一尺长的鱼意外地出现在武器库的房上，有些官员认为这是一个吉兆。王肃说：

"鱼本来是生活在深水的潭里的，但是现在却在高高的房子上，这是有甲有鳞的动物失去了他们赖以生存的地方。守护边防的将领大概有丢下铠甲的事情发生了吧？"后来果然发生了东关打了败仗的事情。王肃被调任做河南尹。嘉平六年（254），持符节兼任太常的职务，供奉皇上的车驾，他在元城迎接高贵乡公。在这一年，白气从地上升起来一直升到天上去了，大将军司马景王问肃有什么缘故，王肃回答说："这是蚩尤的旗帜啊，东南大概发生了战乱了吧？您如果能增加自己的修养来安抚百姓，那么天下喜欢安定的人肯定会归顺有德的人，首先起来作乱的人肯定会先取灭亡的。"第二年的春天，镇东将军毌丘俭、扬州刺史文钦起来造反，景王对王肃说："霍光被夏侯胜的话感动了，才开始重视儒学，的确是有原因的。安定国家辅佐君主的好方法在哪里呢？"王肃回答说："从前关羽带领荆州的部队，在汉水边上降伏了于禁，从那时候开始他心里就有了向北争夺天下的志向。后来孙权偷袭了他，并且把他的将士家属都俘获了，关羽的士兵一下子就瓦解了。现在淮南将士的父母、妻子、儿女都在内地，只要前去防御抵抗，让他们不能前进，一定会出现关羽土崩瓦解的情况。"景王从之，于是景王打败了毌丘俭、文钦。后来王肃升任为中领军，加任散骑常侍，并为他增加食邑三百户，连同以前的食邑一共是两千两百户。甘露元年（265）王肃去世了，他的门生为他披麻戴孝守丧的好几百人。追赠他为卫将军，谥号是景侯。王肃的儿子王恽继承了爵位。王恽去世后他没有儿子继承爵位，于是封国就被撤销了。景元四年（263），封王肃的儿子王恂为兰陵侯。咸熙年间（264—265），开始建立五等爵位，明帝认为王肃对前朝有很大的功劳，改封王恂为子。

 **原　文**

初，肃善贾、马之学①，而不好郑氏②，采会同异，为《尚书》《诗》《论语》《三礼》《左氏》解③，及撰定父朗所作《易传》，皆列于学官。其所论驳朝廷典制、郊祀、宗庙、丧纪、轻重，凡百余篇。时乐安孙叔然，受学郑玄之门，人称东州大儒。征为秘书监，不就。肃集《圣证论》以讥短玄，叔然驳而释之，及作《周易》《春秋例》《毛诗》《礼记》《春秋三传》《国语》《尔雅》诸注，又注书十余篇。自魏初征士敦煌周生烈，明帝时大司农弘农董遇等，亦历注经传，颇传于世。

评曰：钟繇开达理干，华歆清纯德素，王朗文博富赡，诚皆一时之俊伟也。魏氏初祚，肇登三司，盛矣夫！王肃亮直多闻，能析薪哉！

**注释**

①**贾、马**：指贾逵、马融。他们都是东汉著名经学家。后代人将他们称为"通儒"。②**郑氏**：郑玄，字康成。东汉著名经学家，精通各种典籍，遍注群经。③**《三礼》**：《周礼》《礼记》《仪礼》的合称。

**译文**

当初，王肃极为擅长贾逵、马融的学说，却不喜欢郑玄的学说，他采集汇合各家的不同之处，给《尚书》《诗》《论语》《三礼》《左氏》进行注解，还写成了他父亲王朗所编著的《易传》，这些书都被列入学官。还有他所论及的朝廷典制、郊祀、宗庙、丧纪、轻重的文章，共有一百多篇。当时乐安郡的孙叔然，师从郑玄，有人将他称为东州大儒。皇上下诏书征召他担任秘书监，孙叔然不去就职。王肃写下《圣证论》来讥讽郑玄的不足，孙叔然进行反驳，并且为此进行了解释，又写了《周易》《春秋例》《毛诗》《礼记》《春秋三传》《国语》《尔雅》的注解，并注书十多篇。自从魏初征召士人敦煌周生烈开始，到明帝时大司农弘农董遇等，都进行了注解经传，都在社会上广为流传。

评论说：钟繇人格开朗豁达，华歆为人清正纯朴，非常有仁德的修养，王朗的文才极为渊博，很有才学，他们都是这个时代的伟大人物。魏国刚建立时，他们都已经登上了三公的位置，真是显赫一时啊！王肃这个人很忠诚正直，而且见多识广，擅长分析事理。

# 张乐于张徐传

**原文**

张辽字文远，雁门马邑人也。本聂壹之后，以避怨变姓。少为郡吏。汉末，并州刺史丁原以辽武力过人，召为从事，使将兵诣京都。何进遣诣河北募兵，得千余人。还，进败，以兵属董卓。卓败，以兵属吕布，迁骑都尉。布为李傕所败，从布东奔徐州，领鲁相，时年二十八。太祖破吕布于下邳，辽将其众降，拜中郎将，赐爵关内侯。数有战功，迁裨将军。袁绍破，别遣辽定鲁国诸县。与夏侯渊围昌豨于东海，数月粮尽，议引军还，辽谓渊曰："数日已来，每行诸围①，豨辄属目视辽。又其射矢更稀，此必豨计犹豫，故不力战。辽欲挑与语，傥可诱也②？"乃使谓豨曰："公有命，使辽传之。"豨果下与辽语，辽为说"太祖神武，方以德怀四方③，先附者受大赏"。豨乃许降。辽遂单身上三公山，入豨家，拜妻子。豨欢喜，随诣太祖。太祖遣豨还，责辽曰："此非大将法也。"辽谢曰："以明公威信著于四海，辽奉圣旨，豨必不敢害故也。"从讨袁谭、袁尚于黎阳，有功，行中坚将军。从攻尚于邺，尚坚守不下。太祖还许，使辽与乐进拔阴安，徙其民河南。复从攻邺，邺破，辽别徇赵国④、常山，招降缘山诸贼及黑山孙轻等。从攻袁谭，谭破，别将徇海滨，破辽东贼柳毅等。还邺，太祖自出迎辽，引共载，以辽为荡寇将军。复别击荆州，定江夏诸县，还屯临颍，封都亭侯。从征袁尚于柳城，卒与虏遇，辽劝太祖战，气甚奋⑤，太祖壮之，自以所持麾授辽。遂击，大破之，斩单于蹋顿。

**注释**

①围：营垒。②傥：或许。③怀：安抚。④徇：占领。⑤奋：振奋。

**译文**

　　张辽字文远，雁门马邑人。本来是聂壹的后代，因为躲避仇人的杀害而将姓改了。他年轻时担任郡吏。东汉末年，因为他勇气与体力都远超常人，并州刺史丁原征召他为兵曹从事，派遣他率军前往京都。何进派张辽到河北征兵，征了一千多人。返回京都，后来何进失败，张辽率部下归顺董卓。董卓失败后，他又率兵归属吕布，升任骑都尉。吕布后来被李傕打败，张辽跟随吕布往东来到徐州，兼任鲁国相，当时他二十八岁。曹操在下邳打败吕布，张辽率军投降，被任命为中郎将，赐予关内侯的爵位。因为他多次立下战功，所以升为裨将军。袁绍战败后，曹操派遣张辽率军平定鲁国诸县。与夏侯渊共同在东海把昌豨包围起来，几个月之后粮草都用光了，大家商议要撤军，张辽对夏侯渊说："这几天，我每次走到营垒前，就觉得昌豨在注视着我。此外，他们的箭也射得一天比一天少，这必然是昌豨心中有了犹豫，所以没有全力作战。我想用言语去规劝他，或许能诱使他归降。"于是派使者告诉昌豨："曹公下命令，派张辽传达给你。"昌豨果然走出来同张辽进行了交谈。张辽劝他："曹公圣明英武，正在用德操与行动安抚四方，先归顺的人必定会得到更好的奖赏。"昌豨就答应投降。于是张辽只身一人去了三公山，来到了昌豨的家里拜会了他的妻子与儿子。昌豨十分高兴，就跟随着张辽去见曹操，曹操让昌豨先返回，批评张辽："这不是大将应使用的方法。"张辽道歉："因为你的威信扬于四海，我张辽说奉你的命令，昌豨必然不敢害我。"随后，跟随曹操在黎阳征伐袁谭、袁尚，立下很多战功，代任中坚将军。张辽跟随曹操去邺城进攻袁尚，袁尚坚守无法攻下。太祖回到许都，让张辽与乐进攻占阴安，把那里的百姓迁徙到河南。后来又跟随曹操攻打邺城，邺城被攻占，张辽又率军攻占赵国、常山，招抚降伏了缘山一带的贼人和黑山的孙轻等人。后又跟随曹操攻打袁谭，打败袁谭之后，另外率军攻占海滨，打败辽东的柳毅等人。当他返回到邺城时，曹操亲自出城迎接他，牵着他的手共乘一辆车，任命张辽为荡寇将军。后来张辽又率兵攻打荆州，平定江夏诸县，撤军回来驻扎于临颍，被封为都亭侯。又跟随曹操前往柳城征讨袁尚，在路上突然遭到胡兵的袭击，张辽劝曹操与胡兵进行决战，士兵的士气特别振奋，曹操也鼓励他，将自己手里拿着的令旗授予张辽。于是张辽就率军发起进攻，大败胡兵，斩杀单于蹋顿。

**原文**

　　时荆州未定，复遣辽屯长社。临发，军中有谋反者，夜惊乱起火，一军尽扰。辽谓左右曰："勿动。是不一营尽反，必有造变者，欲以动乱人耳。"乃令军中，其不反者安坐。辽将亲兵数十人，中陈而立。有顷定①，即得首谋者杀之。陈兰、梅成以氐六县叛，太祖遣于禁、臧霸等讨成，辽督张郃、牛盖等讨兰。成伪降禁，禁还。成遂将其众就兰②，转入灊山。灊中有天柱山，高峻二十余里，道险狭，步径裁通③，兰等壁其上。辽欲进，诸将曰："兵少道险，难用深入。"辽曰："此所谓一与一，勇者得前耳。"遂进到山下安营，攻之，斩兰、成首，尽虏其众。太祖论诸将功，曰："登天山，履峻险，以取兰、成，荡寇功也。"增邑，假节。

**注 释**

①**有顷**：一会儿，形容时间很短暂。②**就**：靠近。③**裁**：通"才"，只有。

**译 文**

当时荆州还没有安定，曹操再次派遣张辽驻扎于长社。临出发时，军营中有造反的人，在夜里到处点火，趁机制造混乱，全军都受到惊扰。张辽对身边的人说："不要动，这不是全军营的人都要造反，肯定有制造混乱的人，想用混乱来扰乱人心。"于是在军中下令，凡是不参加谋反的人都可以安心坐下。张辽率领数十名随身卫士，站在军营中间。不久局势就安定下来，迅速抓获主谋，将其杀掉。陈兰、梅成据守氐六县发动叛乱。曹操派于禁、臧霸等将领讨伐梅成，张辽督率张郃、牛盖等将领讨伐陈兰。梅成假装向于禁投降，于禁撤回军队。梅成就率领其队伍向陈兰靠拢，转入灊山。灊山中有一个天柱山，高耸险峻长达二十余里，道路崎岖狭窄，如果步行的话，小路勉强能通行，陈兰等人在天柱山顶上修建壁垒。张辽想进军，诸将说："我们的兵力太少，道路艰难危险，很难深入其中。"张辽说："这次正好是一对一的搏杀，只有勇敢的人才可以抢先一步。"就把队伍开到山下安营，立即进行攻打，杀掉陈兰、梅成，全部俘虏了他们的兵将。曹操评价诸将的功劳，说道："登上天柱山，踏着险峻的道路，击败陈兰、梅成，这是荡寇将军的功劳。"就为张辽增加了食邑，并且授予他假节的权力。

**原 文**

太祖既征孙权还，使辽与乐进、李典等将七千余人屯合肥。太祖征张鲁，教与护军薛悌①，署函边曰"贼至乃发"。俄而权率十万众围合肥，乃共发教，教曰："若孙权至者，张、李将军出战；乐将军守，护军勿得与战。"诸将皆疑。辽曰："公远征在外，比救至，彼破我必矣。是以教指及其未合逆击之②，折其盛势，以安众心，然后可守也。成败之机，在此一战，诸君何疑？"李典亦与辽同。于是辽夜募敢从之士，得八百人，椎牛飨将士③，明日大战。平旦，辽被甲持戟，先登陷陈，杀数十人，斩二将，大呼自名，冲垒入，至权麾下。权大惊，众不知所为，走登高冢，以长戟自守。辽叱权下战，权不敢动，望见辽所将众少，乃聚围辽数重。辽左右麾围，直前急击，围开，辽将麾下数十人得出，余众号呼曰："将军弃我乎！"辽复还突围，拔出余众④。权人马皆披靡⑤，无敢当者。自旦战至日中，吴人夺气，还修守备，众心乃安，诸将咸服。权守合肥十余日，城不可拔，乃引退。辽率诸军追击，几复获权。太祖大壮辽，拜征东将军。建安二十一年，太祖复征孙权，到合肥，循行辽战处，叹息者良久。乃增辽兵，多留诸军，徙屯居巢。

**译文**

　　曹操征讨孙权返回后，派遣张辽和乐进、李典等将率领七千余人驻扎于合肥。曹操讨伐张鲁，给护军薛悌下命令，在信件的外面写道："敌军来后再拆开信件。"不久以后，孙权就派遣十万大兵包围合肥，他们就一起把密封的信件打开，令函中说："如果孙权来犯，张辽、李典率军出战，乐进将军守城，护军薛悌不可出战。"诸将都感到疑惑。张辽说："曹公远在外面征战，等救兵赶到时，敌军必定已把我们打败了。所以命令我们趁敌军还没形成包围的阵势时迅速出击，挫伤其锐气，以安定军心，然后我们就能坚守了。成败的关键就在这一战，大家有什么疑问吗？"李典也赞同张辽的见解。于是张辽当晚就征召敢于跟随他作战的士兵，共八百人，杀牛慰劳将士，第二天进行大战。黎明时分，张辽披着盔甲手拿长戟，率先冲入敌阵，杀敌数十人，斩杀两名将领，高呼自己的名字，然后又冲入敌人营垒，一直来到孙权的指挥所。孙权感到害怕，众多的将领也不知怎么办，急忙登上土堆，用长戟保卫孙权。张辽大喊孙权的名字，让他下来决战，孙权不敢出动，看见张辽所带的将士很少，就聚集军队将张辽层层包围。张辽忽左忽右指挥着数十名勇士突出重围，迅速向前方发起猛烈攻击，包围圈被冲开，张辽指挥的数十名勇士冲出，其他士兵大喊："将军要抛弃我们吗？"张辽再次冲入包围圈，救出剩余的士兵。孙权的部下四处逃散，没有敢阻挡他的人。战斗从早上一直进行到中午，吴军士气大挫，张辽返回营地并加强修建守备工事，军心安定，诸将都很佩服张辽。孙权把合肥包围了十几天，都没能攻克，于是撤军返回。张辽率领各路人马追击，几乎将孙权俘获，曹操大大地嘉奖张辽，任命他为征东将军。建安二十一年（216），曹操再次征讨孙权，到达合肥，巡视当年张辽作战的地方，久久地感叹不已。于是增加了张辽的兵力，多留了一些队伍，移军驻扎在居巢。

关羽围曹仁于樊，会权称藩，召辽及诸军悉还救仁。辽未至，徐晃已破关羽，仁围解。辽与太祖会摩陂。辽军至，太祖乘辇出劳之[①]，还屯陈郡。文帝即王位，转前将军。分封兄汎及一子列侯。孙权复叛，遣辽还屯合肥，进辽爵都乡侯。给辽母舆车，及兵马送辽家诣屯，敕辽母至，导从出迎[②]。所督诸军将吏皆罗拜道侧[③]，观者荣之。

文帝践阼，封晋阳侯，增邑千户，并前二千六百户。黄初二年，辽朝洛阳宫，文帝引辽会建始殿，亲问破吴意状[④]。帝叹息顾左右曰："此亦古之召虎也。"为起第舍，又特为辽母作殿，以辽所从破吴军应募步卒，皆为虎贲。孙权复称藩。辽还屯雍丘，得疾。帝遣侍中刘晔将太医视疾，虎贲问消息，道路相属。疾未瘳，帝迎辽就行在所，车驾亲临，执其手，赐以御衣，太官日送御食。疾小差[⑤]，还屯。

孙权复叛，帝遣辽乘舟，与曹休至海陵，临江。权甚惮焉，敕诸将："张辽虽病，不可当也，慎之！"是岁，辽与诸将破权将吕范。辽病笃，遂薨于江都。帝为流涕，谥曰刚侯。子虎嗣。六年，帝追念辽、典在合肥之功，诏曰："合肥之役，辽、典以步卒八百，破贼十万，自古用兵，未之有也。使贼至今夺气，可谓国之爪牙矣。其分辽、典邑各百户，赐一子爵关内侯。"虎为偏将军，薨。子统嗣。

①**辇**：秦汉以来专门指天子乘坐的车。曹操位高权大，所以他乘坐的车也称辇。
②**导从**：现在指仪仗队。导，引导；从，随从，跟从。③**罗拜**：环绕着跪拜。④**意状**：情况、状况。⑤**小差**：指病情稍微好转。

关羽在樊城包围曹仁，当时孙权向魏国称臣，于是太祖征召张辽及诸军返回营地营救曹仁。张辽的军队还没赶到，徐晃已打败关羽，曹仁的包围也被解除。张辽与曹操在摩陂会师。张辽率军赶到后，曹操亲自乘车来到军营慰劳，军队调回驻扎在陈郡。

曹丕继承王位，张辽调任前将军，他的哥哥张汎和一个儿子被分封为列侯，孙权再次造反，曹丕派遣张辽再次驻扎于合肥，封他都乡侯的爵位。赐给张辽的母亲舆车，派遣兵马护送张辽的家人来到张辽的军营，命令张辽的母亲到达时，仪仗队出来相迎。张辽督率的诸军将士都围绕跪拜在道路的两侧，旁观的人都认为这种礼遇极尽荣耀。

　　曹丕登上帝位后，进封张辽晋阳侯，增加千户食邑，加上此前的共有两千六百户。黄初二年（221），张辽前往洛阳宫朝拜，曹丕在建始殿会见他，亲自询问他关于击败孙权的一些情况。曹丕叹息着对身边的人说："这是像古代的召虎一样的猛将。"他为张辽建造府邸，又特别为他的母亲修建殿宇，原来跟随张辽破吴的应招士卒，都封为虎贲郎。孙权再次称臣。张辽回到军中驻扎于雍丘，后来得病。曹丕派遣侍中刘晔带太医前去探问疾病，前去探望张辽病情的文帝禁兵络绎不绝。病还没有完全好，曹丕就把张辽迎到自己巡行时的住所，亲自乘车探望，见面后紧握张辽的手，赐给他御衣，太官每天都给他送御食。病情稍有好转后，张辽就返回军营。

　　孙权再次反叛，曹丕派遣张辽乘船与曹休一起来到海陵，沿着长江驻军。孙权非常害怕张辽，命令诸将："张辽虽然有病，仍然无法抵挡，应该谨慎行事！"这一年，张辽同诸将一起击败了孙权的将领吕范。张辽的病情加重，病逝于江都。曹丕为他流下眼泪，谥号刚侯。儿子张虎继承了其爵位。黄初六年（225），曹丕追念张辽、李典在合肥所立下的功劳，下诏书说："合肥战役，张辽、李典率领八百名步卒，击败十万吴军，自古用兵从未有这样的战例。使吴军至今仍丧失士气，可以说是国家的良将。分封张辽、李典每个人一百户，赐给张辽的一个儿子关内侯的爵位。"张虎任偏将军，去世后，儿子张统继承爵位。

　　乐进字文谦，阳平卫国人也。容貌短小，以胆烈从太祖[1]，为帐下吏。遣还本郡募兵，得千余人，还为军假司马、陷陈都尉。从击吕布于濮阳，张超于雍丘，桥蕤于苦，皆先登有功，封广昌亭侯。从征张绣于安众，围吕布于下邳，破别将，击眭固于射犬，攻刘备于沛，皆破之，拜讨寇校尉。渡河攻获嘉，还，从击袁绍于官渡，力战，斩绍将淳于琼。从击谭、尚于黎阳，斩其大将严敬，行游击将军。别击黄巾，破之，定乐安郡。从围邺，邺定，从击袁谭于南皮，先登，入谭东门。谭败，别攻雍奴，破之。建安十一年，太祖表汉帝，称进及于禁、张辽曰："武力既弘，计略周备<sup>②</sup>，质忠性一，守执节义，每临战攻，常为督率，奋强突固<sup>③</sup>，无坚不陷，自援枹鼓，手不知倦。又遣别征，统御师旅，抚众则和，奉令无犯，当敌制决<sup>④</sup>，靡有遗失。论功纪用，宜各显宠。"于是禁为虎威；进，折冲；辽，荡寇将军。

**译 文**

乐进字文谦，阳平郡卫国人。他身材很矮小，凭借胆识与勇气追随曹操，是曹操帐下的官员，曹操派遣他返回阳平郡招募士兵，征得一千多人，返回后代理军司马，任陷阵都尉。跟随曹操在濮阳进攻吕布，在雍丘向张超发动进攻，在苦县进攻桥蕤，他都率先冲锋陷阵而立下军功，被封为广昌亭侯。后来又跟随曹操在安众讨伐张绣，在下邳攻击吕布，击败他们所属的将领，在射犬攻击眭固，在沛国进攻刘备，把他们都击败了，升为讨寇校尉。渡过黄河进攻获嘉，返回后，乐进又跟随曹操在官渡进攻袁绍，奋力作战，斩杀袁绍的部将淳于琼。后来又跟随曹操在黎阳进攻袁谭、袁尚，杀了他们的部将严敬，代行游击将军的职务。此外，率军讨伐黄巾军，把他们击败，平定乐安郡。又跟随曹操围攻邺县，平定之后又在南皮攻击袁谭，乐进第一个登上城墙，攻入东门。袁谭战败，乐进进攻雍奴，一次就把此地攻破。建安十一年（206），曹操上书，称赞乐进、于禁与张辽说："不但武力很强大，而且计谋也很周到全面，本性忠诚而坚定，保持忠节与义信，每当战争进行时，经常率先攻入敌阵，奋发图强，攻破险阻，没有不能克服的艰难，自己击鼓进军，不知道疲倦。此外，派遣他们率军征讨，统帅队伍，能够安抚众心，团结一致，遵守军令，不侵犯秋毫之物，面对大敌，制定决策，极少出现失误。按照功劳的大小加以任用，应该分别予以重任，以显示对他们的恩宠。"于是，任命于禁为虎威将军，乐进为折冲将军，张辽为荡寇将军。

**原 文**

进别征高幹，从北道入上党，回出其后。幹等还守壶关，连战斩首。

幹坚守未下，会太祖自征之，乃拔。太祖征管承，军淳于，遣进与李典击之。承破走，逃入海岛，海滨平。荆州未服，遣屯阳翟。后从平荆州，留屯襄阳，击关羽、苏非等，皆走之，南郡诸郡山谷蛮夷诣进降。又讨刘备临沮长杜普、旌阳长梁大，皆大破之。后从征孙权，假进节。

太祖还，留进与张辽、李典屯合肥，增邑五百，并前凡千二百户。以进数有功，分五百户，封一子列侯；进迁右将军。建安二十三年薨，谥曰威侯。子綝嗣。綝果毅有父风①，官至扬州刺史。诸葛诞反，掩袭杀綝②，诏悼惜之，追赠卫尉，谥曰愍侯。子肇嗣。

**注 释**

①**果毅**：果敢坚毅。形容一个人的品格非常优秀。②**掩袭**：趁人不注意时发动突袭。

**译 文**

乐进又率军另外征讨高幹，他从北面的道路进入上党，抄了高幹的后路。高幹等人返回坚守壶关，乐进连续发动多次进攻，追杀敌人。高幹坚守壶关，最终没能攻克，一直等到曹操率军前来后才得以攻克。曹操讨伐管承，驻扎于淳于，派遣乐进和李典起兵发起进攻。管承大败而走，逃到海岛上，海滨才被平定。当时荆州还没有归顺，曹操派遣乐进率军进驻阳翟。后来跟随曹操平定荆州。留守襄阳，向关羽、苏非等人发起进攻，把他们都赶走，南郡山谷一带的蛮夷都前来归顺。后来又率军征讨刘备所任命的临沮长杜普、旌阳长梁大，都把他们打败了。后来乐进又跟随曹操讨伐孙权，被授予假节的加官。

曹操返回，留下乐进和张辽、李典驻守合肥，给乐进增加五百户食邑，加上此前受封的食邑共有一千二百户食邑。又因乐进屡立战功，曹操又封给他五百户，晋封他的一个儿子为列侯；乐进升任右将军。建安二十三年（218），乐进去世，谥号威侯。儿子乐綝继承爵位。乐綝果敢刚毅，具有其父的遗风，担任过扬州刺史。诸葛诞造反，偷袭并杀掉乐綝，朝廷下诏哀悼他，追封为卫尉，谥号愍侯。儿子乐肇继承他的位置。

**原 文**

于禁字文则，泰山巨平人也。黄巾起，鲍信招合徒众，禁附从焉。及太祖领兖州，禁与其党俱诣为都伯，属将军王朗。朗异之，荐禁才任大将军。太祖召见与语，拜军司马，使将兵诣徐州，攻广戚，拔之，拜陷陈都尉。从讨吕布于濮阳，别破布二营于城南，又别将破高雅于须昌。从攻寿张、定陶、离狐，围张超于雍丘，皆拔之。从征黄巾刘辟、黄邵等，屯版梁，邵等夜袭太祖营，禁帅麾下击破之，斩邵等，尽降其众。迁平虏校尉。从围桥蕤于苦，斩蕤等四将。从至宛，降张绣。绣复叛，太祖与战不利，军败，还舞阴。是时军乱，各间行求太祖①，禁独勒所将数百人，且战且引，虽有死伤不相离。虏追稍缓，禁徐整行队，鸣鼓而还。

　　未至太祖所，道见十余人被创裸走②，禁问其故，曰："为青州兵所劫。"初，黄巾降，号青州兵，太祖宽之，故敢因缘为略。禁怒，令其众曰："青州兵同属曹公，而还为贼乎！"乃讨之，数之以罪。青州兵遽走诣太祖自诉。禁既至，先立营垒，不时谒太祖③。或谓禁："青州兵已诉君矣，宜促诣公辨之。"禁曰："今贼在后，追至无时④，不先为备，何以待敌？且公聪明，谮诉何缘⑤！"徐凿堑安营讫，乃入谒，具陈其状。太祖悦，谓禁曰："淯水之难，吾其急也，将军在乱能整，讨暴坚垒，有不可动之节，虽古名将，何以加之！"于是录禁前后功，封益寿亭侯。复从攻张绣于穰，禽吕布于下邳，别与史涣、曹仁攻眭固于射犬，破斩之。

（注　释）

　　①间行：擅自行动，私自行动。②被创裸走：身上有伤，赤身逃走。③不时：不及时。④追至无时：敌军不知道什么时候能追上。⑤谮诉：诬告。

（译　文）

　　于禁字文则，泰山郡巨平人。黄巾军起义时，鲍信招募众人，于禁当时归附于他。等到曹操任兖州牧时，于禁与部属过来投奔他，并且担任了队长的职务，从属于将军王朗统率。王朗非常惊异于于禁的才能，就把于禁推荐上去，认为凭借他的才能足以出任大将军。曹操召见于禁并和他交谈，任命他为军司马，让他率军前往徐州，攻打广戚，攻陷广戚后，任命于禁为陷阵都尉。跟随曹操去濮阳讨伐吕布，在城南攻破了吕布的两支部队，另外又率军在须昌击败高雅。跟随曹操进攻寿张、定陶、离狐，在雍丘包围了张超，把这些地方都攻破了。以后又随着曹操讨伐黄巾将领刘辟、黄邵等人，驻扎在版梁，黄邵深夜率军偷袭曹操的营垒，于禁指挥手下的将士把他击败了，杀掉了黄邵等人，全部降伏了他的部下。于是于禁升为平虏校尉。又跟随曹操在苦县包围了桥蕤，于禁奋力斩杀了桥蕤等四位将领。于禁跟随曹操向宛县发起进攻，降伏了张绣。不久，张绣又反叛，曹操与他交战失利，军队败退，驻扎在舞阴。当时军中非常混乱，各个部队都擅自行动，回到曹操的所在地。只有于禁能控制手下的数百名士兵，一边作战一边后退，虽然有伤亡，但是仍然没有溃散。等到敌军的追势稍微减弱的时候，于禁慢慢地整顿队伍，鸣鼓返回。

还没有到达曹操的驻地，就在路上遇上十多位士卒带伤裸逃，于禁问他们原因，士卒说："遭到了青州军的抢劫。"起初，黄巾军投降，号称青州军，曹操对他们很宽容，所以青州军利用这点到处抢劫掠夺。于禁非常生气，命令手下："青州兵也属于曹公统帅，又回去做强盗吗？"于是率军征讨，列举出他们的罪行，青州军就赶快逃走，前往曹操的营中控诉于禁。于禁率领队伍赶到后，先修建营垒，没有马上拜见曹操。有人对于禁说："青州兵已经在曹公面前告你的状了，你应该迅速面见曹公为自己辩解。"于禁回答说："目前敌军就在后面，说不定什么时候就追上来了，如果事先不做好准备的话，用什么来迎战呢？而且曹公通达英明，诬告又有什么用处呢？"于是从容地挖凿战壕，把军队安顿好之后才去拜见曹公，一一陈述了当时的情况。曹操非常高兴，对于禁说："淯水这场灾难，我军战败，形势非常紧急，将军您能在动乱中整治队伍，讨伐暴徒，加固营垒，有不可动摇的操守，即使是古代的名将，又怎么能超过你！"于是，综合考虑了于禁前后的功劳，封为益寿亭侯。于禁又跟随曹操在穰县向张绣发起进攻，在下邳擒拿了吕布，又另外率军同史涣、曹仁一起在射犬进攻眭固，把他打败并且杀了他。

**原　文**

太祖初征袁绍，绍兵盛，禁愿为先登。太祖壮之，乃遣步卒二千人，使禁将，守延津以拒绍，太祖引军还官渡。刘备以徐州叛，太祖东征之。绍攻禁，禁坚守，绍不能拔。复与乐进等将步骑五千，击绍别营，从延津西南缘河至汲、获嘉二县，焚烧保聚三十余屯，斩首获生各数千，降绍将何茂、王摩等二十余人。太祖复使禁别将屯原武，击绍别营于杜氏津，破之。迁裨将军，后从还官渡。太祖与绍连营，起土山相对。绍射营中，士卒多死伤，军中惧。禁督守土山，力战，气益奋。绍破，迁偏将军。冀州平。昌豨复叛，遣禁征之。禁急进攻豨；豨与禁有旧<sup>①</sup>，诣禁降。诸将皆以为豨已降，当送诣太祖，禁曰："诸君不知公常令乎！围而后降者不赦。夫奉法行令，事上之节也。豨虽旧友，禁可失节乎！"自临与豨决，陨涕而斩之。是时太祖军淳于，闻而叹曰："豨降不诣吾而归禁，岂非命耶！"益重禁。东海平，拜禁虎威将军。后与臧霸等攻梅成，张辽、张郃等讨陈兰。禁到，成举众三千余人降。既降复叛，其众奔兰。辽等与兰相持，军食少，禁运粮前后相属，辽遂斩兰、成。增邑二百户，并前千二百户。是时，禁与张辽、乐进、张郃、徐晃俱为名将，太祖每征伐，咸递行为军锋<sup>②</sup>，还为后拒；而禁持军严整，得贼财物，无所私入，由是赏赐特重。然以法御下，不甚得士众心。太祖常恨朱灵，欲夺其营。以禁有威重，遣禁将数十骑，赍令书<sup>③</sup>，径诣灵营夺其军，灵及其部众莫敢动；乃以灵为禁部下督，众皆震服，其见惮如此<sup>④</sup>。迁左将军，假节钺，分邑五百户，封一子列侯。

**注 释**

①**有旧**：有以往的交情。②**递**：交替，依次更替。③**赍**：拿，持。④**见惮**：让人畏惧，使人害怕。

**译 文**

　　曹操开始讨伐袁绍时，袁绍的兵力极为强大，于禁愿意出任先锋。曹操嘉奖他，派他率领两千兵士固守延津，来抵御袁绍的攻击，曹操率大军返回官渡。刘备据守徐州发起叛变，曹操率军东征，袁绍向于禁发起猛烈进攻，于禁率军固守，袁绍无法攻破。于禁又和乐进等将领率五千步骑兵，向袁绍另外的营垒发起了攻击，从延津西南沿黄河而上，到达汲县和获嘉县，焚烧袁绍的三十多处营垒，分别斩首且俘获数千人，降伏袁绍的部将何茂、王摩等二十余人。曹操又派于禁另率军队驻扎于原武，进攻袁绍在杜氏津的其他营垒，攻占了这些营地。于禁升任裨将军，后来跟随曹操返回官渡。曹操和袁绍的军营相连，垒砌土堆对峙。袁绍的部下向营中射箭，伤亡的士兵非常多，军中极为惊恐。于禁督守土山，奋力拼战，士气更加振奋。打败袁绍后，于禁升任偏将军。冀州被平定。昌豨再次发起叛乱，曹操派于禁前去讨伐。于禁迅速前进，攻击昌豨，昌豨过去和于禁有交情，前往于禁的军营请求投降。诸将都认为昌豨既然已投降，就应该把他交给曹操处置，于禁说："你们不知道曹公平时的命令吗？包围后再投降的人是不可以被赦免的。遵守法令，是下属服从上级应有的气节。昌豨虽然是我旧时的朋友，但是我怎能失节啊！"于是亲自同昌豨诀别，流着泪斩杀了他。这时曹操驻守在淳于，听到这个消息后感叹道："昌豨不来我处投降，而归顺于禁，难道这不是命吗？"于是越发器重于禁。东海平定以后，任命于禁为虎威将军。后来于禁与臧霸等将领进攻梅成，张辽、张郃等征讨陈兰。于禁的军队到达后，梅成率三千人投降。不久又反叛，率领队伍投靠陈兰。张辽与陈兰对峙，军粮不足，于禁接连不断地运粮供应张辽的军队，因此张辽得以斩杀陈兰、梅成。曹操下令给于禁增加两百户食邑，加上此前的食邑共有一千两百户。这时，于禁与张辽、乐进、张郃、徐晃均为名将，曹操每次出征讨伐的时候都交替任命他们做先锋，回来时则作为后卫；而且于禁治军非常严整，从敌人那里缴获来的财物，从来不私自占有，因此受到的赏赐也非常多。然而于禁用法令军纪统御部下，不很得士兵的心。曹操平时讨厌朱灵，想削夺其兵权。因为于禁很有威严，就派遣于禁率领数十名骑兵，带着曹操的命令，直接冲进朱灵的军营夺取了其兵权，朱灵和他的部下都不敢动；曹操就让朱灵归于禁统率，大家都被他慑服了，于禁让人害怕到了这种地步。升任左将军，授予他节钺的加官，又分封给他五百户食邑，把他的一个儿子封为列侯。

原　文

建安二十四年，太祖在长安，使曹仁讨关羽于樊，又遣禁助仁。秋，大霖雨，汉水溢，平地水数丈，禁等七军皆没。禁与诸将登高望水，无所回避，羽乘大船就攻禁等，禁遂降，惟庞德不屈节而死。太祖闻之，哀叹者久之，曰："吾知禁三十年，何意临危处难，反不如庞德邪！"会孙权禽羽，获其众，禁复在吴。文帝践阼，权称藩，遣禁还。帝引见禁，须发皓白，形容憔悴，泣涕顿首。帝慰谕以荀林父[①]、孟明视故事，拜为安远将军。欲遣使吴，先令北诣邺谒高陵[②]。帝使豫于陵屋画关羽战克、庞德愤怒、禁降服之状。禁见，惭恚发病薨[③]。子圭嗣封益寿亭侯。谥禁曰厉侯。

注 释

①**慰谕**：下诏加以慰问、晓谕。②**高陵**：曹操的坟墓名。③**惭恚**：惭愧、怨恨。

译 文

　　建安二十四年（219），太祖在长安，派遣曹仁前往樊城讨伐关羽，又派遣于禁援助曹仁。当时是秋天，连日暴雨，汉水猛涨，平地的积水达到数丈深，于禁等七军都遭到大水的淹没。于禁与将领们登上高处眺望远处的洪水，没有可以躲避的地方，关羽乘坐大船逼近并攻击于禁等人。于禁向关羽投降，只有庞德不愿屈节投降而被关羽杀掉。曹操听说这一消息后，哀叹了很久，说："我信任于禁三十年，怎会想到，当他面临危险时，反倒不如庞德呢！"不久，孙权抓获关羽，兼并了他的队伍，于禁又到了吴国。曹丕登上帝位后，孙权向他称臣，就将于禁送还魏国。魏文帝接见于禁，看到他头发与胡须都白了，面容憔悴，哭着叩头。曹丕用荀林父、孟明视的故事来安慰于禁，任命他为安远将军。准备派遣他出使吴国，先让他到邺县拜谒曹操陵。曹丕事先派人在陵屋画好关羽战胜、庞德愤怒死节、于禁投降的图画，于禁看到之后，悲愤交加，不久病亡。他的儿子于圭继承了其爵位。追封于禁为厉侯。

原 文

　　张郃字隽乂，河间人也。汉末应募讨黄巾，为军司马，属韩馥。馥败，以兵归袁绍。绍以郃为校尉，使拒公孙瓒。瓒破，郃功多，迁宁国中郎将。太祖与袁绍相拒于官渡，绍遣将淳于琼等督运屯乌巢，太祖自将急击之。郃说绍曰："曹公兵精，往必破琼等；琼等破，则将军事去矣，宜急引兵救之。"郭图曰："郃计非也。不如攻其本营，势必还，此为不救而自解也。"郃曰："曹公营固，攻之必不拔，若琼等见禽，吾属尽为虏矣。"绍但遣轻骑救琼，而以重兵攻太祖营，不能下。太祖果破琼等，绍军溃。图惭，又更谮郃曰："郃快军败①，出言不逊。"郃惧，乃归太祖。

## 注 释

①**快军败**：以我军的失败为乐。

## 译 文

　　张郃字隽乂，河间人。东汉末年曾经应征讨伐黄巾军，任军司马，归属韩馥统率，韩馥失败后，率兵归顺袁绍，袁绍任命张郃为校尉，派他率军抵抗公孙瓒。打败公孙瓒，张郃的功劳最大，升任宁国中郎将。曹操与袁绍在官渡对峙，袁绍派淳于琼等人督运粮草，驻扎在乌巢，曹操亲自率军迅速对乌巢发起进攻。张郃劝说袁绍说："曹公的兵极为精锐，发动进攻的话一定会打败淳于琼等人；淳于琼失败的话，您就会失败，您应该迅速派兵援救淳于琼。"郭图说："张郃的计策不可取，不如攻击曹操的大本营，他们肯定会撤军。淳于琼的危险就会不救而解。"张郃说："曹操的大本营极为坚固，如果进攻的话肯定无法取胜，如果淳于琼等将领被捉住的话，我们也会全部变为俘虏了。"袁绍只派了少量的兵力去援救淳于琼，而派重兵进攻曹操的军营，没能攻下。曹操果然打败了淳于琼等，袁绍的军队到处溃散。郭图感到羞愧，又诬陷张郃说："张郃看到我军失败了很高兴，说的话非常不好听。"张郃感到非常害怕，就归顺了曹操。

## 原 文

　　太祖得郃甚喜，谓曰："昔子胥不早寤①，自使身危，岂若微子去殷、韩信归汉邪？"拜郃偏将军，封都亭侯。授以众，从攻邺，拔之。又从击袁谭于渤海，别将军围雍奴，大破之。从讨柳城，与张辽俱为军锋，以功迁平狄将军。别征东莱，讨管承，又与张辽讨陈兰、梅成等，破之。从破马超、韩遂于渭南。围安定，降杨秋。与夏侯渊讨鄜贼梁兴及武都氐。又破马超，平宋建。太祖征张鲁，先遣郃督诸军讨兴和氐王窦茂②。太祖从散关入汉中，又先遣郃督步卒五千于前通路。至阳平，鲁降，太祖还，留郃与夏侯渊等守汉中，拒刘备。郃别督诸军，降巴东、巴西二郡，徙其民于汉中。进军宕渠，为备将张飞所拒，引还南郑。拜荡寇将军。刘备屯阳平，郃屯广石。备以精卒万余，分为十部，夜急攻郃。郃率亲兵搏战，备不能克。其后备于走马谷烧都围，渊救火，

●曹操平定汉中地

从他道与备相遇，交战，短兵接刃。渊遂没，郃还阳平。当是时，新失元帅，恐为备所乘，三军皆失色。渊司马郭淮乃令众曰："张将军，国家名将，刘备所惮；今日事急，非张将军不能安也。"遂推郃为军主③。郃出，勒兵安陈，诸将皆受郃节度，众心乃定。太祖在长安，遣使假郃节。太祖遂自至汉中，刘备保高山不敢战。太祖乃引出汉中诸军，郃还屯陈仓。

注释

①寤：醒悟。②兴和氏：居住在河池一带的氐人。③军主：军中统帅。

译文

　　曹操得到张郃极为高兴，他对张郃说："从前伍子胥没有尽早醒悟，断送了自己的性命，怎能比得上微子离开殷商归顺周朝呢？"任命张郃为偏将军，封都亭侯。给他兵力跟随太祖进攻邺县，一举攻克。又跟随曹操在渤海郡朝袁谭发起进攻，张郃另外率军讨伐雍奴，大获全胜。跟随曹操围攻柳城，与张辽共同担任先锋，因为立功而升任平狄将军。另外又率军出征东莱，征讨管承，又同张辽一起率军讨伐陈兰、梅成等人，击败了他们。跟随曹操在渭南打败马超、韩遂。率军围攻安定，降伏杨秋。与夏侯渊共同讨伐鄜县的反贼梁兴和驻守在武都的氐人。又打败马超，平定宋建的叛乱。曹操率军征伐张鲁，先派张郃督率诸军讨伐兴和氏王窦茂。曹操从散关进驻于关中，又派张郃督率五千名步卒在前面开辟道路。军队开到阳平，张鲁投降，曹操率军返回，留下张郃与夏侯渊等坚守汉中地区，抵御刘备。张郃另外还督率诸军，降服巴东、巴西两大郡，将两郡的百姓迁徙到汉中。军队进军宕渠时，被刘备手下的大将张飞阻拦住，就撤军返回南郑。后被任命为荡寇将军。刘备驻扎于阳平，张郃驻扎在广石。刘备把万名精锐士兵分成十部，深夜对张郃发起猛烈的进攻。张郃率领身边的士

卒奋力拼战，刘备无法击败他。后来刘备在走马谷放火焚烧曹操的营垒，夏侯渊率军救火。在另一条道路上与刘备相遇，双方展开战斗，短兵相接，夏侯渊战死，张郃率军返回阳平。当时，曹军刚刚失去统帅夏侯渊，曹军担心刘备会趁机发起进攻，整个军队都很恐慌。夏侯渊属下的军司马郭淮命令其部下："张将军是国内名将，刘备害怕他，现在军情紧急，除了张将军没有人能够稳定局势。"于是就推荐张郃担任军队的统帅。张郃任职后，整治军队，部署阵地，诸将都听从张郃的指挥，军心才得以安定。曹操在长安，派遣使者授予张郃假节的加官。不久曹操就亲自来到汉中，刘备据守高山不敢出来应战，曹操于是率领汉中军队撤军返回；张郃返回驻扎在陈仓。

原　文

　　文帝即王位，以郃为左将军，进爵都乡侯。及践阼，进封鄚侯。诏郃与曹真讨安定卢水胡及东羌，召郃与真并朝许宫，遣南与夏侯尚击江陵。郃别督诸军渡江，取洲上屯坞。明帝即位，遣南屯荆州，与司马宣王击孙权别将刘阿等①，追至祁口，交战，破之。诸葛亮出祁山。加郃位特进，遣督诸军，拒亮将马谡于街亭。谡依阻南山，不下据城。郃绝其汲道②，击，大破之。南安、天水、安定郡反应亮，郃皆破平之。诏曰："贼亮以巴蜀之众，当虓虎之师。将军被坚执锐③，所向克定，朕甚嘉之。益邑千户，并前四千三百户。"司马宣王治水军于荆州，欲顺沔入江伐吴，诏郃督关中诸军往受节度。至荆州，会冬水浅，大船不得行，乃还屯方城。诸葛亮复出，急攻陈仓，帝驿马召郃到京都。帝自幸河南城，置酒送郃，遣南北军士三万及分遣武卫、虎贲使卫郃，因问郃曰："迟将军到，亮得无已得陈仓乎④！"郃知亮县军无谷，不能久攻，对曰："比臣未到，亮已走矣；屈指计亮粮不至十日。"郃晨夜进至南郑，亮退。诏郃还京都，拜征西车骑将军。

注　释

　　①**别将**：配合主力军作战的将领。②**汲道**：这里指引水渠道。③**被坚执锐**：身披盔甲，手拿锋利武器。④**得无**：莫非。

　　曹丕继承王位之后，任命张郃为左将军，封为都乡侯。等到他正式称帝后，晋封张郃为鄚侯，又下诏命张郃与曹真攻讨安定卢水胡与东羌，召张郃和曹真一起到许昌行宫觐见他，派他去南方与夏侯尚一起攻打江陵。张郃另外又督率诸军渡长江，攻占百里洲上的土堡。曹睿即位后，派遣张郃驻扎于荆州，和司马懿一起向孙权的部下刘阿等发动进攻，一直把他们追赶到祁口，两军交战，刘阿被击败。诸葛亮出兵祁山，曹睿授予张郃特进的加官，让他督率诸军，在街亭袭击诸葛亮的手下马谡。马谡以南山作为险阻，不下山来修筑营垒。张郃断绝蜀军的取水通路，出兵进攻，大破马谡。南安、天水、安定郡都反叛以响应诸葛亮，张郃分别击败他们，平息叛乱。曹睿下诏："诸葛亮率领巴蜀军队，与我们的咆哮之军对阵，张将军身披盔甲，手拿锐器，凡是他们到达的地方马上就能平定。我非常赞赏他，给他增加一千户的食邑，加上此前的总共四千三百户。"司马懿在荆州治理水军，想顺着沔水驶入长江攻打吴国，曹睿下诏命张郃督率关中诸军前去接手司马懿的指挥。到达荆州时，正是冬天水浅之时，大船无法航行，就撤军返回驻扎在方城。诸葛亮再次率军出祁山，对陈仓发起猛烈的攻击，曹睿派遣驿马征召张郃到京都。曹睿亲自来到河南城，设酒宴送别张郃，调遣三万南北军士归张郃指挥，又分别派武卫、虎贲等近卫军保护张郃，并问张郃："等你到达前线时，诸葛亮不会已经将陈仓攻陷了吧？"张郃知道诸葛亮孤军深入，粮草不足，不能长久地发起进攻，就回答："等不到我赶到，诸葛亮就已退兵了，屈指计算诸葛亮所拥有的粮草，用不到十天。"张郃连夜出发赶到南郑，诸葛亮撤军，曹睿下诏命令张郃返回京都，任命他为征西车骑将军。

　　郃识变数，善处营陈，料战势地形，无不如计，自诸葛亮皆惮之。郃虽武将而爱乐儒士，尝荐同乡卑湛经明行修，诏曰："昔祭遵为将，奏置五经大夫，居军中，与诸生雅歌投壶①。今将军外勒戎旅，内存国朝。朕嘉将军之意，今擢湛为博士。"

　　诸葛亮复出祁山，诏郃督诸将西至略阳，亮还保祁山，郃追至木门，与亮军交战，飞矢中郃右膝②，薨，谥曰壮侯。子雄嗣。郃前后征伐有功，明帝分郃户，封郃四子列侯。赐小子爵关内侯。

一六二

①**投壶**：古时玩的一种游戏，设置一个特制的壶，宾主依次把矢投入里面，投中得多的人取胜。②**飞矢**：飞来的乱箭。

译　文

张郃通晓事物发展变化的规律，善于布设阵营，预测战争形势及地形，没有一次不符合当时的计划的，连诸葛亮都畏惧他。张郃虽是武将，却喜爱儒士，曾推举过通晓诗书而且德行出众的同乡卑湛，曹睿下诏："当年祭遵担任将军的时候，曾经上奏请求在军旅中设置五经大夫，同儒生们吟唱《雅》诗、投壶。现在将军在外面统领诸军，心中依旧想念着国家，我赞赏将军的忠心，如今提拔卑湛为博士。"

诸葛亮再次领军出祁山，曹睿下诏命令张郃督率诸将向西到达略阳，诸葛亮撤军返回，据守祁山，张郃追到木门，与诸葛亮在此地交战，飞箭射中张郃的右膝，张郃去世，谥号壮侯。他的儿子张雄继承其爵位。张郃前后征伐多有战功，曹睿把张郃的食邑分封给他的儿子，封他的四个儿子为列侯，赐予其小儿子关内侯的爵位。

原　文

徐晃字公明，河东杨人也。为郡吏，从车骑将军杨奉讨贼有功，拜骑都尉。李傕、郭汜之乱长安也，晃说奉，令与天子还洛阳，奉从其计。天子渡河至安邑，封晃都亭侯。及到洛阳，韩暹、董承日争斗，晃说奉令归太祖；奉欲从之，后悔。太祖讨奉于梁，晃遂归太祖。

译　文

徐晃字公明，河东郡杨县人。担任过郡吏，后来追随车骑将军杨奉讨伐叛贼有功，被任命为骑都尉。李傕、郭汜在长安发动叛乱时，徐晃劝说杨奉，与汉献帝一同返回洛阳，杨奉采纳了他的建议。汉献帝渡河抵达安邑，封徐晃为都亭侯。等他来到洛阳，韩暹、董承天天都在争斗，徐晃劝说杨奉归顺曹操；杨奉听从其意见，不久又反悔。曹操率领军队前往梁郡讨伐杨奉，徐晃归顺曹操。

原　文

太祖授晃兵，使击卷、原武贼，破之，拜裨将军。从征吕布，别降布将赵庶、李邹等。与史涣斩眭固于河内。从破刘备，又从破颜良，拔白马，进至延津，破文丑，拜偏将军。与曹洪击濦强贼祝臂，破之，又与史涣击袁绍运车于故市，功最多，封都亭侯。太祖既围邺，破邯郸，易阳令韩范伪以城降而拒守，太祖遣晃攻之。晃至，飞矢城中，为陈成败。范悔，晃辄降之。既而言于太祖曰："二袁未破，诸城未下者倾耳而听，今日灭易阳，明日皆以死守，恐河北无定时也①。愿公降易阳以示诸城，则莫不望风。"太祖善之。别讨毛城，设伏兵掩击②，破三屯。从破袁谭于南皮，讨平原叛贼，克之。从征蹋顿，拜横野将军。从征荆州，别屯樊，讨中庐、临沮、宜城贼。又与满宠讨关羽于汉津，与曹仁击周瑜于江陵。十五年，讨太原反者，围大陵，拔之，斩贼帅商曜。韩遂、马超等反关右，遣晃屯汾阴以抚河东，赐牛酒，令上先人墓。太祖至潼关，恐不得渡，召问晃。晃曰："公盛兵于此，而贼不复别守蒲阪，知其无谋也。今假臣精兵渡蒲坂津③，为军先置，以截其里，贼可擒也。"太祖曰："善。"使晃以步骑四千人渡津。作堑栅未成，贼梁兴夜将步骑五千余人攻晃，晃击走之，太祖军得渡。遂破超等，使晃与夏侯渊平隃糜、汧诸氐，与太祖会安定。太祖还邺，使晃与夏侯渊平鄜、夏阳余贼，斩梁兴，降三千余户。从征张鲁。别遣晃讨攻椟、仇夷诸山氐，皆降之。迁平寇将军。解将军张顺围。击贼陈福等三十余屯，皆破之。

**译 文**

　　曹操给徐晃兵马，派遣他进攻卷县和原武的反贼，徐晃击败了他们，于是曹操任命徐晃为裨将军。徐晃又追随曹操讨伐吕布，另外又降伏吕布的将领赵庶、李邹等。后来同史涣一起在河内杀掉眭固。接着徐晃又追随曹操打败刘备，随即又击败袁绍大将颜良，攻占了白马，发兵延津，打败了袁绍手下的大将文丑，徐晃升任偏将军。徐晃与曹洪一同打败了驻扎在濦强的贼军祝臂，又同史涣一起在故市袭击了袁绍的粮车，功劳最大，被封为都亭侯。曹操已经包围邺城，攻克邯郸，易阳县令韩范假装举城投降，却继续坚守，曹操派遣徐晃攻击。徐晃到达易阳，向城中射箭传送书信，对韩范陈述成败及得失。韩范悔悟，徐晃招降了他。后来徐晃向曹操禀告："二袁还没被消灭，那些没能被我军攻占的城池都在侧耳听取外面的动静，今天攻占易阳，明天他们就会拼死固守，恐怕河北就没有平定的时候了。希望您招降易阳以向其他城池示好，他们都会望风投降的。"曹操认为他的主意不错。徐晃又另外率军进攻毛城，在途中设下伏兵突然发动袭击，攻占三屯。徐晃跟随曹操在南皮击败袁谭，平息了平原诸县的叛乱。接着又追随曹操出征乌桓蹋顿单于，升任横野将军。又跟随曹操向南征讨荆州，另外率军驻扎于樊城，讨伐中庐、临沮、宜城等地的贼军。又与满宠一起在汉津讨伐关羽，与曹仁一起在江陵进攻周瑜。建安十五年（210），徐晃率军讨伐太原叛军，包围大陵县，迅速攻占这些地方，并杀了叛军首领商曜。韩遂、马超在关右发动叛乱，曹操派遣徐晃驻扎于汾阴来安抚河东地区，赐给他牛酒，让他去祖先的墓地祭祀。曹操率军抵达潼关，担心无法渡过黄河，召见徐晃向其征求意见。徐晃说："您的大兵驻扎于这里，而敌军不能坚守蒲阪，由此可见，敌军缺少智谋，现在如果您给我精兵来渡过蒲阪津，作为大军的先锋部队，从后截击敌军，我们就能够俘获敌军了。"曹操说："好。"于是徐晃率步骑四千渡过蒲阪津，还没有修好工事时，敌将梁兴率五千步骑向徐晃发动进攻，徐晃击退了他们，曹操的大军才得以渡过黄河，随后击败了马超等人。曹操又派徐晃和夏侯渊一起率军平定了鄜糜、汧县各地的氐族，与曹操在安定会师。曹操回到邺城，派徐晃和夏侯渊陆续平定鄜县、夏阳一带的残余敌军，杀掉敌军首领梁兴，降伏三千余户。徐晃跟随曹操征讨张鲁。另外派徐晃率军讨伐楼、仇夷一带的山氐族，将他们都降伏了。徐晃升任平寇将军。同时解除了将军张顺的困境。进攻陈福等三十余屯，全部攻克。

魏书

## 原文

太祖还邺，留晃与夏侯渊拒刘备于阳平。备遣陈式等十余营绝马鸣阁道，晃别征破之，贼自投山谷，多死者。太祖闻，甚喜，假晃节，令曰："此阁道，汉中之险要咽喉也。刘备欲断绝外内，以取汉中。将军一举，克夺贼计，善之善者也。"太祖遂自至阳平，引出汉中诸军。复遣晃助曹仁讨关羽，屯宛。会汉水暴溢，于禁等没。羽围仁于樊，又围将军吕常于襄阳。晃所将多新卒，以羽难与争锋，遂前至阳陵陂屯。太祖复还，遣将军徐商、吕建等诣晃，令曰："须兵马集至，乃俱前。"贼屯偃城。晃到，诡道作都堑，示欲截其后①，贼烧屯走。晃得偃城，两面连营，稍前，去贼围三丈所。未攻，太祖前后遣殷署、朱盖等凡十二营诣晃。贼围头有屯，又别屯四冢。晃扬声当攻围头屯，而密攻四冢。羽见四冢欲坏，自将步骑五千出战，晃击之，退走，遂追陷与俱入围②，破之，或自投沔水死。太祖令曰："贼围堑鹿角十重，将军致战全胜，遂陷贼围，多斩首虏。吾用兵三十余年，及所闻古之善用兵者，未有长驱径入敌围者也。且樊、襄阳之在围，过于莒、即墨，将军之功，逾孙武、穰苴。"晃振旅还摩陂，太祖迎晃七里，置酒大会。太祖举卮酒劝晃，且劳之曰："全樊、襄阳，将军之功也。"时诸军皆集，太祖案行诸营③，士卒咸离陈观④，而晃军营整齐，将士驻陈不动。太祖叹曰："徐将军可谓有周亚夫之风矣。"

**注　释**

①示：此处指公开扬言。②**与俱入围**：同关羽的军队一起进入蜀军的军营。③**案行**：巡视。④**咸离陈观**：离开自己的队伍观看。陈，通"阵"。

**译　文**

　　曹操率领大军返回邺城，留下徐晃和夏侯渊驻守在阳平抵御刘备的进攻。刘备派遣陈式等十余营的兵力断绝了马鸣阁道，徐晃另外率军出击打败了他们，蜀军自己跌入山谷，死伤很多。曹操听到这个消息后，非常高兴，授予徐晃符节，下命令说："这个阁道是汉中地区的险要咽喉。刘备想断绝我军的内外联系，以占据汉中。将军的这一行动，打破了刘备的如意算盘，真是太好了！"于是曹操亲自到阳平，率领汉中诸军返回邺城。又派遣徐晃协助曹仁征伐关羽，驻扎在宛城。恰逢汉水暴涨，于禁的军队被淹没。关羽将曹仁围困在樊城，又把吕常围困在襄阳。徐晃所率领的部队大多是新兵，认为难以与关羽相抗衡，于是率军往前行到阳陵陂驻扎下来。曹操再次返回邺城，派徐商、吕建前去协助徐晃，传令说："等兵马都集中后再一起进军。"蜀军驻扎在偃城，徐晃率军赶到后假装挖掘壕沟，表示要截断蜀军的后路，蜀军烧了军营撤回。徐晃占领了偃城，将两边的营地连在一起并缓缓前移，离蜀军的营地只有三丈左右的距离。徐晃没有进攻，曹操先后派殷署、朱盖等十二营军前往徐晃那里援助他。蜀军在围头驻扎着军队，又另外驻军四冢。徐晃扬言进攻围头的守军，但是却秘密进攻四冢。关

羽看到四冢即将被攻占，亲自率领五千步骑迎战，徐晃迅速进攻，蜀军退走，徐晃率领军队追击，同关羽一起进入蜀军的军营，突出了蜀军的包围，有的蜀军自投沔水而死。曹操下令说："敌军营区的防御工程多达十重，将军进入敌阵而大获全胜，攻占敌军的营垒，斩杀敌军首级。我用兵三十多年，连同我听说的古代善于用兵的人，也没有人像将军这样长驱直入敌人的包围圈的。何况樊城、襄阳被围困的程度，超过了当年的莒县、即墨，将军的功劳，也超过了孙武和司马穰苴。"徐晃整顿完军队后返回摩陂，曹操亲自出城七里迎接徐晃，设宴席为他庆功。曹操举着酒杯劝勉徐晃，且慰劳他说："保住樊城、襄阳是将军的功劳。"当时诸军都集结在摩陂，曹操巡视各军的军营，士兵们都离开阵地观看，但是徐晃的军营却整齐有序，将士驻守阵地不动。曹操感叹着说："徐将军可以说有周亚夫的风度啊！"

**原文**

文帝即王位，以晃为右将军，进封逯乡侯。及践阼，进封杨侯。与夏侯尚讨刘备于上庸，破之。以晃镇阳平，徙封阳平侯。明帝即位，拒吴将诸葛瑾于襄阳。增邑二百，并前三千一百户。病笃，遗令敛以时服。

性俭约畏慎①，将军常远斥候②，先为不可胜，然后战，追奔争利，士不暇食③。常叹曰："古人患不遭明君，今幸遇之，当以功自效，何用私誉为！"终不广交援。太和元年薨，谥曰壮侯。子盖嗣。盖薨，子霸嗣。明帝分晃户，封晃子孙二人列侯。

**注释**

①**畏慎**：沉稳、谨慎。②**斥候**：此处指侦查人员。斥，侦查；候，观望。③**暇**：空闲时间。

**译文**

魏文帝即位后，任命徐晃为右将军，晋封他为逯乡侯。曹丕正式称帝后，又晋封徐晃为杨侯。徐晃与夏侯尚共同在上庸征伐刘备，打败蜀军。曹丕任命徐晃镇守阳平，改封其为阳平侯。曹睿即位后，派遣徐晃在襄阳抵御吴国诸葛瑾，给他增加了二百户食邑，加上原来的食邑总共有三千一百户。徐晃病危时留下遗言，让人用合乎时令的便服加以殡殓。

徐晃生性稳重谨慎，率军作战时时常不需侦查人员，先做无法胜利的准备，然后再投入战斗。追击奔跑来争取胜利，士兵们时常没有时间吃饭。徐晃经常感叹："古人都担心无法遇上贤明的君主，现在我非常幸运地遇上了，应该立功以报效君主，为什么要在乎个人荣誉呢？"他一生都不喜欢广交朋党，攀附权贵。徐晃在太和元年（227）去世，谥号壮侯。徐晃的儿子徐盖继承父业，徐盖死后，其子徐霸继承家业。魏明帝时，分封徐晃的两个子孙为列侯。

**原　文**

　　初，清河朱灵为袁绍将。太祖之征陶谦，绍使灵督三营助太祖，战有功。绍所遣诸将各罢归，灵曰："灵观人多矣，无若曹公者，此乃真明主也。今已遇，复何之？"遂留不去。所将士卒慕之，皆随灵留。灵后遂为好将，名亚晃等，至后将军，封高唐亭侯。

　　评曰：太祖建兹武功，而时之良将，五子为先[①]。于禁最号毅重[②]，然弗克其终。张郃以巧变为称，乐进以骁果显名，而鉴其行事[③]，未副所闻。或注记有遗漏[④]，未如张辽、徐晃之备详也。

**注　释**

　　①**五子**：张辽、乐进、于禁、张郃、徐晃五个人。②**毅重**：坚毅而受人尊重。③**鉴**：考察。④**注记**：记载。

**译　文**

　　当初，清河人朱灵是袁绍部下。曹操征讨陶谦，袁绍派朱灵率领三营协助曹操，战斗有功，袁绍派遣的将领都撤兵返回，朱灵说："我观察过许多人，没有人比得上曹公，他才是真正贤明的君主。现在我已经遇到贤主，我还要去哪里呢？"于是留下不走了。朱灵率领的士兵都信任朱灵，全都追随他留下。朱灵后来也是一名好将军，名声仅次于徐晃等人，官至后将军，被封为高唐侯。

　　评论说：曹操建立如此显赫的战功，在当时的良将中，这五个人应当被列在前面。于禁称得上果敢坚毅，可惜不能善终。张郃以机灵善变著称，乐进因骁勇果敢而闻名，但是，考察他们的事迹后，发现与听到的两个人的名声不符合。或者说是记述不完整，有遗漏，不如张辽、徐晃的事迹全面而周详。

蜀

书

# 蜀　书

## 先主传

　　先主姓刘,讳备,字玄德,涿郡涿县人,汉景帝子中山靖王胜之后也①。胜子贞,元狩六年封涿县陆城亭侯,坐酎金失侯,因家焉。先主祖雄,父弘,世仕州郡。雄举孝廉②,官至东郡范令。

　　先主少孤,与母贩履织席为业。舍东南角篱上有桑树生高五丈余,遥望见童童如小车盖③,往来者皆怪此树非凡,或谓当出贵人。先主少时,与宗中诸小儿于树下戏,言:"吾必当乘此羽葆盖车。"叔父子敬谓曰:"汝勿妄语,灭吾门也!"年十五,母使行学,与同宗刘德然、辽西公孙瓒俱事故九江太守同郡卢植。德然父元起常资给先主,与德然等。元起妻曰:"各自一家,何能常尔邪④!"起曰:"吾宗中有此儿,非常人也。"而瓒深与先主相友。瓒年长,先主以兄事之。先主不甚乐读书,喜狗马、音乐、美衣服。身长七尺五寸,垂手下膝,顾自见其耳⑤。少语言,善下人,喜怒不形于色。好交结豪侠,年少争附之。中山大商张世平、苏

●刘　备

双等赀累千金，贩马周旋于涿郡，见而异之，乃多与之金财。先主由是得用合徒众。

译 文

先主姓刘，名备，字玄德，涿郡涿县人，是汉景帝之子中山靖王刘胜的后裔。刘胜的儿子刘贞，元狩六年（前117）受封涿县陆城亭侯，由于给朝廷交的酎金不足而被免去侯位，从此就居住在涿县。刘备的祖父刘雄、父亲刘弘，相继在州郡之中做官。刘雄曾被举为孝廉，官至东郡范县县令。

刘备很小的时候父亲就死了，和母亲靠卖鞋、织席子为生。他家东南角的篱笆旁长有一棵桑树，高达五丈有余，从远处望去郁郁葱葱，好像小车上的伞盖。路过的人都为这棵树的与众不同而感到惊讶，有的人就说应当有贵人出现。刘备幼年时，和同宗族的孩子们在树下玩耍，说："我一定会坐上有像这样的羽毛伞盖的车子。"他叔父刘子敬对他说："你不可以胡说，这会让我们满门灭绝的。"十五岁时，刘备的母亲让他外出学习，和同族的刘德然、辽西人公孙瓒一同拜前任的九江太守、同郡人卢植为师。刘德然的父亲刘元起经常资助刘备，给他的财物与给刘德然的一样。刘元起的妻子说："大家各自是一家，怎么能经常这样做呢？"刘元起说："我们家族当中有这样的孩子，他不是普通人啊。"公孙瓒也和刘备关系很好。公孙瓒年龄大，刘备把他当哥哥一样侍奉。刘备不大喜爱读书，喜好狗、马、音乐及漂亮衣服。他身高七尺五寸，双手垂放下来足以垂过膝盖，转头时眼睛能看到自己的耳朵。他很少说话，表现谦恭，喜怒不会在脸上表现出来；他喜好与豪侠结交，少年人都争着追随他。中山的大商人张世平、苏双等人，积聚有数千金的家财，贩卖马匹，往来于涿郡一带，见到刘备后，认为他非同常人，就送给他很多钱财。刘备因此得以用钱聚集了大批人马随从。

原 文

灵帝末，黄巾起，州郡各举义兵，先主率其属从校尉邹靖讨黄巾贼有功①，除安喜尉②。督邮以公事到县，先主求谒③，不通，直入缚督邮，杖二百，解绶系其颈着马枊，弃官亡命④。顷之，大将军何进遣都尉

<sup>guàn</sup>丗 丘毅诣丹杨募兵<sup>⑤</sup>，先主与俱行，至下邳遇贼，力战有功，除为下密丞。复去官。后为高唐尉，迁为令。为贼所破，往奔中郎将公孙瓒，瓒表为别部司马，使与青州刺史田楷以拒冀州牧袁绍。数有战功，试守平原令，后领平原相。郡民刘平素轻先主，耻为之下，使客刺之。客不忍刺，语之而去。其得人心如此。

## 注 释

①**黄巾贼**：黄巾起义的部队。②**除**：授予官职。③**求谒**：请求拜见。④**弃官亡命**：放弃做官，逃亡他乡。⑤**募兵**：招募军队。

## 译 文

汉灵帝末年，黄巾军起义爆发，各个州郡都开始组织义兵。刘备率领其部属跟随校尉邹靖讨伐黄巾军立下功劳，被任命为安喜尉。督邮为公事到县里来，刘备请求拜见，督邮不让通报。刘备就径直冲进去将督邮绑起来，打了二百棒，解下自己的官印与绶带系在督邮的脖子上，将他绑到拴马桩上，弃官而逃。不久，大将军何进派遣都尉丗丘毅前往丹杨郡征募军队。刘备和他一同出发。抵达下邳时遇到贼军，刘备奋勇作战立下功劳，被任命为下密丞。不久刘备又辞去这一官职。后来刘备任高唐尉，还升为县令。高唐郡被贼军击破后，刘备去投奔中郎将公孙瓒，公孙瓒上表，任命刘备为别部司马，让他和青州刺史田楷去抵御冀州牧袁绍。刘备多次立下战功，代理平原令，后来兼任平原国相。郡里的居民刘平一直都轻视刘备，因在刘备管辖下感到耻辱，派宾客刺杀刘备。宾客不忍心刺死他，对他坦白情况后就离开了。刘备得人心到了如此程度。

## 原 文

袁绍攻公孙瓒，先主与田楷东屯齐。曹公征徐州，徐州牧陶谦遣使告急于田楷，楷与先主俱救之。时先主自有兵千余人及幽州乌丸杂胡骑，又略得饥民数千人。既到，谦以丹杨兵四千益先主，先主遂去楷归谦。谦表先主为豫州刺史，屯小沛。谦病笃，谓别驾麋竺曰："非刘备不能安此州也。"谦死，竺率州人迎先主，先主未敢当。下邳陈登谓先主曰："今汉室陵迟<sup>①</sup>，海内倾覆，立功立事，在于今日。彼州殷富<sup>②</sup>，户口百万，欲屈使君抚临州事<sup>③</sup>。"先主曰："袁公路近在寿春，此君四世五公④，海内所归，君可以州与之。”登曰：“公路骄豪，非治乱之主。今欲为使君合步骑十万，上可以匡主济民⑤，成五霸之业；下可以割地守境，书功于竹帛。若使君不见听许，登亦未敢听使君也。”北海相孔融谓先主曰：“袁公路岂忧国忘家者邪？冢中枯骨，何足介意。今日之事，百姓与能，天与不取，悔不可追。”先主遂领徐州。袁术来攻先主，先主拒之于盱眙、淮阴。曹公表先主为镇东将军，封宜城亭侯，是岁建安元年也。先主与术相持经月，吕布乘虚袭下邳。下邳守将曹豹反，间迎布。布虏先主妻子，先主转军海西。杨奉、韩暹寇徐、扬间，先主邀击，尽斩之。先主求和于吕布，布还其妻子。先主遣关羽守下邳。

**注释**

①**陵迟**：斜平，引申为衰退。②**殷富**：殷实而富有。③**抚临**：主持。④**四世五公**：袁绍一家人四代人里有五人居三公的高位。⑤**匡主济民**：辅佐君主，抚恤民众。

**译文**

　　袁绍进攻公孙瓒，刘备和田楷向东驻扎于齐地。曹操征讨徐州，徐州牧陶谦派使节向田楷求援。田楷和刘备一同去解救陶谦。当时刘备自己有一千多士兵，还有幽州乌丸地区和其他各族胡人骑兵，又抢来几千名饥民。到达徐州后，陶谦拨出四千名丹杨士兵来补充刘备的军队。刘备就离开田楷去依附于陶谦。陶谦上奏章，任命刘备为豫州刺史，驻扎于小沛。陶谦病重时，对别驾糜竺说：“没有刘备就无法安定徐州。”陶谦死后，糜竺率领州里的人去迎接刘备，刘备不敢接受。下邳人陈登对刘备说：“如今汉朝衰弱，四海之内的政权都遭到颠覆，建立功业就在如今。徐州殷实富裕，有过百万户的人口，想要委屈您去执掌州中的政务。”刘备说：“袁术近在寿春，他家里四代人中有五位官拜三公，海内的人心都归向他。您可以将徐州交由他掌管。”陈登说：“袁术骄横而狂放，并非治理乱世的豪杰。现在准备给您会合十万步兵、骑兵，上能扶正天子、拯救民众，成就春秋五霸那种功业；下可割据一方土地，守住州境，在史册上记录功勋。假如您不答应，我也不敢依从您的做法。”北海相孔融对刘备说：“袁术难道是一位忧国忧民、为国忘家的人吗？他不过是坟墓当中的几根枯骨罢了，不用在乎他。当今形势，百姓推举贤能之人；上天赐予的东西不去获取，后悔也来不及了。”

于是刘备代理徐州牧。袁术来进攻刘备，刘备出兵在盱眙、淮阴抵挡。曹操上奏任命刘备为镇东将军，封他为宜城亭侯，这一年是建安元年（196）。刘备和袁术对峙数月。吕布乘虚袭击下邳。下邳守将曹豹造反，开门迎接吕布。吕布俘虏刘备的妻小，刘备领兵转战海西。杨奉、韩暹侵犯徐州、扬州一带，刘备前去截击他们，将他们都杀了。刘备向吕布求和，吕布把他的妻小还给他。刘备派关羽去防守下邳。

**原 文**

先主还小沛，复合兵得万余人。吕布恶之①，自出兵攻先主，先主败走归曹公。曹公厚遇之，以为豫州牧。将至沛收散卒，给其军粮，益与兵使东击布。布遣高顺攻之②，曹公遣夏侯惇往，不能救，为顺所败，复虏先主妻子送布。曹公自出东征，助先主围布于下邳，生禽布。先主复得妻子，从曹公还许③。表先主为左将军，礼之愈重，出则同舆，坐则同席。袁术欲经徐州北就袁绍，曹公遣先主督朱灵、路招要击术④。未至，术病死。

先主未出时，献帝舅车骑将军董承辞受帝衣带中密诏⑤，当诛曹公。先主未发。是时曹公从容谓先主曰："今天下英雄，唯使君与操耳。本初之徒，不足数也。"先主方食，失匕箸。遂与承及长水校尉种辑、将军吴子兰、王子服等同谋。会见使，未发。事觉，承等皆伏诛。

**注 释**

①**恶**：憎恨。②**高顺**：人名，是吕布手下的中郎将。③**从**：跟随。④**路招**：人名，是将军。**要击**：半路上拦截。⑤**辞**：拒绝接受。

**译 文**

刘备返回小沛，又聚集一万多名士兵。吕布对此非常不满，亲自领兵进攻刘备，刘备战败，归附曹操。曹操厚待刘备，任命他为豫州牧。刘备想去沛县收集失散的士兵，曹操供给刘备军粮，还增加他的士兵，让他向东进攻打吕布。吕布派遣高顺攻打刘备，曹操派夏侯惇去救援，被高顺打败。高顺又将刘备的妻小俘虏，送给吕布。曹操亲自出兵东征，帮助刘备在下邳包围吕布，将吕布活捉，刘备再次救回妻小，跟着曹操返回许都。曹操上奏推荐刘备担任左将军，对他的礼遇更加优厚。两人出门乘同一辆车，

●青梅煮酒论英雄

在家坐同一张席。袁术想要经过徐州向北依附袁绍，曹操派刘备带领朱灵、路招截击袁术。军队还没有赶到，袁术就病死了。

刘备还没出发时，汉献帝的舅舅车骑将军董承说他接受了皇帝藏在衣带中的密诏，要诛灭曹操。刘备没有采取行动。有一次曹操似乎不经意地对刘备说："如今天下的英雄，只有您和我而已。袁绍那些人，不值一提。"刘备正在吃饭，听到这句话，吓得丢掉了筷子和汤勺。刘备就和董承及长水校尉种辑、将军吴子兰、王子服等人一起谋划。正赶上刘备被派外出，就没有发起行动。后来事情败露，董承等人都被杀死。

### 原　文

先主据下邳。灵等还①，先主乃杀徐州刺史车胄，留关羽守下邳，而身还小沛。东海昌霸反，郡县多叛曹公为先主，众数万人，遣孙乾与袁绍连和②，曹公遣刘岱、王忠击之，不克③。五年，曹公东征先主，先主败绩④。曹公尽收其众⑤，虏先主妻子，并禽关羽以归。

先主走青州。青州刺史袁谭，先主故茂才也，将步骑迎先主。先主随谭到平原，谭驰使白绍。绍遣将道路奉迎，身去邺二百里，与先主相见。驻月余日，所失亡士卒稍稍来集。曹公与袁绍相拒于官渡，汝南黄巾刘辟等叛曹公应绍。绍遣先主将兵与辟等略许下。关羽亡归先主。曹公遣曹仁将兵击先主，先主还绍军，阴欲离绍，乃说绍南连荆州牧刘表。绍遣先主将本兵复至汝南，与贼龚都等合，众数千人。曹公遣蔡阳击之，为先主所杀。

### 注　释

①灵等还：这里指朱灵等人返回许都。②连和：联合。③不克：没能取得胜利。

④**败绩**：打败仗。⑤**众**：指部队。

刘备占领下邳。朱灵等人返回许都，刘备杀死徐州刺史车胄，留下关羽守卫下邳，自己返回小沛去。东海人昌霸造反，很多郡县都背叛曹操，投向刘备，刘备的军队达到几万人，并派遣孙乾去与袁绍联合。曹操派刘岱与王忠去进攻刘备，没有战胜。建安五年（200），曹操东进征讨刘备，刘备吃了败仗。曹操把他的军队全部收编，俘虏了其妻小，并捉住关羽，然后返回许都。

刘备逃往青州。青州刺史袁谭是刘备过去推举的秀才，率领步兵、骑兵来迎接刘备。刘备随袁谭来到平原，袁谭派使节乘马去报告袁绍。袁绍派将领在半路加以迎接，亲自从邺城迎出二百里来与刘备会面。刘备住了一个多月后，他手下逃散的士兵逐渐集合起来。曹操和袁绍在官渡对峙，汝南的黄巾军刘辟等人背叛曹操来响应袁绍。袁绍派遣刘备领兵与刘辟等人攻占许都附近。关羽逃回归附于刘备。曹操派遣曹仁率士兵攻打刘备。刘备返回袁绍军中，私下谋划远离袁绍，就劝说袁绍与南方的荆州牧刘表联合。袁绍派刘备率他自己的兵马再到汝南去，与贼军龚都等人会合，有几千人马。曹操派蔡阳去进攻他们，被刘备杀死。

曹公既破绍，自南击先主。先主遣麋竺、孙乾与刘表相闻①，表自郊迎②，以上宾礼待之，益其兵，使屯新野③。荆州豪杰归先主者日益多，表疑其心，阴御之。使拒夏侯惇、于禁等于博望④。久之，先主设伏兵，一旦自烧屯伪遁⑤，惇等追之，为伏兵所破。

十二年，曹公北征乌丸，先主说表袭许，表不能用。曹公南征表，会表卒，子琮代立，遣使请降。先主屯樊，不知曹公卒至，至宛乃闻之，遂将其众去。过襄阳，诸葛亮说先主攻琮，荆州可有。先主曰："吾不忍也。"乃驻马呼琮，琮惧不能起。琮左右及荆州人多归先主。比到当阳，众十余万，辎重数千两，日行十余里，别遣关羽乘船数百艘，使会江陵。或谓先主曰："宜速行保江陵，今虽拥大众，被甲者少，若曹公兵至，何以拒之？"先主曰："夫济大事必以人为本，今人归吾，

**吾何忍弃去！"**

**注 释**

①**孙乾与刘表相闻**：孙乾让刘表得知这件事。②**郊**：离都城百里之地称为郊，这里泛指城外、野外。③**新野**：县名，今河南省新野县。④**博望**：古代县名，在今河南省方县西南。⑤**伪遁**：装作逃跑。

**译 文**

　　曹操打败袁绍后，亲自来到南方攻打刘备。刘备派遣糜竺、孙乾去通知刘表。刘表亲自到郊外迎接刘备，用对待上等宾客的礼节接待刘备，给他补充兵马，让他驻扎于新野。荆州的豪杰们前来投奔刘备，人数一天天增多。刘表怀疑刘备有二心，暗中提防他，让他到博望去抵御夏侯惇、于禁等人。过了一段时间，刘备设下伏兵，一天早晨自己烧掉军营假装逃跑，夏侯惇等人去追，被刘备的伏兵击败。

　　建安十二年（207），曹操北征乌丸。刘备劝说刘表乘机进攻许都，刘表没有采纳。曹操南征刘表，恰遇刘表去世，刘表的儿子刘琮承袭刘表的位置做了荆州牧，他派使节向曹操投降。刘备驻扎在樊城，不知道曹操突然来临，曹军到了宛城后他才听说这件事，就率领部下离开。经过襄阳时，诸葛亮劝说刘备进攻刘琮，占领荆州，刘备说："我不忍心啊！"就停下马来呼唤刘琮，刘琮畏惧，不敢出来答话。刘琮的部下与荆州居民中，很多人都前来归附刘备。等到了当阳时，刘备的部队有十多万人，几千辆粮草物资，每天只能走出十几里地。刘备另外派关羽领几百艘船到江陵会合。有的人劝刘备："应该尽快行军去守住江陵，现在虽然拥有大批人马，但可以打仗的士兵很少，如果曹操的军队赶到，用什么去抵挡他？"刘备说："要办成大事必须将人当作根本，现在大家来归附我，我怎么忍心把他们抛弃，自己选择离开呢？"

**原 文**

　　**曹公以江陵有军实<sup>①</sup>，恐先主据之，乃释辎重，轻军到襄阳。闻先主已过，曹公将精骑五千急追之，一日一夜行三百余里，及于当阳之长坂。先主弃妻子，与诸葛亮、张飞、赵云等数十骑走，曹公大获其人众辎重。先主斜趋汉津<sup>②</sup>，适与羽船会，得济沔<sup>③</sup>；遇表长子江夏太守琦众万余人，与俱到夏口。先主遣诸葛亮自结于孙权，权遣周瑜、**

程普等水军数万，与先主并力，与曹公战于赤壁，大破之，焚其舟船。先主与吴军水陆并进，追到南郡，时又疾疫，北军多死，曹公引归。

先主表琦为荆州刺史，又南征四郡。武陵太守金旋、长沙太守韩玄、桂阳太守赵范、零陵太守刘度皆降。庐江雷绪率部曲数万口稽颡。琦病死，群下推先主为荆州牧，治公安。权稍畏之，进妹固好[④]。先主至京见权，绸缪恩纪[⑤]。权遣使云欲共取蜀，或以为宜报听许，吴终不能越荆有蜀，蜀地可为己有。荆州主簿殷观进曰："若为吴先驱，进未能克蜀，退为吴所乘，即事去矣。今但可然赞其伐蜀，而自说新据诸郡，未可兴动，吴必不敢越我而独取蜀。如此进退之计，可以收吴、蜀之利。"先主从之，权果辍计。迁观为别驾从事。

**译 文**

曹操因江陵有军用物资，恐怕刘备占据它，就丢下辎重，轻装行军赶到襄阳。听说刘备已经过去了，曹操率领精锐骑兵五千人加速追赶，一天一夜里跑了三百多里路，在当阳的长坂追上刘备。刘备扔下妻子儿女，和诸葛亮、张飞、赵云等几十人骑马逃走。曹操缴获刘备的大量辎重，俘获大批人马。刘备走捷径直奔汉津，恰好与关羽的战船会合，得以渡过沔水；遇到刘表的长子江夏太守刘琦率领一万多人，和他们一起来到夏口。刘备派诸葛亮去与孙权结盟。孙权派遣周瑜、程普等人带几万名水军，和刘备一起作战，与曹操在赤壁交战，大败曹军，烧毁战船。刘备与吴军从水陆两路同时发起进攻，追到南郡。当时又流行疾病，北军士兵病死的人很多，曹操只好领兵返回。

刘备上奏章请求立刘琦为荆州刺史，又向南征伐四个郡。武陵太守金旋、长沙太守韩玄、桂阳太守赵范、零陵太守刘度都投降了。庐江人雷绪率领他的部曲私兵数万人来归顺。刘琦病死，部下官员们推荐刘备做荆州牧，官府设在公安。孙权有些担心刘备的实力，就将妹妹嫁给刘备来巩固友好关系。刘备到京口去会见孙权，双方亲密无间，互诉恩情。之后，孙权派使节来说想要共同夺取蜀地。刘备属下有人认为应当答应孙权的建议，因为吴国总不会跨越荆州去占据蜀地，蜀地可以由自己占有。荆州主簿殷观进谏："如果我们为吴国做先锋，进攻未必可以战胜蜀军，退回会被吴国乘机攻打，我们的宏图大业就没有机会了。现在只能表面赞成吴国去进攻蜀地，而说我们自己刚占据几个郡，尚无法兴师动众，而吴国一定不敢越过我们这个地方去单独夺取蜀地。这是可进可退的计策，可以坐收吴、蜀争斗的好处。"刘备听从他的计划。孙权果然放弃伐蜀计划。刘备把殷观升为别驾从事。

**原文**

十六年，益州牧刘璋遥闻曹公将遣钟繇等向汉中讨张鲁，内怀恐惧。别驾从事蜀郡张松说璋曰："曹公兵强无敌于天下，若因张鲁之资以取蜀土①，谁能御之者乎？"璋曰："吾固忧之而未有计。"松曰："刘豫州，使君之宗室而曹公之深仇也，善用兵，若使之讨鲁，鲁必破。鲁破，则益州强，曹公虽来，无能为也。"璋然之，遣法正将四千人迎先主②，前后赂遗以巨亿计③。正因陈益州可取之策④。先主留诸葛亮、关羽等据荆州，将步卒数万人入益州。至涪，璋自出迎，相见甚欢。张松令法正白先主，及谋臣庞统进说，便可于会所袭璋。先主曰："此大事也，不可仓卒⑤。"璋推先主行大司马，领司隶校尉；先主亦推璋行镇西大将军，领益州牧。璋增先主兵，使击张鲁，又令督白水军。先主并军三万余人，车甲器械资货甚盛。是岁，璋还成都。先主北到葭萌，未即讨鲁，厚树恩德，以收众心。

**注释**

①因：利用。②法正：人名。③赂遗：送给他人的财物。④因：趁机。陈：陈述。⑤仓卒：匆忙。

**译文**

建安十六年（211），益州牧刘璋在远方听说曹操将要派钟繇等人前往汉中讨伐张鲁，心中恐惧。别驾从事蜀郡人张松劝说刘璋："曹操的军队非常强大，天下无敌，如果凭借张鲁的物资来占据蜀郡土地，谁能抵挡他呢？"刘璋说："我本来也为这件事感到担忧，但没有办法。"张松说："刘备是您的本家亲戚，又和曹操有大仇，他善于用兵，如果让他去进攻张鲁，张鲁一定会被打垮。张鲁被打垮后，益州就变得强大了，曹操就算来攻也不能取胜。"刘璋认为他说得有道理，派遣法正率四千人去迎接刘备，前后送给刘备的财物要用亿来计算。法正趁机向刘备陈述占据益州的策略。刘备留下诸葛亮、关羽等人守卫荆州，自己率领几万名步兵来到益州。刘备赶到涪城后，刘璋亲自迎接，见面时双方都很高兴。张松让法正告诉刘备，同时谋臣庞统也劝说刘备，他们都认为刘备当时就可以在会见之地袭击刘璋。刘备说："这是大事，不可以匆忙做决定。"刘璋推举刘备代理大司马，兼任司隶校尉；刘备也推举刘璋代理镇西大将军，兼益州牧。刘璋为刘备补充士兵，让他去进攻张鲁，又让他统领白水的驻军。刘备会集的军队多达三万多人，战车、甲胄、兵器及物资财物等极为充足。当年，刘璋返回成都。刘备向北到达葭萌，没有马上进攻张鲁，却广布恩德，来收取军民之心。

蜀书

## 原文

明年，曹公征孙权，权呼先主自救①。先主遣使告璋曰："曹公征吴，吴忧危急。孙氏与孤本为唇齿②，又乐进在青泥与关羽相拒③，今不往救羽，进必大克，转侵州界，其忧有甚于鲁。鲁自守之贼，不足虑也。"乃从璋求万兵及资实，欲以东行，璋但许兵四千，其余皆给半。张松书与先主及法正曰："今大事垂可立④，如何释此去乎！"松兄广汉太守肃，惧祸逮己⑤，白璋发其谋。于是璋收斩松，嫌隙始构矣。璋敕关戍诸将文书勿复关通先主。先主大怒，召璋白水军督杨怀，责以无礼，斩之。乃使黄忠、卓膺勒兵向璋。先主径至关中，质诸将并士卒妻子，引兵与忠、膺等进到涪，据其城。璋遣刘璝、冷苞、张任、邓贤等拒先主于涪，皆破败，退保绵竹。璋复遣李严督绵竹诸军，严率众降先主。先主军益强，分遣诸将平下属县，诸葛亮、张飞、赵云等将兵泝流定白帝、江州、江阳，惟关羽留镇荆州。先主进军围雒；时璋子循守城，被攻且一年。

## 注释

①**自救**：救自己。②**唇齿**：比喻关系极为密切。③**相拒**：相互抗击。④**大事**：指袭击刘璋，占据益州的事。**垂**：临近。⑤**逮己**：连累自己。

　　第二年，曹操讨伐孙权，孙权向刘备求救。刘备派使节告知刘璋："曹操伐吴，吴的形势危急，令人担忧。孙氏与我本来是唇齿相依的，又有乐进在青泥关和关羽对峙，现在不去救援关羽，乐进定会大胜，进一步侵犯益州地区，那会比张鲁更让人担忧。张鲁只是守护一方的贼寇，不必担心。"刘备向刘璋要求给予一万名士兵及相应的物资供应，想向东行军。刘璋只答应给四千士兵，物资只给一半。张松给刘备与法正写信，说："现在大事即将成功，为什么要丢下它走开呢？"张松的哥哥广汉太守张肃，害怕张松惹祸连累自己，向刘璋揭发了张松的阴谋。于是刘璋把张松抓起来杀掉，刘璋与刘备的仇怨及裂痕也开始形成。刘璋命令守关的众将领不要再将文书交给刘备。刘备大怒，把刘璋的白水军督杨怀叫来，责备他无礼，并杀掉他。刘备派黄忠、卓膺领兵攻打刘璋。刘备径直前往关中，把各个将官及士兵们的妻儿扣做人质，领兵和黄忠、卓膺等人进攻涪城，占据了它。刘璋派刘璝、冷苞、张任、邓贤等人在涪城抵挡先主，都被打败，于是退守绵竹。刘璋又派李严去督领绵竹的各支军队，可李严又投降了刘备。刘备的军队更加强大，把各个将领分别派出，平定下属各县，诸葛亮、张飞、赵云等人领兵逆流而上，平定白帝、江州、江阳等地，只留关羽镇守荆州。刘备进军围攻雒城。当时刘璋的儿子刘循守卫雒城，被围攻了近一年。

　　十九年夏，雒城破，进围成都数十日，璋出降。蜀中殷盛丰乐[1]，先主置酒大飨士卒，取蜀城中金银分赐将士，还其谷帛[2]。先主复领益州牧，诸葛亮为股肱[3]，法正为谋主，关羽、张飞、马超为爪牙[4]，许靖、麋竺、简雍为宾友[5]。及董和、黄权、李严等本璋之所授用也，吴壹、费观等又璋之婚亲也，彭羕又璋之所排摈也，刘巴者宿昔之所忌恨也，皆处之显任，尽其器能。有志之士，无不竞劝。

　　二十年，孙权以先主已得益州，使使报欲得荆州。先主言："须得凉州，当以荆州相与。"权忿之，乃遣吕蒙袭夺长沙、零陵、桂阳三郡。先主引兵五万下公安，令关羽入益阳。是岁，曹公定汉中，张鲁遁走巴西。先主闻之，与权连和，分荆州江夏、长沙、桂阳东属；南郡、零陵、武陵西属，引军还江州。遣黄权将兵迎张鲁，张鲁已降曹公。曹公使夏侯渊、张郃屯汉中，数数犯暴巴界。先主令张飞进兵宕渠，与郃等战于瓦口，破郃等，郃收兵还南郑。先主亦还成都。

**译文**

　　建安十九年（214）夏天，雒城被攻占，刘备包围成都几十天，刘璋投降。蜀郡殷实富裕，物产丰富，人民安乐。刘备设酒宴招待士兵，取出蜀城当中的金银分赐将士，把米谷布帛交还原主。刘备又代理益州牧，诸葛亮为辅弼，法正作为谋臣，关羽、张飞、马超作为猛将，许靖、麋竺、简雍为宾客。至于董和、黄权、李严等人，原本是刘璋所任用的官员，吴壹、费观等人又是刘璋的姻亲，彭羕是遭到刘璋排挤的人，刘巴是刘璋以前嫉恨的人，他们都被委任显要的职位，充分发挥其才能。有志向的士人，没有一个不是勤勉向上的。

　　建安二十年（215），孙权因刘备已经占据益州，就派使节告诉刘备他想要得到荆州。刘备说："必须得到凉州之后，才会将荆州交给您。"孙权为此很气愤，就派吕蒙偷袭，夺取长沙、零陵、桂阳三郡。刘备率领五万士兵沿江而下，抵达公安，命令关羽进入益阳。这一年，曹操平定汉中，张鲁逃往巴郡西部。刘备听说后，和孙权讲和，结成联盟，将荆州的江夏、长沙、桂阳划归东吴，南郡、零陵、武陵划归西蜀。刘备领兵返回江州，派黄权领兵迎战张鲁，此时张鲁已投降曹操。曹操派夏侯渊、张郃驻扎汉中，多次侵犯巴郡。刘备命令张飞进军宕渠，张飞和张郃等人在瓦口交战，打败张郃等人，张郃收拢兵马回到南郑。刘备也回到成都。

**原文**

　　二十三年，先主率诸将进兵汉中。分遣将军吴兰、雷铜等入武都，皆为曹公军所没。先主次于阳平关，与渊、郃等相拒。

　　二十四年春，自阳平南渡沔水，缘山稍前①，于定军兴势作营②。渊将兵来争其地。先主命黄忠乘高鼓噪攻之③，大破渊军，斩渊及曹公所署益州刺史赵颙等。曹公自长安举众南征。先主遥策之曰："曹公虽来，无能为也，我必有汉川矣④。"及曹公至，先主敛众拒险⑤，终不交锋，积月不拔，亡者日多。夏，曹公果引军还，先主遂有汉中。遣刘封、孟达、李平等攻申耽于上庸。

**译文**

建安二十三年（218），刘备率领各路将领进兵汉中。另派将军吴兰、雷铜等人进入武都，但他们都被曹操的军队消灭了。刘备军队抵达阳平关，和夏侯渊、张郃等人对峙。

建安二十四年（219）春天，刘备从阳平关向南渡沔水，沿山势逐渐前进，在定军山依山势修建营垒。夏侯渊领兵争夺这块阵地。刘备命令黄忠凭借高峻的山势进行击鼓呐喊，向夏侯渊进攻，把他们打得大败，杀死夏侯渊及益州刺史赵颙等人。曹操从长安出动军队南征。刘备事先分析："曹操即使来了，也已无能为力。我们必定能占有汉川。"等到曹操到来后，刘备把军队聚集起来，守住险要之地，抵挡曹军，始终不与他们交战，曹军几个月都无法攻克，逃跑的士兵不断增多。夏天，曹操果然领兵返回。刘备占有汉中，派刘封、孟达、李平等人到上庸去进攻申耽。

**原文**

秋，群下上先主为汉中王①，表于汉帝曰："平西将军都亭侯臣马超、左将军（领）长史［领］镇军将军臣许靖、营司马臣庞羲、议曹从事中郎军议中郎将臣射援、军师将军臣诸葛亮、荡寇将军汉寿亭侯臣关羽、征虏将军新亭侯臣张飞、征西将军臣黄忠、镇远将军臣赖恭、扬武将军臣法正、兴业将军臣李严等一百二十人上言曰：昔唐尧至圣而四凶在朝，周成仁贤而四国作难，高后称制而诸吕窃命，孝昭幼冲而上官逆谋②，皆冯世宠③，藉履国权④，穷凶极乱⑤，社稷几危。非大舜、周公、朱虚、博陆，则不能流放禽讨，安危定倾。伏惟陛下诞姿圣德，统理万邦，而遭厄运不造之艰。董卓首难，荡覆京畿，曹操阶祸，窃执天衡；皇后太子，鸩杀见害，剥乱天下，残毁民物。久令陛下蒙尘忧厄，幽处虚邑。人神无主，遏绝王命，厌昧皇极，欲盗神器。

●刘备晋位汉中王

左将军领司隶校尉豫、荆、益三州牧宜城亭侯备，受朝爵秩，念在输力，以殉国难。睹其机兆，赫然愤发，与车骑将军董承同谋诛操，将安国家，克宁旧都。会承机事不密，令操游魂得遂长恶，残泯海内。臣等每惧王室大有阎乐之祸，小有定安之变，夙夜惴惴，战栗累息。昔在《虞书》，敦序九族，周监二代，封建同姓，《诗》著其义，历载长久。汉兴之初，割裂疆土，尊王子弟，是以卒折诸吕之难，而成太宗之基。臣等以备肺腑枝叶，宗子藩翰，心存国家，念在弭乱。自操破于汉中，海内英雄望风蚁附，而爵号不显，九锡未加，非所以镇卫社稷，光昭万世也。奉辞在外，礼命断绝。昔河西太守梁统等值汉中兴，限于山河，位同权均，不能相率，咸推窦融以为元帅，卒立效绩，摧破隗嚣。今社稷之难，急于陇、蜀。操外吞天下，内残群寮，朝廷有萧墙之危，而御侮未建，可为寒心。臣等辄依旧典，封备汉中王，拜大司马，董齐六军，纠合同盟，扫灭凶逆。以汉中、巴、蜀、广汉、犍为为国，所署置依汉初诸侯王故典。夫权宜之制，苟利社稷，专之可也。然后功成事立，臣等退伏矫罪，虽死无恨。"遂于沔阳设坛场，陈兵列众，群臣陪位，读奏讫，御王冠于先主。

①上：同"尚"，劝说。②逆谋：阴谋作乱，打算篡权。③冯：同"凭"，凭借。世宠：世代受到恩宠。④藉履国权：践踏，引申为掌握。⑤极：穷尽。

译 文

　　秋天，部下官员们推举刘备为汉中王，向汉献帝上奏章："平西将军都亭侯臣马超、左将军长史领镇军将军臣许靖、营司马臣庞羲、议曹从事中郎军议中郎将臣射援、军师将军臣诸葛亮、荡寇将军汉寿亭侯臣关羽、征虏将军新亭侯臣张飞、征西将军臣黄忠、镇远将军臣赖恭、扬武将军臣法正、兴业将军臣李严等一百二十人上奏：过去唐尧为至高的圣人，但朝廷当中有四凶；周成王仁义贤明，但属下有四国叛乱；吕后执政，而吕氏打算窃取君权；孝昭帝年幼，上官桀就阴谋叛逆；他们全是依靠世代受宠，利用执掌国家大权，穷凶极恶地作乱，几乎颠覆国家社稷。如果不是大舜、周公、朱虚侯、博陆侯他们出面，征讨他们，就无法把凶徒们擒获、流放，使处于危难当中的国家安定。臣子们想到陛下天生有圣明的德行及帝王的姿容，统治天下万国，却遭遇厄运，受到无法救助的艰难。董卓率先发难，动摇颠覆了京都；曹操接着制造灾祸，窃取国家权力。皇后、太子都被毒死及杀害；天下百姓受到剥削，遭受动乱，民间财力遭到破坏。陛下长久蒙受流亡之苦，忧愁困苦，被软禁在贫困的城市当中。国家宗庙无人祭祀，帝王的命令被阻挡和断绝，曹操抑制及遮掩着皇帝的权力，要窃取国家政权。

　　左将军兼任司隶校尉，豫、荆、益三州牧宜城亭侯刘备，接受了朝廷的官秩及爵位，想为国家尽力，献身国难。他看到变化的征兆，在关键时刻猛然奋起，与车骑将军董承共同谋划诛杀曹操，准备安定国家，使京城恢复往日的安宁。但恰逢董承行事不够缜密，使曹操得以苟延残喘继续作恶，残害海内的志士。臣子们时常害怕王室大则会遭遇阎乐杀秦二世那样的灾祸，小则遭到王莽将皇帝废为定安公那样的政变，昼夜不安，浑身战栗，呼吸急促。过去《虞书》记载，天子的九族亲属应当依照远近次序给予厚待。周朝鉴于夏、商两代的教训，给天子的同姓封地建国。《诗经》记载了其意义，传诵了很多年。汉朝建立之初，分割疆土，尊崇君王的子弟，因此最终挫败吕氏叛乱，而成就刘氏的基业。臣子们认为刘备为帝王的后裔、刘氏同宗子弟，是国家的屏障。他一心为国分忧，想要平定暴乱。自从曹操在汉中被击败，国内各地的英雄纷纷投奔刘备，向他归附。但是他的爵位不显赫，朝廷还没有封赐给他九锡，这是他不能镇守社稷、立下万世之功的原因。臣等奉命在外，朝廷的礼仪与命令都被隔绝。过去河西太守梁统等人恰逢汉朝中兴，被山河险阻所隔断，众将地位相同，权力均等，

不能彼此统率，就一致推举窦融为元帅，终于建立功绩，打垮隗嚣。现在国家遭受的危难，比光武帝时陇西、蜀郡割据的形势更加严重。曹操对外吞并天下，在朝内残害百官。朝廷有祸起萧墙之险，但抵御曹操的联盟还没有建立，实在让人寒心。臣子们就遵照先前的典章，推举刘备为汉中王，拜他为大司马，统率六军，纠集同盟者，扫除叛逆。把汉中、巴、蜀、广汉、犍为等郡作为汉中王封国，所设置的官署及官员都遵照汉代初年诸侯王的旧典章。这是权宜之计，假如对国家有利，臣子们擅自专权也是可以的。等到将来功业成就，大事完成，臣子们退伏在地承受假借圣意的罪责，即使被处死也不会有所悔恨。"于是就在沔阳设下祭坛及场地，排列军队和民众，大臣们陪同站立，读完奏章，给刘备戴上王冠。

　　先主上言汉帝曰："臣以具臣之才，荷上将之任<sup>①</sup>，董督三军，奉辞于外，不能扫除寇难，靖匡王室<sup>②</sup>，久使陛下圣教陵迟<sup>③</sup>，六合之内，否而未泰<sup>④</sup>，惟忧反侧<sup>⑤</sup>，疢如疾首。曩者董卓造为乱阶，自是之后，群凶纵横，残剥海内。赖陛下圣德威灵，人神同应，或忠义奋讨，或上天降罚，暴逆并殪，以渐冰消。惟独曹操，久未枭除，侵擅国权，恣心极乱，臣昔与车骑将军董承图谋讨操，机事不密，承见陷害，臣播越失据，忠义不果。遂得使操穷凶极逆，主后戮杀，皇子鸩害。虽纠合同盟，念在奋力，懦弱不武，历年未效。常恐殒没，孤负国恩，寤寐永叹，夕惕若厉。今臣群寮以为在昔《虞书》敦叙九族，庶明励翼，五帝损益，此道不废。周监二代，并建诸姬，实赖晋、郑夹辅之福。高祖龙兴，尊王子弟，大启九国，卒斩诸吕，以安大宗。今操恶直丑正，实繁有徒，包藏祸心，篡盗已显。既宗室微弱，帝族无位，斟酌古式，依假权宜，上臣大司马汉中王。臣伏自三省，受国厚恩，荷任一方，陈力未效，所获已过，不宜复忝高位以重罪谤。群寮见逼，迫臣以义。臣退惟寇贼不枭，国难未已，宗庙倾危，社稷将坠，成臣忧责碎首之负。若应权通变，以宁靖圣朝，虽赴水火，所不得辞，敢虑常宜，以防后悔。辄顺众议，拜受印玺，以崇国威。仰惟爵号，位高宠厚，俯思报效，忧深责重，惊怖累息，如临于谷。尽力输诚，奖厉六师；率齐群义，应天顺时，扑讨凶逆，以宁社稷，以报万分。谨拜章因驿上还所假左将军、宜城亭侯印绶。"于是还治成都。拔魏延为都督，镇汉中。时关羽攻曹公将曹仁，禽于禁于樊。俄而孙权袭杀羽，取荆州。

**译 文**

刘备向汉献帝上书："臣子以勉强充当臣佐的微末才能，蒙受上将的重任，统率三军，奉命在外，没有能扫除贼寇的危害，扶正安定王室，使陛下的圣明教化变得长期衰微下去，全国各地动荡混乱，没有获得太平。对此我心中忧虑，辗转反侧，犹如患头痛病一样难受。过去董卓首先制造动乱的根源，从那以后，凶恶的贼人到处横行，残害及掠夺全国的百姓。依仗陛下神圣的德行与威望，人和上天共同响应，有时忠臣义士奋力讨伐，有时上天降下惩罚，消灭叛逆的暴徒，使他们犹如寒冰逐渐消融。只有曹操长久以来没被消除，他侵夺国家权力，随心所欲地制造混乱。臣子过去与车骑将军董承谋划消灭曹操，行事不够缜密，董承被害。臣子到处流亡，没有根据地，忠义之心没有成效。如此使得曹操穷凶极恶，大逆不道，皇后被杀，皇子被毒害。臣子虽然大举缔结同盟，希望奋力作战，但生性懦弱没有武功，多年没有效果。臣子经常害怕中途去世，辜负国家的恩典，无时无刻不在叹息，昼夜警惕恐惧，身处危险之中。现在臣子的属官们认为过去《虞书》讲述的天子的九族亲属要依照远近次序给予厚待，用贤明的群臣来作为国家的羽翼。五帝对制度有所增减，但这个原则没废除过。周朝看到夏、商两代的教训，同时设立很多姬姓王国，后来也确实依赖晋、郑两国的辅助而获得福祉。汉高祖建立汉朝之后，尊崇自己的子弟，设立九个大王国，最终消灭诸吕，安定嫡亲的大宗子孙。现在曹操憎恶排斥正直官员，在朝里大量安插其党徒，包藏祸心，其篡夺国家政权的用心已经非常明显了。宗室已经衰弱，皇帝的亲族丧失地位，众人根据古代的范例斟酌，依照先例以权宜之计上表，推举臣子为大司马、汉中王。臣子多次反省自己，已经受到国家大恩，受任治理一方，为国尽力还没有取得成效，所获得的恩惠已经过头，不应再占据不应有的高位，加重自己的罪责，招致诽谤。但群臣们以道义逼视臣子接受。臣子想到贼寇没有被消灭，国家的危难也就没有终结，宗庙

三国志

摇摇欲坠，社稷即将被推翻，这些成为臣子担忧自己职责未尽，希望粉身碎骨来拯救国家的思想负担。如果能适应临时需要，采取变通的办法，使圣朝平定安宁，臣子即便赴汤蹈火也在所不辞，怎么敢只考虑常规的要求，去避免后来追悔呢？臣子就依从众人建议，拜受印玺，以提高国家的威望。考虑爵号地位崇高，国家对臣子的恩宠极为优厚，想到报效国家，忧思深切，责任重大，战战兢兢，犹如面临深谷一样。臣子尽力奉献忠诚，奖赏鼓励六军，率领忠臣义士整理队伍，顺应天时，去打击凶恶的叛贼，来让国家安宁，报答陛下恩情的万分之一。谨行礼叩拜，递上奏章，并通过驿站送上授予臣左将军、宜城亭侯印信及绶带。"刘备于是将成都作为王都，提拔魏延任都督，镇守汉中。当时关羽进攻曹操的将领曹仁，在樊城活捉于禁。不久孙权袭击关羽，杀死他，夺取荆州。

**原文**

二十五年，魏文帝称尊号，改年曰黄初。或传闻汉帝见害，先主乃发丧制服[①]，追谥曰孝愍皇帝。是后在所并言众瑞[②]，日月相属，故议郎阳泉侯刘豹、青衣侯向举、偏将军张裔、黄权、大司马属殷纯、益州别驾从事赵莋、治中从事杨洪、从事祭酒何宗、议曹从事杜琼、劝学从事张爽、尹默、谯周等上言："臣闻《河图》、《洛书》，五经谶、纬，孔子所甄，验应自远。谨案《洛书甄曜度》曰：'赤三日德昌，九世会备[③]，合为帝际。'《洛书宝号命》曰：'天度帝道备称皇，以统握契，百成不败。'《洛书录运期》曰：'九侯七杰争命民炊骸[④]，道路籍籍履人头[⑤]，谁使主者玄且来。'《孝经钩命决录》曰：'帝三建九会备。'臣父群未亡时，言西南数有黄气，直立数丈，见来积年，时时有景云祥风，从璇玑下来应之，此为异瑞。又二十二年中，数有气如旗，从西竟东，中天而行，《图》、《书》曰：'必有天子出其方。'加是年太白、荧惑、填星，常从岁星相追。近汉初兴，五星从岁星谋；岁星主义，汉位在西，义之上方，故汉法常以岁星候人主。当有圣主起于此州，以致中兴。时许帝尚存，故群下不敢漏言。顷者荧惑复追岁星，见在胃昴毕；昴毕为天纲，《经》曰：'帝星处之，众邪消亡。'圣讳豫睹，推搡期验，符合数至，若此非一。臣闻圣王先天而天不违，后天而奉天时，故应际而生，与神合契。愿大王应天顺民，速即洪业，以宁海内。"

**注释**

①**发丧**：发布布告。**制服**：制作丧服。②**瑞**：吉祥，古代的迷信说法，某人将登皇位，就会有吉祥的征兆出现。③**会**：遇到。④**炊骸**：以人骨头来烧火做饭，指百姓生活的困苦。⑤**籍履**：践踏。

**译文**

建安二十五年（220），魏文帝曹丕称帝，改年号黄初。有传闻说汉献帝已遇害，刘备就为汉献帝发丧，身穿丧服，追尊谥号，称汉献帝为孝愍皇帝。这以后各地都说出现了各种瑞兆，日日月月连续不断。因此前任议郎阳泉侯刘豹，青衣侯向举，偏将军张裔、黄权，大司马属殷纯，益州别驾从事赵莋，治中从事杨洪，从事祭酒何宗，议曹从事杜琼，劝学从事张爽、尹默、谯周等人上奏："臣子们听说《河图》《洛书》、五经谶纬这些书，经孔子的甄选，在很早就有灵验。根据《洛书甄曜度》记载：'崇尚红色的第三个太阳德行昌盛，九代遇到这个人，合起来是成为皇帝的时机。'《洛书宝号命》说：'天的规律与皇帝的大道都认定备这个人应当称帝，以正统皇族的身份执掌皇权，事事成功而不会失败。'《洛书录运期》说：'九个诸侯、七个豪杰争夺天下，人民烧骨殖做饭，道路上的行人都得踏着死人头行走，谁能主宰天下呢？名字是玄的人即将到来了。'《孝经钩命决录》说：'皇帝三次建国，第九代遇到备这个人。'臣子的父亲陈群没有去世时，就说西南多次出现黄气，直升到几丈高，几年间，经常有彩云及祥和的风从天空的璇玑方位下来与黄气彼此应和，这是非凡的瑞兆。又在建安二十二年（217）中，几次有一股气犹如旗子般从西向东，在天正中流动。《河图》《洛书》上说：'一定有天子从这个方向出现。'加上这一年太白、荧惑、填星等时常追赶岁星。汉朝刚兴起时，五颗星星聚集在岁星四周。岁星表示五常当中的'义'，汉的位置在西方，是'义'的上方，所以汉代常常以岁星作为皇帝出现的征兆。应该有圣主在这个州当中兴起，并使汉朝中兴。当时许都的献帝还活着，所以群臣不敢将这个情况泄露出来。不久前荧惑又追赶岁星，出现在胃、昴、毕三宿中；昴、毕这个方位是上天的法度，《经》记载：'帝星处在这里，各种邪恶会消亡。'您的名字已经被预示出来，推算出的时机得到验证，符兆和气数相合，像这样的瑞兆不止一件。臣子听说圣明的君王在天象之前行事，天也不会违背他；在天象出现之后行事，便依照天时；所以他可以顺应时机

出生，与神灵相符合。希望大王顺应天意和民心，迅速完成伟大事业，来使国内安宁。"

　　太傅许靖、安汉将军糜竺、军师将军诸葛亮、太常赖恭、光禄勋黄柱、少府王谋等上言："曹丕篡弑①，湮灭汉室②，窃据神器，劫迫忠良，酷烈无道。人鬼忿毒③，咸思刘氏。今上无天子，海内惶惶④，靡所式仰⑤。群下前后上书者八百余人，咸称述符瑞，图、谶明征。间黄龙见武阳赤水，九日乃去。《孝经援神契》曰'德至渊泉则黄龙见'，龙者，君之象也。《易》乾九五'飞龙在天'，大王当龙升，登帝位也。又前关羽围樊、襄阳，襄阳男子张嘉、王休献玉玺，玺潜汉水，伏于渊泉，晖景烛耀，灵光彻天。夫汉者，高祖本所起定天下之国号也，大王袭先帝轨迹，亦兴于汉中也。今天子玉玺神光先见，玺出襄阳，汉水之末，明大王承其下流，授与大王以天子之位，瑞命符应，非人力所致。昔周有乌鱼之瑞，咸曰休哉。二祖受命，《图》、《书》先著，以为征验。今上天告祥，群儒英俊，并起《河》、《洛》，孔子谶、记，咸悉具至。

　　伏惟大王出自孝景皇帝中山靖王之胄，本支百世，乾祇降祚，圣姿硕茂，神武在躬，仁覆积德，爱人好士，是以四方归心焉。考省《灵图》，启发谶、纬，神明之表，名讳昭著。宜即帝位，以纂二祖，绍嗣昭穆，天下幸甚。臣等谨与博士许慈、议郎孟光，建立礼仪，择令辰，上尊号。"即皇帝位于成都武担之南。为文曰："惟建安二十六年四月丙午，皇帝备敢用玄牡，昭告皇天上帝后土神祇：汉有天下，历数无疆。曩者王莽篡盗，光武皇帝震怒致诛，社稷复存。今曹操阻兵安忍，戮杀主后，滔天泯夏，罔顾天显。操子丕，载其凶逆，窃居神器。群臣将士以为社稷堕废，备宜修之，嗣武二祖，龚行天罚。备惟否德，惧忝帝位。询于庶民，外及蛮夷君长，佥曰'天命不可以不答，祖业不可以久替，四海不可以无主'。率土式望，在备一人。备畏天明命，又惧汉阼将湮于地，谨择元日，与百寮登坛，受皇帝玺绶。修燔瘗，告类于天神，惟神飨祚于汉家，永绥四海！"

注 释

①篡：臣子夺取君位。弑：地位在下的人（如臣子）杀死地位在上的人（如君、父）。
②湮灭：埋灭。③毒：痛恨。④海内：中原地区，也指全国。⑤靡：没有。式：榜样。
仰：仰仗。这里指内心无主。

译 文

太傅许靖、安汉将军麋竺、军师将军诸葛亮、太常赖恭、光禄勋黄柱、少府王谋等人上奏说："曹丕杀死皇帝篡夺皇位，灭掉了汉朝皇室，窃夺了天下大权，胁迫忠良，极端残酷，不讲道义。人民和鬼神都愤恨他们的罪恶行径，全在思念刘氏的恩典。现在上无天子，国内人心惶惶，没有敬仰效法的榜样。群臣前后有八百多人上书，全称颂各种符兆祥瑞，讲述图谶的明显征兆。近日武阳的赤水中出现黄龙，过了九天才离去。《孝经援神契》说：'德行达到了深涧中的泉水里，就出现黄龙。'龙是君王的象征。《易经·乾卦·九五》'飞龙在天'，大王应该像龙一样升起来登上帝位。又有，前些时关羽包围了樊城和襄阳，襄阳男子张嘉、王休献上玉玺。玉玺沉入汉水，落在深深的水底，发出火炬一样的光辉，神奇的光芒一直照射到天上。汉是高祖从汉中兴起并平定了天下的国号。大王沿袭先帝的足迹，也在汉中兴起。现在天子玉玺的神光先显现出来，玉玺出在襄阳，是汉水的下游，表明大王要承继汉朝的功业，这是授给大王天子的位置；瑞兆显示的天命与符契相合，不是人力所能达到的。过去周朝有白鱼、赤乌的祥瑞，大家都说多么美好啊！汉高祖和汉世祖（光武帝）接受天命，《河图》《洛书》上都预先有记载，作为征兆应验的先例。现在上天显示出祥瑞，杰出的人才和儒生们共同指出《河图》《洛书》和孔子的谶、记等著作中都有记载，十分全面详尽。

"臣子们想到大王是孝景皇帝之子中山靖王的后裔，主干和支系传了上百代，天神降下福气；大王的姿容魁梧雄壮，身具神一样的威武气势，仁爱施予百姓，积蓄德行，喜爱人才，好交结士人，因此四方百姓诚心归附您。考察审视《灵图》，打开谶纬书籍查寻，神明显示出的名字明显昭著。大王应该立即登上帝位，以继承高祖、世祖的大业，接续宗庙祭祀的次序，这是天下人民的幸事。臣子等人谨与博士许慈、议郎孟光，拟定登基礼仪，选择吉祥的时辰，向大王奉上尊号。"刘备在成都武担山的南面即皇帝位。撰写祭告天地的文告说："在建安二十六年（221）四月丙午这一天，皇帝刘备斗胆用黑色公牛祭祀，向皇天上帝后土等神明确宣告：汉朝统治天下经历了无数年。过去王莽篡夺大权，光武皇帝震怒，诛灭王莽，社稷得以重新安定下来。现在曹操依仗武力，何等残忍，杀害了君主皇后，毁灭中原，罪恶滔天，不顾天神显示的警告。曹操的儿子曹丕，继承了曹操的凶恶叛逆，窃取了国家大权，群臣和将士们都认为国家社稷岌岌可危，刘备应该去修复它，继承高祖、世祖的功业，施行上天对贼人的惩罚。刘备德行不足，害怕自己辱没帝位。向平民百姓询问，外边一直问到蛮夷部族的首领，大家都说：'天命给予不可以不应允，祖先的事业不可以长久荒废，四海之内不可以没有君主。'全国土地上的人民都把希望寄托在刘备一个人身上。刘备畏惧上天明确显示的命令，又担心汉朝的政权将要覆灭，于是恭敬地选择吉日，和百官们登上祭坛，接受皇帝的玺印绶带。置备了燔祭和瘗祭的祭品，向天神祭告，希望神灵享用，赐福于汉朝皇室，使四海之内永远和平安定。"

**原文**

章武元年夏四月，大赦①，改年②。以诸葛亮为丞相，许靖为司徒。置百官③，立宗庙④，祫祭高皇帝以下⑤。五月，立皇后吴氏，子禅为皇太子。六月，以子永为鲁王，理为梁王。车骑将军张飞为其左右所害。初，先生忿孙权之袭关羽，将东征，秋七月，遂帅诸军伐吴。孙权遣书请和，先主盛怒不许，吴将陆议、李异、刘阿等屯巫、秭归；将军吴班、冯习自巫攻破异等，军次秭归，武陵五溪蛮夷遣使请兵。

二年春正月，先主军还秭归，将军吴班、陈式水军屯夷陵，夹江东西岸。二月，先主自秭归率诸将进军，缘山截岭，于夷道猇亭驻营，自佷山，通武陵，遣侍中马良安慰五溪蛮夷，咸相率响应。镇北将军黄权督江北诸军，与吴军相拒于夷陵道。夏六月，黄气见自秭归十余里中，广数十丈。后十余日，陆议大破先主军于猇亭，将军冯习、张南等皆没。先主自猇亭还秭归，收合离散兵，遂弃船舫，由步道还鱼复，改鱼复县曰永安。吴遣将军李异、刘阿等踵蹑先主军，屯驻南山。秋八月，收兵还巫。司徒许靖卒。冬十月，诏丞相亮营南北郊于成都。孙权闻先主住白帝，甚惧，遣使请和。先主许之，遣太中大夫宗玮报命。冬十二月，汉嘉太守黄元闻先主疾不豫，举兵拒守。

译 文

夏季四月，大赦，改年号为章武元年（221）。刘备任命诸葛亮为丞相，许靖为司徒。设置百官，建立宗庙，一起祭祀高皇帝以下的诸位皇帝。五月，册封皇后吴氏，立儿子刘禅为皇太子。六月，封儿子刘永为鲁王，刘理为梁王。车骑将军张飞被其手下杀害。当初，刘备恼怒孙权袭击关羽，准备东征，秋季七月，率领各路军队征讨吴国。孙权送信请求讲和，刘备盛怒之下没答应。吴国的将领陆议、李异、刘阿等人驻扎于巫县和秭归；刘备的将军吴班、冯习在巫县打垮李异等人，军队到达秭归，武陵郡的五溪地区的蛮夷部落派使者来请求刘备允许他们出兵帮助。

章武二年（222）春季正月，刘备的军队返回秭归，将军吴班、陈式的水军驻扎于夷陵，夹长江在东西两岸扎营。二月，刘备从秭归率众将进军，沿山路开凿山岭，在夷道的猇亭扎下营垒，从佷山修筑了通往武陵的道路，派侍中马良去安抚五溪蛮夷，他们全都纷纷相继来响应刘备。镇北将军黄权统领江北的各支军队，与吴军在夷陵道对峙。夏季六月，秭归一带十几里地域里出现了一股黄气，有几十丈宽。十几天以后，陆议在猇亭大败刘备军队，将军冯习、张南等人全部战死。刘备从猇亭回到秭归，收集离散的军队，放弃战船，从陆路回到鱼复，把鱼复县改名为永安。吴国派遣将军李异、刘阿等人追在刘备军队的后面，驻扎于南山上。秋季八月，他们才收兵返回巫县。司徒许靖去世。冬季十月，下诏书让丞相诸葛亮在成都修建南北郊的祭坛。孙权听说刘备驻扎于白帝城，非常担心，派使节请求讲和。刘备答应了，派遣太中大夫宗玮去复命。冬季十二月，

●火烧连营

汉嘉太守黄元听说刘备患病无法治愈，起兵反叛。

原　文

三年春二月，丞相亮自成都到永安。三月，黄元进兵攻临邛县。遣将军陈曶讨元，元军败，顺流下江，为其亲兵所缚，生致成都，斩之。先主病笃，托孤于丞相亮①，尚书令李严为副。夏四月癸巳，先主殂于永安宫②，时年六十三。

亮上言于后主曰："伏惟大行皇帝迈仁树德③，覆焘无疆，昊天不吊④，寝疾弥留⑤，今月二十四日奄忽升遐，臣妾号啕，若丧考妣。乃顾遗诏，事惟大宗，动容损益；百寮发哀，满三日除服，到葬期复如礼；其郡国太守、相、都尉、县令长，三日便除服。臣亮亲受敕戒，震畏神灵，不敢有违。臣请宣下奉行。"五月，梓宫自永安还成都，谥曰昭烈皇帝。秋，八月，葬惠陵。

评曰：先主之弘毅宽厚，知人待士，盖有高祖之风，英雄之器焉。及其举国托孤于诸葛亮，而心神无贰，诚君臣之至公，古今之盛轨也。机权干略，不逮魏武，是以基宇亦狭。然折而不挠，终不为下者，抑揆彼之量必不容己，非唯竞利，且以避害云尔。

注　释

①**托孤**：将儿子托付给别人。②**殂**：去世。③**大行**：一去不复返，臣子忌讳说皇上死亡，用大行作为比喻。汉代以后称皇帝死为大行。④**昊天**：苍天。**不吊**：不善良。⑤**弥留**：本来说人久病不愈，后来用来指重病将死。

译　文

章武三年（223）春季二月，丞相诸葛亮从成都赶到永安。三月，黄元的军队进攻临邛县。诸葛亮派遣将军陈曶讨伐黄元，黄元的军队被击败。黄元顺流而下，进入长江，被他的亲兵绑起，活捉送到成都，砍了头。刘备病重，将儿子托付给丞相诸葛亮，尚书令李严作为诸葛亮的副手。夏季四月癸巳，刘备在永安宫去世，时年六十三岁。

诸葛亮上奏章对继任皇帝刘禅说："已去世的皇帝广布仁义，树立德政，恩泽遍

●白帝城先主托孤

布天下，但苍天怜悯，使得皇帝卧病不起，在这个月的二十四日忽然归天，臣子等号啕痛哭，犹如丧失父母一样。看到遗诏写明，政事遵奉太子的安排，举动及哀容都应适度。百官发丧哀悼，满三天后就脱掉丧服，到了下葬时再依照礼仪行事；郡国的太守、相、都尉和县令们，三天后就脱掉丧服。臣诸葛亮亲自接受告诫及敕令，被先帝的神灵震慑，不敢违背其诏令。臣子请求昭告天下，依照执行。"五月，刘备的棺柩从永安运到成都，定谥号为昭烈皇帝。秋季八月，刘备被葬于惠陵。

评论说：刘备胸怀广阔，刚毅宽厚，知人善任，礼遇士人，有着高祖皇帝的风度、英雄的气质。至于他将全国及儿子都托付给诸葛亮，而心中毫无犹疑，确实是君臣都有大公无私之心，是古往今来最为高尚的楷模。刘备在智谋、权变、才干与方略等方面都不如曹操，因此拥有的国土也较为狭小。然而他百折不挠，始终不肯屈居曹操之下的理由，可能只是估计曹操的度量必然容不下自己，不是与曹操争利，而是用来避免危害罢了。

# 后主传

**原文**

后主讳禅①，字公嗣，先主子也。建安二十四年，先主为汉中王，立为王太子。及即尊号，册曰②："惟章武元年五月辛巳，皇帝若曰：

三国志

太子禅，朕遭汉运艰难③，贼臣篡盗④，社稷无主，格人群正，以天明命，朕继大统。今以禅为皇太子，以承宗庙，祗肃社稷。使使持节丞相亮授印绶，敬听师傅⑤，行一物而三善皆得焉，可不勉与！"三年夏四月，先主殂于永安宫⑥。五月，后主袭位于成都，时年十七。尊皇后曰皇太后。大赦⑦，改元。是岁魏黄初四年也。

**译 文**

后主名禅，字公嗣，先主刘备之子。建安二十四年（219），先主成为汉中王，立他为王太子。刘备称帝后，颁布册封诏书："章武元年五月辛巳，皇帝如此说：太子刘禅，我遇到了汉朝国运艰难的时期，反贼、乱臣篡夺王权，国家没有主人，知天命的世人及正直的民众，认为上天预示命数，让我继承汉朝的皇位。立刘禅为皇太子，继承王室及宗庙，恭敬肃穆地掌管国家社稷。委派丞相诸葛亮授予其皇太子的印章及绶带，太子应当恭敬地听从师傅的教诲，每做一件事都要考虑尊君、敬师、友爱三种美德，怎么可以不勤奋勉励呢！"章武三年四月，先主在永安宫去世，同年五月，后主在成都继位，当时他十七岁，遵奉先主的皇后为皇太后。全国大赦。更改年号，这一年为魏国的黄初四年。

**原 文**

建兴元年夏，牂牁太守朱褒拥郡反。先是，益州郡有大姓雍闿反①，流太守张裔于吴，据郡不宾②，越夷王高定亦背叛。是岁，立皇后张氏。遣尚书郎邓芝固好于吴，吴王孙权与蜀和亲使聘③，是岁通好。

二年春，务农殖谷，闭关息民。

三年春三月，丞相亮南征四郡，四郡皆平。改益州郡为建宁郡，分建宁、永昌郡为云南郡，又分建宁、牂牁为兴古郡。十二月，亮还

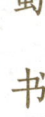

●武侯遗计斩王双

成都。

四年春，都护李严自永安还住江州④，筑大城。

五年春，丞相亮出屯汉中⑤，营沔北阳平石马。

六年春，亮出攻祁山，不克。冬，复出散关，围陈仓，粮尽退。魏将王双率军追亮，亮与战，破之，斩双，还汉中。

**注　释**

①**反**：造反。②**宾**：归顺。③**使聘**：派遣使者进行访问。④**都护**：官名。即都护将军，统率将领的官职。⑤**屯**：驻扎。

**译　文**

建兴元年（223）夏天，牂牁太守朱褒发起叛乱，当初，益州郡有豪门大族雍闿造反，将益州太守张裔驱赶到吴国，占据整个郡不再服从朝廷，越巂夷族的首领高定也背叛了朝廷。那年，立张氏为皇后。派遣尚书郎邓芝出使吴国，巩固两国间的友好关系，吴国孙权与蜀和好通婚，那一年两国互通友好关系。

建兴二年春天，开荒播种，关闭边境的关口，使百姓得以休养生息。

建兴三年春三月，丞相诸葛亮向南征讨四郡，四郡叛乱都得以平定。把益州郡改称建宁郡，从建宁、永昌各划出一部分建立云南郡，又从建宁、牂牁各划出一部分建立兴古郡。十二月，诸葛亮回到成都。

建兴四年春，都护李严从永安返回，住在江州，修建一座大的城市。

建兴五年春，丞相诸葛亮发兵汉中，在沔水北边的阳平、石马地区建立营寨。

建兴六年春，诸葛亮进军祁山，没能击败敌军。到了冬天，再次从散关出发，把陈仓包围起来，因为粮草用光，所以不得不撤军。魏将王双率军追击诸葛亮，与王双交战，大败王双，并将其杀掉，撤军返回汉中。

三国志

　　七年春，亮遣陈式攻武都、阴平，遂克定二郡。冬，亮徙府营于南山下原上，筑汉、乐二城。是岁，孙权称帝，与蜀约盟，共交分天下。

　　八年秋，魏使司马懿由西城①，张郃由子午，曹真由斜谷，欲攻汉中。丞相亮待之于城固、赤阪，大雨道绝，真等皆还。是岁，魏延破魏雍州刺史郭淮于阳溪②。徙鲁王永为甘陵王，梁王理为安平王，皆以鲁、梁在吴分界故也。

　　九年春二月，亮复出军围祁山，始以木牛运。魏司马懿、张郃救祁山。夏六月，亮粮尽退军，郃追至青封，与亮交战，被箭死。秋八月，都护李平废徙梓潼郡。

　　十年，亮休士劝农于黄沙，作流马木牛毕③，教兵讲武。

　　①**司马懿**：魏明帝时任大将军，多次率军与诸葛亮对抗。②**刺史**：官名。掌握一州的军政大权。③**流马**：改良的木牛，一般认为是人力四轮车。

　　建兴七年（229）春天，诸葛亮派遣陈式进攻武都、阴平，最后占领、平定这两个郡。这年冬天，诸葛亮把官署行营迁徙到终南山下的平原上，修建汉、乐两座城市。这一年，孙权称帝，与蜀国相约盟誓，平分天下。

　　建兴八年秋天，魏国派司马懿从西城，张郃从子午道，曹真从斜谷，发兵进攻汉中。诸葛亮在城固、赤阪准备迎战他们，因为天降大雨，栈道被阻断，曹真等人都退兵了。这一年，魏延在阳溪战胜魏国雍州刺史郭淮的队伍。刘禅把刘永改封为甘陵王，把梁王刘理改封为安平王，这样做是因为鲁、梁二地都与吴国接壤。

　　建兴九年春二月，诸葛亮再次发兵攻击祁山，开始以木牛运送军粮。魏国的司马懿和张郃率军抗击。夏天六月，诸葛亮因为粮食吃光而撤军，张郃追击他们到青封，与诸葛亮交战，张郃被箭射中死亡。秋八月，都护李平被废为平民，迁到梓潼郡。

　　建兴十年，诸葛亮在黄沙城休整士卒、奖励农耕，制造流马木牛，训练士兵，讲习武艺。

十一年冬，亮使诸军运米，集于斜谷口，治斜谷邸阁①。是岁，南夷刘胄反，将军马忠破平之。

十二年春二月，亮由斜谷出，始以流马运。秋八月，亮卒于渭滨。征西大将军魏延与丞相长史杨仪争权不和②，举兵相攻，延败走；斩延首，仪率诸军还成都。大赦。以左将军吴壹为车骑将军，假节督汉中③。以丞相留府长史蒋琬为尚书令，总统国事④。

十三年春正月，中军师杨仪废徙汉嘉郡⑤。夏四月，进蒋琬位为大将军。

十四年夏四月，后主至湔，登观阪，看汶水之流，旬日还成都。徙武都氐王苻健及氐民四百余户于广都。

十五年夏六月，皇后张氏薨。

①邸阁：储存军粮及其他军用物资的所在。②征西大将军：官名。在汉代，征东、征西、征南、征北将军与杂号将军的职权相同，资深的在前面加上"大"字。③假节：授予符节。符节是受君王委托的证物。④总统：总领统管。⑤中军师：官名。参与军事谋划，但没有兵权。

建兴十一年（233）冬天，诸葛亮派遣各路军队运送粮食，在斜谷口集合，修建斜谷储粮所。这一年，南方少数民族首领刘胄发起叛乱，将军马忠带兵平定了这次叛乱。

建兴十二年春二月，诸葛亮从斜谷出发，率军用流马运送军粮。秋天八月，诸葛亮病死于渭水边。征西大将军魏延与丞相长史杨仪为争夺权力而不睦，带兵彼此攻击，魏延战败逃走；杨仪杀掉魏延，带领各路军队返回成都。这一年，蜀国大赦天下。任命左将军吴壹为车骑将军，授予符节，统率汉中军队。任命丞相留府长史蒋琬为尚书令，掌管国家政事。

建兴十三年春正月，中军师杨仪被废为平民，迁往汉嘉郡。夏天四月，提拔蒋琬为大将军。

三国志

二〇〇

建兴十四年夏天四月，后主刘禅抵达湔县，登上观阪，观赏岷江的山水。十天后返回成都。把武都氐族首领苻健及民众四百余户迁往广都。

建兴十五年夏天六月，皇后张氏去世。

原　文

延熙元年春正月，立皇后张氏①。大赦，改元。立子璿为太子，子瑶为安定王。冬十一月，大将军蒋琬出屯汉中。

二年春三月，进蒋琬位为大司马②。

三年春，使越巂太守张嶷平定越巂郡。

四年冬十月，尚书令费祎至汉中，与蒋琬谘论事计③，岁尽还。

五年春正月，监军姜维督偏军④，自汉中还屯涪县。

六年冬十月，大司马蒋琬自汉中还，住涪。十一月，大赦。以尚书令费祎为大将军。

注　释

①**张氏**：张飞的女儿，前任张皇后的妹妹。②**大司马**：官名。即太尉，掌管全国军事。③**谘**：商量。④**偏军**：指全军的一部分，与主力相区别。

译　文

延熙元年(238)春正月，立前皇后张氏的妹妹张氏为皇后。全国大赦，改用新年号。立刘璿为皇太子，刘瑶为安定王。这年冬天十一月，大将军蒋琬发兵驻扎于汉中。

延熙二年春三月，蒋琬被提拔为大司马。

延熙三年春天，派遣越巂郡太守张嶷去平定越巂郡。

延熙四年冬十月，尚书令费祎抵达汉中，与大将军蒋琬商讨军国大事，年底返回成都。

延熙五年春正月，监军姜维率领部分部队，从汉中回来驻扎于涪县。

延熙六年冬十月，大司马蒋琬从汉中返回，驻扎于涪县。十一月，大赦天下，任命尚书令费祎为大将军。

原　文

七年闰月，魏大将军曹爽、夏侯玄等向汉中，镇北大将军王平拒兴势围，大将军费祎督诸军往赴救，魏军退。夏四月，安平王理卒。秋九月，祎还成都。

八年秋八月，皇太后薨<sup>①</sup>。十二月，大将军费祎至汉中，行围守<sup>②</sup>。

九年夏六月，费祎还成都。秋，大赦。冬十一月，大司马蒋琬卒。

十年，凉州胡王白虎文、治无戴等率众降，卫将军姜维迎逆安抚<sup>③</sup>，居之于繁县。是岁，汶山平康夷反，维往讨，破平之。

十一年夏五月，大将军费祎出屯汉中。秋，涪陵属国民夷反，车骑将军邓芝往讨，皆破平之。

**译　文**

延熙七年（244）闰月，魏国大将军曹爽、夏侯玄等率军进兵汉中，镇北大将军王平在兴势山营造壁垒抵抗，大将军费祎率各路军马前往营救，魏军败退。这一年夏四月，安平王刘理去世。秋九月，费祎返回成都。

延熙八年秋八月，先主的穆皇后去世。十二月，大将军费祎抵达汉中，巡查各个营垒的守备状况。

延熙九年夏六月，费祎回到成都。这年秋天，全国大赦。冬十一月，大司马蒋琬去世。

延熙十年，凉州的羌胡首领白虎文、治无戴等率部落归降蜀国，卫将军姜维迎接并安抚这些人，把他们安顿于繁县，这一年，汶山郡平康县少数民族发动叛乱，姜维率兵讨伐，平定了这次叛乱。

延熙十一年夏五月，大将军费祎率兵驻扎于汉中。这年秋天，涪陵郡少数民族聚居发生叛乱，车骑将军邓芝率军前去征讨，平定了这次叛乱。

**原　文**

十二年春正月，魏诛大将军曹爽等，右将军夏侯霸来降。夏四月，大赦。秋，卫将军姜维出攻雍州，不克而还。将军句安、李韶降魏。

十三年，姜维复出西平，不克而还<sup>①</sup>。

十四年夏，大将军费祎还成都。冬，复北驻汉寿。大赦。

十五年，吴王孙权薨。立子琮为西河王。

十六年春正月，大将军费祎为魏降人郭循所杀于汉寿<sup>②</sup>。夏四月，卫将军姜维复率众围南安，不克而还。

**译　文**

延熙十二年（249）春正月，魏国杀掉大将军曹爽等人，魏国的右将军夏侯霸投降蜀国。夏四月，全国大赦。这年秋天，卫将军姜维率兵进攻雍州，没有获得胜利就返回来了，将军句安、李韶投降魏国。

延熙十三年，卫将军姜维再次率军进攻魏国的西平，没能取得胜利而返回。

延熙十四年夏天，大将军费祎返回成都。这一年冬天，费祎再次率军驻扎于汉寿。国内大赦。

延熙十五年，吴王孙权去世。后主立儿子刘琮为西河王。

延熙十六年春正月，大将军费祎在汉寿被投降的魏国人郭循杀害。这一年夏四月，卫将军姜维再次率军攻打南安，没能取得胜利而撤军。

●司马懿杀曹爽

**原　文**

十七年春正月，姜维还成都。大赦。夏六月，维复率众出陇西<sup>①</sup>。冬，拔狄道、河关、临洮三县民，居于绵竹、繁县。

十八年春，姜维还成都。夏，复率诸军出狄道，与魏雍州刺史王经战于洮西，大破之。经退保狄道城，维却住钟题<sup>②</sup>。

十九年春，进姜维位为大将军，督戎马，与镇西将军胡济期会上邽③，济失誓不至④。秋八月，维为魏大将军邓艾所破于上邽。维退军还成都。是岁，立子瓒为新平王。大赦。

二十年，闻魏大将军诸葛诞据寿春以叛，姜维复率众出骆谷，至芒水。是岁大赦。

●姜维战邓艾

**注释**

①**陇西**：郡名，治所位于狄道，今甘肃省临洮县。②**钟题**：镇名。在今甘肃省临洮县南洮河西面。③**镇西将军**：官名。官位仅次于四征将军。④**失誓**：失约。

**译文**

延熙十七年（254）春正月，姜维返回成都，蜀国全国大赦。夏六月，姜维再次率军进攻陇西。这一年冬天，姜维攻陷陇西郡狄道、河关、临洮三个县，将三个县的民众都迁到四川的绵竹、繁县。

延熙十八年春天，姜维返回成都。这年夏天，姜维再次率各路队伍进攻狄道，在洮水西岸战胜魏将雍州刺史王经。王经撤退防守狄道城，姜维退回驻扎于钟题。

延熙十九年春，提拔姜维为大将军，统率全国军马，与镇西将军胡济相约会师于上邽，胡济没有按约定准时赶到。这年秋八月，姜维在上邽被魏国的大将军邓艾击败。姜维退回成都。这一年，后主立自己的儿子刘瓒为新平王。全国大赦。

延熙二十年，得知魏国大将军诸葛诞据守寿春发起叛乱，姜维再次率领大军从骆谷发兵，抵达芒水。这一年全国大赦。

**原文**

景耀元年①，姜维还成都。史官言景星见，于是大赦，改年。宦

人黄皓始专政。吴大将军孙綝废其主亮，立琅邪王休。

二年夏六月，立子谌为北地王，恂为新兴王，虔为上党王。

三年秋九月，追谥故将军关羽②、张飞、马超、庞统、黄忠。

四年春三月，追谥故将军赵云。冬十月，大赦。

五年春正月，西河王琮卒。是岁，姜维复率众出侯和，为邓艾所破，还住沓中。

**译文**

景耀元年（258），姜维返回成都。史官报告天上出现景星，于是再次进行大赦，改换年号。宦官黄皓开始专权。吴国的大将军孙綝废黜吴主孙亮，改立琅邪王孙休为国君。

景耀二年夏六月，后主册立儿子刘谌为北地王，册立刘恂为新兴王，册立刘虔为上党王。

景耀三年秋九月，追赐已去世的将军关羽、张飞、马超、庞统及黄忠。

景耀四年春三月，追赐已去世的将军赵云。这年冬天十月，全国大赦。

景耀五年春正月，西河王刘琮去世。这一年，姜维再次率军进攻侯和，被魏将邓艾打败，撤军返回，驻扎于沓中。

**原文**

六年夏，魏大兴徒众，命征西将军邓艾、镇西将军钟会、雍州刺史诸葛绪数道并攻。于是遣左右车骑将军张翼、廖化、辅国大将军董厥等拒之。大赦。改元为炎兴。冬，邓艾破卫将军诸葛瞻于绵竹。用光禄大夫谯周策，降于艾，奉书曰①："限分江、汉，遇值深远，阶缘蜀土②，斗绝一隅③，干运犯冒④，渐冉历载，遂与京畿攸隔万里。每惟黄初中，文皇帝命虎牙将军鲜于辅，宣温密之诏⑤，申三好之恩，开示门户，大义炳然，而否德暗弱，窃贪遗绪⑥，俯仰累纪，未率大教。

蜀书

二〇五

天威既震，人鬼归能之数，怖骇王师，神武所次，敢不革面，顺以从命！辄敕群帅投戈释甲，官府帑藏一无所毁。百姓布野，余粮栖亩，以俟后来之惠，全元元之命⑦。伏惟大魏布德施化⑧，宰辅伊、周，含覆藏疾。谨遣私署侍中张绍⑨、光禄大夫谯周、驸马都尉邓良奉赍印缓，请命告诚，敬输忠款，存亡敕赐⑩，惟所裁之。舆榇在近⑪，不复缕陈⑫。"是日，北地王谌伤国之亡，先杀妻子，次以自杀。绍、良与艾相遇于雒县。艾得书，大喜，即报书，遣绍、良先还。艾至城北，后主舆榇自缚，诣军垒门。艾解缚焚榇，延请相见。因承制拜后主为骠骑将军⑬。诸围守悉被后主敕，然后降下。艾使后主止其故宫，身往造焉。资严未发，明年春正月，艾见收⑭。钟会自涪至成都作乱。会既死，蜀中军众钞略⑮，死丧狼籍⑯，数日乃安集⑰。

**注释**

①**奉书**：献投降书。②**阶缘**：凭借。③**斗绝**：多写作"陡绝"。形容山势或地势险峻。④**干运**：抵触运气。⑤**温密**：言辞诚恳。⑥**遗绪**：前任没能完成的功业。⑦**元元**：指黎民百姓。⑧**伏惟**：趴在地上进行思考。常用于下对上，表谦虚及尊重。⑨**私署**：私家的府第。在这里借指蜀汉，表明谦虚恭敬。⑩**敕赐**：指告诫或奖赏。⑪**舆榇**：把棺材转在车上，表示有罪应当死。⑫**缕陈**：详细地陈述。⑬**承制**：秉承皇帝的命令。⑭**收**：逮捕。⑮**钞略**：抢夺。⑯**狼籍**：散乱而不整齐。形容死伤极为严重。⑰**安集**：安定。

**译文**

　　景耀六年（263）春，魏国调集大批军队，同时命令征西将军邓艾、镇西将军钟会、雍州刺史诸葛绪分为三路同时进攻蜀国。这个时候，蜀国派遣左右车骑将军张翼、廖化，辅国大将军董厥等进行抗击。全国大赦。改年号炎兴。

　　这年冬天，邓艾在绵竹击败卫将军诸葛瞻的军队。后主刘禅采纳光禄大夫谯周的建议，向邓艾投降。投降书上说："由于有长江及汉水的阻隔，又逢路途遥远，凭借地势险要的一角，蜀触犯了国家运势，分裂已经有很多年了，最终与京都相隔万里。每次想到黄初年间，魏文帝派虎牙将军鲜于辅，宣读言辞恳切的诏令，表明恩泽，敞开门户，大义可见，但是我德行鄙薄，又愚昧软弱，从内心里恋栈前人没能完成的功业，俯仰之间居然有几十年了，没能遵守圣明的教诲。已经触怒天威，人鬼都走向了亲善的道路，王室的军队实在令人感到恐惧，神明英武的军队所抵达的地方，没有人敢不洗心革面，恭顺听从命令的。我立刻告诫各军统帅放下武器，让官府国库保存国库的财物，不能有丝毫损失。百姓都在郊外排列好，剩余的粮食放于田间，以等君主来赐予恩惠，保全民众性命。想我大魏王室广泛地实施恩泽教化，任用伊尹、周公等贤臣为相，一定能够包容亡国之人、容纳有害的东西。现在敬派私人府署侍中张绍、光禄大夫谯周、驸马都尉邓良手捧印信，向您请示报告表明我的诚意，进献我的忠心；生死存亡的决定，完全听从您的抉择。棺材就放在身旁，就不再详细奏明了。"这天，北地王刘谌独自忧伤于蜀国的灭亡，先杀死自己的妻子，接着自杀。张绍、邓良与邓艾在雒县会合。邓艾得到后主的投降书后，极为高兴，随即回信，遣送张绍、邓良先返回成都。邓艾抵达成都北郊，后主将棺材装在车上，把自己捆绑起来，前往邓艾的军营门前谢罪。邓艾为后主解开绳索，焚烧车上的棺材，邀请后主与其会面。并且按照君主的旨意授予后主骠骑将军的头衔。蜀国的各个营垒都服从后主的命令投降。邓艾让后主居住在原来的宫室里，亲自去拜访他。但是财物都没有运走，第二年春正月，邓艾被捕。钟会从涪县抵达成都发动叛乱。钟会死后，蜀中的军队抢劫掠夺，死伤很多人，这一地区经过很多日子才安定下来。

**原文**

后主举家东迁，既至洛阳，策命之曰："惟景元五年三月丁亥。皇帝临轩①，使太常嘉命刘禅为安乐县公。於戏②，其进听朕命！盖统天载物，以咸宁为大，光宅天下③，以时雍为盛④。故孕育群生者，君人之道也，乃顺承天者，坤元之义也。上下交畅，然后万物协和，庶类获乂⑤。乃者汉氏失统，六合震扰。我太祖承运龙兴⑥，弘济八极⑦，是用应天顺民，抚有区夏。于时乃考因群杰虎争，九服不静，乘间阻远⑧，保据庸蜀，遂使西隅殊封，方外壅隔。自是以来，干戈不戢⑨，元元之民，不得保安其性，几将五纪。朕永惟祖考遗志，思在绥缉四海⑩，率土同轨，故爰整六师，耀威梁、益。公恢崇德度⑪，深秉大正，不惮屈身委质⑫，以爱民全国为贵，降心回虑⑬，应机豹变⑭，履信思顺⑮，以享左右无疆之休，岂不远欤！朕嘉与君公长飨显禄⑯，用考咨前训，开国胙土，率遵旧典，锡兹玄牡，茸以白茅⑰，永为魏藩辅，往钦哉！公其祗服朕命，克广德心，以终乃显烈<sup>⑱</sup>。"食邑万户，赐绢万匹，奴婢百人，他物称是。子孙为三都尉封侯者五十余人。尚书令樊建、侍中张绍、光禄大夫谯周、秘书令郤正、殿中督张通并封列侯。公泰始七年薨于洛阳。

　　后主全家都往东迁移，抵达洛阳后，魏王册封后主的诏书说："景元五年（264）三月丁亥，皇帝在朝上派遣太常卿任命刘禅为安乐县公。哎，来到前面来听取我的命令。统管万物，以全都的太平作为重要的事情，占据天下，以局势的太平为美。因此养育民众是国君的道德，而顺承天意为地德的本来意义。上下都顺畅，然后万事才可以协调和谐，万物才得以安定。过去，汉朝失去天下，社会震动混乱，我太祖蒙受天命建立新王朝，普救天下于乱世，正是顺应天意及民心，才能占据中国。当时，你的父亲由于众多豪杰彼此角逐较量，国家不安宁，便趁机凭借远方的险要割据蜀地建立政权，这样就让西部边境地区的封赏和赏赐不同，边远地区闭塞阻隔。从那时以来，战争没有停止，黎民百姓的生命无法保全，持续了将近六十年的时间。我长久地考虑祖先的遗愿，目的是让四海能安定协和，使全国统一，因此统率大军在梁州、益州炫耀军威。你弘扬推崇德行，秉持大义，不惜屈身归顺我朝，以保护民众，保全国家的力量，克制自己的心志、改变意图，顺应时机、改变策略，遵守信用、考虑归顺朝廷，以享受无穷的福禄，这难道不是远大的思想吗？我嘉奖你让你长久地享受丰厚的俸禄，所以考察前代的法令，建立国家、赏赐土地，遵循过去的典章制度，赐予你这片黑色的土地，

以白色的茅草包裹，永远作为魏王室的藩篱辅城。去努力做吧！你要恭顺地执行我的命令，使你的德操心志宽广，完成你显赫的功业。"赏给后主可以收取万户租税的土地，绢万匹，奴婢百名，其他财物的数量也非常多。后主的子孙中有五十多人被任命为三都尉，且封给侯爵。尚书令樊建、侍中张绍、光禄大夫谯周、秘书令郤正、殿中督张通同时也被封为列侯。安乐县公刘禅在晋泰始七年（271）死于洛阳。

评曰：后主任贤相则为循理之君，惑阉竖则为昏暗之后①，传曰②"素丝无常，唯所染之"，信矣哉③！礼，国君继体④，逾年改元，而章武之三年，则革称建兴，考之古义，体理为违。又国不置史，注记无官⑤，是以行事多遗⑥，灾异靡书⑦。诸葛亮虽达于为政，凡此之类，犹有未周焉。然经载十二而年名不易，军旅屡兴而赦不妄下，不亦卓乎！自亮没后，兹制渐亏⑧，优劣著矣⑨。

①阉竖：对宦官的贱称，此处指黄皓。②传：指古书。③信：确实。④继体：继承帝位。⑤注记：记录。⑥行事：经历的事。⑦灾异：指自然灾害及某些特殊的自然现象。⑧亏：毁坏，毁灭。⑨著：明显，显著。

评论说：后主任用贤明的丞相就能成为遵循事理的明君，被宦官迷惑就会变为昏庸糊涂的昏君。传言说："白色的丝没有固定的颜色，只能看以什么颜色来印染它。"的确是这样啊！遵照礼法，国君继承王位，第二年应当改用新年号来纪年，可是章武三年，就将年号改成建兴，按照古代的规定来加以考察，这已违背事理规矩。又国家不设置史官一职，没有人记录这些，因为经历的事情有很多被遗漏了，自然灾害及特殊奇异的自然现象都没记载。诸葛亮虽然擅长治理国政，凡是这样的事情，依旧考虑得不周全。然而经历了十二年还没能改换新的年号，多次出师却不乱下赦令，这不也是其卓越的地方吗！自从诸葛亮去世后，这种制度逐渐缺损，政令好坏的区分就非常明显了。

# 诸葛亮传

**原文**

　　诸葛亮字孔明，琅邪阳都人也。汉司隶校尉诸葛丰后也。父珪，字君贡，汉末为太山郡丞。亮早孤①，从父玄为袁术所署豫章太守，玄将亮及亮弟均之官。会汉朝更选朱皓代玄②。玄素与荆州牧刘表有旧③，往依之④。玄卒，亮躬耕陇亩，好为《梁父吟》。身长八尺，每自比于管仲、乐毅，时人莫之许也。惟博陵崔州平、颍川徐庶元直与亮友善，谓为信然。

**注释**

　　①孤：年幼时失去父亲。②会：恰巧。朱皓：人名。③有旧：有交情。④依：依附，倚靠。

**译文**

　　诸葛亮，字孔明，琅邪郡阳都人。他是汉代司隶校尉诸葛丰的后裔。父亲诸葛珪，字君贡，在东汉末年担任过泰山郡的郡丞。诸葛亮很早就成为孤儿。他的叔父诸葛玄被袁术任命为豫章太守。诸葛玄带诸葛亮及其弟弟诸葛均前往豫章上任，恰逢朝廷又选派朱皓去代替诸葛玄任职。诸葛玄以前一直与荆州牧刘表关系不错，就去投靠刘表。诸葛玄去世后，诸葛亮亲自在田地当中耕种，喜欢吟诵《梁父吟》。他身高八尺，时常把自己比作管仲、乐毅。当时没人认为他有这样的才能，只有博陵人崔州平、颍川人徐庶（字元直）与诸葛亮是好友，他们认为他确实是有这样的才能。

**原文**

　　时先主屯新野。徐庶见先主，先主器之，谓先主曰："诸葛孔明者，卧龙也，将军岂愿见之乎？"先主曰："君与俱来。"庶曰："此人可就见，不可屈致也。将军宜枉驾顾之①。"由是先主遂诣亮，凡三往②，乃见。

因屏人曰："汉室倾颓，奸臣窃命，主上蒙尘。孤不度德量力，欲信大义于天下，而智术短浅，遂用猖蹶③，至于今日。然志犹未已，君谓计将安出？"亮答曰："自董卓已来，豪杰并起，跨州连郡者不可胜数。曹操比于袁绍，则名微而众寡，然操遂能克绍，以弱为强者，非惟天时，抑亦人谋也④。今操已拥百万之众，挟天子而令诸侯，此诚不可与争锋。孙权据有江东，已历三世，国险而民附，贤能为之用，此可以为援而不可图也⑤。荆州北据汉、沔，利尽南海⑥，东连吴会，西通巴、蜀，此用武之国，而其主不能守，此殆天所以资将军，将军岂有意乎？益州险塞，沃野千里，天府之土，高祖因之以成帝业。刘璋暗弱，张鲁在北，民殷国富而不知存恤，智能之士思得明君。将军既帝室之胄，信义著于四海，总揽英雄，思贤如渴，若跨有荆、益，保其岩阻，西和诸戎，南抚夷越，外结好孙权，内修政理；天下有变，则命一上将将荆州之军以向宛、洛，将军身率益州之众出于秦川，百姓孰敢不箪食壶浆以迎将军者乎？诚如是，则霸业可成，汉室可兴矣。"先主曰："善！"于是与亮情好日密。关羽、张飞等不悦，先主解之曰："孤之有孔明，犹鱼之有水也。愿诸君勿复言。"羽、飞乃止。

注释

①枉驾：亲自前往。②凡：总共。③用：因此。猖蹶：挫折，覆败。④抑：连词，表示递进关系。⑤援：外援，支援。图：夺取。⑥利：利益。尽：全部，全部占有。

译文

　　当时蜀汉先主刘备在新野驻军。徐庶拜会刘备，刘备很器重他。徐庶对刘备说："诸葛孔明这个人是一条卧龙。将军您难道不愿意见到他吗？"刘备说："你带他一起前来吧。"徐庶说："这个人只能去拜访，不可以委屈他而硬将他找来。将军应当屈尊亲自前去拜访他。"因此刘备就去拜会诸葛亮，一共去了三次，才见到诸葛亮。刘备就让四周的人都退开，说："汉朝衰微，奸臣盗取国家大权，皇帝蒙受风尘，颠沛流离。我没能衡量自己的德行，自不量力，想要在天下伸张大义，却苦于智谋短浅，所以失败，到了如今的这步田地。然而我矢志不渝。您认为我应当采用什么计策呢？"诸葛亮回答："自从董卓作乱以来，豪杰同时兴起，拥有几州或几郡土地的人极多。曹操比起袁绍来，名望低微，兵马不足，但是曹操能打败袁绍，由弱变强，其原因不仅仅是曹操占有天时，也是善于用人的结果。现在曹操已经拥有百万军队，挟持皇帝，向诸侯发号施令。这确实无法与他进行正面较量。孙权占据江东，已经有三代人了。江东地区地势险要，人民归附于他，贤人为他所用，这是可以作为外援，却不能图谋夺取的。荆州北面占有汉水、沔水，南面可以获得一直到南海边的全部利益，东面与吴郡连接，西面通向巴郡、蜀郡。这是个用兵作战的好地方，但它的主人却无法守住它，这可能是上天用它来资助将军的，将军打算夺取它吗？益州地区周围有险要关塞，里面有上千里的肥沃土地，是天然宝库一般的国土。高祖皇帝依靠它建成皇帝的事业。刘璋昏庸软弱，张鲁位于其北面，尽管人民殷实，国家富裕，却不懂得关怀体贴百姓，有才能、有智慧的人都希望得到一个明智的君主。将军您既然是皇室后代，又有闻名天下的重信义的名誉；您大量收揽英雄豪杰，如饥似渴地思慕人才。如果能占据荆、益两州土地，守住它的险要关隘，向西与各戎族部落交好，向南安抚夷族、越族的百姓，外面与孙权结成同盟，内部整顿政治。天下形势出现变化时，就命令一员上将率荆州的部队向宛城、洛阳地区进攻，将军亲自率领益州大军从秦川出击。百姓们能有谁不以竹篮装上食物，用壶装上酒浆来迎接您呢？果然像这样的话，您称霸的大业就可以成功，汉室也能够兴旺了。"刘备说："好！"于是与诸葛亮的感情日益加深，关系越发亲密。关羽、张飞等人不高兴，刘备向他们解释："我有了孔明，就像鱼到水中一样。请你们不要再说什么了。"关羽、张飞才停止议论。

**原文**

　　刘表长子琦，亦深器亮。表受后妻之言，爱少子琮，不悦于琦。琦每欲与亮谋自安之术①，亮辄拒塞②，未与处画③。琦乃将亮游观后园，共上高楼，饮宴之间，令人去梯，因谓亮曰："今日上不至天，下不至地，言出子口，入于吾耳，可以言未？"亮答曰："君不见申生在内而危，重耳在外而安乎④？"琦意感悟，阴规出计⑤。会黄祖死，得出，遂为江夏太守。俄而表卒⑥，琮闻曹公来征，遣使请降。先主在樊闻之，率其众南行，亮与徐庶并从，为曹公所追破，获庶母。庶辞先主而指其心曰："本欲与将军共图王霸之业者，以此方寸之地也⑦。今已失老母，方寸乱矣，无益于事，请从此别。"遂诣曹公。

**译 文**

刘表的长子刘琦很器重诸葛亮。刘表偏信后妻的话，喜欢小儿子刘琮，不喜欢刘琦。刘琦常常想与诸葛亮商议一个能够保全自己的方法，诸葛亮总是推托敷衍，不肯为他谋划。刘琦就带着诸葛亮前往后花园游玩，一起登上高楼，在饮酒的过程中，让人撤去梯子，借机对诸葛亮说："今天我们上不接天，下不挨地，话从您嘴里说出，进到我的耳中，您可不可以说呢？"诸葛亮回答说："您没有看到申生在宫中被杀，重耳在外地得以平安无事吗？"刘琦领悟了诸葛亮的意思，就在暗中谋划离开襄阳。正巧黄祖死了，刘琦得到机会外出，去担任江夏太守。不久刘表去世，刘琮听说曹操来进攻，就派使节去向曹操投降。刘备在樊城听说这个消息，率领其部下向南撤退，诸葛亮和徐庶一起跟随刘备，被曹操的追兵击败，曹军抓住徐庶的母亲。徐庶向刘备请辞，指着自己的心说："我本来想要与您一起谋划创立称霸天下的王侯大业，凭的是这颗心。现在失去老母，心乱了，对您的事业没有好处，请让我就此与您分手吧。"他便前往曹操那里去了。

**原 文**

先主至于夏口，亮曰："事急矣，请奉命求救于孙将军。"时权拥军在柴桑，观望成败。亮说权曰："海内大乱，将军起兵据有江东，刘豫州亦收众汉南，与曹操并争天下。今操芟夷大难，略已平矣，遂破荆州，威震四海。英雄无所用武，故豫州遁逃至此。将军量力而处之：若能以吴、越之众与中国抗衡，不如早与之绝；若不能当，何不案兵束甲①，北面而事之②！今将军外托服从之名③，而内怀犹豫之计，事急而不断④，祸至无日矣⑤！"权曰："苟如君言，刘豫州何不遂事之乎⑥？"亮曰："田横，齐之壮士耳，犹守义不辱，况刘豫州王室之胄，英才盖世，众士慕仰，若水之归海，若事之不济⑦，此乃天也，安能复为之下乎！"权勃然曰："吾不能举全吴之地，十万之众，受制于人。吾计决矣！非刘豫州莫可以当曹操者，然豫州新败之后，安能抗此难乎？"亮曰："豫州军虽败于长阪，今战士还者及关羽水军精甲万人，刘琦合江夏战士亦不下万人。曹操之众，远来疲弊，闻追豫州，轻骑一日一夜行三百余里，此所谓'强弩之末，势不能穿鲁缟'者也。故兵法忌之，曰'必蹶上将军'。且北方之人，不习水战；又荆州之民附操者，逼兵势耳，非心服也。今将军诚能命猛将统兵数万，与豫州协规同力，破操军必矣。操军破，必北还，如此则荆、吴之势强，鼎足之形成矣。成败之机，在于今日。"权大悦，即遣周瑜、程普、鲁肃等水军三万，随亮诣先主，并力拒曹公。曹公败于赤壁，引军归邺。先主遂收江南，以亮为军师中郎将，使督零陵、桂阳、长沙三郡，调其赋税，以充军实。

三国志

●诸葛亮智激孙权

**注释**

①**案兵**：按兵不动。**束甲**：将铠甲包裹起来。

②**北面而事之**：在封建时代，君主坐北朝南，臣子脸向着北侧来朝见天子。这里指向曹操投降并称臣。③**外**：表面上。**托**：假托。④**断**：决断。

⑤**无日**：没有几天。⑥**遂**：成就。⑦**事**：与曹操抗衡，夺取天下之事。**不济**：不成功。

**译文**

刘备抵达夏口。诸葛亮说："形势已经非常危急了，请让我带着您的命令去向孙将军求救。"当时孙权率领军队驻扎在柴桑，观望曹操及刘备之间的胜败情况。诸葛亮劝说孙权："海内大乱，您起兵占据江东，刘豫州也在汉水以南招募士兵，与曹操争夺天下。现在曹操将国内各处的主要敌人基本上都消灭掉了，接着攻占了荆州，威震四海。现在英雄无用武之地，所以刘豫州逃到这里。您应当依据自己的力量来处理当前局势：如果您能用吴、越的军队与中原军队抗衡，不如早日与曹操绝交；如果无法抵挡他，为什么不放下武器，捆起甲胄，向曹操称臣呢？现在您表面上假借顺从朝廷的名义，内心却犹豫不定，形势危急却不能决断，大祸没有几天就要降临了。"孙权说："假如像您所说的这样，刘豫州为什么不马上投降曹操呢？"诸葛亮说："田横仅仅是一个齐国的壮士而已，他还可以坚守道义，不肯受辱。何况刘豫州为皇室后裔，盖世无双的英才，士大夫们都非常仰慕他，像河水流到大海一样奔来投靠他。如果大事无法成功，那就是天意了。他怎么能再去做曹操的手下呢！"孙权勃然大怒："我不能拿所有吴郡的土地及十万军队去接受他人的控制。我的主意已经决定了！除了刘豫州以外，没有人能够抵挡曹操，但是刘豫州刚打了败仗，怎能抗击这个强敌呢？"诸葛亮说："刘豫州的军队虽然在长阪战败，现在返回的士兵和关羽的水军一共有上万名精兵。刘琦集合的江夏军队也至少有一万人。曹操的军队从远方而来，已疲惫。听说在追击刘豫州时，轻骑兵一天一夜当中要赶三百多里路，这就是'强弩射出的箭射到射程尽头时，它的力量连鲁地出产的薄纱都无法穿透了'。所以兵法上非常忌讳这种情况，说它'一定会损失军队统帅'。而且北方人不熟悉水战；荆州的人民依附曹操，仅仅是迫于军队的威胁而已，并不是真心服从。现在将军可以命令猛将统领几万军队，和刘豫州同心协力，一齐谋划，就必然能打败曹军。曹操的军队战败后，一定会退回北方，这样荆州与东吴的势力增强，就形成三足鼎立的态势。成败的关键就在今天了。"孙权极为高兴，就派周瑜、程普、鲁肃等人率领三万水军，和诸葛亮一起去面见刘备，合力抵御曹操。曹操在赤壁吃了败仗，领兵回到邺城。刘备就占据了江南地区，任命诸葛亮为军师中郎将，让他管理零陵、桂阳、长沙三个郡，调用那里的赋税来供应军队之需。

**原　文**

　　建安十六年，益州牧刘璋遣法正迎先主，使击张鲁。亮与关羽镇荆州。先主自葭萌还攻璋，亮与张飞、赵云等率众溯江①，分定郡县，与先主共围成都。成都平，以亮为军师将军，署左将军府事②。先主外出，亮常镇守成都，足食足兵。二十六年，群下劝先主称尊号，先主未许，亮说曰："昔吴汉、耿弇等初劝世祖即帝位，世祖辞让，前后数四，耿纯进言曰：'天下英雄喁喁③，冀有所望④。如不从议者，士大夫各归求主，无为从公也。'世祖感纯言深至，遂然诺之⑤。今曹氏篡汉，天下无主，大王刘氏苗族，绍世而起⑥，今即帝位，乃其宜也。士大夫随大王久勤苦者，亦欲望尺寸之功如纯言耳。"先主于是即帝位，策亮为丞相曰："朕遭家不造，奉承大统，兢兢业业，不敢康宁，思靖百姓，惧未能绥。於戏！丞相亮其悉朕意，无怠辅朕之阙，助宣重光，以照明天下，君其勖哉！"亮以丞相录尚书事，假节。张飞卒后，领司隶校尉。

**注 释**

①溯江：沿着长江逆流行走。②署：兼任。③喁喁：原指鱼嘴露出水面的样子，这里用来比喻众人都对其景仰。④冀：希望。⑤诺：答应。⑥绍世：继世。绍，继承。

**译 文**

建安十六年（211），益州牧刘璋派遣法正迎接刘备，让他去进攻张鲁。诸葛亮与关羽镇守荆州。刘备从葭萌关回来进攻刘璋，诸葛亮与张飞、赵云等人率军沿长江向上游进攻，分别平定各郡县，和刘备一同包围了成都。成都平定之后，刘备任命诸葛亮为军师将军，署理左将军府事。刘备外出时，诸葛亮时常在成都镇守，操办粮食及军用物资都非常充足。建安二十六年（221），部属们劝说刘备称帝，刘备没答应。诸葛亮劝说他："过去吴汉和耿弇等人开始劝世祖刘秀当皇帝时，世祖谦让，不肯即位，前后多次推辞，耿纯劝说道：'天下的英雄都景仰您，追随您，都希望能追随您达到自己的愿望。如果您不能接受大家的建议，大家就会各自回去另寻主人，没有理由始终跟随您了。'世祖感到耿纯的话极为深刻中肯，就答应了。现在曹氏篡夺汉朝的政权，天下无主。大王您是刘氏皇族的后裔，继承了帝王世系而兴起。现在您即皇帝位，正是应当的。士大夫们长期以来跟随大王吃苦效力的原因，也是像耿纯所说的那样想要建立一点儿功勋罢了。"

刘备于是即位为皇帝，册封诸葛亮为丞相。刘备下诏对诸葛亮说："朕遭遇家族的不幸，被推举继承了皇位，将兢兢业业地进行执政，不敢安逸享乐，想要让百姓生活安宁，但总怕不能使得天下平定。啊！丞相诸葛亮要了解朕的心意，不可以怠慢，辅助朕弥补疏漏不足，协助我宣扬王室功德，犹如日月般照亮天下。您要多勉励自己啊！"诸葛亮以丞相身份管理尚书事务，授予他符节代行王权。张飞死后，诸葛亮又兼任司隶校尉。

章武三年春，先主于永安病笃<sup>①</sup>，召亮于成都，属以后事<sup>②</sup>，谓亮曰："君才十倍曹丕，必能安国，终定大事。若嗣子可辅<sup>③</sup>，辅之；如其不才，君可自取。"亮涕泣曰："臣敢竭股肱之力<sup>④</sup>，效忠贞之节<sup>⑤</sup>，继之以死！"先主又为诏敕后主曰："汝与丞相从事，事之如父。"建兴元年，封亮武乡侯，开府治事<sup>⑥</sup>。顷之，又领益州牧。政事无巨细，咸决于亮。南中诸郡，并皆叛乱，亮以新遭大丧，故未便加兵，且遣使聘吴，因结和亲，遂为与国。

**注 释**

①**病笃**：病得很严重。②**属**：同"嘱"，嘱托。③**嗣子**：帝王与诸侯的嫡长子。这里指刘备长子刘禅。④**股肱之力**：比喻帝王的辅佐。⑤**效**：贡献。⑥**开府**：建立官署，设置署官。

**译 文**

章武三年（223）春天，刘备在永安病危，从成都将诸葛亮召来，向他托付后事。刘备对诸葛亮说："您的才能是曹丕的十倍，必然能安定国家，最终完成统一大业。如果继位的皇子值得辅佐，您就辅佐他；如果他没有才能，您就取而代之。"诸葛亮哭着说："臣子必定竭尽全力辅助皇子，贡献忠贞的节操，直到死为止。"刘备又写诏书给刘禅："你要跟随丞相学习如何治理国家，像对父亲一样对待他。"建兴元年（223），后主刘禅封诸葛亮为武乡侯，可以自行设立官署，处理政事。不久，后主又让诸葛亮兼任益州牧。国家政务不管大小，全都由诸葛亮决定。南方的几个郡共同叛乱，诸葛亮因为国家刚失去君主，就没有派兵去讨伐，暂时派使节去吴国访问，趁势与他们结为姻亲，友好相处，成为盟国。

**原 文**

三年春，亮率众南征<sup>①</sup>，其秋悉平<sup>②</sup>。军资所出，国以富饶，乃治戎讲武③，以俟大举④。五年，率诸军北驻汉中，临发，上疏曰：

"先帝创业未半而中道崩殂，今天下三分，益州疲弊⑤，此诚危急存亡之秋也⑥。然侍卫之臣不懈于内⑦，忠志之士忘身于外者，盖追先帝之殊遇，欲报之于陛下也。诚宜开张圣听，以光先帝遗德，恢弘志士之气，不宜妄自菲薄，引喻失义，以塞忠谏之路也。宫中府中俱为一体，陟罚臧否，不宜异同。若有作奸犯科及为忠善者，宜付有司论其刑赏，以昭陛下平明之理，不宜偏私，使内外异法也。侍中、侍郎郭攸之、费祎、董允等，此皆良实，志虑忠纯，是以先帝简拔以遗陛下。愚以为宫中之事，事无大小，悉以咨之，然后施行，必能裨补阙漏，有所广益。将军向宠，性行淑均，晓畅军事，试用于昔日，先帝称之曰能，是以众议举宠为督。愚以为营中之事，悉以咨之，必能使行陈和睦，优劣得所。亲贤臣，远小人，此先汉所以兴隆也；亲小人，远贤臣，此后汉所以倾颓也。先帝在时，每与臣论此事，未尝不叹息痛恨于桓、灵也。侍中、尚书、长史、参军，此悉贞良死节之臣，愿陛下亲之信之，则汉室之隆，可计日而待也。

●孔明秋夜祭泸水

**注释**

①**南征**：征伐南中地区。②**悉**：全部。③**治戎**：整治军队。**讲武**：讲习军事，进行军事训练。④**以俟**：用这个来等待。**大举**：大型军事行动。⑤**疲弊**：困乏，凋敝。⑥**此诚危急存亡之秋**：现在是关系到国家生死存亡的时刻了。⑦**懈**：懈怠，松懈。**内**：指朝廷。

**译文**

建兴三年（225）春天，诸葛亮领兵讨伐南方，当年秋天就将南方全部平定。军需物资都从南方郡县征调，国家财政变得宽裕起来。诸葛亮就整顿军队，训练士卒，等待时间大举北伐曹魏。建兴五年（227），诸葛亮率领各路军队北进驻守汉中，临出发前，给后主上奏章说：

"先帝所开创的事业还没有完成到一半，中途就去世了。现在天下分成魏、蜀、吴三国，益州地区人力疲惫，经济残破，是决定生死存亡的危急关头。然而侍卫的臣子们在朝廷内能丝毫没有懈怠，忠诚的将士在外奋不顾身地战斗，都是追念先帝给予他们的深厚恩德，想要为此报答陛下的缘故。陛下确实是应当广泛听取建议，将先帝所遗留下来的德行发扬光大，大力振奋有志之士，不应妄自菲薄，不要在说话时采取不符合道义的不恰当比喻，以免使得群臣尽忠进谏的道路遭到堵塞。皇宫及丞相府中的官属都是一个整体，升降赏罚，办事对错，不应当出现两个标准。如果有作恶犯法的和忠心行善的，都应当交付主管官府评定对他们的刑罚或奖励，以昭示陛下公平严明的治理与政策，不应当有所偏袒，使宫内外的奖惩制度有所不同。侍中、侍郎郭攸之、费祎、董允等人，都是善良忠实的人，他们心怀忠义，思想纯洁，因此先帝将他们挑选出来留给陛下。我认为宫里的事情，不管大小，都可以去征求他们的意见，然后再施行，一定可以弥补疏漏及不足，获取许多好处。将军向宠，性情和善，办事公正，通晓军事，以前曾试用过，先帝称赞他有能力，因此众人公议推荐他做都督。我认为军营当中的事务都可以去征求其意见，一定可以让军队内部和睦，优秀人才及低劣的将士都各得其所。亲近贤臣，疏远小人，这是前汉得以兴隆的原因；亲近小人，疏远贤臣，这是后汉覆灭的原因。先帝在世时时常和我谈论这件事，没有一次不为之叹息，为桓、灵二帝感到痛心及遗憾。侍中、尚书、长史、参军，这些人全都是正直善良、忠贞不贰的大臣，希望陛下可以亲近他们，相信他们，那么汉王朝的兴盛就指日可待了。

**原　文**

"臣本布衣①，躬耕于南阳②，苟全性命于乱世，不求闻达于诸侯③。先帝不以臣卑鄙④，猥自枉屈⑤，三顾臣于草庐之中，谘臣以当世之事，由是感激，遂许先帝以驱驰。后值倾覆⑥，受任于败军之际，奉命于危难之间，尔来二十有一年矣。先帝知臣谨慎，故临崩寄臣以大事也⑦。受命以来，夙夜忧叹，恐托付不效，以伤先帝之明，故五月渡泸，深入不毛。今南方已定，兵甲已足，当奖率三军，北定中原，庶竭驽钝，攘除奸凶，兴复汉室，还于旧都。此臣所以报先帝，而忠陛下之职分也。

"至于斟酌损益，进尽忠言，则攸之、祎、允之任也。愿陛下托臣以讨贼兴复之效；不效，则治臣之罪，以告先帝之灵。若无兴德之言，则责攸之、祎、允等之慢，以彰其咎。陛下亦宜自谋，以咨诹善道，察纳雅言，深追先帝遗诏。臣不胜受恩感激。今当远离，临表涕零，不知所言。"

遂行，屯于沔阳。

●诸葛亮痛陈出师表

**注 释**

①**布衣**：平民百姓。②**躬耕**：亲自耕种。**南阳**：郡名，治所位于苑县。③**闻达**：扬名显达。**诸侯**：指东汉末年割据四方的军阀及州郡长官。④**卑鄙**：身份低下，学识浅薄，这里是谦辞。⑤**猥自枉屈**：降低身份，亲自去拜访。⑥**后值倾覆**：指汉献帝建安十三年刘备在当阳长坂被曹操击败。⑦**大事**：国家大事。

**译 文**

"臣子本是平民百姓，在南阳亲身耕种田地，在乱世中苟且保全性命，不想在诸侯中间做官扬名。先帝不因为我地位低下，学识浅薄，降低身份屈尊来访，三次到草房里来拜访我，向我咨询当今天下大势。我因此非常感激，就答应先帝为他奔走效力。后来遇到战败，在军队失利的时刻接受了重任，在危难之中承受了命令，到现在已经二十一年了。先帝知道臣子办事谨慎，所以在临去世时将国家大事托付给我。我承受命令以来，昼夜担忧叹息，恐怕完不成先帝的托付，有损了先帝的知人之明。所以在五月中渡过泸水，深入不毛之地。现在南方已经被平定，士兵和武器都准备充足，应当鼓励三军，率领他们进攻，向北平定中原。希望能竭尽我愚钝的能力，铲除奸恶凶徒，恢复并振兴汉王朝，回到旧都去。这是臣子用来报答先帝并效忠陛下的本职。

"至于斟酌事务的利弊，进献忠谏，就是郭攸之、费祎、董允他们的任务了，希望陛下把讨伐贼人、恢复汉朝王室的任务委托给我；没有成效，就惩办我的罪过，来向先帝的神灵报告。如果听不到勉励陛下树立德行的言论，就要责罚郭攸之、费祎、董允他们怠慢失职，明确揭露他们的过错。陛下自己也应该谋划国事，咨询和寻找治国的好办法，察觉并采纳正确的建议，深刻地领会先帝的遗诏。我就蒙受深恩，不胜感激了。现在要远离陛下，在写这篇奏章时，流泪不止，不知道该说什么才好。"

于是诸葛亮出征，驻扎于沔阳。

原　文

六年春，扬声由斜谷道取郿，使赵云、邓芝为疑军，据箕谷，魏大将军曹真举众拒之。亮身率诸军攻祁山，戎陈整齐，赏罚肃而号令明，南安、天水、安定三郡叛魏应亮，关中响震。魏明帝西镇长安，命张郃拒亮，亮使马谡督诸军在前，与郃战于街亭。谡违亮节度，举动失宜，大为郃所破。亮拔西县千余家，还于汉中，戮谡以谢众①。上疏曰："臣以弱才，叨窃非据，亲秉旄钺以厉三军②，不能训章明法③，临事而惧④，至有街亭违命之阙，箕谷不戒之失，咎皆在臣授任无方⑤。臣明不知人，恤事多暗⑥，《春秋》责帅，臣职是当⑦。请自贬三等，以督厥咎。"于是以亮为右将军，行丞相事，所总统如前。

●诸葛亮挥泪斩马谡

注　释

①**谢众**：向众人谢罪。②**秉**：执掌，掌握。**旄钺**：古代天子所使用的仪仗。③**训章**：训导法规。**明法**：严明章法。④**临事而惧**：用

兵时心存戒备，不能轻敌。⑤**无方**：没有固定的法度，此处指处理事情不当。⑥**恤**：顾，考虑。**暗**：糊涂不明。⑦**臣职是当**：我应当担当的责任。

建兴六年（228）春天，诸葛亮扬言要从斜谷道进攻郿县，派赵云、邓芝为疑兵，占据箕谷。魏国大将军曹真领兵去与他们作战。诸葛亮亲自率领各军攻打祁山，军队阵容整齐，赏罚严格且号令明确。南安、天水、安定三个郡背弃魏国响应诸葛亮，关中地区都被震动。魏明帝前往长安镇守，命令张郃去抵挡诸葛亮。诸葛亮派马谡在前方督导各军，和张郃在街亭交战。马谡违背诸葛亮的部署安排，作战行动失误，被张郃打得大败。诸葛亮把西县的一千多户人口迁走，领兵返回汉中，处死马谡以谢罪，并且送上奏章，说："臣子以自己不足的才能，却担当了无法胜任的重任，亲自手执旄头及斧钺，激励三军出征，但是无法向将士训导军规，明确法纪，面临大事时考虑不够周详，致使马谡在街亭违背命令而失败，以及在箕谷戒备不严的失利。过失都在于我用人不当。臣子没有知人之明，处理事务时又有很多昏庸不明之处，《春秋》记载，战争失利应当责罚领兵的主将，臣子的职务正是应该负起失利的责任的。请求贬斥我三级官职，用来惩戒我的这次过失。"于是朝廷将诸葛亮降为右将军，代理丞相事务，总管的政务与以前是一样的。

冬，亮复出散关，围陈仓，曹真拒之，亮粮尽而还。魏将王双率骑追亮，亮与战，破之，斩双。七年，亮遣陈式攻武都、阴平。魏雍州刺史郭淮率众欲击式①，亮自出至建威，淮退还，遂平二郡。诏策亮曰："街亭之役，咎由马谡，而君引愆②，深自贬抑，重违君意③，听顺所守④。前年耀师⑤，馘斩王双⑥；今岁爰征，郭淮遁走；降集氐、羌，兴复二郡，威镇凶暴，功勋显然。方今天下骚扰，元恶未枭⑦，君受大任，干国之重，而久自挹损，非所以光扬洪烈矣。今复君丞相，君其勿辞。"

九年，亮复出祁山，以木牛运，粮尽退军，与魏将张郃交战，射杀郃。

十二年春，亮悉大众由斜谷出，以流马运，据武功五丈原，与司

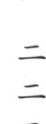

马宣王对于渭南。亮每患粮不继，使己志不申，是以分兵屯田，为久驻之基。耕者杂于渭滨居民之间，而百姓安堵，军无私焉。相持百余日。其年八月，亮疾病，卒于军，时年五十四。及军退，宣王案行其营垒处所，曰："天下奇才也！"

蜀
书

二
二
三

### 注 释

①**刺史**：官名，掌管一州的监察工作。②**愆**：过失。③**重违**：难以违背。重，难。④**守**：请求。⑤**耀师**：带领军队以示威。⑥**馘斩**：斩杀。馘：割下耳朵。⑦**元恶**：大恶之人。指魏明帝曹睿。枭：把头悬挂在木桩之上示众。这里指诛杀。

### 译 文

冬季，诸葛亮又从散关出兵，包围陈仓，曹真抵挡他，诸葛亮因粮食用完而撤军。魏将王双率骑兵追赶诸葛亮，诸葛亮与王双交战，杀死王双。建兴七年（229），诸葛亮派陈式去进攻武都和阴平。魏雍州刺史郭淮率军准备攻打陈式，诸葛亮亲自出兵攻击建威，郭淮退回，蜀国平定了武都、阴平二郡。后主下诏书册封诸葛亮："街亭一仗的过失在于马谡，而您把责任归咎于自己，深刻地自责，降低自己的官职。我不愿违背您的意愿，答应您的请求，降职为代理丞相。去年您指挥军队，杀死王双。今年征讨魏国，郭淮败逃。您招降氐族、羌族百姓，收复武都、阴平二郡。您的威严震慑暴徒，功勋显赫。现在天下战乱不定，首恶还没被处死。您承受了重大的责任，肩负重担，却长期压抑自己，这不利于发扬光大宏伟的统一功业。现在恢复您丞相之职，请您不要推辞。"

建兴九年（231），诸葛亮再次从祁山北伐，用木牛运粮，因为粮食吃光而退兵，与魏将张郃交战，射死了张郃。

建兴十二年（234）春季，诸葛亮出动重兵从斜谷进军，用流马运粮，占领武功的五丈原，和司马懿在渭南对垒。诸葛亮时常担心粮食无法及时供应，使得自己的志向无法实现，因此分派一部分军队外出屯田，作为长久驻守的基础。耕田的士兵分散杂住于渭水边上的居民中，百姓们依旧可以安居乐业，士兵也没有私自去谋利的。双方对峙一百多天。这一年的八月，诸葛亮患病，在军营当中去世，时年五十四岁。蜀军撤走后，司马懿去巡视蜀军原来的营垒和住所所在之处，感叹道："诸葛亮实在是天下的奇才啊！"

　　亮遗命葬汉中定军山，因山为坟，冢足容棺①，敛以时服②，不须器物。诏策曰："惟君体资文武③，明睿笃诚④，受遗托孤⑤，匡辅朕躬⑥，继绝兴微，志存靖乱⑦；爰整六师，无岁不征，神武赫然，威镇八荒，将建殊功于季汉，参伊、周之臣勋。如何不吊，事临垂克，遘疾陨丧！朕用伤悼，肝心若裂。夫崇德序功，纪行命谥，所以光昭将来，刊载不朽。今使使持节左中郎将杜琼，赠君丞相武乡侯印绶，谥君为忠武侯。魂而有灵，嘉兹宠荣。呜呼哀哉！呜呼哀哉！"

　　初，亮自表后主曰："成都有桑八百株，薄田十五顷，子弟衣食，自有余饶。至于臣在外任，无别调度，随身衣食，悉仰于官，不别治生，以长尺寸。若臣死之日，不使内有余帛，外有赢财，以负陛下。"及卒，如其所言。

　　①冢：坟墓。②敛：给尸体穿上衣服下棺材。时服：合乎当时时令的衣服。③体资：天资。文武：文才武略方面都很出色。④明睿笃诚：非常智慧，忠贞诚信。⑤托孤：接受遗孤。⑥匡：辅助。⑦靖：平定。

　　诸葛亮遗嘱当中命令将他葬在汉中的定军山，随山势营建坟墓，墓穴可以容下棺材就足以，用日常穿的衣服装殓他，不要其他的器物。后主下诏："您拥有文武兼备的才能，聪明睿智，忠厚诚恳，接受先帝托孤遗命，辅佐与指正我，继承灭绝的帝室，振兴衰微的国家。您的心中总是想着讨平暴乱，整顿军队，没有一年不在外征战。您天神一样的武功极为显赫，威严震慑八方，将要为汉代的子孙建立伟大功绩，可以与伊尹、周公的伟大功勋相媲美。为什么上天不发发慈悲，在事业接近成功时，却让您去世！我因此悲伤哀悼，心肝都要破裂了。要崇尚您的德行，评定您的功勋，记录您的行为，确定您的谥号，用来向后世昭示您的业绩，把它铭刻下来，永不磨灭。现在派左中郎将杜琼去赐予您丞相武乡侯的印章与绶带，给您的谥号是忠武侯。您的魂灵如果有知，也会为这种恩宠和荣耀而感到欣慰的。唉呀，真悲伤啊！唉呀，真悲伤啊！"

早年，诸葛亮曾给后主上奏章："我在成都地区有八百棵桑树、十五顷薄田。我的亲戚及子孙们所需要的衣食，可以依靠它们来保障，还有一些富余。至于我在外面任职，没有别的花销，自己的吃穿，都依靠官府供给，不再经营其他产业，来增加一些家财。到了我死的时候，不会让家中有多余的布帛，也不让家人在外面有多余的财产，以免辜负陛下的重托。"到诸葛亮死时，家中财产就与他所讲的一样。

●诸葛孔明秋风五丈原

## 原　文

亮性长于巧思，损益连弩①，木牛流马，皆出其意；推演兵法，作八陈图，咸得其要云。亮言教书奏多可观②，别为一集。

景耀六年春，诏为亮立庙于沔阳。秋，魏镇西将军钟会征蜀，至汉川，祭亮之庙，令军士不得于亮墓所左右刍牧樵采③。亮弟均，官至长水校尉。亮子瞻，嗣爵④。

诸葛氏集目录：开府作牧第一、权制第二、南征第三、北出第四、计算第五、训厉第六、综核上第七、综核下第八、杂言上第九、杂言下第十、贵和第十一、兵要第十二、传运第十三、与孙权书第十四、与诸葛瑾书第十五、与孟达书第十六、废李平第十七、法检上第十八、法检下第十九、科令上第二十、科令下第二十一、军令上第二十二、军令中第二十三、军令下第二十四，右二十四篇，凡十万四千一百一十二字。

臣寿等言⑤：臣前在著作郎，侍中领中书监济北侯臣荀勖、中书令关内侯臣和峤奏，使臣定故蜀丞相诸葛亮故事⑥。亮毗佐危国⑦，负阻

不宾，然犹存录其言，耻善有遗，诚是大晋光明至德，泽被无疆，自古以来，未之有伦也。辄删除复重，随类相从，凡为二十四篇，篇名如右。

**注　释**

①**损益**：改革。**连弩**：装有机栝，可以连接发射箭的弩。②**言教**：言论教诲。③**刍**：割草。**牧**：放牧。**樵**：砍柴。**采**：采摘。④**嗣爵**：继承爵位。⑤**臣寿**：指代陈寿自己。⑥**故事**：过去的事情。⑦**毗佐**：辅佐。

**译　文**

诸葛亮擅长发明，有着诸多巧妙的思想。可以连续发射的弩箭、木牛流马，都出自他的设计。他推算演练兵法，加以发展创新，创出八阵图，都深得其中要领。诸葛亮的言论、教令、书信、奏章当中，很多都值得观看，这些被另外编为一集。

景耀六年（263）春天，刘禅下诏书为诸葛亮在沔阳修建祠庙。秋天，魏国镇西将军钟会征伐蜀国，抵达汉川，去祭祀诸葛亮的祠庙，命令士兵们不许在诸葛亮墓地四周打柴、放牧。诸葛亮的弟弟诸葛均，担任长水校尉。诸葛亮的儿子诸葛瞻继承其爵位。

《诸葛亮集》目录：开府作牧第一、权制第二、南征第三、北出第四、计算第五、训厉第六、综核上第七、综核下第八、杂言上第九、杂言下第十、贵和第十一、兵要第十二、传运第十三、与孙权书第十四、与诸葛瑾书第十五、与孟达书第十六、废李平第十七、法检上第十八、法检下第十九、科令上第二十、科令下第二十一、军令上第二十二、军令中第二十三、军令下第二十四，以上共二十四篇，一共十万四千一百一十二字。

臣子陈寿等人奏言：我在以前担任著作郎时，侍中领中书监济北侯荀勖、中书令关内侯和峤上奏，委派我整理已故的蜀国丞相诸葛亮的相关事迹。诸葛亮辅佐身处危境的蜀国，凭借险阻，不向魏国称臣。但是现在当朝依旧保存了他的言论，把遗漏有益的记载当作羞耻，这确实是表明大晋王朝有着至高的德行，光明正大，恩泽普及天下，自古以来，没有一个朝代能与之相比。我就删掉重复的内容，把相同类型的文章排列在一起，编成二十四篇，篇名如上所述。

**原　文**

**亮少有逸群之才**①，**英霸之器**②，**身长八尺，容貌甚伟，时人异焉**③。

遭汉末扰乱，随叔父玄避难荆州，躬耕于野，不求闻达。时左将军刘备以亮有殊量④，乃三顾亮于草庐之中；亮深谓备雄姿杰出，遂解带写诚⑤，厚相结纳。及魏武帝南征荆州，刘琮举州委质⑥，而备失势众寡，无立锥之地。亮时年二十七，乃建奇策⑦，身使孙权，求援吴会。权既宿服仰备，又睹亮奇雅，甚敬重之，即遣兵三万人以助备。备得用与武帝交战，大破其军，乘胜克捷，江南悉平。后备又西取益州。益州既定，以亮为军师将军。备称尊号，拜亮为丞相，录尚书事。及备殂没，嗣子幼弱，事无巨细，亮皆专之。于是外连东吴，内平南越，立法施度，整理戎旅，工械技巧，物究其极，科教严明，赏罚必信，无恶不惩，无善不显，至于吏不容奸，人怀自厉，道不拾遗，强不侵弱，风化肃然也。

**译 文**

诸葛亮年幼时就拥有出众的才华及豪迈的英雄气魄。他身高八尺，相貌不凡，当时的人们都瞧出他的不寻常。正遇上汉代末年动乱不安，诸葛亮随叔叔诸葛玄前往荆州避难，自己在田地当中耕种，不追求做官扬名。当时左将军刘备觉得诸葛亮有着特殊的才能，就三次到草庐中去访问诸葛亮；诸葛亮也深感刘备有杰出的英雄气势，就坦诚地向他倾吐了心声，两个人结成深厚的友谊。到曹操南征荆州时，刘琮献出全州投降，刘备失势，兵力弱小，没有丝毫土地。诸葛亮当时才二十七岁，就献上奇计，亲自出使孙权处，向吴国求援。孙权以前就佩服与尊敬刘备，又看到诸葛亮的奇才及高雅风度，非常敬重他，就派出三万士兵去援助刘备。刘备得以和曹操交战，将曹军打败。又乘胜连续进攻，获得胜利，把荆州在长江以南的地区全部平定。以后刘备又向西攻取益州。平定益州后，刘备任命诸葛亮为军师将军。刘备称帝以后，拜诸葛亮为丞相，管理尚书事务。等到刘备去世，继位的皇子年纪幼小，不论大小事务，都由诸葛亮决断。于是在外面与东吴联盟，在国内平定南越，确定法律制度，整顿军队，各种军用器械的制作技术都已经达到极度精巧的程度，法规号令严明，赏罚一定兑现，没有一个恶人不得到惩处，没有一件好事不受到表彰，官吏中不容许有营私舞弊现象的存在，每个人都奋发努力，道路上丢失了东西没有人拾，强壮的人不会欺侮弱小的人，社会风气安定而有序。

**原　文**

　　当此之时，亮之素志，进欲龙骧虎视<sup>①</sup>，苞括四海<sup>②</sup>，退欲跨陵边疆<sup>③</sup>，震荡宇内。又自以为无身之日<sup>④</sup>，则未有能蹈涉中原、抗衡上国者，是以用兵不戢<sup>⑤</sup>，屡耀其武。然亮才，于治戎为长，奇谋为短；理民之干，优于将略。而所与对敌，或值人杰，加众寡不侔，攻守异体，故虽连年动众，未能有克。昔萧何荐韩信，管仲举王子城父，皆忖己之长，未能兼有故也。亮之器能政理<sup>⑥</sup>，抑亦管、萧之亚匹也<sup>⑦</sup>，而时之名将无城父、韩信，故使功业陵迟，大义不及邪？盖天命有归，不可以智力争也。

　　青龙二年春，亮帅众出武功，分兵屯田，为久驻之基。其秋病卒，黎庶追思，以为口实。至今梁、益之民，咨述亮者，言犹在耳，虽《甘棠》之咏召公，郑人之歌子产，无以远譬也。孟轲有云："以逸道使民，虽劳不怨；以生道杀人，虽死不忿。"信矣！论者或怪亮文彩不艳，而过于丁宁周至。臣愚以为咎繇大贤也，周公圣人也，考之《尚书》，咎繇之《谟》略而雅，周公之诰烦而悉。何则？咎繇与舜、禹共谈，周公与群下矢誓故也。亮所与言，尽众人凡士，故其文指不得及远也。然其声教遗言，皆经事综物，公诚之心，形于文墨，足以知其人之意理，而有补于当世。

在这时，诸葛亮的夙愿是：最高时准备如蛟龙奔驰，猛虎般环视一样统一全国；至少也要跨越边境发起进攻，使天下感到震动不安。他又认为自己死后，蜀国就无法踏进中原，没有与魏国能抗衡的人了，因此不断用兵，多次展现他的武力。然而诸葛亮在治理军队上擅长，但出奇制胜就显得不足；他治理国家民众的才干，比他指挥作战的本领更好。而与他为敌的对手，有些是杰出的人才，加上众寡不等，进攻及防守的优劣不同，所以尽管他连年出兵进攻，却没能取胜。过去萧何推荐韩信，管仲推举王子城父，都是揣度了自己的特长，觉得自己不能同时兼有各个方面才能的原因。诸葛亮的才能与治理国家的本事，与管仲、萧何他们相同，但当时蜀国却没有王子城父、韩信那种名将，所以使得他的功业受挫，没能达到最终的目的。这也许是天命注定的，不是依靠人的智慧和力量能去争取到的。

魏国青龙二年（234）春天，诸葛亮率军从武功出击，分一部分士兵屯田，作为长期驻扎的基地。当年秋天因病去世，百姓们非常怀念他，传颂其事迹。直到如今，梁州、益州的人民还在称颂诸葛亮；讲述诸葛亮事迹的言语，还在耳边回响。就是以古人用《甘棠》称颂召公，郑国人歌颂子产的例子来比喻，也无法比拟人们对诸葛亮的思念。孟轲有句话："为了让人民安乐的目的去利用人民，人民就算劳累也不会埋怨；为了让人民生存的目的去征战杀人，即使战死，人民也不会有所怨恨。"这话真正确啊！议论的人们有时责怪诸葛亮的文辞不华丽，却太过细致周密。我的愚见是：皋繇是大贤，周公是圣人，考察一下《尚书》，皋繇《谟》的文辞简略而典雅，周公之诰的文辞烦琐又详细。这是为什么呢？是因为皋繇是与舜、禹谈话，周公是与部下们共同约定誓言的缘故。诸葛亮讲话的对象都是平凡的士人及民众，所以他的文章意旨无法达到深远奥妙的地步。然而他的教令及留下的言论，全都是他经历的事件及综合总结出来的经验，公正

●诸葛亮祁山伐魏

诚实的心情在文辞当中都表现了出来，足以从中了解诸葛亮的思想品质，对当代有所裨益。

**原文**

伏惟陛下迈踪古圣，荡然无忌①，故虽敌国诽谤之言，咸肆其辞而无所革讳②，所以明大通之道也。谨录写上诣著作。臣寿诚惶诚恐，顿首顿首③，死罪死罪。泰始十年二月一日癸巳，平阳侯相臣陈寿上。

乔字伯松，亮兄瑾之第二子也，本字仲慎。与兄元逊俱有名于时，论者以为乔才不及兄，而性业过之。初，亮未有子，求乔为嗣，瑾启孙权遣乔来西，亮以乔为己嫡子，故易其字焉。拜为驸马都尉，随亮至汉中。年二十五，建兴六年卒。子攀，官至行护军翊武将军，亦早卒。诸葛恪见诛于吴，子孙皆尽，而亮自有胄裔，故攀还复为瑾后。

**注释**

①**伏惟**：下级对上级的敬称。**迈踪古圣**：跟踪顾圣的足迹。**荡然无忌**：为人坦荡而没有任何顾忌。②**革讳**：修改及隐晦。③**顿首顿首**：古代时常用顿首来指代谢罪。

**译文**

因为陛下效法古代圣主，胸怀坦荡，没有顾忌，所以就算是敌对国家诽谤的语言，我也都保留下来，没有避讳及改动，以此表明宽通的道理。谨抄录诸葛亮的著作送上。臣陈寿诚惶诚恐，向陛下不断叩头，死罪死罪。泰始十年（274）二月一日癸巳，平阳侯相臣陈寿上。

诸葛乔，字伯松，是诸葛亮的哥哥诸葛瑾的次子，本来的表字是仲慎。他与哥哥诸葛元逊（恪）都在当时非常有名气。议论的人认为诸葛乔的才能不及他哥哥，而性情和为人都超过他哥哥。当初，诸葛亮没儿子，要求把诸葛乔过继给他，诸葛瑾禀告孙权后，送诸葛乔到西蜀。诸葛亮将诸葛乔视为自己的嫡子，所以把他的字改为伯松。诸葛乔官拜驸马都尉，随着诸葛亮到汉中。他在建兴六年（228）去世，年仅二十五岁。诸葛乔的儿子诸葛攀，官至行护军翊武将军，也很早去世。诸葛恪在吴国被杀，子孙都被杀光，而诸葛亮自己也有了后裔，所以诸葛攀又重新返回吴国作为诸葛瑾的后代。

**原文**

瞻字思远。建兴十二年，亮出武功，与兄瑾书曰："瞻今已八岁，聪慧可爱，嫌其早成①，恐不为重器耳②。"

年十七，尚公主③，拜骑都尉。其明年为羽林中郎将，屡迁射声校尉、侍中、尚书仆射，加军师将军。瞻工书画，强识念④，蜀人追思亮，咸爱其才敏。每朝廷有一善政佳事⑤，虽非瞻所建倡，百姓皆传相告曰："葛侯之所为也。"是以美声溢誉，有过其实。

景耀四年，为行都护卫将军，与辅国大将军南乡侯董厥并平尚书事。

六年冬，魏征西将军邓艾伐蜀，自阴平由景谷道旁入。瞻督诸军至涪停住，前锋破，退还，住绵竹。艾遣书诱瞻曰："若降者必表为琅邪王。"瞻怒，斩艾使。遂战，大败，临陈死，时年三十七。众皆离散，艾长驱至成都。瞻长子尚，与瞻俱没。次子京及攀子显等，咸熙元年内移河东。

**注释**

①**早成**：成熟得早。②**重器**：大器，能胜任大事的人。③**尚公主**：娶了帝王的女儿做妻子。④**强识念**：记忆能力强，又刻苦用心。⑤**善政佳事**：好的朝廷政策和好的事情。

**译文**

诸葛瞻，字思远。建兴十二年（234），诸葛亮从武功出兵，给哥哥诸葛瑾写信说："诸葛瞻现在已经八岁了，聪明可爱，但我担心他过早成熟，恐怕不会成为国家的栋梁之材。"

诸葛瞻十七岁时，娶了公主，被任命为骑都尉。第二年被任命为羽林中郎将，历任射声校尉、侍中、尚书仆射，加封军师将军。诸葛瞻工于书画，博识强记。蜀国人怀念诸葛亮，全都喜爱他的才华和聪敏。每当朝廷有了一件好的政策，办了好事，即使不是诸葛瞻所提倡的，百姓们也都传说："这是诸葛侯爷所做的。"因此诸葛瞻得到的美好名声和过分赞誉，有些言过其实。

景耀四年（261），诸葛瞻任行都护卫将军，和辅国大将军南乡侯董厥一起处理尚书事务。

景耀六年（263）冬天，魏国征西将军邓艾攻打蜀国，从阴平经过景谷道旁边进入蜀地。诸葛瞻统领各军到涪县停住，前锋部队被打败，退回来驻守绵竹。邓艾派人送信诱惑诸葛瞻说："如果您投降，我一定上表封您做琅琊王。"诸葛瞻大怒，杀死了邓艾的信使。诸葛瞻就和邓艾交战，大败，在战场上战死，当时他只有三十七岁。蜀军士兵全逃散了，邓艾长驱直入，到达成都。诸葛瞻的长子诸葛尚和诸葛瞻一起战死。他的二儿子诸葛京和诸葛攀的儿子诸葛显等人，都在咸熙元年（264）迁移到了河东。

三国志

二三二

**原文**

董厥者，丞相亮时为府令史，亮称之曰："董令史，良士也。吾每与之言，思慎宜适①。"徙为主簿。亮卒后，稍迁至尚书仆射，代陈祗为尚书令，迁大将军②，平台事③，而义阳樊建代焉。

延熙十四年，以校尉使吴④，值孙权病笃，不自见建。权问诸葛恪曰："樊建何如宗预也⑤？"恪对曰："才识不及预，而雅性过之。"后为侍中，守尚书令⑥。自瞻、厥、建统事，姜维常征伐在外，宦人黄皓窃弄机柄，咸共将护，无能匡矫，然建特不与皓和好往来。蜀破之明年春，厥、建俱诣京都，同为相国参军，其秋并兼散骑常侍，使蜀慰劳。

**注释**

①**令史**：丞相府的属吏，分掌众事。**思慎宜适**：思虑谨慎而恰当。②**迁**：升官。③**平台事**：东汉以来，政权都归尚书台掌管，尚书令的权力不断增大，逐渐成为中央的最高行政长官。④**校尉**：汉朝仅次于将军的武官。⑤**宗预**：人名。⑥**守**：古代的官阶低，但所任的职务高，称为守，即代理。

**译文**

董厥，当丞相诸葛亮在世时担任丞相府的令史。诸葛亮称赞他："董令史是优秀的人才。我每次与他谈话，都感到他考虑问题非常慎重适宜。"把他升为主簿。诸葛亮去世后，董厥逐渐官至尚书仆射，代替陈祗为尚书令，升任大将军，处理尚书台的事务，后来由义阳人樊建代替他担任尚书令。

延熙十四年（251），樊建以校尉的身份出使吴国，恰逢孙权病重，不能亲自接见樊建。孙权问诸葛恪："樊建与宗预相比怎么样？"诸葛恪回答："樊建的才能见识不及宗预，但是高雅的性情超过他。"后来樊建担任侍中，代理尚书令。自从诸葛瞻、董厥、樊建统管政事以来，姜维时常在外地征伐，宦官黄皓暗中玩弄权术，诸葛瞻等人都维护黄皓，没有人能纠正他，然而只有樊建不与黄皓往来。蜀国被占领后的第二年春天，董厥、樊建全都来到京城拜见魏帝，两个人被任命为相国参军，当年秋天一同兼任散骑常侍，出使蜀郡去慰劳百姓。

原　文

评曰：诸葛亮之为相国也，抚百姓，示仪轨[1]，约官职[2]，从权制[3]，开诚心，布公道[4]。尽忠益时者虽仇必赏；犯法怠慢者虽亲必罚。服罪输情者虽重必释[5]；游辞巧饰者虽轻必戮。善无微而不赏，恶无纤而不贬。庶事精练，物理其本，循名责实，虚伪不齿。终于邦域之内，咸畏而爱之，刑政虽峻而无怨者，以其用心平而劝戒明也。可谓识治之良才，管、萧之亚匹矣。然连年动众，未能成功，盖应变将略，非其所长欤！

注　释

①示：设置。**仪轨**：礼仪，法度。②**约官职**：减少官职。③**从**：依从。**权制**：合乎时宜的制度。④**布**：展示。⑤**输情**：表达真情。

译　文

评论说：诸葛亮身为丞相，安抚百姓，宣布仪范规矩，限定官员职权，依从临时合宜的制度，袒露诚心，推行公道。对尽忠并有益于国家的人，即使是仇敌也必定给予奖赏；对违犯法令，怠慢官府之人，就算是亲戚也必定处罚。认罪并供出实情的犯人，即使是重罪也会宽释；供词犹豫，巧言掩饰的犯人，就算是轻罪也一定处死。对做了好事的人，没有因为事情微小而不去奖赏的；对作恶的人，没有因为坏事纤细而不加以贬斥的。诸葛亮对各项日常事务都精通，能抓住事物根本，根据人的名声去考核他的实质，对虚伪的人不屑一顾。在蜀国国境之内，人民都敬畏他而又热爱他，他施行的刑法政令尽管严峻，却没有人去怨恨他，是因为他能够心地公平，而且明确地告诫大家。诸葛亮可以说是懂得如何治理国家的杰出人才，可以与管仲、萧何相提并论。然而他连年兴师动众，出兵作战，却没能取得成功，大概是因为随机应变的机智与指挥作战的谋略等方面，并非他所擅长的领域吧！

# 关张马黄赵传

**原文**

关羽字云长，本字长生，河东解人也。亡命奔涿郡。先主于乡里合徒众，而羽与张飞为之御侮。先主为平原相，以羽、飞为别部司马，分统部曲①。先主与二人寝则同床，恩若兄弟。而稠人广坐，侍立终日②，随先主周旋③，不避艰险。先主之袭杀徐州刺史车胄，使羽守下邳城，行太守事，而身还小沛。

**注释**

①**部曲**：私人招募的武装。②**侍立**：在尊长身边陪立。③**周旋**：交接应酬。

**译文**

关羽字云长，本字长生，是河东解人。曾经逃到涿郡。这时候，刘备正在乡里聚集兵马，并且关羽和张飞为他效力，抵御侵侮。刘备官居平原相，让关羽、张飞担任别部司马，分别统领部分军队。刘备与他们两人睡在一张床上，他们的恩情犹如亲兄弟一样。在人很多的场合之下，他们两个整天侍立在刘备身旁，跟随刘备应酬，不躲避艰险。刘备袭击、杀死徐州刺史车胄后，他命令关羽镇守下邳，代理太守职务，他自己返回小沛。

**原文**

建安五年，曹公东征，先主奔袁绍。曹公禽羽以归①，拜为偏将军，礼之甚厚。绍遣大将颜良攻东郡太守刘延于白马，曹公使张辽及羽为先锋击之。羽望见良麾盖②，策马刺良于万众之中，斩其首还，绍诸将莫能当者③，遂解白马围。曹公即表封羽为汉寿亭侯。初，曹公壮羽为人，而察其心神无久留之意，谓张辽曰："卿试以情问之。"既而辽以问羽，羽叹曰："吾极知曹公待我厚，然吾受刘将军厚恩，誓以共死，不可背之。吾终不留，吾要当立效以报曹公乃去。"辽以羽言报曹公，曹公义之。及羽杀颜良，曹公知其必去，重加赏赐。羽尽封其所赐，拜书告辞，而奔先主于袁军。左右欲追之，曹公曰："彼各为其主，勿追也。"

译 文

建安五年（200），曹公向东进兵，刘备投奔袁绍门下。曹操捉住关羽回师，授予他偏将军的官职，对他极为客气。袁绍派大将颜良在白马攻打东郡太守刘延，曹操派张辽与关羽作为先锋去攻打他。关羽远远地就看到颜良的战旗与车盖，于是打马前进，在千军万马当中杀死颜良，取得他的首级回来了，袁绍的所有将领没有可以阻挡他的，于是白马之围就被解除了。曹操立即上表封关羽为汉寿亭侯。当初，曹操极为欣赏关羽的为人，但是他看出关羽不想久留自己身旁，就对张辽说："你以私人的感情去帮我试试他。"不久，张辽私下询问关羽，关羽叹息道："我非常明白曹公对我的深厚情谊，但是我还受过刘将军知遇之恩，我发誓要与他生死都在一起，是不可以违背的。我还是不可以留下啊，我一定立下功劳报答曹公才会离开。"张辽将关羽的话报告曹公，曹公认为他是义士。关羽杀掉颜良，曹公知道他一定会离开，于是重赏他。关羽把曹操所赐的东西都封存起来，呈上书信告辞了，赶往袁绍军中投奔刘备。曹操身边的人想追杀他，曹公说："每个人都是为了自己的主人，不要追了。"

原 文

从先主就刘表。表卒，曹公定荆州，先主自樊将南渡江，别遣羽乘船数百艘会江陵。曹公追至当阳长阪，先主斜趣汉津，适与羽船相值，共至夏口。孙权遣兵佐先主拒曹公，曹公引军退归。先主收江南诸郡，乃封拜元勋，以羽为襄阳太守、荡寇将军，驻江北。先主西定益州，拜羽董督荆州事。羽闻马超来降，旧非故人<sup>①</sup>，羽书与诸葛亮，问超人才可谁比类<sup>②</sup>。亮知羽护前<sup>③</sup>，乃答之曰："孟起兼资文武，雄烈过人，一世之杰，黥、彭之徒，当与益德并驱争先，犹未及髯之绝伦逸群也。"羽美须髯，故亮谓之髯。羽省书大悦，以示宾客。

**译　文**

关羽跟随刘备归附刘表。刘表死了，曹操平定荆州，刘备从樊城出发准备向南渡江，另外派关羽带领船只数百艘在江陵会和。曹操追到当阳长阪，刘备抄小路到达汉津，正好和关羽的船相遇，共同抵达夏口。孙权派兵辅佐刘备抵御曹操，曹操带领军队撤退回驻地。刘备收复江南各郡，于是赏赐、加封有大功之人，任命关羽为襄阳太守、荡寇将军，驻守江北。刘备向西平定益州，授予关羽总督荆州的职务。关羽听说马超来降，他并非关羽的老朋友，于是关羽给诸葛亮写信，询问马超的才能可以与谁相比。诸葛亮知道关羽好强，不肯居于人下，于是答复他："马超这人能文善武，他的勇猛超过一般人，是一代人才，与黥布、彭越是一类人，马超这个人可以与益德争高下，但是还不能像你美髯公这般超出众人。"关羽的胡须很好看，诸葛亮称他为美髯公。关羽看到回信很高兴，把信给宾客看。

水淹七军

●关云长水淹七军

**原　文**

　　羽尝为流矢所中，贯其左臂，后创虽愈<sup>①</sup>，每至阴雨，骨常疼痛，医曰："矢镞有毒，毒入于骨，当破臂作创，刮骨去毒，然后此患乃除耳。"羽便伸臂令医劈之。时羽适请诸将饮食相对，臂血流离<sup>②</sup>，盈于盘器，而羽割炙引酒，言笑自若。

二十四年，先主为汉中王，拜羽为前将军，假节钺。是岁，羽率众攻曹仁于樊。曹公遣于禁助仁。秋，大霖雨，汉水泛溢，禁所督七军皆没。禁降羽，羽又斩将军庞德。梁郏、陆浑群盗或遥受羽印号，为之支党，羽威震华夏。曹公议徙许都以避其锐<sup>③</sup>，司马宣王、蒋济以为关羽得志，孙权必不愿也。可遣人劝权蹑其后，许割江南以封权，则樊围自解。曹公从之。先是，权遣使为子索羽女，羽骂辱其使，不许婚，权大怒。又南郡太守糜芳在江陵，将军士仁屯公安，素皆嫌羽轻己。自羽之出军，芳、仁供给军资，不悉相救。羽言"还当治之"，芳、仁咸怀惧不安。于是权阴诱芳、仁，芳、仁使人迎权。而曹公遣徐晃救曹仁，羽不能克，引军退还。权已据江陵，尽虏羽士众妻子，羽军遂散。权遣将逆击羽，斩羽及子平于临沮。

追谥羽曰壮缪侯。子兴嗣。兴字安国，少有令问<sup>④</sup>，丞相诸葛亮深器异之。弱冠为侍中、中监军，数岁卒。子统嗣，尚公主，官至虎贲中郎将。卒，无子，以兴庶子彝续封<sup>⑤</sup>。

**注 释**

①**创**：创伤，伤口。②**流离**：淋漓，往下滴的样子。③**锐**：锋芒。④**令问**：好名声。⑤**庶子**：妾所生的儿子。

**译 文**

关羽曾被流箭射中，箭穿透了其左臂，后来箭伤尽管愈合了，但是每到阴雨天，他的骨头就极为疼痛，医生说："箭头有毒，而且那毒已经渗入骨头之中了，应该割开手臂到受伤的地方，刮去骨头上面的余毒，然后这种病痛才可以被消除。"关羽于是伸出手臂让医生开刀。当时关羽恰好邀请将领们一起喝酒，手臂上的血不断往下流，居然流满一只盘子，但是关羽却能割着烤肉手拿酒杯，像往常一样谈笑。

建安二十四年（219），刘备当上汉中王，授予关羽前将军一职，授予符节黄钺。就是这一年，关羽带领军队在樊城进攻曹仁。曹操派于禁帮助曹仁。这年秋天，大雨不停，汉水泛滥，于禁所带领的七路人马均被洪水淹没。于禁投降关羽，关羽又斩杀

蜀书

二三七

了将军庞德。梁县、郏县、陆浑等地方的各种强盗，有的在远处接受关羽的官印及称号，成为其支系党羽，关羽于是在中原地区非常有名声。曹操商量着迁离许都来躲避他的锋芒，司马宣王、蒋济都认为关羽现在得志，孙权一定很不满意。可以派人去劝说孙权偷袭关羽的后方，答应割江南地方将其分封给孙权，那么就能解除樊城的围困。曹操听从其意见。当初，孙权曾派使者为儿子求娶关羽的女儿，关羽大骂孙权的使者，不答应这门婚事，孙权很气愤。南郡太守糜芳在江陵，驻守公安的将军傅士仁，向来憎恨关羽看不起自己。每次关羽出兵征战，都是糜芳、傅士仁为他提供军资，但不是全力援救。关羽说："回去就会整治他们。"糜芳、傅士仁都非常害怕。于是孙权暗中劝诱糜芳、傅士仁，糜芳、傅士仁派人迎接孙权。并且曹操又派徐晃来救援曹仁，关羽不能攻下樊城，带领军队回去了。孙权已经占据江陵，俘虏了关羽部众的妻子儿女，关羽的军队溃败。孙权派将领攻击关羽，在临沮将关羽与他的儿子关平杀害了。

刘备追封关羽的谥号是壮缪侯。关羽的儿子关兴继承父亲官爵。关兴字安国，很小的时候就有极好的名声，丞相诸葛亮很器重、赏识他。他二十岁时就当了侍中、中监军，几年后就去世了。关兴的儿子关统继承父亲官爵，娶了公主为妻，官至虎贲中郎将。等他死时还没儿子，让关兴的庶子关彝继承封赐。

**原文**

　　张飞字益德，涿郡人也，少与关羽俱事先主。羽年长数岁，飞兄事之。先主从曹公破吕布，随还许，曹公拜飞为中郎将。先主背曹公依袁绍、刘表。表卒，曹公入荆州，先主奔江南。曹公追之，一日一夜，及于当阳之长阪。先主闻曹公卒至①，弃妻子走，使飞将二十骑拒后。飞据水断桥，瞋目横矛曰："身是张益德也，可来共决死！"敌皆无敢近者，故遂得免。先主既定江南，以飞为宜都太守、征虏将军，封新亭侯，后转在南郡。先主入益州，还攻刘璋，飞与诸葛亮等溯流而上②，分定郡县。至江州，破璋将巴郡太守严颜，生获颜。飞呵颜曰："大军至，何以不降而敢拒战？"颜答曰："卿等无状③，侵夺我州，我州但有断头将军，无有降将军也。"飞怒，令左右牵去斫头④，颜色不变，曰："斫头便斫头，何为怒邪！"飞壮而释之，引为宾客。飞所过战克，与先主会于成都。益州既平，赐诸葛亮、法正、飞及关羽金各五百斤，

三国志

二三八

银千斤，钱五千万，锦千匹，其余颁赐各有差，以飞领巴西太守。

**注 释**

①**卒**：通"猝"，仓促。②**泝流**：逆流。③**无状**：无礼。④**斫**：砍。

**译 文**

　　张飞字益德，是涿郡人，他年轻时就和关羽一起侍奉刘备。关羽比张飞大几岁，张飞犹如对待兄长一般对待他。刘备跟随曹操击败吕布，又跟随他到许昌，曹操授予张飞的官职为中郎将。后来，刘备背叛曹操，依附袁绍、刘表。等刘表死后，曹操进入荆州，刘备逃奔到江南。曹操一路追赶，追了一天一夜，直到当阳长阪。刘备听说曹操赶到，就撇下妻子儿女逃跑，命令张飞率领二十多人为他断后。张飞据水断桥，瞪大眼睛举着长矛说："我就是张益德，谁来与我决一死战吧！"敌人没有敢接近的，于是刘备等人才有机会逃脱。刘备平定江南后，任命张飞担任宜都太守、征虏将军，又封他为新亭侯，后来又转到南郡。刘备到达益州，后来又回师攻打刘璋，张飞与诸葛亮等逆流而上，分头平定了各郡县。等到了江州，击破刘璋的大将巴郡太守严颜，并且活捉严颜。张飞责备严颜说："大军已经到来，你为什么不投降，却选择抵抗呢？"严颜回答："是你们无礼，入侵并抢夺我们的州县，我们的州县里只有能被砍下头的将军，没有投降的将军。"张飞非常愤怒，命令身边的人把他拉出去斩首，严颜脸上没有害怕的表情，他说："砍头就砍头，生气干什么！"张飞很欣赏他，就把他释放了，把他作为自己的宾客。张飞所到的地方都被攻下，在成都和刘备会合。益州已经被平定，刘备于是赏赐诸葛亮、法正、张飞和关羽每人黄金五百斤，白银一千斤，钱五千万，锦帛上千匹，其余的人的赏赐有所差别，让张飞担任巴西太守。

●张飞战马超

**原 文**

**曹公破张鲁，留夏侯渊、张郃守**

汉川。郃别督诸军下巴西，欲徙其民于汉中，进军宕渠、蒙头、荡石，与飞相拒五十余日。飞率精卒万余人，从他道邀郃军交战，山道迮狭①，前后不得相救，飞遂破郃。郃弃马缘山，独与麾下十余人从间道退②，引军还南郑，巴土获安。先主为汉中王，拜飞为右将军、假节。章武元年，迁车骑将军，领司隶校尉，进封西乡侯，策曰："朕承天序，嗣奉洪业，除残靖乱③，未烛厥理④。今寇虏作害，民被荼毒，思汉之士，延颈鹤望。朕用恒然，坐不安席，食不甘味，整军诰誓，将行天罚。以君忠毅，侔踪召、虎，名宣遐迩，故特显命，高墉进爵，兼司于京。其诞将天威，柔服以德，伐叛以刑，称朕意焉。诗不云乎，'匪疚匪棘，王国来极。肇敏戎功，用锡尔祉'。可不勉欤！"

注 释

①迮：狭窄。②间道：小道。③靖：平。④烛：明。厥：其。

译 文

　　曹操击败张鲁，留下夏侯渊、张郃镇守汉川。张郃另外统率各路人马南下巴西，打算将那里的民众迁往汉中，他于是向宕渠、蒙头、荡石进军，与张飞相持五十多天。张飞带领上万名士兵，从另外的路线进军搜寻张郃的部队交战，这个地方的山道极为狭窄，部队的前面和后面无法相互营救，就被张飞的部队打败了。张郃放弃了马沿着山爬行，仅仅和他部下的十几个人从小路退走，率领部队返还南郑，巴西地区才得到安宁。刘备当汉中王时，授予张飞为右将军、给予符节。章武元年（221），又升张飞为车骑将军，兼任司隶校尉，进封西乡侯，策书说："我继承帝王的世系，继承祖先大业，除去残贼的势力，消除叛乱，还没有理出一个头绪。如今贼寇作乱，民众受到伤害，想到汉室的人，每天都在盼望天下太平。我为这件事伤心难过，坐卧不安，吃饭不知道滋味，整治军队训诫发誓，将要对贼寇进行上天的惩罚。因为你的忠诚和毅力，你的事迹能够与召穆公相比，美好的名声远近扬名，特以帝王的名义向你授命，修筑府第，提升封号，在京都兼任京官。希望你可以继续发挥才能，用恩德使人归顺你，对叛逆的人进行刑罚，使我能够满意。《诗经》不也这么说，'不要伤害百姓，不要心急，以王国作为准则。对于军事必须要迅速敏捷，会赐给你福禄的'。一定不忘勉励自己啊！"

**原文**

初，飞雄壮威猛，亚于关羽，魏谋臣程昱等咸称羽、飞万人之敌也。羽善待卒伍而骄于士大夫，飞爱敬君子而不恤小人①。先主常戒之曰："卿刑杀既过差，又日鞭挝健儿②，而令在左右，此取祸之道也。"飞犹不悛。先主伐吴，飞当率兵万人，自阆中会江州。临发，其帐下将张达、范强杀飞，持其首，顺流而奔孙权。飞营都督表报先主③，先主闻飞都督之有表也，曰："噫！飞死矣。"追谥飞曰桓侯。长子苞，早夭。次子绍嗣，官至侍中尚书仆射。苞子遵为尚书，随诸葛瞻于绵竹，与邓艾战，死。

**注释**

①**小人**：指普通士兵。②**鞭挝**：鞭打。③**都督**：官名。

**译文**

当初，张飞胆子很大，作战勇猛，仅次于关羽，魏国的谋臣程昱等人都称关羽、张飞的勇力足以匹敌一万人。关羽对待士兵非常友好，但是对于士大夫却非常傲慢，张飞喜爱敬重君子，却不爱惜普通士兵。刘备时常告诫他说："你杀人就已很过分了，天天鞭打士兵，却又把他们放在身旁，这样会导致祸患的。"张飞还是不改。刘备讨伐吴国时，张飞正带领士兵上万人，从阆中出发前往江州会合。在出发前，他帐下的将领张达、范强将张飞杀了，拿着他的首级，顺着河流投奔孙权去了。张飞营里的都督上表报告刘备这件事，刘备听说张飞的都督上了表文，叹息道："唉！张飞死了。"张飞的谥号为桓侯。张飞的长子张苞，很小的时候就去世了。他的次子张绍继承父亲官爵，官至侍中尚书仆射。张苞的儿子张遵担任尚书，跟随诸葛瞻去绵竹作战，和邓艾交战时战死。

**原文**

马超字孟起，扶风茂陵人也。父腾，灵帝末与边章、韩遂等俱起事于西州。初平三年，遂、腾率众诣长安。汉朝以遂为镇西将军，遣还金城，腾为征西将军，遣屯郿。后腾袭长安，败走，退还凉州。司隶校尉钟繇镇关中，移书遂、腾，为陈祸福①。腾遣超随繇讨郭援、高幹于平阳，超将庞德亲斩援首。后腾与韩遂不和，求还京畿。于是征为卫尉，以超为偏将军，封都亭侯，领腾部曲。

**译 文**

马超字孟起，是扶风茂陵人。他的父亲马腾，在灵帝末年与边章、韩遂等在西州起兵。初平三年（192），韩遂、马腾带领部队抵达长安。汉朝封韩遂为镇西将军，派他驻守金城，马腾担任征西将军，派他驻兵于郿县。后来马腾偷袭长安，战败之后撤退到了凉州。司隶校尉钟繇镇守关中，写信给韩遂、马腾，向他们陈述祸福。马腾派马超追随钟繇到平阳讨伐郭援、高幹，马超手下的将领庞德亲自斩杀郭援。后来马腾和韩遂不和，要求返回京城。于是朝廷封他为卫尉，任命马超为偏将军，加封都亭侯，带领马腾的部众。

**原 文**

超既统众，遂与韩遂合从①，及杨秋、李堪、成宜等相结，进军至潼关。曹公与遂、超单马会语，超负其多力，阴欲突前捉曹公，曹公左右将许褚瞋目盼之，超乃不敢动。曹公用贾诩谋，离间超、遂，更相猜疑，军以大败。超走保诸戎，曹公追至安定，会北方有事，引军东还。杨阜说曹公曰："超有信、布之勇②，甚得羌、胡心。若大军还，不严为其备，陇上诸郡非国家之有也。"超果率诸戎以击陇上郡县，陇上郡县皆应之，杀凉州刺史韦康，据冀城，有其众。超自称征西将军，领并州牧，督凉州军事。康故吏民杨阜、姜叙、梁宽、赵衢等，合谋击超。阜、叙起于卤城，超出攻之，不能下；宽、衢闭冀城门，超不得入。进退狼狈，乃奔汉中依张鲁。鲁不足与计事，内怀于邑，闻先主围刘璋于成都，密书请降③。

先主遣人迎超，超将兵径到城下。城中震怖，璋即稽首④，以超为平西将军，督临沮，因为前都亭侯。先主为汉中王，拜超为左将军，假节。章武元年，迁骠骑将军，领凉州牧，进封斄乡侯，策曰："朕以不德，获继至尊，奉承宗庙。曹操父子，世载其罪，朕用惨怛⑤，疢如疾首。海内怨愤，归正反本，暨于氐、羌率服，獯鬻慕义。以君信著北土，威武并昭，是以委任授君，抗飏虓虎，兼董万里，求民之瘼。其明宣朝化，怀保远迩，肃慎赏罚，以笃汉祜，以对于天下。"二年卒，时年四十七。临没上疏曰："臣门宗二百余口，为孟德所诛略尽，惟有从弟岱，当为微宗血食之继，深托陛下，余无复言。"追谥超曰威侯，子承嗣。岱位至平北将军，进爵陈仓侯。超女配安平王理。

**译 文**

马超统领这些军队，不久与韩遂联合，又与杨秋、李堪、成宜等人联合，进军潼关。曹操和韩遂、马超单独会面，马超倚仗自己的势力最强，暗中准备偷袭曹操并捉拿他，曹操身边的将领许褚瞪眼愤怒地看着他，马超为之不敢轻举妄动。曹操采纳贾诩的谋略，离间马超、韩遂之间的关系，使他们彼此猜疑，于是他们的军队被打败了。马超为了保命逃到少数民族地区，曹操追他到安定，正赶上北方出现事变，于是就带领军马向东回师。杨阜劝说曹操："马超有韩信、吕布的勇力，非常得羌族、胡族的尊重。要是大军回去了，不对他严加防备，陇上的各郡都将不属于国家了。"马超果然带领各个少数民族的人袭击陇上的郡县，陇上的郡县都响应他，杀死凉州刺史韦康，占据冀城，收复那里的民众。马超自立为征西将军，兼任并州牧，总督凉州的军务。韦康以往的官吏杨阜、姜叙、梁宽、赵衢等联合起来，打算袭击马超。杨阜、姜叙在卤城起兵，马超出城攻打他们，没能击败他们；梁宽、赵衢关上了冀城的城门，马超无法回到城里。进退不能，于是投奔汉中依附张鲁。感到张鲁不值得和他一起议论商量大事，内心郁闷，听说刘备在成都包围刘璋，于是秘密写信给刘备请求投降。

刘备派人迎接马超，马超带领兵马直到城下。城中的人都极为震惊，刘璋很快投降，刘备任命马超为平西将军，管理临沮，沿袭以前的封号为都亭侯。刘备成为汉中王，授予马超左将军一职，赐给他符节。章武元年（221），又把他升为骠骑将军，统领凉州牧，进封斄乡侯，下策书说："朕没有才能，却继承帝位，供奉汉室宗庙。曹操父子，世代充满罪恶，朕极为伤心。海内的民众都极为怨愤，都归依正统返回根本，以至于氐族、羌族都要求臣服，獯鬻仰慕大义。因为你在北方有良好的声誉，威仪武勇在当世都很显要，于是将重大责任委派给你，希望你继续发扬猛虎般的雄风，管理万里，关心百姓的疾苦。希望你传播给他们朝廷的教化，使远近的百姓得以被安抚，严肃公平地奖罚他们，增加汉室的福分，答谢天下。"章武二年（222），马超去世，时年四十七岁。他在临死时上疏："我的宗门有二百多口人，都被曹孟德诛杀，只有同宗的弟弟马岱还活着，是这个微弱宗族祭祀的继承者，希望陛下可以善待他，其余没有什么能够托付的了。"其谥号为威侯，他的儿子承继父亲官爵。马岱官位达到平北将军，封陈仓侯。马超的女儿嫁给安平王刘理。

黄忠字汉升，南阳人也。荆州牧刘表以为中郎将，与表从子磐共守长沙攸县。及曹公克荆州，假行裨将军，仍就故任，统属长沙太守韩玄。先主南定诸郡，忠遂委质，随从入蜀。自葭萌受任，还攻刘璋，忠常先登陷陈，勇毅冠三军。益州既定，拜为讨虏将军。建安二十四年，于汉中定军山击夏侯渊。渊众甚精，忠推锋必进①，劝率士卒，金鼓振天，欢声动谷，一战斩渊，渊军大败。迁征西将军。是岁，先主为汉中王，欲用忠为后将军，诸葛亮说先主曰："忠之名望，素非关、马之伦也，而今便令同列。马、张在近，亲见其功，尚可喻指②；关遥闻之，恐必不悦，得无不可乎！"先主曰："吾自当解之③。"遂与羽等齐位，赐爵关内侯。明年卒，追谥刚侯。子叙，早殁，无后。

①**推锋**：冲锋。②**喻指**：说明用意。③**解**：解释。

黄忠字汉升，是南阳人。荆州牧刘表任命他为中郎将，他与刘表的侄子刘磐一起镇守长沙攸县。等到曹操攻下荆州时，黄忠暂代副将军，仍旧担任原职，归长沙太守韩玄统领。刘备向南平定各郡，黄忠归顺了刘备，跟随他返回蜀国。黄忠自从在葭萌关接受委任后，回师攻打刘璋，黄忠时常率先冲锋陷阵，他的勇敢与刚毅在三军当中是最突出的。益州被平定之后，授予他讨虏将军一职。建安二十四年（219），在汉中定军山，黄忠袭击夏侯渊。夏侯渊的部队非常精锐，黄忠冲锋在前奋勇前进，他鼓励士兵，战鼓被擂得震天响，兵士的呐喊震动山谷，一交战就斩杀夏侯渊，夏侯渊的部队大败。黄忠升任征西将军。这一年，刘备做了汉中王，想让黄忠做后将军，诸葛亮劝说刘备道："黄忠的名望，不如关羽、马超。现在把他们放在同一个行列里。马超、张飞在近处，亲眼看到了黄忠的功劳，尚且还可以说明用意；关羽却是在远处听说，恐怕他会非常不高兴的，这样做是不行的！"刘备说："我自然会解释这件事。"于是把黄忠和关羽等放在一个行列，赐封关内侯。第二年黄忠去世，谥号为刚侯。他的儿子黄叙，很早就去世了，没有后代。

**原文**

赵云字子龙，常山真定人也。本属公孙瓒，瓒遣先主为田楷拒袁绍，云遂随从，为先主主骑。及先主为曹公所追于当阳长阪，弃妻子南走，云身抱弱子①，即后主也，保护甘夫人，即后主母也，皆得免难。迁为牙门将军。先主入蜀，云留荆州。

先主自葭萌还攻刘璋，召诸葛亮。亮率云与张飞等俱沂江西上，平定郡县。至江州，分遣云从外水上江阳，与亮会于成都。成都既定，以云为翊军将军。建兴元年，为中护军、征南将军，封永昌亭侯，迁镇东将军。五年，随诸葛亮驻汉中。明年，亮出军，扬声由斜谷道，曹真遣大众当之。亮令云与邓芝往拒②，而身攻祁山。云、芝兵弱敌强，失利于箕谷，然敛众固守③，不至大败。军退，贬为镇军将军。

七年卒，追谥顺平侯。

**注释**

①弱子：幼子。②拒：阻挡。③敛：收拢。

**译文**

赵云字子龙，常山真定人。他原来归附于公孙瓒手下，公孙瓒派刘备代替田楷抵御袁绍，赵云也跟随刘备一起前去，为刘备掌管骑兵。等到刘备被曹操追击到当阳长阪时，刘备抛弃妻子与儿女向南逃命，赵云怀抱刘备的弱子刘禅，保护甘夫人，即刘禅的母亲，使得他们免于灾难。后来封他为牙门将军。刘备进入益州，赵云留守荆州。

刘备从葭萌关还师攻打刘璋，召见诸葛亮。诸葛亮带领赵云和张飞等一起逆江水向西而上，平定各个郡县。抵达江州，分派赵云从外水上江阳，与诸葛亮在成都相会。成都被平定后，任命赵云为翊军将军。建兴元年（223），赵云担任中护军、征南将军，封永昌亭侯，升为镇东将军。建兴五年（227），赵云跟随诸葛亮驻守于汉中。第二年，诸葛亮出军，扬言自己从斜阳谷道走，曹真在那里驻守大量人马。诸葛亮命令赵云和邓芝一同前往抗拒，而他自己带领军队进攻祁山。赵云、邓芝的军队处于弱势，敌人非常强大，在箕谷失败了，但是他们仍然收拢兵马坚守，没有遭受很大损失。军队退回以后，赵云被贬为镇军将军。

建兴七年（229）赵云去世，追封谥号顺平侯。

**原文**

初，先主时，惟法正见谥；后主时，诸葛亮功德盖世，蒋琬、费祎荷国之重，亦见谥；陈祗宠待，特加殊奖，夏侯霸远来归国，故复得谥；于是关羽、张飞、马超、庞统、黄忠及云乃追谥，时论以为荣。云子统嗣，官至虎贲中郎，督行领军。次子广，牙门将，随姜维沓中，临陈战死。

评曰：关羽、张飞皆称万人之敌，为世虎臣①。羽报效曹公，飞义释严颜，并有国士之风②。然羽刚而自矜③，飞暴而无恩，以短取败，理数之常也。马超阻戎负勇，以覆其族，惜哉！能因穷致泰，不犹愈乎④！黄忠、赵云强挚壮猛，并作爪牙，其灌、滕之徒欤？

**注释**

①**虎臣**：勇猛的臣子。②**国士**：国中才能、品质很出众的人。③**自矜**：骄傲自负。④**愈**：通"愉"，愉快。

**译文**

当初，刘备在位时，仅有法正被授予谥号；后主时，诸葛亮由于功德盖世，蒋琬、费祎担负着国家重任，也被加封谥号；陈祗受到恩宠与厚待，对他加以特殊的奖赏，夏侯霸从远方归顺蜀国，也得到谥号；这时，关羽、张飞、马超、庞统、黄忠和赵云都被追加谥号，当时的人认为这是一件极为荣耀的事情。赵云的儿子赵统继承父亲的官爵，官至虎贲中郎，统领行领军。他的次子赵广，担任牙门将，跟随姜维前往沓中，死在战场上。

评论说：关羽、张飞都可称"万人敌"，是当代勇猛的臣子。关羽报答曹操，张飞讲究仁义释放严颜，他们都有国士风范。可是关羽性格刚烈而又骄傲自负，张飞性情暴虐而不知对部下施恩，都是因为短处而招致失败，这也符合道理。马超依靠少数民族及自身的勇气，导致全族的覆灭，实在可惜啊！他们能够从穷困而变得显达，不也是愉快的事情吗！黄忠、赵云意志坚强，雄壮果敢，是辅佐君主的得力帮手，他们应该是灌婴、滕公那样的人吧。

# 庞统法正传

庞统字士元，襄阳人也。少时朴钝①，未有识者。颖川司马徽清雅有知人鉴②，统弱冠往见徽③，徽采桑于树上，坐统在树下，共语自昼至夜。徽甚异之，称统当为南州士之冠冕，由是渐显。后郡命为功曹。性好人伦，勤于长养。每所称述，多过其才，时人怪而问之，统答曰："当今天下大乱，雅道陵迟，善人少而恶人多。方欲兴风俗，长道业，不美其谭即声名不足慕企，不足慕企而为善者少矣。今拔十失五，犹得其半，而可以崇迈世教，使有志者自励，不亦可乎？"吴将周瑜助先主取荆州，因领南郡太守。瑜卒，统送丧至吴，吴人多闻其名。及当西还，并会昌门，陆绩、顾劭、全琮皆往④。统曰："陆子可谓驽马有逸足之力，顾子可谓驽牛能负重致远也。"谓全琮曰："卿好施慕名⑤，有似汝南樊子昭。虽智力不多，亦一时之佳也。"绩、劭谓统曰："使天下太平，当与卿共料四海之士。"深与统相结而还。

先主领荆州，统以从事守耒阳令，在县不治，免官。吴将鲁肃遗先主书曰："庞士元非百里才也，使处治中、别驾之任，始当展其骥足耳。"诸葛亮亦言之于先主，先主见与善谭，大器之，以为治中从事。亲待亚于诸葛亮，遂与亮并为军师中郎将。亮留镇荆州。统随从入蜀。

**注　释**

①**朴钝**：刀刃不够锋利，这里比喻才能没有显露。②**鉴**：本义镜子，引申为洞察力。③**徽**：司马徽，人名。④**往**：到。⑤**慕名**：喜爱。

**译　文**

　　庞统字士元，襄阳人。他年轻时人非常质朴驽钝，没人注意他。颍川的司马徽为人高尚，非常有雅量，很会看人。庞统二十岁时，去拜见司马徽。恰巧司马徽在树上摘桑叶，他让庞统坐于树下，他们从白天一直谈到晚上。庞统让司马徽极为吃惊，他认为庞统在南郡士人当中是非常出众的。从此，庞统逐渐出名了。后来他被郡里委任为功曹。庞统为人讲究人伦规范，尽自己的力量全心全意去照顾老人，养育孩子。每当他称赞别人，时常超过被称赞者的实际才能。当时人们非常不解，就问他，他总是回答："现在天下不太平，正道衰微，好人少而坏人多。现在最需要的是兴起良好的风俗，增强道德观念，不去夸赞他们的美德，就不足以使得人们羡慕景仰，不值得让人羡慕景仰，那么做好事的人就会更少。现在提拔的人十个中就有五个失当，我们还是可以得到一半好人，这一半人就足以使世风教化得到改进，使有志者自我勉励，这样不也是可以的吗？"吴国将领周瑜帮助刘备夺得荆州后，就当了南郡太守。周瑜死后，庞统为他送葬到吴国。吴国的人听说庞统的人品很好。庞统回国时，老百姓都会集于昌门，陆绩、顾劭、全琮都去了。庞统说："陆先生可以说是驽马，但有余力，顾先生就犹如笨牛，可是能够背动重物前行。"他又对全琮说："您喜欢施舍仰慕声名，就好比汝南郡的樊子昭，虽然不很聪慧，却也是其中的佼佼者。"陆绩、顾劭对庞统说："要是天下太平的话，我们要与您一起评价天下名士。"他们和庞统结成知己后才肯离开。

　　刘备统领荆州时，庞统以从事的身份出任耒阳县令。因为在任上不去治理政事而被罢免官职。吴国的将领鲁肃给刘备写信："庞士元并非是一个只能治理百里之地的人才，要是让他处于治中、别驾的位置上，才能让他充分发挥才华。"诸葛亮也这样对刘备推荐庞统。刘备于是接见庞统，并与他交谈得非常好，就很器重他，让他担任治中从事。对待他很热情，仅次于诸葛亮。从这以后，庞统与诸葛亮一起担任军师中

郎将。诸葛亮留守荆州，庞统随着刘备进入益州。

益州牧刘璋与先主会涪，统进策曰①："今因此会，便可执之，则将军无用兵之劳而坐定一州也。"先主曰："初入他国，恩信未著，此不可也。"璋既还成都，先主当为璋北征汉中，统复说曰："阴选精兵，昼夜兼道，径袭成都；璋既不武，又素无预备，大军卒至，一举便定，此上计也。杨怀、高沛，璋之名将，各仗强兵，据守关头，闻数有笺谏璋，使发遣将军还荆州。将军未至，遣与相闻，说荆州有急，欲还救之，并使装束②，外作归形③；此二子既服将军英名，又喜将军之去，计必乘轻骑来见，将军因此执之，进取其兵，乃向成都，此中计也。退还白帝，连引荆州，徐还图之，此下计也。若沉吟不去，将致大困④，不可久矣。"先主然其中计，即斩怀、沛，还向成都，所过辄克⑤。于涪大会，置酒作乐，谓统曰："今日之会，可谓乐矣。"统曰："伐人之国而以为欢，非仁者之兵也。"先主醉，怒曰："武王伐纣，前歌后舞，非仁者邪？卿言不当，宜速起出！"于是统逡巡引退。先主寻悔，请还。统复故位，初不顾谢，饮食自若。先主谓曰："向者之论，阿谁为失？"统对曰："君臣俱失。"先主大笑，宴乐如初。

①策：计谋。②装束：整理行装。③外作归形：表面上装作返回的样子。④致：招致。⑤辄：常常。

益州牧刘璋和刘备在涪县会谈，庞统献策："趁着这次会见的机会，把他抓起来。这样，将军没有用兵的辛劳便能得到一州。"刘备说："刚到达别人的州郡当中，恩德与威信都还没有建立起来，这样做恐怕是不行的。"庞统又说："暗中挑选良兵，日夜兼程，抄小路偷袭成都；刘璋自己不够勇武，也没有防备，大军突然来袭，一举就能平定，此为上策。杨怀、高沛均为刘璋的名将，各自依据兵强，据守关卡。听说他们

蜀书

二四九

多次写信劝告刘璋，要刘璋打发将军回荆州。我建议您还没有抵达他们的驻地时，先派人告诉他们，说荆州出现急事，马上回去救急，而且让大家打点行装，从表面上看是返回荆州的样子；这两个人是很佩服将军的为人的，也很高兴您能回去，相信他们一定会坐轻车快马来见您。将军趁这个机会将他们捉住，把他们的军队接收，然后向成都进兵，这是中策。您退回白帝城，接着带领军队返回荆州，慢慢再做打算，这是下策。假如犹豫不定，您一定会招来大难的。不可以再拖延时间了。"刘备很赞同他的中策。将杨怀、高沛杀掉，然后回师转向成都，所经的地方都被攻克。在涪县大会师，设酒犒劳军士。对庞统说："今日的聚会是很快乐的！"庞统说："攻打别人的国家却在这里作乐，并非仁义军队所为的事。"刘备已喝醉了，愤怒地说："武王伐纣，前歌后舞的，他并非是仁者吗？你说错了，赶紧出去吧！"庞统于是徘徊不定地出去了。没过多久，刘备后悔了，赶忙请庞统回来。庞统又返回自己的座位上，但是并没有低头认罪，照常吃喝。刘备对他说："刚才的事，到底是谁对谁错？"庞统答道："您和我都是有错的。"刘备大笑，就和开始时一样宴饮，心中没有芥蒂。

　　进围雒县，统率众攻城，为流矢所中①，卒，时年三十六。先主痛惜，言则流涕。拜统父议郎，迁谏议大夫，诸葛亮亲为之拜。追赐统爵关内侯，谥曰靖侯。统子宏，字巨师，刚简有臧否②，轻傲尚书令陈祗，为祗所抑，卒于涪陵太守。统弟林，以荆州治中从事参镇北将军黄权征吴，值军败，随权入魏，魏封列侯，至巨鹿太守。

　　①流矢：乱箭。②臧否：善恶、褒贬，这里指敢于褒贬人物。

　　刘备围攻雒县时，庞统率军攻打城池，被乱箭所伤而战死，死时才三十六岁。刘备非常痛惜，一提到他就会大哭不止。他封庞统的父亲为议郎，后来又升任谏议大夫，诸葛亮亲自为他授官。追赐庞统为关内侯，谥号为靖侯。庞统的儿子庞宏，字巨师，性情刚直，敢于直言善恶。但是他对尚书令陈祗很轻视，一直受到压制。在涪陵太守的任上，他去世了。庞统的弟弟庞林，是以荆州治中从事的身份追随镇北将军黄权参与征讨东吴的战事的。军队败北后，他跟随黄权前往魏国，魏国封他为列侯，最后官至巨鹿太守。

　　法正字孝直，扶风郿人也。祖父真，有清节高名①。建安初，天下饥荒，正与同郡孟达俱入蜀依刘璋，久之为新都令，后召署军议校尉。既不任用，又为其州邑俱侨客者所谤无行，志意不得。益州别驾张松与正相善，忖璋不足与有为②，常窃叹息。松于荆州见曹公还③，劝璋绝曹公而自结先主。璋曰："谁可使者？"松乃举正，正辞让，不得已而往。正既还，为松称说先主有雄略，密谋协规，愿共戴奉，而未有缘。后因璋闻曹公欲遣将征张鲁之有惧心也，松遂说璋宜迎先主，使之讨鲁，复令正衔命。正既宣旨，阴献策于先主曰："以明将军之英才，乘刘牧之懦弱；张松，州之股肱④，以响应于内；然后资益州之殷富，冯天府之险阻，以此成业，犹反掌也。"先主然之，泝江而西，与璋会涪。北至葭萌，南还取璋。

　　①**清节高名**：清廉的节操，高尚的名声。②**忖**：考虑。③**曹公**：曹操。④**股肱**：比喻得力的辅助之人。

　　法正字孝直，扶风郿县人。他的祖父名法真，本性清廉有气节，名声很好。建安初年，天下正在闹饥荒。法正和同郡的孟达一起来到蜀地投靠刘璋，过了很长时间才被封为新都令，后来招他担任蜀军代议校尉。法正既不能被重用，又被侨居蜀地的同乡诽谤品行不佳，因此他时常感到不得志。益州别驾张松与法正交情很好，他考虑到自己不足以被刘璋重用，于是时常独自叹息。张松在荆州拜见曹操回来后，他劝谏刘璋和曹操断绝来往而与刘备交好。刘璋说："那么谁可以作为使者呢？"张松举荐法正，法正推辞，最后不得不前去。法正回来以后，对刘备的雄才大略大为赞赏，他们密谋商定，一起规划，想一起拥护刘备，为其效力，可是苦于没有机会。后来刘璋听说曹操要派将领讨伐张鲁，心中很害怕。张松于是趁机劝说刘璋应该迎接刘备，让刘备征讨张鲁。刘璋再次派法正去面见刘备。法正说完刘璋的意思后，暗地向刘备献策："凭您的才能，可以对刘璋的懦弱的特点进行利用，张松是州里最得力的助手，让他在城里作为内应，然后凭借益州的富有，凭借天府之国的险要，足可以成就一份大业，一切都易如反掌啊！"刘备很赞同他的说法。他沿长江向西而行，与刘璋在涪县会见。向北取得了葭萌关，回头向南击败刘璋。

原　文

　　郑度说璋曰："左将军县军袭我，兵不满万，士众未附，野谷是资①，军无辎重②。其计莫若尽驱巴西、梓潼民内涪水以西，其仓廪野谷，一皆烧除，高垒深沟，静以待之。彼至，请战，勿许，久无所资，不过百日，必将自走。走而击之，则必禽耳。"先主闻而恶之③，以问正。正曰："终不能用，无可忧也。"璋果如正言，谓其群下曰："吾闻拒敌以安民，未闻动民以避敌也。"于是黜度④，不用其计。

　　及军围雒城，正笺与璋曰："正受性无术，盟好违损，惧左右不明本末，必并归咎，蒙耻没身，辱及执事，是以捐身于外，不敢反命。恐圣听秽恶其声，故中间不有笺敬，顾念宿遇，瞻望恨恨。然惟前后披露腹心，自从始初以至于终，实不藏情，有所不尽，但愚暗策薄，精诚不感，以致于此耳。今国事已危，祸害在速，虽捐放于外，言足憎尤，犹贪极所怀，以尽余忠。明将军本心，正之所知也，实为区区不欲失左将军之意，而卒至于是者，左右不达英雄从事之道，谓可违信黩誓⑤，而以意气相致，日月相迁，趋求顺耳悦目，随阿遂指，不图远虑为国深计故也。事变既成，又不量强弱之势，以为左将军县远之众，粮谷无储，欲得以多击少，旷日相持⑥。而从关至此，所历辄破，离宫别屯，日自零落。雒下虽有万兵，皆坏陈之卒，破军之将，若欲争一旦之战，则兵将势力，实不相当。各欲远期计粮者，今此营守已固，谷米已积，而明将军土地日削，百姓日困，敌对遂多，所供远旷。愚意计之，谓必先竭，将不复以持久也。空尔相守，犹不相堪，今张益德数万之众，已定巴东，入犍为界，分平资中、德阳，三道并侵，将何以御之？本为明将军计者，必谓此军县远无粮，馈运不及，兵少无继。今荆州道通，众数十倍，加孙车骑遣弟及李异、甘宁等为其后继。若争客主之势，以土地相胜者，今此全有巴东、广汉、犍为，过半已定，巴西一郡，复非明将军之有也。计益州所仰惟蜀，蜀亦破坏；三分亡二，吏民疲困，思为乱者十户而八；若敌远则百姓不能堪役，敌近则一旦易主矣。广汉诸县，是明比也。又鱼复与关头实为益州福祸之门，今二门悉开，坚城皆下，诸军并破，兵将俱尽，而敌家数道并进，已入心腹，坐守都、雒，存亡之势，昭然可见。斯乃大略，其外较耳，其余屈曲，难以辞极也。以正下愚，犹知此事不可复成，况明将军左右明智用谋之士，岂当不见此数哉？且夕偷幸，求容取媚，不虑远图，莫肯尽心献良计耳。若事穷势迫，将各索生，求济门户，展转反覆，与今计异，不为明将军尽死难也。而尊门犹当受其忧。正虽获不忠之谤，然心自谓不负圣德，顾惟分义，实窃痛心。左将军从本举来，旧心依依，实无薄意。愚以为可图变化，以保尊门。"

**译文**

郑度劝说刘璋说："左将军刘备只身来袭击我军，他们的兵力还不到一万，兵士和百姓都没有归顺他，他要靠从民间征集粮食，军队缺兵少食，没有物资基础。应对他不如驱赶巴西、梓潼的百姓到涪水以西的地方，然后把原来的粮仓都烧毁，筑起高高的堡垒，

●刘备入蜀

挖出深深的壕沟，静候他们的到来。他们来和我们请战，我们不必出战，因为他们没有物资储备，过不了一百天就会自己逃回去的。只要他们逃跑我们就出击，一定会捉拿住他们的。"刘备听说后非常讨厌郑度，问法正有没有办法应付。法正说："刘璋终究不会用其计，没有什么可忧虑的。"刘璋果然如法正所言，他对部下说："我听说过通过抵抗敌人来保护百姓的，没听说过靠驱赶百姓来躲避敌人的。"于是罢免郑度的官职，不用他的计策。

刘备的军队围攻雒城时，法正给刘璋写信道："法正我天生没什么能耐，现在盟誓的关系已被破坏，我担心您身边的人不明白事情的原委，一定会把所有的罪过归到我身上，使我蒙受耻辱断送性命，连累您一起受到侮辱，所以我一个人出来，不敢再返回去了。我还怕您听到污秽的声音，所以这段时间我没有给您写信表示敬意。但我还挂念过去的交情，我远远地看着城府惆怅万分。可是我思前想后还是把我自己的心思和您说清楚吧：从开始跟随您到现在，我实在没有对您隐瞒什么，我所想的都彻底和您说了。只是我生性愚钝，才识浅薄，真诚不能使您有所感动，所以才会到了今天这样。现在的国家形势已经很危急了，祸患就在眼前，虽然我是个放逐在外的人，我说的话足以使人憎恶、怨恨，但是我还是想把我的心里话说出来，来尽我最后的忠心。将军的心意，我法正是了解的，这就是小心翼翼不想失去左将军刘备的欢心，然而事情终于发展到今天这个地步，其原因只不过是您身边的人不懂得为人处世的原则，以为做人是可以背信弃义，违背誓言的，人和人交往是靠意气相投，随着时间的深入，大家都追求顺耳之言，喜欢悦耳之事，喜欢随声附和、顺从意旨，这恰恰就是不顾及将来只考虑眼前，不为国家作长远打算的缘由。现在事变已经发生了，却不能正确估算强弱的形势。只是认为左将军刘备孤军远征，没有储备足够的粮草，就想靠自己粮草足备、兵力多跟他打持久战。却没有想到从白水关到这里，只要是刘备经过的地方都被攻破了，帝王的行宫和军营都已经破败了。雒县虽然还有上万的兵力，但他们都是被打败的败兵、败将。要是真要决战，那么双方的兵将的实力是相差很远的。要是从长久相持需要粮食储备来说，现在刘备已经加固了战垒，储备了足够的粮食，可是您的领地却日益减少，百姓也越来越穷，敌对的势力日益增多，百姓对您的供给不会及时跟上。据我认为，先弹尽粮绝的是您而不是刘备，您已不能打持久战了。没有后援地相持，您还不能坚持，况且张飞已经带领数万兵力平定了巴东郡，进入犍为郡的地界，又兵分三路平定了资中、德阳，您凭什么能抵御他们呢？原来为将军您出谋划策的那个人肯定会说这支军队是孤军奋战没有足够的粮食，供给又跟不上，兵力得不到及时补充。可是现在到荆州的路已经被打通了，人马也增加了数十倍，再加上孙权派他的弟弟和李异、甘宁等在后面援助刘备。要是还要考虑两军攻守的形势，靠土地决定胜负的话，刘备现在已经占据了巴东、广汉、犍为，益州他们已经平定了一半，巴西一郡，也将不再是将军您的领地了。我认为益州现在唯一依靠的是蜀郡，但是蜀郡也已经被攻破了。三分土地已经失去了两分，无论官吏还是百姓都十分困顿，想造反的百姓有十之八；如果从远处攻打敌人，没有一个百姓愿意为军队运送粮食，等到敌人临近了，百姓又会不用一个早上就更换了主人。一个最有说服力的例子就是广汉郡各县。再加上鱼复和关头实在是益州因祸得福的门户，现在这两个地方的城门已经打开，城池被攻下，所有的军马都被拿下，但是敌军却兵分好几路来了，并且深入到蜀地的心腹地带，您虽然坚守成都、雒县两地，但存亡的形势已经很明了了。这里我只是想说一个大体的情况，其他的细节之处，一时半会儿是说不完的。以我这样一个愚钝的人，还明知道这件事不能再成功，何况将军本身和身边的人都很聪明，足智多谋，难道还没看出来这种命运吗？每天只知道苟且偷生，得过且过，献媚讨好获得一个容身之地，却不能为您做长远打算，不肯尽心献良策。他们要是到了紧要关头，又会只顾自己求生，保全自己的门户，他们会反复无常，做出不同的打算，更不会为将军尽忠，可是您一家还是要承受这些忧虑的！我的想法虽然蒙受了很多人不忠于您的诽谤，但是我还是顾念您和我的情意和名分的，我还是很痛心您现在的遭遇的。左将军刘备打这次从根本上来解决问题的举动来看，还是十分念旧情的，没有薄情的意思。我还是认为您可以考虑改变一下主意，使得您的家室得以保存。"

**原 文**

十九年，进围成都，璋蜀郡太守许靖将逾城降[1]，事觉，不果。璋以危亡在近，故不诛靖。璋既稽服[2]，先主以此薄靖不用也[3]。正说曰："天下有获虚誉而无其实者，许靖是也。然今主公始创大业，天下之人不可户说[4]，靖之浮称，播流四海[5]，若其不礼，天下之人以是谓主公为贱贤也。宜加敬重，以眩远近，追昔燕王之待郭隗。"先主于是乃厚待靖。以正为蜀郡太守、扬武将军，外统都畿，内为谋主。一餐之德，睚眦之怨，无不报复，擅杀毁伤己者数人。或谓诸葛亮曰："法正于蜀郡太纵横，将军宜启主公，抑其威福。"亮答曰："主公之在公安也，北畏曹公之强，东惮孙权之逼，近则惧孙夫人生变于肘腋之下；当斯之时，进退狼跋，法孝直为之辅翼，令翻然翱翔，不可复制，如何禁止法正使不得行其意邪！"初，孙权以妹妻先主，妹才捷刚猛，有诸兄之风，侍婢百余人，皆亲执刀侍立，先主每入，衷心常凛凛；亮又知先主雅爱信正，故言如此。

**注　释**

　　①逾：越过。②稽服：稽首降服。③薄：轻视。④户：此处指挨家挨户。⑤四海：整个中原地区。

**译　文**

　　建安十九年（214），刘备围攻成都，蜀郡太守许靖准备越城投降，事情被识破了，没能成功。因为这处于生死存亡之际，刘璋没有杀掉许靖。等到刘璋投降后，刘备因为这件事而轻视许靖，许靖得不到重用。法正劝说刘备："天下有很多有虚名，但是没什么实际作用的人，许靖就属于这样的人。可是现在您刚开始创建大业，很多事情是不可以逐户向天下人解释的。许靖这人在天下还是非常有名声的，如果传出去您对他不能以礼相待的话，天下的人都会说您轻视贤才。您应当对他表示敬重，使天下的人被迷惑，您应仿照燕王厚待郭隗的方法。"刘备因此对许靖非常好。他任命法正为蜀郡太守、扬武将军，对外主管京都地区，对内担当重要谋士。法正却对别人给他一顿饭的恩惠及轻微的仇恨没有不报的，还擅自杀了好几个曾中伤自己的人。有人对诸葛亮说："法正在蜀郡实在太骄横，将军您应当禀告主公，打压他作威作福的行为。"诸葛亮回答："主公当时在公安，北面有强大的曹操，东面又担心孙权的逼迫，近旁又担心孙夫人在身边发动事变；在那个时候，真是进退两难，但如今法孝直能为其出谋划策，使他能够翻飞翱翔，使他免受别人牵制，怎么可以禁锢法正不让他干自己想干的事情呢？"当初，孙权将自己的妹妹嫁给刘备，孙权的妹妹为人才思敏捷，刚强英武，集其各位长兄的特点于一身，身边有奴婢一百多人，都亲自手拿兵器侍立。刘备每次入宫，都感到心惊胆战。诸葛亮很了解刘备喜爱法正，才会说出这番话。

**原　文**

　　二十二年，正说先主曰："曹操一举而降张鲁，定汉中，不因此势以图巴、蜀，而留夏侯渊、张郃屯守，身遽北还①，此非其智不逮而力不足也<sup>②</sup>，必将内有忧逼故耳。今策渊、郃才略<sup>③</sup>，不胜国之将帅，举众往讨，则必可克。克之之日，广农积谷，观衅伺隙，上可以倾覆寇敌，尊奖王室，中可以蚕食雍、凉，广拓境土，下可以固守要害，为持久之计。此盖天以与我，时不可失也。"先主善其策<sup>④</sup>，乃率诸将进兵汉中，正亦从行。

二十四年，先主自阳平南渡沔水，缘山稍前，于定军、兴势作营。渊将兵来争其地。正曰："可击矣。"先主命黄忠乘高鼓噪攻之，大破渊军，渊等授首。曹公西征，闻正之策，曰："吾故知玄德不办有此，必为人所教也。"

**注 释**

①遽：仓促。②逮：至。③策：估计。④策：谋略。

**译 文**

建安二十二年（217），法正劝说刘备："曹操刚出兵就使张鲁投降他，平定汉中，可是却没有乘胜进攻巴蜀，而是留下夏侯渊、张郃驻守汉中，然后匆忙返回北方，这并不是他计谋不足或是兵力不够，一定是有内部的忧患使得他不得不这样去做。现在的夏侯渊、张郃的才能和智谋与我国的将帅是无法相比的，要是您能带领军队去讨伐他，那必定是会取得成功。您在那里可以扩大农耕，储备军粮，上能够等待机会，将敌人一举消灭，使汉室得到尊崇及辅助；中可以逐步占据雍、凉两州，扩大国土；下能坚守要害之地，做长久打算。这真是天赐良机啊，这种时机不可以失去啊！"刘备很赞成这个计策，于是率领军队进军汉中，法正也随军同行。

建安二十四年（219），刘备从阳平关南渡沔水，沿着山势步步前进，在定军山和兴势安营。夏侯渊率领军队来争夺这一地方。法正说："是出击的时候了！"刘备让黄忠登上高地擂鼓呐喊，朝敌人进攻，将夏侯渊一举打败，夏侯渊等人被杀。这时候，曹操正在西征，听说法正的计策之后说："我就知道刘备想不出这类计谋，肯定是别人给他出的主意。"

**原 文**

先主立为汉中王，以正为尚书令、护军将军。明年卒<sup>①</sup>，时年四十五。先主为之流涕者累日②。谥曰翼侯。赐子邈爵关内侯，官至奉车都尉、汉阳太守。诸葛亮与正，虽好尚不同，以公义相取。亮每奇正智术③。先主既即尊号，将东征孙权以复关羽之耻，群臣多谏，一不从。章武二年，大军败绩，还住白帝。亮叹曰："法孝直若在，则能制主上，令不东行；就复东行，必不倾危矣。"

评曰：庞统雅好人流，经学思谋，于时荆、楚谓之高俊。法正著见成败，有奇画策算，然不以德素称也。拟之魏臣，统其荀彧之仲叔，正其程、郭之俦俪邪？

注 释

①明年：第二年。②累日：多日，数日。③奇：认为非常奇妙。

译 文

刘备在汉中自立为王时，他封法正为尚书令、护军将军。第二年，法正去世，年仅四十五岁。刘备很伤心，难过了好几天。谥号为翼侯，赐他儿子法邈为关内侯，官至奉车都尉、汉阳太守。诸葛亮和法正两个人尽管各自的喜好与崇尚的东西不一样，但是都能从国家利益出发互补长短。诸葛亮时常对法正的计谋暗中称奇。刘备称帝之后，打算向东征讨孙权来报关羽之耻，大臣们都劝谏他，可是刘备始终一意孤行。章武二年（222），刘备大败，回到了白帝城。诸葛亮叹息说："要是法孝直还活着的话，肯定能劝住主公的，能够阻止他东行；即使是东行，也不会遭遇失败的。"

评论说：庞统喜欢人伦，研究经学，出谋划策，在当时荆楚一带是一位奇才。法正能够成功预见成败，能够有很多出奇的谋略，然而他不是由于品德好而受到称颂的。把他们和魏国的大臣相比，庞统应当和荀彧是相当的，法正大约是程昱、郭嘉那一类人吧！

吴

书

# 吴　书

## 孙破虏讨逆传

**原　文**

　　孙坚字文台，吴郡富春人，盖孙武之后也①。少为县吏②。年十七，与父共载船至钱唐，会海贼胡玉等从匏里上掠取贾人财物，方于岸上分之，行旅皆住，船不敢进。坚谓父曰："此贼可击，请讨之。"父曰："非尔所图也。"坚行操刀上岸，以手东西指麾，若分部人兵以罗遮贼状。贼望见，以为官兵捕之，即委财物散走③。坚追，斩得一级以还；父大惊。由是显闻，府召署假尉。会稽妖贼许昌起于句章，自称阳明皇帝，与其子韶扇动诸县，众以万数。坚以郡司马募召精勇，得千余人，与州郡合讨破之。是岁，熹平元年也。刺史臧旻列上功状，诏书除坚盐渎丞，数岁徙盱眙丞④，又徙下邳丞。

　　中平元年，黄巾贼帅张角起于魏郡，托有神灵，遣八使以善道教化天下，而潜相连结⑤，自称黄天泰平。三月甲子，三十六万方一旦俱发，天下响应，燔烧郡县，杀害长吏。汉遣车骑将军皇甫嵩、中郎将朱儁将兵讨击之。儁表请坚为佐军司马⑥，乡里少年随在下邳者皆愿从。坚又募诸商旅及淮、泗精兵，合千许人，与儁并力奋击，所向无前。汝、颍贼困迫，走保宛城。坚身当一面，登城先入，众乃蚁附，遂大破之。儁具以状闻上，拜坚别部司马。

①盖：可能，表推测。②少：少年时代。③委：放弃。④徙：升迁。⑤潜：暗中。⑥表：向皇帝上书。

译 文

孙坚字文台，吴郡富春人，是孙武的后裔。年轻时就担任县吏。十七岁时，他和父亲一起乘船到钱塘，正赶上海贼胡玉等从匏里掠取商人的财物，正在岸上分赃，行旅的船都停住了，船都不敢前进。孙坚对父亲说："这些逆贼是能够讨伐的，让我去讨伐他们吧！"父亲说："这并非是你考虑的事情。"孙坚立刻拿刀上岸，用手或东或西做出指挥状，就像让几路人马来包围贼人。海贼远远看见他，认为是官兵前来捕捉他们，于是把财物都放下而逃跑了。孙坚追上他们，斩下一个海贼的首级回来了。父亲极为吃惊。他也因此得以名扬天下，被官府招为署假尉。会稽的逆贼许昌在句章县起义，自己称王为阳明皇帝，和他的儿子许韶煽动四周诸县，人数发展到好几万。孙坚以郡司马的身份招募英武、精悍的人，共招得这样的人共有一千多，他和州郡一起联合起来将许昌打败，这一年是熹平元年（172）。刺史臧旻向朝廷呈报孙坚的功劳，皇上下诏书封其为盐渎丞，几年后又升他为盱眙丞，后来又升他为下邳丞。

中平元年（184），黄巾起义的将领张角在魏郡起义，打着神灵的旗号，他派遣八个使者用善道来教化天下的百姓，可是在暗地里勾结，自称黄天泰平。三月甲子这一天，三十六万信徒在早上发动起义，天下的人都纷纷起来响应他们，把郡县放火烧掉，将郡县里的长吏杀害了。汉朝派遣车骑将军皇甫嵩、中郎将朱儁率兵讨伐他们。朱儁上表请求孙坚任佐军司马，乡里的年轻人及下邳的人都愿意跟随他一起讨伐逆贼。孙坚又招募各个商旅和淮县、泗县的精兵合计有上千人，和朱儁一起奋力抗击，一路没有遇到阻挡。汝县、颍县的逆贼被围困，逃跑到宛城据守。孙坚独当一面，登上城墙率先进入宛城，其兵众犹如蚂蚁般紧随其后，于是他们把黄巾起义军打败了。朱儁将真实情况报告皇上，朝廷授予孙坚别部司马的官职。

原 文

边章、韩遂作乱凉州。中郎将董卓拒讨无功。中平三年，遣司空张温行车骑将军，西讨章等。温表请坚与参军事，屯长安。温以诏书召卓，卓良久乃诣温。温责让卓，卓应对不顺。坚时在坐，前耳语谓温曰："卓不怖罪而鸱张大语，宜以召不时至，陈军法斩之。"温曰："卓素著威名于陇蜀之间，今日杀之，西行无依。"坚曰："明公亲率王兵，威震天下，何赖于卓？观卓所言，不假明公，轻上无礼，一罪也。章、遂跋扈经年，当以时进讨，而卓云未可，沮军疑众，二罪也。卓受任无功，应召稽留，而轩昂自高，三罪也。古之名将，仗钺①临众，未有不断斩以示威者也，是以穰苴斩庄贾，魏绛戮杨干。今明公垂意于卓，不即加诛，亏损威刑，于是在矣。"温不忍发举，乃曰："君且还，卓将疑人。"坚因起出。章、遂闻大兵向至，党众离散，皆乞降。军还，议者以军未临敌，不断功赏，然闻坚数卓三罪，劝温斩之，无不叹息。拜坚议郎。时长沙贼区星自称将军，众万余人，攻围城邑，乃以坚为长沙太守。到郡亲率将士，施设方略，旬月之间，克破星等②。周朝、郭石亦帅徒众起于零、桂，与星相应。遂越境寻讨，三郡肃然。汉朝录前后功，封坚乌程侯。

**注　释**

①**仗钺**：执掌斧钺，指接受皇帝的命令，有使用刑斩的权力。②**克**：攻克。

**译　文**

　　边章、韩遂在凉州造反。中郎将董卓讨伐却无功而返。中平三年（186），皇帝派遣司空张温行车骑将军，向西讨伐边章等人。张温上表请求孙坚参与到军事当中，并且屯兵长安。张温凭借诏书召见董卓，董卓很久之后才去拜见张温。张温责备董卓傲慢，董卓应对时出言不逊。孙坚当时正好坐在一边，他向前对张温小声说："董卓并不会害怕降罪，所以会像鸱一样张大嘴巴说话，应该用召见他却不按时前来这个罪名，用军法斩杀他。"张温说："董卓向来以威武著称于陇蜀之间，现在如果杀了他，那么向西行军的话我们就没有依靠了。"孙坚说："明天您亲率皇上的军队，就足以威震天下了，还依赖董卓干什么？我观察董卓所说的话，对您没有礼貌，对上级轻薄而无礼，这是他的首重罪过。边章、韩遂飞扬跋扈好几年，应该借助时机前进讨伐他们，可是董卓却说不行，他这样做会挫伤士气，动摇军心，这是他的第二重罪过。董卓自从上任以来还没立战功，应皇上的诏书迟迟不来，他却自高自大，作威作福，这是他的第三重罪过。自古以来的名将，如果依靠手中的斧钺来让众人信服，没有一个没有使用斩首示威于众，因此司马穰苴将庄贾斩首了，魏绛把杨干杀戮了。现在明公对董卓很重用，对他没有加以诛伐，使威刑受到损害，这就是问题的所在。"张温不忍心对董卓采取行动，于是说："您还是回去吧，董卓会起疑心的。"孙坚于是起身出去了。边章、韩遂听说大军即将到来，于是他的党羽开始众叛逃离，都乞求投降。军队胜利而归，参议的人认为军队没有与敌人进行正面交锋，不能因此来断功论赏，可是听说孙坚历数董卓的诸多罪状，劝说张温斩杀董卓，没有不叹息的。朝廷授予孙坚议郎的官职。这时，长沙的逆贼区星自立为将军，他拥有的兵力达到上万人，围取、攻打城邑，于是朝廷让孙坚做长沙太守。孙坚抵达长沙郡后，亲自带领将士，施展方法、谋略，不到一个月的时间，就击败了区星等逆贼。周朝、郭石也带领他的人马在零陵、桂阳两郡起义，和区星遥相呼应。于是孙坚立刻穿过边界去讨伐逆贼，没过多久，这三个郡都被平定了。汉朝都记录了孙坚前后的功劳，封孙坚为乌程侯。

## 原　文

灵帝崩，卓擅朝政，横恣京城。诸州郡并兴义兵，欲以讨卓。坚亦举兵。荆州刺史王叡素遇坚无礼，坚过杀之。比至南阳①，众数万人。南阳太守张咨闻军至，晏然自若。坚以牛酒礼咨②，咨明日亦答诣坚。酒酣，长沙主簿入白坚："前移南阳，而道路不治，军资不具，请收主簿推问意故。"咨大惧欲去，兵陈四周不得出。有顷，主簿复入白坚："南阳太守稽停义兵，使贼不时讨，请收出案军法从事。"便牵咨于军门斩之。郡中震栗，无求不获。前到鲁阳，与袁术相见。术表坚行破虏将军，领豫州刺史③。遂治兵于鲁阳城。当进军讨卓，遣长史公仇称将兵从事还州督促军粮。施帐幔于城东门外，祖道送称，官属并会。卓遣步骑数万人逆坚④，轻骑数十先到。坚方行酒谈笑，敕部曲整顿行陈，无得妄动。后骑渐益，坚徐罢坐，导引入城，乃谓左右曰："向坚所以不即起者，恐兵相蹈藉⑤，诸君不得入耳。"卓兵见坚士众甚整，不敢攻城，乃引还。坚移屯梁东，大为卓军所攻，坚与数十骑溃围而出。坚常著赤罽帻，乃脱帻令亲近将祖茂著之。卓骑争逐茂，故坚从间道得免。茂困迫，下马，以帻冠冢间烧柱，因伏草中。卓骑望见，围绕数重，定近觉是柱，乃去。坚复相收兵，合战于阳人，大破卓军，枭其都督华雄等。是时，或间坚于术，术怀疑，不运军粮。阳人去鲁阳百余里，坚夜驰见术，画地计校，曰："所以出身不顾，上为国家讨贼，下慰将军家门之私仇。坚与卓非有骨肉之怨也，而将军受谮润之言，还相嫌疑！"术踧踖，即调发军粮。坚还屯。卓惮坚猛壮，乃遣将军李傕等来求和亲，令坚列疏子弟任刺史、郡守者，许表用之。坚曰："卓逆天无道，荡覆王室，今不夷汝三族，县示四海，则吾死不瞑目，岂将与乃和亲邪？"复进军大谷，拒雒九十里。卓寻徙都西入关，焚烧雒邑。坚乃前入至雒，修诸陵，平塞卓所发掘。讫，引军还，住鲁阳。

**注释**

①比：到了。②礼：作为礼物赠送，这里用作动词。③领：兼任。④逆：迎接。⑤蹈藉：践踏。

**译文**

灵帝驾崩，董卓把持朝政，在京城肆意妄为。各个州郡都共同起兵，想讨伐董卓。孙坚也起兵准备反对董卓。荆州的刺史王叡平日对孙坚无礼，不加尊敬，于是孙坚找借口杀了他。等孙坚赶到南阳郡时，手上的人马已达到数万人。南阳太守张咨听说他的军队到了，安静自若。孙坚以牛和酒等作为礼物去拜见了他，张咨第二天也特地回访了孙坚。他们喝酒喝得正尽兴时，长沙的主簿进来报告孙坚，说："准备向南阳推进，可是道路还没有修好，军资还没备齐，恳请您逮捕主簿推问其中的缘由。"

●袁绍孙坚夺玉玺

张咨听了极为害怕，想快速逃走，但是孙坚已经派兵把守住四周，张咨没法出去。过了一会儿，主簿又进来对孙坚说："南阳郡的太守阻止义兵的行动，使得逆贼无法被按时讨伐，请您做出决定按照军法行事。"于是把张咨拉出军门斩首了。郡中的人都非常震惊，只要孙坚所部提出要求就没有敢不答应的。向前到鲁阳，孙坚和袁术相见。袁术上表请求封孙坚为破虏将军，兼理豫州刺史一职。于是孙坚在鲁阳城治理军队。当时恰逢让他们进军讨伐董卓，派长史公仇称率军回州，督促军粮的运送。在城东门外拉起帷帐，祖道一起来送公仇称，官属也回来聚会。董卓派步兵、骑兵好几万人来迎击孙坚，有数十个轻骑兵首先到达。孙坚正在劝酒谈笑，他立即下令让其部队按照编制整顿军队的行列与队形，不能乱动。董卓的后续骑兵也前来了，军队逐渐增多。孙坚这时慢慢离开酒席，带领军队进城，直到此时才告诉身边的随从："我以前之所以没有马上起身，是由于担心士兵拥挤，互相践踏，诸位就无法入城了。"董卓的军队看到孙坚的军队队形整齐，不敢轻易攻城，董卓的军队撤退。孙坚移军驻扎在梁东这个地方，受到董卓军队的进攻，孙坚和数十个骑兵突破董卓的包围，突围成功。孙坚把平时所戴的毛织红色头巾取下来给自己的亲信大将祖茂戴上。董卓的骑兵认为祖茂是孙坚，都争着去围攻祖茂，孙坚才能得以脱身，从小路逃跑才幸免于难。祖茂被董卓军层层围住，从马上掉下，将头巾戴在坟冢间被焚烧之后的短柱上，自己藏在草堆里。董卓大军远远望见，内外将周围包围起来，直到走近了才发现是根短柱，于是慢慢离开了。孙坚又挑选时机集中兵力，与董卓交战，大败董卓军。把他的都督华雄等人杀掉了，并把他们的头砍下来挂在木杆之上示众。这时候，有人挑拨孙坚与袁术的关系，使得袁术对孙坚起疑，不给孙坚提供军粮。阳人离鲁阳一百多里，孙坚连夜骑马赶去面见袁术，两人在地上比画着争斗起来了，孙坚说："我奋力征战，之所以不顾个人安危，对上是为国家讨伐逆贼，对下是希望安慰您，为您报家族之仇。董卓并没有杀害我的父母、孩子，而您却听信诬陷的话而怀疑我！"袁术很受感动，非常不安，立即调拨军粮。孙坚返回驻地。董卓害怕孙坚的勇武，派将军李傕等人来和他讲和、结亲。董卓让孙坚列出子弟中想担任刺史、郡守的人员，拟上奏章给皇上重用。孙坚说："董卓是叛逆，违抗天命，颠覆汉室，现在不杀掉你的三族，宣告四海，我是死不瞑目的。怎能与你结亲？"于是向大谷进军，距离雒邑九十里。董卓迁都西行到函谷关，将雒邑放火烧毁。孙坚于是向洛阳前进至雒邑，修缮陵墓，填平、堵塞董卓所破坏的地方。修完了又带领军队回到鲁阳。

三国志

**原文**

初平三年，术使坚征荆州，击刘表。表遣黄祖逆于樊、邓之间。坚击破之，追渡汉水，遂围襄阳，单马行岘山①，为祖军士所射杀②。兄子贲，帅将士众就术，术复表贲为豫州刺史。

坚四子：策、权、翊、匡。权既称尊号，谥坚曰武烈皇帝。

策字伯符。坚初兴义兵，策将母徙居舒，与周瑜相友，收合士大夫，江、淮间人咸向之。坚薨，还葬曲阿。已乃渡江居江都。

**注释**

①单马：独自骑马。②为：被。

**译文**

初平三年（192），袁术让孙坚征讨荆州，抗击刘表。刘表派黄祖在樊县、邓县之间迎战。孙坚击破了他们，渡过了汉水，包围了襄阳，孙坚独自骑马在岘山行走，被黄祖的士兵射杀。他哥哥的儿子孙贲，率领将士归顺了袁术，袁术又上表请求封孙贲做豫州刺史。

孙坚有四个儿子：孙策、孙权、孙翊、孙匡，孙权称帝后，追谥孙坚为武烈皇帝。

孙策字伯符。孙坚开始起兵讨伐董卓的时候，孙策把母亲迁到舒城居住，他和周瑜很友好，团结了社会上很多的士大夫，江、淮间的名士都想归附他。孙坚去世后，还葬在曲阿。丧事处理完后，孙策渡过长江，移住江都。

**原文**

徐州牧陶谦深忌策①。策舅吴景，时为丹杨太守，策乃载母徙曲阿，与吕范、孙河俱就景②，因缘召募得数百人。兴平元年，从袁术。术甚奇之，以坚部曲还策。太傅马日磾杖节安集关东，在寿春以礼辟策，表拜怀义校尉，术大将乔蕤、张勋皆倾心敬焉。术常叹曰："使术有子如孙郎，死复何恨！"策骑士有罪，逃入术营，隐于内厩。策指使人就斩之，讫，诣术谢。术曰："兵人好叛，当共疾之，何为谢也？"由是军中益畏惮之。术初许策为九江太守，已而更用丹杨陈纪。后术

欲攻徐州，从庐江太守陆康求米三万斛。康不与，术大怒。策昔曾诣康，康不见，使主簿接之。策尝衔恨③。术遣策攻康，谓曰："前错用陈纪，每恨本意不遂。今若得康，庐江真卿有也。"策攻康，拔之，术复用其故吏刘勋为太守，策益失望。先是，刘繇为扬州刺史，州旧治寿春。寿春，术已据之，繇乃渡江治曲阿。时吴景尚在丹杨，策从兄贲又为丹杨都尉，繇至，皆迫逐之。景、贲退舍历阳。繇遣樊能、于麋东屯横江津，张英屯当利口，以距术。术自用故吏琅邪惠衢为扬州刺史，更以景为督军中郎将，与贲共将兵击英等，连年不克。策乃说术，乞助景等平定江东。术表策为折冲校尉，行殄寇将军，兵财千余，骑数十匹，宾客愿从者数百人。比至历阳，众五六千。策母先自曲阿徙于历阳，策又徙母阜陵，渡江转斗，所向皆破，莫敢当其锋，而军令整肃，百姓怀之。

**注 释**

①**深**：非常，程度深。②**就**：归顺。③**衔恨**：怀恨。

**译 文**

徐州牧陶谦很忌怕孙策。孙策的舅舅是吴景，当时担任丹杨郡的太守，孙策于是用车载上母亲移居曲阿，他与吕范、孙河都归附吴景，趁着时机招募几百人。兴平元年（194），他跟随袁术。袁术感到很惊奇，将孙坚原来的部属还给孙策。太傅马日磾奉命安抚关东地区的子民，在寿春按礼节征召孙策，上表要求任命他为怀义校尉，袁术的大将乔蕤、张勋都非常敬重他。袁术时常感叹："如果我有孙策这种儿子，死了还有什么遗憾呢！"孙策的骑士犯罪，逃到袁术的军营当中，藏在马厩内。孙策让人把他斩首，一切结束之后，孙策向袁术谢罪。袁术说："当兵的喜欢叛乱，我们都非常憎恨，为什么要谢罪啊？"因此，军中更害怕孙策。袁术开始时答应让孙策担任九江太守，不久改用丹杨陈纪。后来袁术想攻打徐州，想从庐江太守陆康那里借米三万斛。陆康不给他，袁术极为愤怒。孙策以前曾拜访陆康，陆康不见孙策，让主簿接见他。孙策还对此很怨恨。袁术派孙策攻打陆康，对他说："以前我错用陈纪，每当想起就会感到后悔。要是现在俘获陆康，庐江郡就是你的了。"于是孙策攻打陆康，夺得庐江，袁术又任用他以前的官吏刘勋做太守，孙策更加失望了。在这件事以前，刘繇做了扬州刺史，扬州刺史的官署原来位于寿春。寿春这个地方已经被

袁术占据了，刘繇于是渡江到了曲阿。这时候吴景还在丹杨，孙策的同族兄弟孙贲依旧是丹杨都尉，刘繇到了以后，把他们都赶走了。吴景、孙贲于是退驻历阳。刘繇派樊能、于麋向东驻扎于横江津，张英驻扎在当利口，一起阻击袁术。袁术起用此前的旧吏琅邪惠衢做扬州刺史，换吴景作为督军中郎将，和孙贲一起带兵进攻张英等，数年都没攻下。孙策于是劝说袁术，要求帮助吴景等人平定江东。袁术上表要求孙策出任折冲校尉，兼任殄寇将军，孙策的兵力只有一千余人，坐骑几十匹，可是愿意追随他的宾客有好几百人。等到了历阳，兵力达到五六千人。孙策的母亲先从曲阿迁到历阳，孙策把母亲迁到阜陵，渡过长江转战各地，所经过之地都被攻克了，没有人敢与他正面交锋，他的军令统一严厉，百姓都归顺他。

原　文

　　策为人，美姿颜，好笑语，性阔达听受，善于用人，是以士民见者，莫不尽心，乐为致死。刘繇弃军遁逃，诸郡守皆捐城郭奔走[1]。吴人严白虎等众各万余人，处处屯聚。吴景等欲先击破虎等，乃至会稽。策曰："虎等群盗，非有大志，此成禽耳。"遂引兵渡浙江[2]，据会稽，屠东冶，乃攻破虎等。尽更置长吏，策自领会稽太守，复以吴景为丹杨太守，以孙贲为豫章太守；分豫章为庐陵郡，以贲弟辅为庐陵太守，丹杨朱治为吴郡太守。彭城张昭、广陵张纮、秦松、陈端等为谋主。时袁术僭号，策以书责而绝之。曹公表策为讨逆将军，封为吴侯。后术死，长史杨弘、大将张勋等将其众欲就策，庐江太守刘勋要击，悉虏之，收其珍宝以归。策闻之，伪与勋好盟。勋新得术众，时豫章上缭宗民万余家在江东，策劝勋攻取之。勋既行，策轻军晨夜袭拔庐江，勋众尽降，勋独与麾下数百人自归曹公。是时袁绍方强，而策并江东，曹公力未能逞，且欲抚之。乃以弟女配策小弟匡，又为子章取贲女，皆礼辟策弟权、翊，又命扬州刺史严象举权茂才。

注　释

　　①捐：放弃。②引：带领。

孙策人长得非常好看，好说笑，性情豁达，愿意听取别人的意见，擅长用人，只要是见到他的士民，都愿意为他以死尽忠。刘繇抛弃军队逃跑，各个郡的郡守都选择弃城外逃。吴地的严白虎等带领一万多人，到处集结势力。吴景等打算首先拿下严白虎等，抵达会稽。孙策说："严白虎这种盗贼，是没有大志向的，这次一定可以俘获他。"于是带领军队渡过浙江，占据会稽，血洗东冶，将严白虎等人打败了。于是把长吏全部更换，孙策自任会稽太守，又让吴景担任丹杨太守，让孙贲任豫章太守；把豫章分出一部分组成庐陵郡，让孙贲的弟弟孙辅任庐陵太守，丹杨朱治任吴郡太守。彭城张昭，广陵张纮、秦松、陈端等作为谋士。这时候袁术妄称帝号，孙策给他写信，责骂他并与其断绝了关系。曹操上表封孙策为讨逆将军，封吴侯。袁术死后，长史杨弘、大将张勋等将领带领其部下想归顺孙策，庐江太守刘勋截击，将他们都俘虏了，收缴其财物，胜利回去了。孙策听说了，假装与刘勋结盟。

刘勋刚得到袁术的旧部，这时候豫章上缭宗族在江东聚集上万家的民众，孙策劝刘勋攻打他们。刘勋出发后，孙策带领轻装的部队日夜赶路，出奇制胜夺取庐江，刘勋的部下都归降了，刘勋与部下几百人归顺曹操。这时候正是袁绍非常强大的时候，孙策吞并江东，曹操的作用还没法得到发挥，希望暂时安抚他们。于是将自己的弟弟的女儿许配给孙策的弟弟孙匡，又为儿子曹彰娶孙贲的女儿，同时又礼聘孙策的弟弟孙权、孙翊，又命扬州刺史严象荐举孙权为茂才。

建安五年，曹公与袁绍相拒于官渡①，策阴欲袭许，迎汉帝，密治兵，部署诸将。未发，会为故吴郡太守许贡客所杀。先是，

●孙策大战太史慈

策杀贡,贡小子与客亡匿江边。策单骑出,卒与客遇,客击伤策。创甚,请张昭等谓曰:"中国方乱,夫以吴、越之众,三江之固,足以观成败。公等善相吾弟!"呼权佩以印绶[2],谓曰:"举江东之众,决机于两陈之间,与天下争衡,卿不如我;举贤任能,各尽其心,以保江东,我不如卿。"至夜卒,时年二十六。

权称尊号,追谥策曰长沙桓王,封子绍为吴侯,后改封上虞侯。绍卒,子奉嗣。孙晧时,讹言谓奉当立,诛死。

评曰:孙坚勇挚刚毅,孤微发迹,导温戮卓,山陵杜塞,有忠壮之烈。策英气杰济,猛锐冠世,览奇取异,志陵中夏。然皆轻佻果躁,殒身致败。且割据江东,策之基兆也,而权尊崇未至,子止侯爵,于义俭矣。

**注 释**

①拒:交战。②印绶:有丝带的官印。印,官印;绶,绶带。

**译 文**

建安五年(200),曹操和袁绍在官渡进行大战,孙策暗中偷袭许昌,迎接汉献帝,秘密训练士兵,部署将领。还没有发起行动,就被原来的吴郡太守许贡的宾客杀了。在这之前,孙策杀害许贡,许贡的小儿子与宾客逃走,藏在江边。孙策一个人骑马外出,恰好与许贡的宾客相遇,宾客刺伤孙策。孙策伤势很重,他请来张昭等人,对他们说:"中国如今很乱,现在靠吴越的兵力,三江的险要,是足以成就一番事业的。你们一定要好好辅佐我的弟弟啊!"叫来孙权将官印佩戴在他的身上,对他说:"依靠江东的民众,两阵之间把握住时机,与别人争夺天下,你是不如我的;能够利用贤才,使他们竭尽忠诚,共同保卫江东,这一点我不如你。"到了半夜就去世了,死时只有二十六岁。

孙权称帝后,追封孙策谥号为长沙桓王,封其子孙绍为吴侯,后来改封上虞侯。孙绍死后,他的儿子孙奉继承父亲的官爵。孙晧时,传言说孙奉应该做皇帝,于是诛杀了孙奉。

评论说:孙坚为人勇敢刚毅,从小孤寒,身份卑下,却能劝说张温诛杀董卓,修复被破坏的帝陵,有忠贞壮烈的节操。孙策才智出众,勇武绝伦,延揽奇才异能之士,

有凌驾中原的志向。可是他们却轻佻、急躁，最后丢失性命。割据江东，这是孙策打下的基础，但是孙权虽给了他尊荣，孙策的儿子只是受封侯爵，从常理上说是有欠缺的。

# 吴主传

**原文**

　　孙权字仲谋。兄策既定诸郡，时权年十五，以为阳羡长。郡察孝廉，州举茂才[①]，行奉义校尉[②]。汉以策远修职贡，遣使者刘琬加锡命。琬语人曰："吾观孙氏兄弟虽各才秀明达，然皆禄祚不终，惟中弟孝廉，形貌奇伟，骨体不恒[③]，有大贵之表，年又最寿，尔试识之。"

**注释**

①**茂才**：秀才。东汉时，为避光武帝刘秀名讳，改称茂才。东汉的茂才地位与后世的秀才不同。②**行**：代理职位。③**不恒**：不寻常。

**译文**

　　孙权，字仲谋。其兄长孙策平定江南数郡，当时孙权仅有十五岁，孙策任命他为阳羡长。当地的郡守举荐他为孝廉，刺史推举他为茂才，试用他为奉义校尉。汉王朝认为孙策尽管远处江南地区，但是却可以执行职贡的礼数，向朝廷进献贡品，于是派遣刘琬为使者去孙策所在地，颁发赐予他爵服等奖赏的命令。刘琬回来后对别人说："在我看来，孙家几个兄弟，每个都非常出色，才能

倾危玄德结托老瞒
紫阳之诮洞见肺肝

吴太祖

●孙权

出众，聪慧、豁达，但都富贵不终，寿命不永。只有二弟孝廉，身体高大伟岸，相貌堂堂，有享受大福大贵的仪表，而且寿命最长。你们应当记住我说的这些话。"

**原文**

建安四年，从策征庐江太守刘勋。勋破①，进讨黄祖于沙羡。

五年，策薨②，以事授权。权哭未及息，策长史张昭谓权曰："孝廉，此宁哭时邪？且周公立法而伯禽不师，非欲违父，时不得行也。况今奸宄竞逐③，豺狼满道，乃欲哀亲戚，顾礼制，是犹开门而揖盗，未可以为仁也。"乃改易权服，扶令上马，使出巡军。是时惟有会稽、吴郡、丹杨、豫章、庐陵，然深险之地犹未尽从，而天下英豪布在州郡，宾旅寄寓之士以安危去就为意，未有君臣之固。张昭、周瑜等谓权可与共成大业，故委心而服事焉④。曹公表权为讨虏将军，领会稽太守⑤，屯吴⑥，使丞之郡行文书事。待张昭以师傅之礼，而周瑜、程普、吕范等为将率。招延俊秀，聘求名士，鲁肃、诸葛瑾等始为宾客。分部诸将，镇抚山越⑦，讨不从命。

**注释**

①破：打败。②薨：指诸侯之死。③奸宄：行窃、作乱的坏人。乱在外称为奸，乱在内称为宄。④委心：尽力。⑤领：兼任官职。⑥屯：驻守。⑦山越：对当时居住于今安徽、江苏、浙江、江西各省的越族人民的统称。

**译文**

建安四年（199），孙权追随孙策讨伐庐江太守刘勋。打败刘勋所率领的军队，向沙羡进军征讨黄祖。

建安五年（200），孙策去世，将政事交给孙权，还没等到孙权悲泣停止，孙策的长史张昭对其说："孝廉，此时难道是应哭泣的时候吗？古代的周公制定礼仪制度，他的儿子伯禽却没能遵守，他不是故意违背父亲的命令，而是当时无法遵行。更何况现在内外的坏人都在猖狂地活动着，像豺狼一样的坏人四处都是。在这种情况下，还去为死去的兄长感到哀痛，凡事都以丧礼为主，这种举动犹如开门欢迎坏人一样，这不算是仁的行为啊！"于是，他让孙权换下丧服、穿上官服，扶他上马，让他到外面巡查军队。当时孙权只占有会稽、吴郡、丹杨、豫章、庐陵五个郡，其中身处深山险要位置的地方还没有完全归顺，天下的英雄豪杰分布在各州郡，暂时居住在这里的宾客以个人安危、去留，作为考虑的重要问题，没有固定的君臣关系。张昭、周瑜等人认为孙权能够与他们一起成就伟业，所以尽力辅佐他。曹操奏请朝廷任命孙权为讨虏将军，同时兼任会稽太守，驻军吴县。孙权派官员到各郡负责办理文书的公务。以对待师长的礼仪对待张昭，任用周瑜、程普、吕范等人为将军，招揽才能出众、天下闻名的人士，鲁肃、诸葛瑾等人开始作为孙权的贵客。分派众将领，镇守、安抚山越各族，讨伐不服从的州县。

**原文**

七年，权母吴氏薨。

八年，权西伐黄祖，破其舟军①，惟城未克，而山寇复动②。还过豫章，使吕范平鄱阳，程普讨乐安，太史慈领海昏，韩当、周泰、吕蒙等为剧县令长③。

九年，权弟丹杨太守翊为左右所害，以从兄瑜代翊。

十年，权使贺齐讨上饶，分为建平县。

十二年，西征黄祖，虏其人民而还。

**注释**

①**舟军**：水军。②**山寇**：对当时反对孙权统治的山越民众的蔑称。③**剧县**：政务繁重的县。

**译文**

建安七年（202），孙权的母亲吴氏去世。

建安八年，孙权西讨黄祖，击败其水军，只有城池没能攻克，而且山贼又作乱。孙权撤军返回，途中经过豫章，派遣吕范平定鄱阳，程普讨伐乐安，太史慈监管海昏，韩当、周泰、吕蒙等担任军政事务较为繁重的县的县令。

建安九年，孙权的弟弟丹杨太守孙翊被其随从杀害，派其堂兄孙瑜接替其官位。

建安十年，孙权指使贺齐讨伐上饶，把上饶的一部分划为建平县。

建安十二年，向西征讨黄祖，俘虏其民众后回来。

十三年春，权复征黄祖，祖先遣舟兵拒军，都尉吕蒙破其前锋[1]，而凌统、董袭等尽锐攻之，遂屠其城。祖挺身亡走[2]，骑士冯则追枭其首，虏其男女数万口。是岁，使贺齐讨黟、歙，分歙为始新、新定、犁阳、休阳县，以六县为新都郡。荆州牧刘表死，鲁肃乞奉命吊表二子，且以观变。肃未到，而曹公已临其境，表子琮举众以降。刘备欲南济江，肃与相见，因传权旨[3]，为陈成败。备进住夏口，使诸葛亮诣权，权遣周瑜、程普等行。是时曹公新得表众，形势甚盛，诸议者皆望风畏惧，多劝权迎之[4]。惟瑜、肃执拒之议，意与权同。瑜、普为左右督，各领万人，与备俱进，遇于赤壁，大破曹公军。公烧其余船引退[5]，士卒饥疫，死者大半。备、瑜等复追至南郡，曹公遂北还，留曹仁、徐晃于江陵，使乐进守襄阳。时甘宁在夷陵，为仁党所围[6]，用吕蒙计，留凌统以拒仁，以其半救宁，军以胜反[7]。权自率众围合肥，使张昭攻九江之当涂。昭兵不利，权攻城逾月不能下。曹公自荆州还，遣张喜将骑赴合肥。未至，权退。

①**都尉**：官名。郡都设置有都尉，掌握兵权。②**挺身**：逃脱，挣开。③**旨**：建议，主张，意思。④**迎**：投降归顺。⑤**引退**：率军撤退。⑥**党**：属下。⑦**反**：同"返"，返回。

建安十三年（208），孙权再次征讨黄祖，黄祖先派遣水军抗拒吴军，吴都尉吕蒙攻破其先锋队伍，而凌统、董袭等将更是率军尽力攻打，屠杀城内的百姓。黄祖刚要逃走，骑士冯则赶上前砍掉了他的脑袋，俘虏了几万名百姓。这年，孙权派贺齐进攻黟县、歙县，把歙县重新进行划分，新建始新、新定、犁阳、休阳四个县，以这六个县为新都郡。荆州牧刘表病死，鲁肃请求孙权派他前往荆州向刘表的两个儿子进行凭吊，趁机实地考察荆州的新情况。鲁肃还没有到达，曹操率领的大军已经逼近荆州了，刘表的次子刘琮向曹操献出他的全部军民表示投降。刘备想向南渡长江，鲁肃与他见面，向他转达了孙权的想法，分析摆在他们面前的失败及成功两种选择。刘备进驻夏口，派诸葛亮拜见孙权，孙权派周瑜、程普率军出发。当时曹操刚获得刘表的军民，形势不错，孙权方面参与讨论的人想到对方的声威而备感恐惧，大多劝孙权投降。只有周瑜、鲁肃不同意投降，与孙权的主张是一样的。孙权任命周瑜、鲁肃为左右督军，各领一万人，与刘备联合进军，与曹军在赤壁交战，把曹军打得落花流水。曹操烧掉了剩下的船只撤退，士兵因为饥饿和疫病，死掉大半。刘备、周瑜随后把他们追赶到南郡，曹操回到北方，留下曹仁、徐晃守卫江陵，让乐进守襄阳。当时吴将甘宁身在夷陵，被曹仁的部将包围。孙权采纳吕蒙计策，留下凌统抵御曹仁，分凌统一半的军队去援救甘宁，援军胜利完成命令归来。孙权亲率大军围攻合肥，并让张昭进攻九江郡的当涂县。张昭进攻不顺，孙权的包围超过一个月，也没能攻占合肥。曹操从荆州返回北方后，派遣张喜率骑兵援助合肥。张喜还没到达，孙权已经撤军。

**原文**

十四年，瑜、仁相守岁余，所杀伤甚众。仁委城走①。权以瑜为南郡太守。刘备表权行车骑将军②，领徐州牧。备领荆州牧，屯公安。

十五年，分豫章为鄱阳郡；分长沙为汉昌郡，以鲁肃为太守，屯陆口。

十六年，权徙治秣陵③。明年，城石头，改秣陵为建业。闻曹公将来侵，作濡须坞。

十八年正月，曹公攻濡须，权与相拒月余。曹公望权军，叹其齐肃④，乃退。初，曹公恐江滨郡县为权所略⑤，征令内移。民转相惊，自庐江、九江、蕲春、广陵户十余万皆东渡江，江西遂虚，合肥以南惟有皖城。

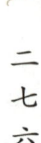

●孙权虎踞江东

三国志

　　①**委城**：放弃城池。②**表**：上表要求任命。表指古代上呈的文书的名称，作动词用。③**治**：旧时指王都或地方官署的所在地。④**齐肃**：严肃齐整。⑤**略**：掠夺，侵犯。

**译　文**

　　建安十四年（209），周瑜、曹仁彼此进攻、防守对峙一年多，双方的伤亡都非常惨重。曹仁弃城逃走，孙权任命周瑜为南郡太守。刘备奏请朝廷任命孙权为车骑将军，兼徐州牧。刘备兼任荆州牧，驻守公安。

　　建安十五年（210），从豫章郡划分一部分土地成立鄱阳郡；从长沙郡划分一部分土地成立汉昌郡，任命鲁肃为汉昌太守，驻守陆口。

　　建安十六年，孙权将他的官署迁徙到秣陵。第二年，他修建石头城，将秣陵改称建业。听说曹操要来侵袭，于是修建濡须坞。

　　建安十八年正月，曹操率军进攻濡须，孙权与他对峙月余，曹操远望吴军，赞叹其整齐肃穆，于是撤军。当初，曹操害怕长江北岸的郡县会遭受孙权的抢掠，命令生活在这一带的百姓向后迁徙，民众反而感到惊恐，居住在庐江、九江、蕲春、广陵等地的十万余户民众都向南渡过长江，江北变得空虚，合肥以南就仅剩皖城了。

**原　文**

　　十九年五月，权征皖城。闰月，克之，获庐江太守朱光及参军董和，男女数万口。是岁刘备定蜀①。权以备已得益州，令诸葛瑾从求荆州诸郡。备不许，曰："吾方图凉州，凉州定，乃尽以荆州与吴耳。"权曰："此假而不反②，而欲以虚辞引岁③。"遂置南三郡长吏④，关羽尽逐之。权大怒，乃遣吕蒙督鲜于丹、徐忠、孙规等兵二万取长沙、零陵、桂阳三郡，使鲁肃以万人屯巴丘以御关羽。权住陆口，为诸军节度。蒙到，二郡皆服，惟零陵太守郝普未下。会备到公安，使关羽将三万兵至益阳，权乃召蒙等使还助肃。蒙使人诱普，普降，尽得三郡将守，因引军还，与孙皎、潘璋并鲁肃兵并进，拒羽于益阳。未战，会曹公入汉中，备惧失益州，使使求和⑤。权令诸葛瑾报⑥，更寻盟好⑦，遂分荆州长沙、江夏、桂阳以东属权，南郡、零陵、武陵以西属备。备归，而曹公已还。

权反自陆口，遂征合肥。合肥未下，军还。兵皆就路，权与凌统、甘宁等在津北为魏将张辽所袭，统等以死捍权⑧，权乘骏马越津桥得去。

注释

①定：平定。②假：凭借。③虚辞：假话。④置：任命官吏。⑤使使：派遣使者。⑥报：回答。⑦盟好：结盟友好。⑧捍：保卫。

译文

建安十九年（214）五月，孙权进攻皖城。这年的闰月，攻占皖城，俘虏庐江太守朱光、参军董和与百姓几万人。这年刘备平定蜀地，孙权因为刘备已攻占益州，就命令诸葛瑾向刘备讨还荆州各郡。刘备不同意，说："我正设法攻占凉州，等我平定了凉州，我再把荆州全部还给吴国吧。"孙权说："他这是借了不还，只是以空话在拖延时间。"于是任命荆州南部三个郡的主要官员，但是被关羽用武力都给赶走了。孙权非常生气，便派遣吕蒙带鲜于丹、徐忠、孙规等将领率两万士兵进攻长沙、零陵、桂阳三郡。派鲁肃率一万名士兵驻守巴丘，抵挡关羽。孙权驻扎于陆口，指挥、调度各路军队。吕蒙带军抵达长沙，长沙、桂阳二郡都投降了，只有零陵太守郝普不投降。恰逢刘备到了公安，便派遣关羽率领三万士兵抵达益阳，孙权便命吕蒙等人返回支援鲁肃。吕蒙派使者前去劝降郝普，郝普投降，吕蒙争取了三郡全部的将领郡守，于是率军返回，与孙皎、潘璋、鲁肃会师同时前进，到益阳迎战关羽。战斗还没开始，恰逢曹操进攻汉中，刘备担心丧失益州，于是就派遣使者到吴军求和。孙权命诸葛瑾回复，同意谋求两国的联盟，恢复友好，于是将荆州划分为两部分，长沙、江夏、桂阳三郡以东的地区归孙权，南郡、零陵、武陵三郡以西的地区归刘备。刘备返回成都，曹操这时也已从汉中撤军。孙权从陆口返回建业，又进攻合肥。合肥没有攻下，孙权准备撤军。撤退的士兵都走上了回去的道路，孙权与凌统、甘宁等率军在逍遥津北突遇张辽的偷袭，凌统等将军以死保护孙权，孙权乘骏马渡过逍遥津的板桥才得以离去。

原文

二十一年冬，曹公次于居巢①，遂攻濡须。

二十二年春，权令都尉徐详诣曹公请降，公报使修好，誓重结婚②。

二十三年十月，权将如吴③，亲乘马射虎于庱亭。马为虎所伤，权投以双戟④，虎却废，常从张世击以戈⑤，获之。

## 注　释

①**次**：行军时在一个地方停留超过两个晚上。这里指驻军。②**重结婚**：再次通婚。③**如**：往，到。④**戟**：兵器名称。一种将矛、戈合为一体的兵器，可以刺、击。⑤**常从**：经常跟随在身边的随从。

## 译　文

建安二十一年（216）冬天，曹操驻扎于居巢，进攻濡须。

建安二十二年春天，孙权命令都尉徐详拜会曹操，请求归降曹操，曹操回应派遣使臣来改善双方关系，决心重新结为姻亲。

建安二十三年十月，孙权将要去吴郡，亲自乘马在庱亭射虎。老虎将马咬伤，孙权用双戟投向老虎，老虎受伤后退，经常跟随他的随从见状立刻挥戈向老虎刺去，捕获了老虎。

## 原　文

二十四年，关羽围曹仁于襄阳，曹公遣左将军于禁救之。会汉水暴起，羽以舟兵尽虏禁等步骑三万送江陵，惟城未拔<sup>①</sup>。权内惮羽，外欲以为己功，笺与曹公<sup>②</sup>，乞以讨羽自效。曹公且欲使羽与权相持以斗之，驿传权书<sup>③</sup>，使曹仁以弩射示羽。羽犹豫不能去。闰月，权征羽，先遣吕蒙袭公安，获将军士仁。蒙到南郡，南郡太守糜芳以城降。蒙据江陵，抚其老弱，释于禁之囚。陆逊别取宜都，获秭归、枝江、夷道，还屯夷陵，守峡口以备蜀。关羽还当阳，西保麦城。权使诱之。羽伪降，立幡旗为象人于城上，因遁走，兵皆解散，尚十余骑。权先使朱然、潘璋断其径路。十二月，璋司马马忠获羽及其子平、都督赵累等于章乡，遂定荆州。是岁大疫<sup>④</sup>，尽除荆州民租税。曹公表权为骠骑将军，假节领荆州牧，封南昌侯。权遣校尉梁寓奉贡于汉，及令王惇市马<sup>⑤</sup>，又遣朱光等归。

## 注　释

①**拔**：攻占。②**笺**：信札。这里作为动词，写信。③**驿传**：交给驿站进行传送。

④**大疫**：疫病大规模流行。⑤**市**：购买，这里作为动词用。

建安二十四年（219），关羽将曹仁围困于襄阳，曹操派左将军于禁率军援助。恰逢汉水暴涨，关羽派水军参加战斗，把于禁等人率领的三万名步、骑兵都给俘获，送往江陵，只有襄阳城还没攻克。孙权从心中害怕关羽，表面上却想为自己表功，写信给曹操，请求出兵进攻关羽以表明为其效力的决心。曹操为了让关羽、孙权长期对峙并互相争斗，用快马速传孙权的亲笔信，命令曹仁用强弓把这封信射给关羽。关羽看到信后，主意不定，没能马上撤军。这年闰月，孙权进攻关羽，先派吕蒙偷袭公安郡，俘虏蜀将士仁。吕蒙又率军进攻南郡，太守糜芳投降。吕蒙占领江陵，安抚全城的百姓，解除对于禁的监禁。陆逊率军攻占了宜都，又攻占了秭归、枝江、夷道，率军驻扎在夷陵，严守峡道，严防蜀军东下。关羽退回当阳，往西行进，守卫麦城。孙权派人劝说关羽投降，关羽伪装投降，在麦城的城墙上树立军旗，立了很多假人，趁机逃出，军队四散，只剩下十几个骑兵。孙权先派朱然、潘璋阻断关羽撤军的道路。十二月，潘璋的司马马忠在章乡俘虏关羽及其儿子关平、都督赵累等人，于是平定荆州。这年疫病流行，孙权下令免除荆州的所有租税。曹操奏请朝廷封孙权为骠骑将军，假节、兼任荆州牧，封南昌侯。孙权派校尉梁寓向汉献帝进献贡品，并令王惇买马，遣送朱光等人回北方。

二十五年春正月，曹公薨，太子丕代为丞相魏王，改年为延康。秋，魏将梅敷使张俭求见抚纳。南阳阴、酂、筑阳、山都、中庐五县民五千家来附。冬，魏嗣王称尊号，改元为黄初。二年四月，刘备称帝于蜀。权自公安都鄂，改名武昌，以武昌、下雉、寻阳、阳新、柴桑、沙羡六县为武昌郡。五月，建业言甘露降①。八月，城武昌，下令诸将曰："夫存不忘亡，安必虑危，古之善教②。昔隽不疑汉之名臣，于安平之世而刀剑不离于身，盖君子之于武备，不可以已。况今处身疆畔，豺狼交接，而可轻忽不思变难哉③？顷闻诸将出入④，各尚谦约⑤，不从人兵，甚非备虑爱身之谓。夫保己遗名，以安君亲，孰与危辱？宜深

警戒，务崇其大，副孤意焉。"自魏文帝践阼，权使命称藩，及遣于禁等还。

十一月，策命权曰："盖圣王之法，以德设爵，以功制禄；劳大者禄厚，德盛者礼丰。故叔旦有夹辅之勋，太公有鹰扬之功，并启土宇，并受备物⑥，所以表章元功⑦，殊异贤哲也⑧。近汉高祖受命之初，分裂膏腴以王八姓⑨，斯则前世之懿事⑩，后王之元龟也。朕以不德，承运革命，君临万国，秉统天机，思齐先代，坐而待旦。惟君天资忠亮，命世作佐，深睹历数⑪，达见废兴，远遣行人，浮于潜汉。望风影附，抗疏称藩，兼纳纤缔南方之贡⑫，普遣诸将来还本朝，忠肃内发，款诚外昭，信著金石，义盖山河，朕甚嘉焉。今封君为吴王，使使持节太常高平侯贞，授君玺绶策书、金虎符第一至第五、左竹使符第一至第十，以大将军使持节督交州，领荆州牧事，锡君青土，苴以白茅，对扬朕命⑬，以尹东夏。其上故骠骑将军南昌侯印绶符策。今又加君九锡，其敬听后命。以君绥安东南，纲纪江外，民夷安业，无或携贰，是用锡君大辂、戎辂各一，玄牡二驷。君务财劝农，仓库盈积，是用锡君衮冕之服，赤舄副焉。君化民以德，礼教兴行，是用锡君轩县之乐。君宣导休风，怀柔百越，是用锡君朱户以居。君运其才谋，官方任贤⑭，是用锡君纳陛以登。君忠勇并奋，清除奸慝，是用锡君虎贲之士百人。君振威陵迈，宣力荆南，枭灭凶丑，罪人斯得，是用锡君鈇钺各一。君文和于内，武信于外，是用锡君彤弓一、彤矢百、玈弓十、玈矢千。君以忠肃为基，恭俭为德，是用锡君秬鬯一卣，圭瓒副焉。钦哉！敬敷训典⑮，以服朕命，以勖相我国家，永终尔显烈。"

是岁，刘备帅军来伐，至巫山、秭归，使使诱导武陵蛮夷，假与印传，许之封赏。于是诸县及五溪民皆反为蜀。权以陆逊为督，督朱然、潘璋等以拒之。遣都尉赵咨使魏。魏帝问曰："吴王何等主也？"咨对曰："聪明仁智，雄略之主也。"帝问其状，咨曰："纳鲁肃于凡品，是其聪也；

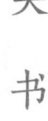

拔吕蒙于行陈，是其明也；获于禁而不害，是其仁也；取荆州而兵不血刃，是其智也；据三州虎视于天下，是其雄也；屈身于陛下，是其略也。"帝欲封权子登，权以登年幼，上书辞封，重遣西曹掾沈珩陈谢，并献方物⑯。立登为王太子。

译文

　　建安二十五年（220）春正月，曹操去世，太子曹丕继任丞相、魏王，年号改称延康。秋天，魏将梅敷派张俭来要求孙权安抚、接纳他们。南阳郡所属的阴、酂、筑阳、山都、中庐五个县的五千家民众都来归附孙权。这年冬天，新任的魏王曹丕称帝，改年号为黄初。黄初二年（221）四月，刘备在蜀地称帝。孙权从公安迁往鄂县，并在那里建都，把鄂县改称武昌，把武昌、下雉、寻阳、阳新、柴桑、沙羡六个县划为武昌郡。同年五月，在建业宣称天降甘露。八月，修建武昌城，孙权对诸将下令："在生存时不可以忘记灭亡，在安全的时候务必考虑到身边的危险，这是古人给我们留下的有益教导。从前有个叫隽不疑的人，他是汉朝名臣，生活在和平年代，但是刀剑从不离身。这说明君子认为武力的准备是不能荒废的。何况我们如今住在国境的边缘，坏人犹如豺狼虎豹一般，可以通过多种渠道接近我们，难道我们能够轻率大意，不考虑突然会出现的灾难吗？我最近听说将军们在外出时，都喜欢谦逊简朴，不带上随从的侍卫，可以说这样做便是忧患不周、不爱惜自己。要爱惜自己，建功扬名，使得君主与亲人都可以放心，为什么要使自己遭遇危险与侮辱呢？应该加强警戒，真正重视这个问题，按照我的建议去行事。"从魏文帝曹丕称帝以来，孙权派使者对曹丕说自己是魏国的属国，又把于禁等人遣送回去。

　　十一月，曹丕下达奖励孙权的诏令，诏书中写道："圣明的君王的律法，依照道德的标准确定封号及官位，以功劳的大小来确定俸禄等级。功劳大的人可以享受到的俸禄就好，道德素养高的人就能得到更高的尊重。所以周公有辅佐武王、成王的功劳，

三国志

太公有施展才华使得周朝强大的功劳，他们被分封土地，接受各类赏赐，都是为了表彰其雄伟功业，对卓越的人物加以特殊对待。近代的汉高祖最初称帝的那年，大量分封肥沃的土地，让非刘姓的八位功臣身居王位，这是前代的盛况，后代的帝王更应该作为借鉴。我个人的德操并不与帝王相称，只是承受天命，身居帝王的位子，治理天下，掌握国家的大权，很想把天下治理得像前代的盛世一样繁盛，所以日夜操劳。鉴于你本性忠诚淳厚，在天下声名显著，有辅佐帝王的才能。考察一下历代王朝更替的次序，就能知道汉朝废魏朝兴起，使臣大多是从潜水、汉水派来的。你得知我称帝的消息，立即归附于我，且献上文书，自称是我的属国，并呈献丝绸麻布等江南特产作为贡品，把各位将军遣送回本朝。你的忠诚恭敬是发自你的内心的，也明显地表现在外表上。你的信誉可以铭刻在金石上，普盖山河大地，我对此表示赞赏。现在封你为吴王，派遣使持节太常高平侯邢贞，授予你印章、诏书、金虎符第一至第五、左竹使符第一至第十，授命你为大将军使持节督交州，兼任荆州牧；赐你青土，外面包有白茅；要答复、称赞我的任命，将国家的东部地区治理好。要上缴前骠骑将军南昌侯的印章和诏书。再加赐你九种赏赐，要听我以后的命令。因为你使国家的东南部安定，把长江中下游南岸地区治理得很好，使汉人与夷人安居乐业，没有人怀有二心，所以赐你大车、兵车各一辆，黑色公马八匹。你重视财富的积累，奖励农耕，积存的谷物装满了仓库，所以赐予你王侯穿的礼服礼帽，还有与其相配的红色着木的复底鞋。你用德操感化民众，鼓励礼教的推广，所以赐予你三面悬挂的乐器。你发扬美善、祥和的社会风气，善于笼络、安抚百越之民，因此特准你在有红色涂门的住所里居住。你发挥出了你的才能智谋，任用贤良纯朴的人做官，因此赏赐你拥有纳于檐下的殿坛台阶。你能发扬忠厚勇敢的精神，除掉奸诈邪恶的坏人，所以赏赐你百名勇士。你扬威于山区之外的海疆，在荆南表现出强大的威力，清除掉凶恶残忍的丑类，抓获了有罪的人，所以赏赐你黑色的铁钺各一件。你的文臣在朝内和睦，武将在外信服，因此赏赐你一张红弓、一百支红箭、十张黑弓、一千支黑箭。你能够把忠诚、肃穆、恭顺、俭朴作为道德修养的根本所在，所以赏赐你用于祭祀的美酒一卣，还有与盛这种美酒相配套的玉柄勺。要恭敬地执行你的职务啊！要真正遵行训导，服从命令，尽力辅佐我治理国家，永远保住你的显赫的功绩。”

这一年，刘备率军进攻吴国，到达巫山、秭归，派使者前去诱降武陵山区的百姓，假装说给予印章、符信，并且许诺封官赏赐，于是武陵各地以及五谿的百姓都反对吴国拥护蜀国。孙权任命陆逊为大都督，率领朱然、潘璋等将迎战。孙权派都尉赵咨出使魏国。曹丕问道：“吴王是什么样的君主？”赵咨回答说：“吴王聪明仁慈，是一个有雄韬大略的君主。"魏文帝又接着问这种评价的具体内容，赵咨回答说："在众多平凡的人中唯独特殊接纳鲁肃，这是吴王广泛听取建议的聪明之处；在众多的士兵中，越级提拔吕蒙，这是吴王亲眼视察所得的聪明之处；俘虏了于禁，但是不加害于他，这是吴王的仁慈之处；没有伤亡一个人就夺取荆州，这是吴王有智谋的一面；占据荆、扬、交三州，像猛虎一样观察天下的局势，这是吴王的雄才；对于您，他委屈自己向您称臣，这是吴王的谋略。"魏文帝想要封赏吴王的儿子孙登，但是孙权认为孙登的年纪还小，上书辞谢了，又派西曹掾沈珩表达自己的谢意，还进献江南的特产。立孙登为王太子。

### 原 文

　　黄武元年春正月，陆逊部将军宋谦等攻蜀五屯，皆破之，斩其将。三月，鄱阳言黄龙见。蜀军分据险地，前后五十余营，逊随轻重以兵应拒，自正月至闰月，大破之，临陈所斩及投兵降首数万人①。刘备奔走，仅以身免。

### 注 释

　　①**投兵降首**：指投降的士兵及将领。

### 译 文

　　黄武元年（222）春正月，陆逊率将军宋谦等人进攻蜀军的五所军营，全部攻破了，杀掉军营当中的守将。三月，鄱阳传出有黄龙出现。蜀国的军队散开占据各个险要据点，前后建立五十多所军营，陆逊依照战斗任务的大小派出军队对付敌人，从正月到这年闰月，大败敌军，临阵被杀、主动投降与被迫请求投降的人多达几万。刘备逃走，只有他一个人没被俘。

### 原 文

　　初，权外托事魏，而诚心不款。魏乃遣侍中辛毗、尚书桓阶往与盟誓，并征任子，权辞让不受。秋九月，魏乃命曹休、张辽、臧霸出洞口，曹仁出濡须，曹真、夏侯尚、张郃、徐晃围南郡。权遣吕范等督五军，以舟军拒休等，诸葛瑾、潘璋、杨粲救南郡，朱桓以濡须督拒仁。时扬、越蛮夷多未平集，内难未弭<sup>①</sup>，故权卑辞上书，求自改厉<sup>②</sup>，"若罪在难除，必不见置，当奉还土地民人，乞寄命交州，以终余年。"文帝报曰："君生于扰攘之际，本有从横之志，降身奉国，以享兹祚<sup>③</sup>。自君策名已来，贡献盈路。讨备之功，国朝仰成<sup>④</sup>。埋而掘之，古人之所耻。朕之与君，大义已定，岂乐劳师远临江汉？廊庙之议，王者所不得专；三公上君过失，皆有本末。朕以不明，虽有曾母投杼之疑，犹冀言者不信，以为国福。故先遣使者犒劳，又遣尚书、侍中践修前言，以定任子。君遂设辞<sup>⑤</sup>，不欲使进，议者怪之。又前都尉浩周劝君遣子，乃实朝臣交谋，以此卜君，君果有辞，外引隗嚣遣子不终，内喻窦融守忠而已。世殊时异，人各有心。浩周之还，口陈指麾，益令议者发明众嫌，终始之本，无所据仗，故遂俯仰从群臣议<sup>⑥</sup>。今省上事，款诚深至，心用慨然，凄怆动容。即日下诏，敕诸军但深沟高垒<sup>⑦</sup>，不得妄进。若君必效忠节，以解疑议，登身朝到，夕召兵还。此言之诚，有如大江！"

权遂改年，临江拒守。冬十一月，大风，范等兵溺死者数千，余军还江南。曹休使臧霸以轻船五百、敢死万人袭攻徐陵，烧攻城车，杀略数千人。将军全琮、徐盛追斩魏将尹卢，杀获数百。十二月，权使太中大夫郑泉聘刘备于白帝<sup>⑧</sup>，始复通也。然犹与魏文帝相往来，至后年乃绝。是岁改夷陵为西陵。

**译文**

当初，孙权表面上装作臣服魏国，但是内心却很不诚恳。魏国想派遣侍中辛毗、尚书桓阶前往武昌与孙权一起立誓结盟，并要求孙权将其儿子孙登送到魏国作为人质，孙权极力推辞，不愿接受。秋天九月，魏国派曹休、张辽、臧霸发兵攻击洞口，曹仁发兵进攻濡须，曹真、夏侯尚、张郃、徐晃围攻南郡。孙权派遣吕范等统率五路大军，用水军抗击曹休等人，派遣诸葛瑾、潘璋、杨粲援救南郡，任命朱桓为濡须都督抵挡曹仁。当时扬、越山区的部族，多半还没被平定，内部的动乱还没停止，所以孙权用卑微的言辞上书，请求允许他改过自新。他在文书当中说："如果您认为我的罪过极为严重，难以悔过，无法被您原谅，我愿意奉还您分封给我的土地与民众，请求您允许我将生命托付于交州，度过剩下的岁月。"文帝在回复给他的诏书中写道："你生活于动乱纷争的年代，本来拥有纵横驰骋、建功立业的宏伟壮志，能委屈自己来臣服我国，长期享有俸禄。自从你接受封赏以来，进献贡品的使臣不停奔走于道路上。讨伐刘备的事，朝廷希望你可以成功。埋掘不定的举动是被古人所耻笑的。我与你的君臣关系早已确定，难道我愿意远去江汉使得军队劳累吗？朝廷中讨论的是军国大事，帝王一个人也不可以专断；三公都陈述你的过失，说明事实的起因、缘故。我知道自己并不圣明，虽然我曾经像曾参的母亲怀疑儿子那样，对你也产生不应当出现的怀疑，但是我还是希望三公所陈述的你的事实都并非真实，而把这看作是国家的一桩幸事。因此先派遣使者对你们赏赐、慰劳，又派遣尚书、侍中去完满地实现原本预定的盟约，把孙登来朝做人质的事情完成。你却借故推辞，不愿意让孙登前来，参加讨论的大臣都感到古怪。此外，前都尉浩周劝你将儿子送来当人质，其实这是大家共同的意见，想借这件事来验证你的诚心，但是你果然对此加以推辞，对外引用隗嚣为例，说他尽管让儿子去当人质，但是最终还是背叛了光武帝，对内以窦融来比喻自己，表明自己并没有二心，仅仅是谦恭自守而已。时代已经完全改变了，人们也会有各自的打算。浩周回来后，亲口表述了你的想法，更使参加议论的诸公发现你做了很多可疑之事，你所表示的始终忠于我这一根本问题没能获得可靠的保证，因此我只能应付大家，听取其意见。现在看到你送来的信件，你对我表达的忠心可以说到了极点，我心中因此也很有感慨，不免动情。当日就下达命令，令南下诸军只挖战壕，修筑堡垒，不可以随意进军。如果你真的想效忠于我，以便消除人们对你的猜疑、议论的话，孙登本人早上到达，我晚上就会下令撤回军队。我的话的真实性，就犹如大江一样！"

孙权改元黄武，沿江布防，抵御魏军的进攻。冬十一月，天有大风，吕范等人率领的水军被淹死数千人，剩下的军队退回江南。魏将曹休派臧霸率领五百条装有万名敢于死战的将士的快船，偷袭徐陵，烧毁吴军的攻城车，杀死、俘虏几千人。将军全琮、徐盛对魏将尹卢进行追杀，杀掉、俘虏几百人。十二月，孙权派太中大夫郑泉到白帝城与刘备交好，这次是吴蜀两国重新交往的开端。孙权与魏文帝还是互有往来，直到后年才彻底断绝关系。这年孙权将夷陵改名为西陵。

原 文

　　二年春正月，曹真分军据江陵中州。是月，城江夏山。改四分，用乾象历。三月，曹仁遣将军常彫等，以兵五千，乘油船，晨渡濡须中州。仁子泰因引军急攻朱桓，桓兵拒之，遣将军严圭等击破彫等。是月，魏军皆退。

　　夏四月，权群臣劝即尊号，权不许。刘备薨于白帝。五月，曲阿言甘露降。先是戏口守将晋宗杀将王直，以众叛如魏，魏以为蕲春太守，数犯边境[1]。六月，权令将军贺齐督糜芳、刘邵等袭蕲春，邵等生虏宗[2]。冬十一月，蜀使中郎将邓芝来聘。

注 释

　　①数：屡次。②生虏：活捉。

译 文

　　黄武二年（223）春正月，曹真出动一部分军队占领江陵江中的百里洲。这月，他在江夏山上修建城墙。废除四分历，改用乾象历。三月，曹仁派将军常彫等，率五千兵力乘坐油脂快船，于清晨渡过濡须附近的江中小洲。曹仁的儿子曹泰趁机领兵对吴将朱桓发动了猛烈的攻击，朱桓发兵进行反击，派将军严圭等击败常彫等魏将。这个月，魏军全部撤回。

　　夏四月，孙权的诸臣劝他称帝，孙权没有答应。刘备死在白帝城。五月，曲阿城传出有甘露降临。在此前，驻守在戏口的将领晋宗杀死王直，带部下逃到魏国，魏王任命他为蕲春太守，多次侵犯吴国边境。六月，孙权令将军贺齐带领糜芳、刘邵等将士偷袭蕲春，刘邵等将活捉晋宗。冬十一月，蜀国派遣中郎将邓芝来与吴国交好。

原 文

　　三年夏，遣辅义中郎将张温聘于蜀。秋八月，赦死罪。九月，魏文帝出广陵，望大江，曰"彼有人焉，未可图也[1]"，乃还。

　　四年夏五月，丞相孙邵卒。六月，以太常顾雍为丞相。皖口言木连理。冬十二月，鄱阳贼彭绮自称将军，攻没诸县<sup>②</sup>，众数万人。是岁地连震。

**注释**

①**图**：谋取。②**攻没**：攻占一个地方并没收该地官府的所有财物。

**译文**

黄武三年（224）夏，魏文帝派遣辅义中郎将张温前往蜀国通好。秋天八月，赦免死罪。九月，魏文帝巡查广陵，遥望大江，说："吴国有贤人在这里，不能谋取啊！"于是返回洛阳。

黄武四年夏五月，丞相孙邵去世。六月，任命太常顾雍为丞相。皖口传出两树连生的异象。冬十二月，鄱阳的贼人彭绮自称将军，占领几座县城，拥有几万名部众。这年不断发生地震。

**原文**

五年春，令曰："军兴日久，民离农畔<sup>①</sup>，父子夫妇，不听相恤，孤甚愍之。今北虏缩窜，方外无事，其下州郡，有以宽息。"是时陆逊以所在少谷，表令诸将增广农亩。权报曰："甚善。今孤父子亲自受田，车中八牛以为四耦，虽未及古人，亦欲与众均等其劳也。"秋七月，权闻魏文帝崩<sup>②</sup>，征江夏，围石阳，不克而还。苍梧言凤皇见。分三郡恶地十县置东安郡，以全琮为太守，平讨山越。冬十月，陆逊陈便宜<sup>③</sup>，劝以施德缓刑，宽赋息调。又云："忠谠之言<sup>④</sup>，不能极陈，求容小臣，数以利闻。"权报曰："夫法令之设，欲以遏恶防邪，儆戒未然也，焉得不有刑罚以威小人乎？此为先令后诛，不欲使有犯者耳。君以为太重者，孤亦何利其然，但不得已而为之耳。今承来意，当重诺谋，务从其可。且近臣有尽规之谏，亲戚有补察之箴，所以匡君正主明忠信也。《书》载'予违汝弼，汝无面从'，孤岂不乐忠言以自裨补邪？而云'不敢极陈'，何得为忠谠哉？若小臣之中，有可纳用者，宁得以人废言而不采择乎？但谄媚取容，虽暗亦所明识也。至于发调

者，徒以天下未定，事以众济。若徒守江东，修崇宽政，兵自足用，复用多为？顾坐自守可陋耳⑤。若不豫调⑥，恐临时未可便用也。又孤与君分义特异⑦，荣戚实同，来表云不敢随众容身苟免，此实甘心所望于君也。”于是令有司尽写科条，使郎中褚逢赍以就逊及诸葛瑾⑧，意所不安，令损益之。是岁，分交州置广州，俄复旧⑨。

**译 文**

黄武五年（226）春天，孙权下令：“自从起兵以来，已经过去很久了。民众脱离土地，不能进行耕种；有的家庭的父子夫妻长期分离，不能让他们彼此体恤；我很可怜他们。现在北面的敌人退缩、逃窜，国境周围没有战事，要下令州、郡想办法使得民众宽心、生息。”此时，陆逊因为他所在的地区粮食不足，奏请孙权命令诸位将军开垦更多农田。孙权回答：“你的建议非常好，现在我们父子亲自接受分配的田亩，车府当中的八头牛可以分为四队用于耕田，虽然说不及古人，但是我们是想与民众一同劳动呢。”秋七月，孙权听说魏文帝去世，就出征江夏，围攻石阳，没能成功，撤军回来。苍梧传言说有凤凰出现。重新划分吴、丹阳、会稽三郡还没能开垦的山区十县，新建东安郡，让全琮任太守，讨伐、平定山越地区。冬十月，陆逊向孙权陈述应当兴办的对国家有利的事，劝孙权奉行德政，慎用刑法，减少田税，停止征用户税。陆逊还说：“正直的言论，不能直言陈说；但是谄媚求荣的小人，却多次以好话取媚陛下。”孙权回答说：“制定律令，就是要靠它来制止邪恶，那是犯罪行为发生之前应当进行的戒备，怎么能没有严厉的刑罚用来威慑坏人呢？这就是先教育、后惩罚，目的是不要犯人再在社会当中产生。你指出刑罚太重的现象，实行这样严厉的刑罚，对我能有什么好处呢，只是因为没有别的更好办法才会去这样做啊。现在我接受你的提议，将重新讨论、谋划，一定要让我们的刑罚变得合理、适当。而且古代有一个有益的箴言说，经常陪伴在帝王身边的臣子要进献规劝的言辞，同族亲戚应当弥补、监督君王的失误，这样做是为了让君主可以走正道，同时表明臣子的忠心。《尚书》中记载：‘我不依从你的辅佐，你不要当面听从’，我难道不喜欢听信忠言以辅佐我吗？就像你所说的'不能直言陈说'，又怎么能算忠直呢？如果职位低下的臣子能够提出好的意见，难道就可以因为这个人地位低，就轻视其言论而不予采纳吗？但是那种靠巴结、奉承来讨好别人的人，即使像我这样愚昧的人也能够识辨得很清楚。至于征收户税的原因，只是因为天下还没有被平定，这样的大事要依靠众人才可以办到。如果只是固守在江东，可以主要施行仁政，兵自然就够用了，还需要增加做什么呢？但是，固守会被别人鄙视，如果不早点征收户税，就会担心临时增加的开支不能满足需要。此外，我虽然与你在君臣的身份上有所不同，所经历的荣辱悲欢却是一样的，你所上奏的文书中说，不愿意同众人一样用不正当的手段来安身免除祸患，这确实是我对你抱的希望。"于是命令有关主管官员全都写出各自所想出来的法令、律条，派遣郎中褚逢送给陆逊、诸葛瑾，凡是他们认为不恰当的就删除、补充。这年，划出交州的部分郡县，新建立广州，不久又恢复原来的交州。

三国志

**原文**

六年春正月，诸将获彭绮。闰月，韩当子综以其众降魏。

七年春三月，封子虑为建昌侯。罢东安郡。夏五月，鄱阳太守周鲂伪叛，诱魏将曹休。秋八月，权至皖口，使将军陆逊督诸将大破休于石亭。大司马吕范卒。是岁，改合浦为珠官郡[①]。

**注释**

①**合浦**：郡名。治所位于合浦县，今广西壮族自治区合浦县东北。

**译文**

黄武六年（227）春正月，众将俘虏彭绮。这年闰月，韩当的儿子韩综率其部队投降了魏国。

黄武七年春三月，孙权封儿子孙虑为建昌侯。撤销东安郡。夏五月，鄱阳太守周鲂假装叛逃，诱骗魏将曹休。秋八月，孙权到达皖口，派将军陆逊率众将在石亭击败曹休。大司马吕范死。这年，将合浦郡改称珠官郡。

**原文**

黄龙元年春，公卿百司皆劝权正尊号。夏四月，夏口、武昌并言

黄龙、凤凰见。丙申，南郊即皇帝位，是日大赦，改年。追尊父破虏将军坚为武烈皇帝，母吴氏为武烈皇后，兄讨逆将军策为长沙桓王。吴王太子登为皇太子。将吏皆进爵加赏。

初，兴平中，吴中童谣曰："黄金车，班兰耳，闿昌门，出天子。"五月，使校尉张刚、管笃之辽东。六月，蜀遣卫尉陈震庆权践位。权乃参分天下，豫、青、徐、幽属吴，兖、冀、并、凉属蜀。其司州之土，以函谷关为界，造为盟曰："天降丧乱，皇纲失叙，逆臣乘衅[1]，劫夺国柄，始于董卓，终于曹操，穷凶极恶，以覆四海，至令九州幅裂，普天无统，民神痛怨，靡所戾止。及操子丕，桀逆遗丑，荐作奸回，偷取天位，而叡么麼，寻丕凶迹，阻兵盗土[2]，未伏厥诛。昔共工乱象而高辛行师，三苗干度而虞舜征焉。今日灭叡，禽其徒党，非汉与吴，将复谁任？夫讨恶翦暴，必声其罪，宜先分裂，夺其土地，使士民之心，各知所归。是以《春秋》晋侯伐卫，先分其田以畀宋人[3]，斯其义也。且古建大事，必先盟誓，故《周礼》有司盟之官，《尚书》有告誓之文，汉之与吴，虽信由中，然分土裂境，宜有盟约。诸葛丞相德威远著，翼戴本国，典戎在外[4]，信感阴阳，诚动天地，重复结盟，广诚约誓，使东西士民咸共闻知。故立坛杀牲，昭告神明，再歃加书，副之天府。天高听下，灵威棐谌，司慎司盟，群神群祀，莫不临之。自今日汉、吴既盟之后，勠力一心[5]，同讨魏贼，救危恤患，分灾共庆，好恶齐之，无或携贰。若有害汉，则吴伐之；若有害吴，则汉伐之。各守分土，无相侵犯。传之后叶[6]，克终若始。凡百之约[7]，皆如载书。信言不艳，实居于好。有渝此盟，创祸先乱，违贰不协，慆慢天命[8]，明神上帝是讨是督，山川百神是纠是殛，俾坠其师，无克祚国。于尔大神，其明鉴之！"

秋九月，权迁都建业，因故府不改馆，征上大将军陆逊辅太子登，掌武昌留事。

**注　释**

①**乘衅**：趁机。衅，缝隙。②**盗土**：窃据土地。③**畀**：给予。④**典戎**：掌管军事方面的事务。⑤**戮力**：勉力。⑥**后叶**：指后代。⑦**凡百**：泛指一切。⑧**慆慢**：怠慢。

**译　文**

　　黄龙元年春天，众人都劝孙权称帝。夏四月，夏口、武昌两地都传说黄龙、凤凰现身。丙申日，孙权在城南郊外即位，这天，全国大赦，改年号。追封已去世的破虏将军孙坚为武烈皇帝，母亲吴氏为武烈皇后，兄长讨逆将军孙策为长沙桓王，吴王太子孙登为皇太子。诸将和百官都晋升爵位，获得奖赏。

　　当初，东汉献帝兴平年间（194—195），吴郡有儿歌这样唱道："黄金车，五色耳，大开昌门，出了天子。"五月，派校尉张刚、管笃赶往辽东。六月，蜀国派遣卫尉陈震出使吴国，庆贺孙权称帝。孙权与蜀国平分天下，豫州、青州、徐州、幽州归属吴国，兖州、冀州、并州、凉州归蜀国。在司州，以函谷关为分界，制作盟书："上天降下灾难，国家的纲常被破坏，乱臣趁机夺取国家大权。从董卓开始，直到曹操，他们凶恶至极，为祸天下。以至九州分裂，天下无法统一。民众和神灵都非常痛恨，民众无法安定下来。曹操的儿子曹丕，是逆贼的后代，做过很多坏事，窃取皇位。曹叡是个小丑，他沿着曹丕行凶的足迹，阻挡讨伐他的军队，偷偷占据大片国土，还没有伏法。从前共工为害人间，高辛氏就对他使用武力；三苗破坏法度，虞舜便发兵对他进行讨伐。现在我们要除掉曹叡，擒获他的帮凶及同伙，除了汉、吴，又有谁可以承担起这样的重任呢？凡是讨伐首要的恶人，必要消除暴徒，必要声讨他们的罪行。还要先分割、夺取他们偷偷占据的土地，使广大的士人、民众都能清醒地认清归属。因此《春秋》里记载了晋侯要攻打卫国，首先将卫国的土地分给宋国的人民，我们恰恰是遵照《春秋》所制定的原则。自古以来，创建大业必须先结联盟、宣誓，所以《周礼》有专门负责盟誓的官职，《尚书》有告天盟誓的文书。汉、吴两国，虽然彼此间的互相信任完全发自内心，但是我们既然要分割魏国，还是应当立下盟约。蜀国的诸葛丞相德操威望闻名天下，拥戴幼主，带兵在外，忠诚感动天地。我们重新恢复友好盟约，诚心定下盟誓，使东西两国的民众都知道。所以我们建立祭坛，宰杀牲口，上告天上神灵，再次歃血盟誓，订下盟约，把副本交给两国的天府。天神高高在上，知道听说下界的情况，神灵的威力，可以保佑心诚之人。掌管盟约的神灵，掌管结盟仪式的神灵，天上的诸神，接受祭祀的诸神，都光临吴蜀结盟的仪式。从现在吴蜀两国结盟之后，同心协力，共同讨伐魏贼。我们扶危救难，分担灾祸，共同庆贺胜利，好恶一致永不离心。

如果有谁对汉国不利，吴就讨伐谁；如果有谁对吴不利，汉就攻打谁。两国各自保护好自身土地，不能彼此侵犯，而且要传给后代，始终不变。我们所订下的盟约，已经全都写进宣誓的文书。真诚的话语没有加上华丽的修饰，我们共同的想法是两国友好。如果有谁背弃盟约，首先给对方制造灾难与动乱，有二心，不能够齐心协力，怠慢天命，天神就要去讨伐、谴责他，山神、水神、百神就会惩罚并杀死他；消灭他的民众，国家随之灭亡。啊！天神，请你明察！"

秋九月，孙权将吴的都城从武昌迁移到建业，仍然在原来的将军府之中议事，不修建新的宫殿，令上大将军陆逊辅佐太子孙登，掌管留守武昌的相关事宜。

原文

二年春正月，魏作合肥新城。诏立都讲祭酒，以教学诸子。遣将军卫温、诸葛直将甲士万人浮海求夷洲及亶洲。亶洲在海中，长老传言秦始皇帝遣方士徐福将童男童女数千人入海，求蓬莱神山及仙药，止此洲不还。世相承有数万家，其上人民，时有至会稽货布[1]，会稽东县人海行，亦有遭风流移至亶洲者。所在绝远，卒不可得至[2]，但得夷洲数千人还。

注释

[1]货：购买，这里是动词。[2]卒：同"猝"。短促，时间短。

译文

黄龙二年（230）春天正月，魏国修筑合肥新城。下令设置都讲、祭酒，用来教导官员子弟。孙权派遣将军卫温、诸葛直率领万名武士从海上出发访求夷洲、亶洲。亶洲在海中，长辈们传说秦始皇派遣方士徐福带领几千名少男少女到海上寻找蓬莱仙山和仙药，后来留在亶洲没有回来了。他们一代接一代，现在已经有几万户人家。生活在那里的人，经常到会稽来买布，会稽郡东部各县民众出海航行，也有人遇到台风就随风漂流到了亶洲。这个地方离陆地非常远，短期内不可能到达，只俘虏了几千夷洲人回来了。

原文

三年春二月，遣太常潘濬率众五万讨武陵蛮夷。卫温、诸葛直皆以违诏无功，下狱诛。夏，有野蚕成茧，大如卵。由拳野稻自生，改为禾兴县。中郎将孙布诈降以诱魏将王凌，凌以军迎布。冬十月，权以大兵潜伏于阜陵俟之<sup>①</sup>，凌觉而走。会稽南始平言嘉禾生<sup>②</sup>。十二月丁卯，大赦，改明年元也。

嘉禾元年春正月，建昌侯虑卒。三月，遣将军周贺、校尉裴潜乘海之辽东。秋九月，魏将田豫要击<sup>③</sup>，斩贺于成山。冬十月，魏辽东太守公孙渊遣校尉宿舒、阆中令孙综称藩于权，并献貂马。权大悦，加渊爵位。

**译　文**

黄龙三年（231）春二月，孙权派遣太常潘濬率军五万攻打武陵的蛮夷。卫温、诸葛直都因为违抗了皇帝的命令，做事没有效果，被关进监牢杀掉了。夏天，出现了野蚕做成的蚕茧，大小像鸡蛋一样。在由拳县郊外自然长出了水稻，后这个县改称为禾兴县。中郎将孙布假装投降引诱魏将王凌，王凌率军来迎接孙布。冬十月，孙权派大军埋伏在阜陵等候他，王凌知道自己受骗便率军走了。会稽南的始平对外宣称长出嘉禾。十二月丁卯日，大赦天下，改下一年的年号为嘉禾。

嘉禾元年（232）春正月，建昌侯孙虑死了。三月，孙权派将军周贺、校尉裴潜乘船渡海前去辽东。秋九月，魏将田豫袭击了他们，将周贺杀死在成山。冬十月，魏国的辽东太守公孙渊派遣校尉宿舒、阆中令孙综前来吴国，向孙权称自己为其藩属，还进献了貂、马。孙权非常高兴，赐公孙渊封号和爵位。

**原　文**

二年春正月，诏曰："朕以不德，肇受元命<sup>①</sup>，夙夜兢兢<sup>②</sup>，不遑假寝<sup>③</sup>。思平世难，救济黎庶，上答神祇，下慰民望。是以眷眷，勤求俊杰，将与戮力，共定海内。苟在同心<sup>④</sup>，与之偕老。今使持节督幽州领青州牧辽东太守燕王，久胁贼虏，隔在一方，虽乃心于国，其路靡缘。今因天命，远遣二使，款诚显露，章表殷勤，朕之得此，何喜如之！虽汤遇伊尹，周获吕望，世祖未定而得河右，方之今日，岂复是过？普天一统，于是定矣。《书》不云乎，'一人有庆，兆民赖之'。

其大赦天下，与之更始，其明下州郡，咸使闻知。特下燕国，奉宣诏恩，令普天率土备闻斯庆。"

三月，遣舒、综还，使太常张弥、执金吾许晏、将军贺达等将兵万人，金宝珍货，九锡备物，乘海授渊。举朝大臣，自丞相雍已下皆谏，以为渊未可信，而宠待太厚，但可遣吏兵数百护送舒、综，权终不听。渊果斩弥等，送其首于魏，没其兵资。权大怒，欲自征渊，尚书仆射薛综等切谏乃止。是岁，权向合肥新城，遣将军全琮征六安，皆不克还。

**注 释**

①**肇**：开始。②**夙夜**：早晚，日夜。③**不遑**：没有时间。**假寝**：不脱衣帽就睡觉。④**苟在**：如果有。

**译 文**

嘉禾二年（233）春正月，孙权下诏："我自认没有高尚的德操，自从承受天命称帝以来，日夜为国操劳，连和衣小睡一会儿的时间都缺少。我很想平定国家动乱，救助黎民百姓，对上报答天地神灵，对下抚慰民众。所以心中始终不能忘记，不断寻访优秀的人才，想与他们一起努力，平定天下。只要志向相同，就要与他们始终团结。现在，使持节督幽州兼任青州牧、辽东太守的燕王公孙渊，长期受贼人的胁迫，被阻隔在辽东地区。虽然真心向往吴国，但是真要来，也是极为困难的事情。现在顺应天意，从远方派来两位使臣，对吴国的忠诚表现得极为明显，上奏的文书也富有感情，没有比看到这些让我感到更高兴的了！即使是汤王遇见伊尹，周文王获得吕望，世祖刘秀在平定天下之前得到河西五郡，与今天相比，也不能超过我如今的喜悦。天下统一，现在来说算是肯定的事了。《尚书》中不是这样说的吗，'天子一个人拥有吉庆，亿万臣民都能得到幸福'。我要对全国实施大赦，让那些犯过罪的人得到新生。要明确命令各州郡，使所有臣民都知道。尤其是命令燕国，要非常恭敬地宣读这道诏令所给予臣民的恩泽，使举国上下都知道这个喜悦的消息。"

三月，遣送宿舒、孙综返回辽东，派遣太常张弥、执金吾许晏、将军贺达等率军万人，带上金银珠宝、珍奇物品，九种特别赏赐的物品，乘船渡海将其赐予公孙渊。朝廷诸臣，从丞相顾雍以下的官员全都劝阻这种做法，认为不可相信公孙渊，对他的恩宠太过，只能派普通的官员、几百名士兵护送就可以，孙权没有听从众人的建议。公孙渊果然把张弥等人杀掉了，将其首级送往魏国，且没收了他们的物资。孙权非常生气，准备亲自征讨公孙渊，尚书仆射薛综等直言劝谏才将他拦住。这一年，孙权进攻新城合肥，派将军全琮攻打六安，最后都没能取得胜利，就撤回来了。

**原 文**

三年春正月，诏曰："兵久不辍①，民困于役，岁或不登②。其宽诸逋③，勿复督课。"夏五月，权遣陆逊、诸葛瑾等屯江夏、沔口，孙韶、张承等向广陵、淮阳，权率大众围合肥新城。是时蜀相诸葛亮出武功，权谓魏明帝不能远出，而帝遣兵助司马宣王拒亮，自率水军东征。未至寿春，权退还，孙韶亦罢。秋八月，以诸葛恪为丹杨太守，讨山越。九月朔④，陨霜伤谷。冬十一月，太常潘濬平武陵蛮夷，事毕，还武昌。诏复曲阿为云阳，丹徒为武进。庐陵贼李桓、罗厉等为乱。

**注 释**

①辍：停止、终止。②岁：这里指年景，一年当中的收成。**不登**：没有收成或歉收。③逋：拖欠的赋税。④朔：农历每月的初一。

**译 文**

嘉禾三年（234）春正月，孙权下诏："长期以来的战争不能停止，繁重的苦役使人们深受其苦，有时光景还很不好，农作物没有收成。要宽限民众拖欠的赋税，不要再督促他们缴纳。"夏五月，孙权派陆逊、诸葛瑾等将领驻扎于江夏、沔口，孙韶、张承等将领率军进攻广陵、淮阳，孙权率军围攻合肥。这时蜀国丞相诸葛亮进攻武功。孙权认为魏明帝不可能远离洛阳，但是魏明帝却派兵援助司马懿以抗击诸葛亮的进攻，他亲率水军向东征讨孙权。还没等到他们抵达寿春，孙权就撤军返回建业，孙韶也收兵。秋八月，孙权任命诸葛恪为丹杨太守，进兵山越。九月一日，天降大霜，禾稻受到严重损伤。冬十一月，太常潘濬平定武陵的少数民族地区，战争结束之后，潘濬回到武昌。下令将曲阿恢复云阳的名称，丹徒改名为武进。庐陵的反贼李桓、罗厉等人发动叛乱。

**原 文**

四年夏，遣吕岱讨桓等。秋七月，有雹。魏使以马求易珠玑①、翡翠、玳瑁，权曰："此皆孤所不用，而可得马，何苦而不听其交易？"

五年春，铸大钱，一当五百②。诏使吏民输铜③，计铜畀直。设盗铸之科④。二月，武昌言甘露降于礼宾殿。辅吴将军张昭卒。中郎将吾粲获李桓，将军唐咨获罗厉等。自十月不雨，至于夏。冬十月，彗星见于东方。鄱阳贼彭旦等为乱。

**译 文**

嘉禾四年（235）夏，派遣吕岱讨伐李桓等人，秋七月，天上降下冰雹。魏国使臣要求以马匹换取珍珠、翡翠、玳瑁，孙权说："这些东西都是我用不到的，还可以换来我所需要的马匹，为什么不让他们随便进行交易呢？"

嘉禾五年（236）春天，铸造大钱，一枚大钱价值五百文。孙权命令官员、庶民都应当缴纳铜，按照铜的重量给予奖励。制定惩办私人铸钱的法令。二月，武昌传出甘露降落于礼宾殿。辅吴将军张昭去世。中郎将吾粲俘获李桓，将军唐咨俘获罗厉等人。从去年十月到今年夏天，始终没有下雨。冬十月，东方的天空出现彗星。鄱阳反贼彭旦等发起叛乱。

**原 文**

六年春正月，诏曰："夫三年之丧，天下之达制①，人情之极痛也；贤者割哀以从礼②，不肖者勉而致之③。世治道泰，上下无事，君子不夺人情，故三年不逮孝子之门。至于有事，则杀礼以从宜④，要绖而处事。故圣人制法，有礼无时则不行。遭丧不奔非古也，盖随时之宜，以义断恩也。前故设科，长吏在官，当须交代⑤，而故犯之，虽随纠坐，犹已废旷。方事之殷，国家多难，凡在官司，宜各尽节，先公后私，而不恭承⑥，甚非谓也。中外群僚，其更平议，务令得中，详为节度。"顾谭议，以为："奔丧立科，轻则不足以禁孝子之情，重则本非应死之罪，虽严刑益设，违夺必少。若偶有犯者，加其刑则恩所不忍，有减则法废不行。愚以为长吏在远，苟不告语，势不得知。比选代之间，若有传者，必加大辟，则长吏无废职之负，孝子无犯重之刑。"将军胡综议，以为："丧纪之礼，虽有典制，苟无其时，所不得行。方今戎事军国异容，而长吏遭丧，知有科禁，公敢干突，苟念闻忧不奔之耻，不计为臣犯禁之罪，此由科防本经所致。忠节在国⑦，孝道立家，出身为臣⑧，焉得兼之？故为忠臣不得为孝子。宜定科文，示以大辟，若故违犯，有罪无赦。以杀止杀，行之一人，其后必绝。"丞相雍奏从大辟。其后吴令孟宗丧母奔赴，已而自拘于武昌以听刑。陆逊陈其素行，因为之请⑨，权乃减宗一等，后不得以为比，因此遂绝。二月，陆逊讨彭旦等，其年，皆破之。冬十月，遣卫将军全琮袭六安，不克。诸葛恪平山越事毕，北屯庐江。

**译 文**

嘉禾六年（237）春正月，孙权下诏："孝子服丧三年，这时是天下通行的制度，表达人们最为悲痛的感情。贤者抑制自身的悲哀遵从礼仪，没有才能的人也应当尽力服丧三年。世道清明，天下太平，朝廷不会强制命令人们停止服丧，所以三年不会登孝子的门。至于国家有事，应当灵活变通，减少服丧时间，穿丧服去处理公事。圣人制定礼仪法令，有礼仪但是不讲究依据时间来予以变通是行不通的。遭遇亲丧却不返回服丧，是不遵守古代礼仪的。但是按照特殊情况进行合理的变通，是以公义来处理私情。以前我们专门制定法令，官职高的人假如离职奔丧，应该做好交代的手续。如果故意违反这一法令，要马上举报他，治他的罪，可是这样的法令从来没人认真去执行，就像被废除了一样。现在国家政务繁重，灾难很多，在职的所有官员，都应该尽自己的力量去保持节操，先公后私，如果不严肃认真地对待自己的职务，是非常错误的。朝廷、州郡的官员应当对奔丧的法令进行一次商讨，一定要制定出恰当有序、详细明了的管理方法。"顾谭发表观点，认为："要为奔丧立法，处罚太轻，就无法禁止孝子奔丧的强烈要求；如果处罚重了，这本来是不应当判死刑的大罪，虽然说增设严

厉的刑罚，违礼夺情的人一定不会多。即使偶尔有违法的人，如果加重对其惩罚，在情理上也不忍心；减轻对他的惩罚就犹如废除法令一样无法实行。我认为身处远方的职位高的官员，如果不加以报告，我们很难获知实情。在评比、选举、移交接替期间，如果有由于奔丧而犯法的官员，就一定要处死刑。这样，职位高的官员就不会出现失职的罪行，孝子也不会因犯重罪而受到严惩。"将军胡综发表意见，他认为："服丧的礼仪，虽然已有法律规定，但是，如果不依据特殊情况加以灵活变通的话是不可行的。现在，我们的外交、军事、政治都有不同法令，位高的官员有丧事，在清楚法令所规定的各项条文的情况下，胆敢违反禁令，如果只考虑到知道亲丧而不赶紧回家服丧的耻辱，不考虑自己身为臣子违反禁令所犯下的罪行，这是因为法令规定的处罚太轻所导致的。忠节是用于为国效力的，孝道是治家的，已经献身给国家做臣子，怎能兼顾家庭呢？所以想做忠臣同时就无法做孝子。应该制定法令条文，清楚地宣布处以死刑。如果谁胆敢违犯，就是不可以被赦免的犯罪。用杀人的刑罚来防止人们被杀害，对一个人用重刑，以后就不会有人再违反法令了。"丞相顾雍进言同意施行死刑。后来吴县令孟宗的母亲去世，违犯禁令回家奔丧，事后他自己囚禁在武昌等候刑罚。陆逊陈述了他平时的行为，替他求情，孙权才把对他的处罚降低一级，下不为例，所以就没有人再敢违抗禁令了。二月，陆逊讨伐彭旦等人，这一年，把他们都打败了。冬十月，派卫将军全琮偷袭六安城，没能取胜。诸葛恪平定山越的战争结束后，率军向北驻扎在庐江。

　　赤乌元年春，铸当千大钱。夏，吕岱讨庐陵贼，毕，还陆口。秋八月，武昌言麒麟见。有司奏言麒麟者太平之应，宜改年号。诏曰："间者赤乌集于殿前，朕所亲见，若神灵以为嘉祥者，改年宜以赤乌为元。"群臣奏曰："昔武王伐纣，有赤乌之祥，君臣观之，遂有天下，圣人书策载述最详者，以为近事既嘉，亲见又明也。"于是改年。步夫人卒，追赠皇后[1]。初，权信任校事吕壹，壹性苛惨，用法深刻。太子登数谏，权不纳，大臣由是莫敢言。后壹奸罪发露伏诛，权引咎责躬[2]，乃使中书郎袁礼告谢诸大将，因问时事所当损益。礼还，复有诏责数诸葛瑾、步骘、朱然、吕岱等曰："袁礼还，云与子瑜、子山、义封、定公相见，

吴
书

二
九
九

并以时事当有所先后，各自以不掌民事，不肯便有所陈，悉推之伯言、承明。伯言、承明见礼，泣涕恳恻，辞旨辛苦，至乃怀执危怖，有不自安之心。闻此怅然，深自刻怪<sup>③</sup>。何者？夫惟圣人能无过行，明者能自见耳。人之举措，何能悉中<sup>④</sup>，独当己有以伤拒众意，忽不自觉，故诸君有嫌难耳<sup>⑤</sup>；不尔，何缘乃至于此乎？自孤兴军五十年，所役赋凡百皆出于民。天下未定，孽类犹存，士民勤苦，诚所贯知。然劳百姓，事不得已耳。与诸君从事，自少至长，发有二色，以谓表里足以明露，公私分计，足用相保。尽言直谏，所望诸君；拾遗补阙，孤亦望之。昔卫武公年过志壮，勤求辅弼，每独叹责。且布衣韦带，相与交结，分成好合，尚污垢不异。今日诸君与孤从事，虽君臣义存，犹谓骨肉不复是过。荣福喜戚，相与共之。忠不匿情，智无遗计，事统是非，诸君岂得从容而已哉<sup>⑥</sup>！同船济水，将谁与易？齐桓诸侯之霸者耳，有善管子未尝不叹，有过未尝不谏，谏而不得，终谏不止。今孤自省无桓公之德，而诸君谏诤未出于口，仍执嫌难。以此言之，孤于齐桓良优<sup>⑦</sup>，未知诸君于管子何如耳？久不相见，因事当笑。共定大业，整齐天下，当复有谁？凡百事要所当损益，乐闻异计，匡所不逮<sup>⑧</sup>。"

**译 文**

　　赤乌元年（238）春天，开始铸造币值为一千文的大钱。夏天，吕岱进攻庐陵的贼人，战争结束后，返回陆口。秋八月，武昌对外宣称有麒麟出现。主管官员上书进言说麒麟为太平的象征，应当改年号。孙权下诏："最近有红色的乌鸦聚集于宫殿门口，这是我亲眼所见的景象，如果神灵认为这是美好、吉祥的象征，改变年号的话应当用赤乌为年号。"诸臣上书奏请："过去周武王攻打商纣，有赤乌的瑞兆，君臣都看见了，因此夺得天下，这是圣人的书籍当中记述得最详细的事件。因为出现赤乌是最近的喜事，帝王亲眼所见，而且十分明白。"于是改换年号。步夫人死后，追封为皇后。当初，孙权信任校事吕壹，吕壹本性苛刻残忍，执法严酷，太子孙登多次进言劝谏，孙权都没有采纳，大臣们因此没有人敢再提建议。后来吕壹奸诈的罪行暴露，被杀。孙权因为此事非常自责，于是派中书郎袁礼向各位将军表示歉意，并且向他们询问当时朝廷应该注意加强或改正的建议。袁礼回来后，孙权还下诏责怪诸葛瑾、步骘、朱然、吕岱等人，说："袁礼回来，说他与子瑜、子山、义封、定公进行会面，并且向你们征询了朝政急缓先后的建议，你们都以自己不主管民政为理由，不愿意表达个人的态度，完全推给伯言、承明。他们俩见到袁礼，流泪伤感，说话的语调很沉痛，甚至还存在自危、害怕及不安等情绪。听到这些我非常懊恼，我深切地责备自己。为什么呢？只有圣人是没有过失的，聪明的人也只不过是能发现自己的过失而已。人们的所有举动，怎么能够做到恰当而准确呢，只是认为自己是正确的而加以反对，不接受众人的意见，一时间没有觉悟，所以诸位才有了疑惑、烦恼；如果不是这样，为什么会有如今的这种情况呢？自从我起兵五十年来，所获得的一切财物都是民众给予的。天下还没有平定，叛乱的人依旧存在，士民勤劳、辛苦，这些都是大家知道的。但是，现在使百姓劳苦是毫无办法的事情。我与诸位共事，从少年到老年，如今头发已斑白，我认为我们的思想及行动可以明显地表露，从公私和职位的角度来考虑，我们都应当互相依靠。直言规劝，这是对你们的期望；帮助我改正缺点、补救过失，也是在期望你们。从前，卫武公刚过青壮年时期，就尽力寻访辅佐他的贤臣，我时常独自叹息、自责。何况平民百姓是彼此交结的，有时分开，有时会团结在一起，污秽和污垢也不离弃。现在各位与我共事，尽管存在君臣名分，但是可以说骨肉至亲也不会超越我们间的亲密关系。富贵幸福，喜悦忧愁，我和你们完全共同经历，诚实相待，不隐藏真实情感；贡献谋略，不会有丝毫保留。事情关系到大是大非就应当有统一的认识，诸位难道可以安逸舒适并加以敷衍了事吗？同船渡河，还有谁能改变这个现状呢？齐桓公是当时诸侯当中的霸主，做了好事，管子没有不赞赏的，有了过失，他没有不去劝阻的，劝阻以后还不听的话，就始终规劝不停。现在我自问没有桓公那样高尚的操守，但是对我的直言规劝还没有从口中说出，就表现出疑虑及困惑。从这点来说，与桓公相比，我的确超过他了；不知道各位与管子相比，又如何呢？好长时间没有与你们见面了，因为从前有过许多事情，所以与你们做一次笑谈。一起努力成就帝王伟业，统一天下，还有什么人可以担当这样的重担呢？只要是当前应当做的或者不应当做的各种大事，我喜欢听到不同意见，纠正我考虑不周的地方。"

　　二年春三月，遣使者羊衜、郑胄、将军孙怡之辽东，击魏守将张持、高虑等，虏得男女。零陵言甘露降。夏五月，城沙羡。冬十月，将军蒋秘南讨夷贼。秘所领都督廖式杀临贺太守严纲等，自称平南将军，与弟潜共攻零陵、桂阳，及摇动交州、苍梧、郁林诸郡，众数万人。遣将军吕岱、唐咨讨之，岁余皆破。

　　三年春正月，诏曰："盖君非民不立<sup>①</sup>，民非谷不生。顷者以来，民多征役，岁又水旱，年谷有损，而吏或不良，侵夺民时，以致饥困。自今以来，督军郡守，其谨察非法，当农桑时，以役事扰民者，举正以闻。"夏四月，大赦，诏诸郡县治城郭，起谯楼，穿堑发渠，以备盗贼。冬十一月，民饥，诏开仓廪以赈贫穷<sup>②</sup>。

　　①立：君主即位称为立。②廪：粮仓。

　　赤乌二年（239）春三月，孙权派遣使臣羊衜、郑胄，将军孙怡前往辽东，讨伐魏国守卫辽东的将领张持、高虑等人，俘虏当地的百姓。零陵宣称天降甘露。夏五月，修建沙羡城。冬天十月，派将军蒋秘向南方讨伐夷族中的造反者，将军蒋秘率领的都督廖式杀死临贺太守严纲等人，自称平南将军，与其弟弟廖潜共同攻打零陵、桂阳，并且使交州、苍梧、郁林等郡发生暴动，追随他们的人有几万之多。孙权派将军吕岱、唐咨讨伐廖式、廖潜等人，一年多之后，将他们都打败了。

　　赤乌三年春正月，孙权下诏说："帝王没有民众就无法称王，民众没有粮食就无法生存。近年来，百姓的赋税劳役非常繁重，每年水旱成灾，谷物的生长遭到损害；有的官员还很不好，占用农民农忙的时间；所以造成饥饿、穷困。从此以后，督军、郡守应当严查违法事件，在农耕蚕桑季节，凡是用徭役来扰乱百姓的，列举查到、纠正的情况要上报。"夏四月，全国施行大赦。孙权命令各个郡县修筑城墙、外城，在城墙上修望楼，开凿护城河、挖凿壕沟，用于防御盗贼。冬十一月，百姓饥饿无粮，便命令打开官仓发放粮食，来救济饥饿的穷人。

四年春正月，大雪，平地深三尺，鸟兽死者大半。夏四月，遣卫将军全琮略淮南<sup>①</sup>，决芍陂，烧安城邸阁<sup>②</sup>，收其人民。威北将军诸葛恪攻六安。琮与魏将王凌战于芍陂，中郎将秦晃等十余人战死。车骑将军朱然围樊，大将军诸葛瑾取柤中。五月，太子登卒。是月，魏太傅司马宣王救樊。六月，军还。闰月，大将军瑾卒。秋八月，陆逊城邾。

①**略**：攻取。②**邸阁**：储备粮食之地。

赤乌四年（241）春天，天降大雪，地上的积雪达三尺深，飞鸟走兽死了多半。夏四月，派卫将军全琮进攻淮南，掘开芍陂水库，烧光安城县的官库、府第楼阁，降伏当地的百姓。威北将军诸葛恪进攻六安。全琮与魏国将军王凌在芍陂作战，中郎将秦晃等十几人在交战中阵亡。车骑将军朱然围攻樊城，大将军诸葛瑾攻占柤中。五月，太子孙登病死。这个月，魏国太傅司马懿援救樊城。六月，撤军。这年闰月，大将军诸葛瑾去世。秋天八月，陆逊修筑邾城。

五年春正月，立子和为太子，大赦，改禾兴为嘉兴。百官奏立皇后及四王，诏曰："今天下未定，民物劳瘁，且有功者或未录，饥寒者尚未恤，猥<sup>①</sup>割土壤以丰子弟，崇爵位以宠妃妾，孤甚不取。其释此议。"三月，海盐县言黄龙见。夏四月，禁进献御，减太官膳<sup>②</sup>。秋七月，遣将军聂友、校尉陆凯以兵三万讨珠崖、儋耳。是岁大疫，有司又奏立后及诸王。八月，立子霸为鲁王。

①**猥**：仓促。②**膳**：饮食用品。

赤乌五年（242）正月，立儿子孙和为皇太子，大赦全国，将禾兴县改称嘉兴县。百官上书奏请封皇后及四位皇子，孙权下诏："如今天下还没平定，百姓劳苦，万物被毁。有功劳的人有部分还没有封赏，忍饥挨饿的人还没有得到抚恤，就分封自己的儿子、土地使其富足，赐予妻妾以崇高的爵位让其变得尊贵，我认为这种做法是不可取的。你们应当放弃这个建议。"三月，海盐县宣称出现黄龙。夏四月，禁止进献贡品，减少皇帝饮食所使用物资的供应数量。秋七月，派遣将军聂友、校尉陆凯率领三万名士兵攻击珠崖、儋耳。这一年，疫病流行，主管此事的官员再次上书奏请立皇后及封众皇子为王。八月，封子孙霸为鲁王。

**原 文**

六年春正月，新都言白虎见。诸葛恪征六安，破魏将谢顺营，收其民人。冬十一月，丞相顾雍卒。十二月，扶南王范旃遣使献乐人及方物①。是岁，司马宣王率军入舒，诸葛恪自皖迁于柴桑。

**注 释**

①扶南：国名。在今柬埔寨境内。

**译 文**

赤乌六年（243）正月，新都县对外宣称发现白虎。诸葛恪攻打六安，占领魏将谢顺的军营，降伏六安百姓。冬十一月，丞相顾雍去世。十二月，扶南王范旃派遣使者向孙权进献乐工及地方上的特产。这一年，司马懿率军进入舒县，诸葛恪从皖县迁徙到柴桑。

**原 文**

七年春正月，以上大将军陆逊为丞相。秋，宛陵言嘉禾生。是岁，步骘、朱然等各上疏云："自蜀还者，咸言欲背盟与魏交通①，多作舟船，缮治城郭。又蒋琬守汉中，闻司马懿南向，不出兵乘虚以掎角之②，反委汉中，还近成都。事已彰灼③，无所复疑，宜为之备。"权揆其不然④，曰："吾待蜀不薄，聘享盟誓⑤，无所负之，何以致此？又司马

懿前来入舒，旬日便退，蜀在万里，何知缓急而便出兵乎？昔魏欲入汉川，此间始严⑥，亦未举动，会闻魏还而止，蜀宁可复以此有疑邪？又人家治国，舟船城郭，何得不护？今此间治军，宁复欲以御蜀邪？人言苦不可信⑦，朕为诸君破家保之。"蜀竟自无谋，如权所筹。

### 注释

①交通：来往，沟通。②掎角：分兵多路牵制或夹击敌人。这里是以打猎作为比喻。③彰灼：明显，显著。④揆：估计，揣量。⑤聘享：派遣使者访问并修好，进献地方特产。⑥严：这里指军事戒备。整理装备，准备战斗。⑦苦：非常，表明程度较深。

### 译文

赤乌七年（244）春正月，任命上大将军陆逊为丞相。秋天，宛陵县宣称有嘉禾生长。这一年，步骘、朱然等人分别上疏："从蜀国返回的人都说蜀国打算背弃我们的盟约，与魏国交好，制造许多船只，修建城墙及外城。此外，蒋琬驻守于汉中，听到司马懿发兵江南的消息，不趁魏国西北兵力空虚的时机出兵，从西边夹击敌人，反而放弃汉中，撤军返回成都。情况已经极为明显，没有什么再值得怀疑的，我们应当做好充分准备。"孙权不是这样考虑的，说："我对蜀国不错，通好献礼，盟誓友好，没有什么有负他们的地方，为什么会出现如此情况呢？司马懿带兵到舒县，只有十天就撤退，蜀国远在万里外，怎知东南有危机就会出兵西北呢？以前魏国侵犯汉中地区，我们这里刚开始准备军械，还没行动，就听说魏国撤军的消息，我们就停止支援配合，难道蜀国可以由此对我们有所怀疑吗？此外，人家治理国家、船只及城墙，怎能不加以修理维护呢？现在我们这里也在整训军队，难道目的是用来对付蜀国吗？人们的传言不可轻信，我敢用自毁身家对各位保证。"蜀国的确没有阴谋，就像孙权所预测的那样。

### 原文

八年春二月，丞相陆逊卒。夏，雷霆犯宫门柱，又击南津大桥楹①。茶陵县鸿水溢出，流漂居民二百余家。秋七月，将军马茂等图逆，夷三族。八月，大赦。遣校尉陈勋将屯田及作士三万人凿句容中道，自小其至云阳西城，通会市②，作邸阁。

吴书

三〇五

九年春二月，车骑将军朱然征魏柤中，斩获千余。夏四月，武昌言甘露降。秋九月，以骠骑将军步骘为丞相，车骑将军朱然为左大司马，卫将军全琮为右大司马，镇南将军吕岱为上大将军，威北将军诸葛恪为大将军。

**注　释**

①榰：柱子，桥柱子。②会市：这里指集会商旅与货物贸易。

**译　文**

　　赤乌八年（245）春二月，丞相陆逊去世。夏天，雷电击中了宫门的立柱，又有雷击南津大桥桥柱，茶陵县洪水泛滥，流离失所的居民有二百多家。秋七月，将军马茂等人图谋造反，被诛杀三族。八月，全国大赦，孙权派遣校尉陈勋率领从事农耕的军队与身怀专门技术的工匠共计三万人开凿句容直道，从小其到云阳西城，方便商贩集会与货物的交易，修建了囤积军用物资的仓库。

　　赤乌九年春二月，车骑将军朱然出兵攻打魏国的柤中地区，斩首、俘虏一千多人。夏四月，武昌对外宣称天降甘露。秋九月，任命骠骑将军步骘为丞相，车骑将军朱然为左大司马，卫将军全琮为右大司马，镇南将军吕岱为上大将军，威北将军诸葛恪为大将军。

**原　文**

　　十年春正月，右大司马全琮卒。二月，权适南宫①。三月，改作太初宫，诸将及州郡皆义作②。夏五月，丞相步骘卒。冬十月，赦死罪。

　　十一年春正月，朱然城江陵。二月，地仍震③。三月，宫成。夏四月，雨雹，云阳言黄龙见。五月，鄱阳言白虎仁。诏曰："古者圣王积行累善，修身行道，以有天下，故符瑞应之，所以表德也④。朕以不明，何以臻兹⑤？《书》云'虽休勿休'，公卿百司，其勉修所职，以匡不逮。"

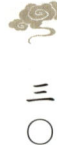

**注　释**

①**适南宫**：以南宫为正寝。②**义作**：自愿参加的劳动。③**仍**：多次。④**表德**：上

天表彰帝王功德。⑤**臻兹**：至此。

**译　文**

　　赤乌十年（247）春正月，右大司马全琮去世，二月，孙权以南宫为正宫。三月，改建太初宫，诸将及各州郡的官员都参加义务劳动。夏天五月，丞相步骘去世。冬天十月，在全国范围内赦免了被判死刑的犯人。

　　赤乌十一年春天正月，朱然修建江陵城。二月，发生多次地震。三月，改建太初宫的工程竣工。夏天四月，天降冰雹；云阳对外宣称有黄龙出现。五月，鄱阳对外宣称白虎出现，但没有危害人。孙权下诏："古代的圣君长期积累德行，修身养性，施行王道，才能获得天下，所以出现祥瑞的吉兆，是为表彰圣君的德行。我不够圣明，怎能得到上天的表彰呢？《尚书》中说'尽管这是善行，但不要满足于这种善行'，朝廷的三公、九卿及众多官员，要尽好自己的职责，帮助我纠正失误。"

**原　文**

　　十二年春三月，左大司马朱然卒。四月，有两乌衔鹊堕东馆。丙寅，骠骑将军朱据领丞相，燎鹊以祭。

　　十三年夏五月，日至①，荧惑入南斗，秋七月，犯魁第二星而东。八月，丹杨、句容及故鄣、宁国诸山崩，鸿水溢。诏原逋责②，给贷种食。废太子和，处故鄣。鲁王霸赐死。冬十月，魏将文钦伪叛以诱朱异，权遣吕据就异以迎钦。异等持重，钦不敢进。十一月，立子亮为太子。遣军十万，作堂邑涂塘以淹北道。十二月，魏大将军王昶围南郡，荆州刺史王基攻西陵，遣将军戴烈、陆凯往拒之，皆引还。是岁，神人授书，告以改年、立后。

**注　释**

　　①**日至**：这里指夏至。②**原**：宽恕。

**译　文**

　　赤乌十二年（249）春天正月，左大司马朱然去世。四月，有一对乌鸦口叼喜鹊坠落于东馆。丙寅日，骠骑将军朱据兼任丞相，将喜鹊烘烤之后用于祭祀。

吴书

赤乌十三年夏五月，在夏至这天，荧惑星进入南斗星群。秋七月，荧惑星在掠过北斗七星中的第二星之后向东运行。八月，丹杨、句容及故鄣、宁国等地的大山出现崩塌的现象，洪水在大地上泛滥，孙权下诏免除百姓所拖欠的赋税，借贷给他们种子，并供给他们粮食。废除孙和的太子封号，命他在故鄣居住，赐鲁王孙霸死。冬天十月，魏将文钦假装叛变来诱惑吴将朱异，孙权派吕据靠近朱异以便迎接文钦。朱异等人办事极为稳妥，文钦不敢前来。十一月，封子孙亮为皇太子。孙权派遣十万大军，修筑堂邑县的涂塘水库，使得从北方到建业的大路完全被淹没。十二月，魏国大将王昶围攻南郡，荆州刺史王基进军西陵，孙权派遣将军戴烈、陆凯率军抗击，王昶、王基都撤回。这一年，神人授予天书，对孙权说应当改称年号、立皇后。

**原　文**

太元元年夏五月，立皇后潘氏，大赦，改年。初临海罗阳县有神，自称王表。周旋民间①，语言饮食，与人无异，然不见其形。又有一婢，名纺绩。是月，遣中书郎李崇赍辅国将军罗阳王印绶迎表。表随崇俱出，与崇及所在郡守令长谈论，崇等无以易②。所历山川，辄遣婢与其神相闻③。秋七月，崇与表至，权于苍龙门外为立第舍，数使近臣赍酒食往。表说水旱小事，往往有验。秋八月朔，大风，江海涌溢，平地深八尺，吴高陵松柏斯拔，郡城南门飞落。冬十一月，大赦。权祭南郊还，寝疾④。十二月，驿征大将军恪，拜为太子太傅⑤。诏省徭役，减征赋，除民所患苦。

**注　释**

①**周旋**：与别人打交道。②**易**：改变。③**辄**：屡次。④**寝疾**：患重病卧床不起。⑤**太子太傅**：官名，负责辅导太子。

**译　文**

太元元年（251）夏五月，封潘氏为皇后，全国大赦，改年号。当初，临海郡罗阳县有一个神仙，自称王表。他在人间时常活动，言语饮食与平常人没有什么不同，但是人们却看不见他的形体。神仙王表还有一名女仆，名为纺绩。这一月，孙权派中郎将李崇带辅国将军罗阳王印章去迎接王表。王表跟随李崇，与其同时出发，与李崇及当地的郡守和县令谈论了很长时间,李崇等人没法改变其看法。他们所经过的山河,一般都是让婢女纺绩告知其神灵。秋七月,李崇与王表到建业,孙权在苍龙门外给王表修建府第,多次派身边的近臣送酒食给他。王表预言下雨天旱等状况,往往非常灵验。秋八月初一,大风,江水、海水暴涨,平地上的水有八尺深,吴国孙坚陵墓的松柏被风拔起,郡城的南门意外坍塌。冬天十一月,全国大赦,孙权到南郊祭祀回来后就卧病在床。十二月,派人急诏大将军诸葛恪,任命他为太子太傅。孙权下诏减免差役,减免赋税,废除令民众感到愁苦的法令。

吴
书

### 原文

二年春正月,立故太子和为南阳王①,居长沙;子奋为齐王,居武昌;子休为琅邪王,居虎林。二月,大赦,改元为神凤。皇后潘氏薨。诸将吏数诣王表请福②,表亡去③。夏四月,权薨,时年七十一,谥曰大皇帝。秋七月,葬蒋陵。

评曰:孙权屈身忍辱④,任才尚计,有句践之奇英,人之杰矣。故能自擅江表,成鼎峙之业⑤。然性多嫌忌⑥,果于杀戮,暨臻末年⑦,弥以滋甚。至于谗说殄行⑧,胤嗣废毙,岂所谓贻厥孙谋以燕翼子者哉?其后叶陵迟⑨,遂致覆国,未必不由此也。

### 注释

①故:原来。②请福:请求上天保佑。③亡:逃跑。④屈身忍辱:此处指向曹丕称藩属的事情。⑤鼎峙之业:三分天下的基业。⑥嫌忌:猜疑忌讳。⑦暨:及,到。⑧谗说:谗言。⑨陵迟:衰落。

### 译文

太元二年(252)春天正月,封原太子孙和为南阳王,定居长沙;封孙奋为齐王,定居武昌;封孙休为琅邪王,定居虎林。二月,全国大赦,改年号为神凤。皇后潘氏去世。诸将经常到王表那里寻求保佑,王表逃跑。夏天四月,孙权去世,享年七十一岁,谥号大皇帝。秋七月,安葬于蒋陵。

评论说:孙权可以委曲求全、忍受屈辱,任用贤才、崇尚智谋,有勾践一般的奇才大略,是人中的豪杰。所以可以独自占据江南,建立与蜀、魏鼎足三分天下的伟业。

但是他天性多猜疑，果断实施杀戮的酷刑，到晚年，变得尤为严重，以至听信小人谗言，滥施暴行，自己的亲生儿子有的被废或杀掉，这难道是像《诗经》中所说的那样，要留下远略护佑子孙安全的人吗？他的后代衰落，导致国家灭亡，不一定不是因为他犯下这么大的错误的缘故呢！

# 周瑜鲁肃吕蒙传

**原文**

周瑜字公瑾，庐江舒人也。从祖父景，景子忠，皆为汉太尉。父异，洛阳令。

瑜长壮有姿貌。初，孙坚兴义兵讨董卓，徙家于舒。坚子策与瑜同年，独相友善，瑜推道南大宅以舍策①，升堂拜母，有无通共。

赤壁纵火

●周瑜赤壁纵火

瑜从父尚为丹杨太守，瑜往省之②。会策将东渡，到历阳，驰书报瑜，瑜将兵迎策。策大喜曰："吾得卿，谐也③。"遂从攻横江、当利，皆拔之④。乃渡击秣陵，破笮融、薛礼，转下湖孰、江乘，进入曲阿，刘繇奔走，而策之众已数万矣。因谓瑜曰："吾以此众取吴会平山越已足。卿还镇丹杨。"瑜还。顷之，袁术遣从弟胤代尚为太守，而瑜与尚俱还寿春⑤。术欲以瑜为将，瑜观术终无所成，故求为居巢长，欲假途东归，术听之。遂自居巢还吴。是岁，建安三年也。策亲自迎瑜，授建威中郎将，即与兵二千人，骑五十匹。瑜时年二十四，吴中皆呼为周郎。以瑜恩信著于庐江，出备牛渚，后领春穀长。顷之，策欲取荆州，以瑜为中护军，领江夏太守，从攻皖，拔之。时得桥公两女，皆国色也。策自纳大桥，瑜纳小桥。复进寻阳，破刘勋，讨江夏，还定豫章、庐陵，留镇巴丘。

**注 释**

①策：人名，指孙策。②省：探望。③谐：胜利。④拔：占领。⑤寿春：地名，位于今安徽省寿春县。

**译 文**

　　周瑜，字公瑾，是庐江郡舒县人。他的堂祖父周景及周景的儿子周忠都担任过汉朝太尉。他父亲周异曾任洛阳令。

　　周瑜身高体壮，生得非常俊美。当初孙坚兴义兵讨伐董卓时，把家人迁到舒县。孙坚的儿子孙策与周瑜同岁，两个人非常要好。周瑜把路南边的大宅院让给孙策居住，到厅堂上去拜会孙策的母亲，周孙二人互通有无。周瑜的叔父周尚担任丹杨太守，周瑜去探望他。恰逢孙策准备渡江东征，抵达历阳，派骑兵送信给周瑜，周瑜就领兵去迎接孙策。孙策极为高兴，说："我有了您，就能够成功了。"于是周瑜随孙策去攻打横江、当利等地，把它们都占领了。他们渡过长江去攻打秣陵，打败笮融、薛礼，转向攻下湖孰、江乘，进入曲阿境内，刘繇逃走。这时孙策的军队已有几万人了。孙策就对周瑜说："我用这些人马去夺取吴郡、会稽郡，平定山越，已经足够了。您回去镇守丹杨吧！"于是周瑜回去了。不久，袁术派堂弟袁胤代替周尚担任丹杨太守，而让周瑜和周尚都回到寿春。袁术要任命周瑜为将军。周瑜看袁术终究不能成就大事，就请求去做居巢县令，想借这条路返回江东。袁术答应了。周瑜就从居巢回到吴郡。这一年是建安三年（198）。孙策亲自迎接周瑜，授予他建威中郎将的官职，给他两千名士兵、五十匹战马。周瑜当时二十四岁，吴郡人都将他称为"周郎"。因为周瑜在庐江的恩德信义名声卓著，孙策就让他到牛渚守卫，后来兼任春穀县令。不久，孙策想夺取荆州，任命周瑜为中护军，兼任江夏太守，跟随孙策攻打皖城，占领了它。当时得到了桥公的两个女儿大桥与小桥，都有天姿国色。孙策自己娶了大桥，周瑜娶了小桥。孙策再次进军寻阳，打败刘勋，进攻江夏，回军平定豫章、庐陵，周瑜留在巴丘镇守。

　　五年，策薨<sup>①</sup>，权统事。瑜将兵赴丧，遂留吴，以中护军与长史张昭共掌众事。

　　十一年，督孙瑜等讨麻、保二屯，枭其渠帅<sup>②</sup>，因俘万余口，还备宫亭。江夏太守黄祖遣将邓龙将兵数千人入柴桑，瑜追讨击，生虏龙送吴。

　　十三年春，权讨江夏，瑜为前部大督。

　　其年九月，曹公入荆州，刘琮举众降，曹公得其水军，船步兵数十万，将士闻之皆恐。权延见群下，问以计策。议者咸曰："曹公豺虎也，然托名汉相，挟天子以征四方，动以朝廷为辞，今日拒之，事更不顺。且将军大势，可以拒操者，长江也。今操得荆州，奄有其地，刘表治水军，蒙冲斗舰<sup>③</sup>，乃以千数；操悉浮以沿江，兼有步兵，水陆俱下，此为长江之险，已与我共之矣。而势力众寡，又不可论<sup>④</sup>。愚谓大计不如迎之。"瑜曰："不然。操虽托名汉相，其实汉贼也。将军以神武雄才，兼仗父兄之烈，割据江东，地方数千里，兵精足用，英雄乐业，尚当横行天下，为汉家除残去秽。况操自送死，而可迎之邪？请为将军筹之：今使北土已安，操无内忧，能旷日持久，来争疆场，又能与我校胜负于船楫间乎？今北土既未平安，加马超、韩遂尚在关西，为操后患。且舍鞍马，仗舟楫，与吴越争衡，本非中国所长。又今盛寒，马无藁草，驱中国士众远涉江湖之间，不习水土，必生疾病。此数四者，用兵之患也<sup>⑤</sup>，而操皆冒行之。将军禽操，宜在今日。瑜请得精兵三万人，进住夏口，保为将军破之。"权曰："老贼欲废汉自立久矣，徒忌二袁、吕布、刘表与孤耳。今数雄已灭，惟孤尚存，孤与老贼，势不两立。君言当击，甚与孤合，此天以君授孤也。"

　　①薨：死。古代诸侯死称为"薨"。②枭：把人杀死后，将头悬挂在树木上。③蒙冲：

古代战船的名称。④**不可论**：不可相提并论。⑤**患**：禁忌。

建安五年（200），孙策去世，孙权统领政事。周瑜率军去吊丧，就停留在吴郡，以中护军的身份与长史张昭等人共同管理各项事务。

建安十一年（206），周瑜统率孙瑜等人讨伐麻、保两处军屯，杀死其首领，俘虏一万多人，回来防守宫亭。江夏太守黄祖派将军邓龙率领几千名士兵进攻柴桑，周瑜追去攻击，把邓龙俘虏并送到吴郡。

建安十三年（208）春天，孙权攻打江夏，周瑜为前部大都督。

这一年的九月，曹操进军荆州，刘琮投降，曹操获得了他的水军，水兵和步兵达到几十万人，吴郡将士们听到后都感到恐慌不安。孙权召见部下官员，问他们应当采取什么计策。议论的人们都说："曹操是像豺狼虎豹一样的人，而且他假借汉朝丞相的名义，挟制皇帝，征讨四方，行动都是以朝廷为借口，如今去抵挡他，形势对我们会更加不利。而且将军您所处的形势下，能够抵挡曹操的唯有长江了。现在曹操得到荆州，吞并这片土地，刘表训练的水军有几千艘蒙冲舰及战船；曹操把它们全用于沿江进攻，加上步兵，水陆两军一同沿江而下，这就是说曹操已经与我们共同占有长江了。而力量的多少上，我们又无法和敌人相提并论。我们认为不如投降曹操。"周瑜说："不对。曹操尽管假托汉朝丞相的名义，实际上是汉朝的奸贼。将军雄才大略，加上以父兄功业为基础，割据江东地区，拥有数千里土地，士兵精锐，物资充足，英雄豪杰乐于为您效力，正应横行天下，为汉朝除去祸害。何况曹操自己前来送死，怎么能向他投降呢？请让我为您筹划一下：就算如今北方已经平定，曹操没有内部忧患，他能旷日持久地来与我们争夺疆土，又能和我们在水战当中一决胜负吗？现在北方还没有完全被平定，加上马超、韩遂等人还在关中地区作战，是曹操的后患。曹操放弃鞍马，依靠船只来与吴越士兵作战，这本来就不是中原士兵所擅长的。如今又是严寒时节，马匹缺少草料，驱使中原的士兵到江南水乡作战，他们不习惯水土，必定生病。这四个方面，全是用兵大忌，而曹操却全部违反了。将军您擒获曹操，就在今天了。我请求得到三万名精兵，进军夏口驻守，保证帮您打败曹操。"孙权说："曹操这个老贼很早就想要废黜汉朝皇帝，自立为皇帝，只是担心袁绍、袁术、吕布、刘表与我而已。现在这几个人物已经被消灭，只有我还活着，我和曹操老贼势不两立。您说应当抗击他，和我的看法完全一致，这是上天将您送给我的啊！"

**原 文**

时刘备为曹公所破，欲引南渡江，与鲁肃遇于当阳，遂共图计，因进住夏口，遣诸葛亮诣权①。权遂遣瑜及程普等与备并力逆曹公，遇于赤壁。时曹公军众已有疾病，初一交战②，公军败退，引次江北。瑜等在南岸。瑜部将黄盖曰："今寇众我寡，难与持久。然观操军船舰首尾相接，可烧而走也③。"乃取蒙冲斗舰数十艘，实以薪草，膏油灌其中，裹以帷幕，上建牙旗；先书报曹公，欺以欲降；又豫备走舸，各系大船后，因引次俱前。曹公军吏士皆延颈观望，指言盖降。盖放诸船，同时发火。时风盛猛，悉延烧岸上营落。顷之，烟炎张天，人马烧溺死者甚众，军遂败退，还保南郡。备与瑜等复共追。曹公留曹仁等守江陵城，径自北归。

**注 释**

①诣：到。这里指拜见。②初：刚刚。③走：跑，使动用法，使其跑。

**译 文**

当时刘备被曹操打败，想要领兵渡江，与鲁肃在当阳相遇，就共同商议计策，于是进驻夏口，派诸葛亮去拜会孙权。孙权就派周瑜和程普等人与刘备合作，一起抗击曹操，两军在赤壁相遇。当时曹操的士兵中已有疾病流行，刚一交战，曹操就败退，领兵回到江北驻扎。周瑜等人在南岸驻军。周瑜的部将黄盖说："现在敌人众多，我军人少，很难与他们长期对峙。但是我看曹操军队的战船都是首尾相连，可以用火攻打跑他们。"于是周瑜就用几十艘蒙冲战船，装满柴草，里面灌满油脂，外面蒙上帷幕，上面插上牙旗；黄盖事先写信告知曹操，骗他说自己要投降；又预备逃脱使用的快船，分别拴在大船后面，于是按次序将船全开过去。曹操军队的官员士兵们都伸着脖子观看，指点着说黄盖要来投降了。黄盖放开各船，同时一起点火。当时风势非常猛，火焰蔓延到岸上的军营当中，把它们全烧着了。不一会儿，浓烟与大火遮住天空，曹操的人马很多都被烧死或淹死，曹军退回南郡。刘备和周瑜等人又率军共同追击。曹操留下曹仁等人防守江陵城，自己退回北方。

　　瑜与程普又进南郡，与仁相对，各隔大江。兵未交锋，瑜即遣甘宁前据夷陵。仁分兵骑别攻围宁。宁告急于瑜。瑜用吕蒙计[①]，留凌统以守其后，身与蒙上救宁。宁围既解，乃渡屯北岸，克期大战[②]。瑜亲跨马拣陈，会流矢中右胁，疮甚，便还。后仁闻瑜卧未起，勒兵就阵。瑜乃自兴，案行军营，激扬吏士，仁由是遂退。

　　权拜瑜偏将军[③]，领南郡太守。以下隽、汉昌、刘阳、州陵为奉邑，屯据江陵。刘备以左将军领荆州牧，治公安。备诣京见权，瑜上疏曰："刘备以枭雄之姿，而有关羽、张飞熊虎之将，必非久屈为人用者。愚谓大计宜徙备置吴，盛为筑宫室，多其美女玩好，以娱其耳目；分此二人，各置一方，使如瑜者得挟与攻战，大事可定也。今猥割土地以资业之，聚此三人，俱在疆场，恐蛟龙得云雨，终非池中物也。"权以曹公在北方，当广揽英雄，又恐备难卒制，故不纳。

　　①**计**：计策。②**克期**：约定日期。③**偏将军**：副将军。

　　周瑜和程普又进军南郡，与曹仁隔长江对峙，中间有长江阻隔。两军还没交战，周瑜就派甘宁去占领夷陵。曹仁分出一支骑兵去攻打甘宁，把他包围。甘宁向周瑜求援。周瑜用吕蒙的计策，留下凌统在后方防守，亲自和吕蒙到上游去救援甘宁。甘宁受到的包围被解除后，周瑜就渡江在北岸驻扎，约定日期与曹军大战。周瑜亲自骑马上阵督战，被流箭射中右肋，伤势很重，就回营了。后来曹仁听说周瑜卧床不起，整理军队来作战。周瑜就勉强起身，巡查军营，激励将士，曹仁因此退走。

　　孙权任命周瑜为偏将军，兼任南郡太守。把下隽、汉昌、刘阳、州陵作为周瑜的食邑，让他驻守江陵。刘备以左将军的身份兼荆州牧，州府设于公安。刘备到建业拜见孙权，周瑜上奏章："刘备有着强悍雄伟的姿态，又有关羽、张飞这样熊虎般的将领，一定不是长久屈居人下而被人利用的人物。我认为最好的方法是把刘备搬迁到吴郡去安置，给他大肆建造宫殿，供给他很多美女玩物，让他沉溺享受；再把关羽、张

吴书

飞两个人分开，各安置到一方，让像我这样的人能够指挥他们作战，就可以使大事成功。现在轻易分割土地给他们，成为他们的资产，让这三个人聚在一起，都处于边疆地区，恐怕会像蛟龙得到云雨的帮助一般，最终就不是水池当中的动物了。"孙权认为曹操在北方是个巨大的威胁，东吴应当广泛招揽英雄，又担心刘备难以被制服，所以没采纳他的意见。

　　是时刘璋为益州牧，外有张鲁寇侵①，瑜乃诣京见权曰："今曹操新折衄②，方忧在腹心，未能与将军连兵相事也。乞与奋威俱进取蜀，得蜀而并张鲁，因留奋威固守其地，好与马超结援。瑜还与将军据襄阳以蹙操，北方可图也。"权许之。瑜还江陵，为行装，而道于巴丘病卒，时年三十六。权素服举哀，感动左右。丧当还吴，又迎之芜湖；众事费度，一为供给。后著令曰："故将军周瑜③、程普，其有人客，皆不得问。"初瑜见友于策，太妃又使权以兄奉之④。是时权位为将军，诸将宾客为礼尚简；而瑜独先尽敬，便执臣节。性度恢廓，大率为得人，惟与程普不睦。

　　瑜少精意于音乐，虽三爵之后，其有阙误，瑜必知之，知之必顾⑤，故时人谣曰："曲有误，周郎顾。"

　　瑜两男一女。女配太子登。男循尚公主，拜骑都尉，有瑜风，早卒。循弟胤，初拜兴业都尉，妻以宗女，授兵千人，屯公安。黄龙元年，封都乡侯，后以罪徙庐陵郡。

①**侵**：入侵，侵略。②**衄**：伤，折伤。③**故**：死，去世。④**以兄奉之**：像对待兄弟那样对待他。⑤**顾**：回头看。

　　当时刘璋任益州牧，外有张鲁的威胁，周瑜就去建业拜会孙权，说："如今曹操刚受到挫折，正担心内部事务，不能与将军连续交战。我请求和奋威将军一起攻击蜀郡，

三国志

得到蜀郡，兼并张鲁的力量之后，就将奋威将军留下来在此处固守，好与马超结成同盟，互相援助。我回来与您占据襄阳以逼迫曹操，就能图谋夺取北方了。"孙权答应。周瑜返回江陵，整顿行装，却在走到巴丘时病死，时年三十六岁。孙权亲自穿丧服主持丧事，左右部属都非常感动。周瑜的灵柩送回吴郡时，孙权又前往芜湖迎接；周瑜的各种丧事费用，全部由孙权来供给。后来孙权发布命令："已故将军周瑜、程普的佃户仆役情况，官府都不许过问。"以前周瑜与孙策是好友，吴太妃又让孙权将周瑜当作兄长一样对待。当时孙权的职位是将军，各位将领和宾客向他行礼时还非常简单；而只有周瑜率先敬重他，以对君主的礼节来对待孙权。周瑜心胸开阔，大体上能得人心，只是和程普之间存在不和睦。

周瑜年少时对音乐有着深入研究，即使是在喝了三大杯酒后，乐曲演奏当中出现错误，周瑜也都能听出来，听出来后必定要看一下乐队。所以当时人们流传说："曲有误，周郎顾。"

周瑜有两个儿子与一个女儿。女儿嫁给吴太子孙登。儿子周循娶了公主，官至骑都尉，他有周瑜的风度，但很早就去世了。周循的弟弟周胤，起初担任兴业都尉，孙权把宗室的女子嫁给他，又给他一千名士兵，让他驻守于公安。黄龙元年（229），周胤被封为都乡侯，后来因罪被迁到庐陵郡。

**原　文**

赤乌二年，诸葛瑾、步骘连名上疏曰："故将军周瑜子胤，昔蒙粉饰①，受封为将，不能养之以福，思立功效，至纵情欲，招速罪辟②。臣窃以瑜昔见宠任，入作心膂，出为爪牙，衔命出征，身当矢石，尽节用命，视死如归，故能摧曹操于乌林，走曹仁于郢都，扬国威德，华夏是震，蠢尔蛮荆，莫不宾服，虽周之方叔，汉之信、布，诚无以尚也。夫折冲捍难之臣，自古帝王莫不贵重，故汉高帝封爵之誓曰'使黄河如带，太山如砺，国以永存，爰及苗裔'；申以丹书，重以盟诅③，藏于宗庙，传于无穷，欲使功臣之后，世世相踵④，非徒子孙，乃关苗裔，报德明功，勤勤恳恳，如此之至，欲以劝戒后人，用命之臣，死而无悔也。况于瑜身没未久，而其子胤降为匹夫，益可悼伤。窃惟陛下钦明稽古，隆于兴继，为胤归诉，乞匄余罪，还兵复爵，使失旦之鸡，复得一鸣，抱罪之臣，展其后效。”权答曰：“腹心旧勋，与孤协事，公瑾有之，诚所不忘。昔胤年少，初无功劳，横受精兵，爵以侯将，盖念公瑾以及于胤也。而胤恃此，酗淫自恣⑤，前后告喻，曾无悛改⑥。孤于公瑾，义犹二君，乐胤成就，岂有已哉？迫胤罪恶，未宜便还，且欲苦之，使自知耳。今二君勤勤援引汉高河山之誓，孤用恻然。虽德非其畴，犹欲庶几，事亦如尔，故未顺旨。以公瑾之子，而二君在中间，苟使能改，亦何患乎！”瑾、骘表比上，朱然及全琮亦俱陈乞，权乃许之。会胤病死。

**注释**

①**粉饰**：打扮。此处指赞誉。②**辟**：刑罚。③**盟诅**：誓约。④**踵**：本义指脚后跟，此处指相接。⑤**酗淫**：酗酒淫乱。**自恣**：肆意妄为。⑥**悛改**：悔改。

**译文**

赤乌二年（239），诸葛瑾和步骘联名上奏：“已故将军周瑜的儿子周胤，过去蒙受过分的赞誉，受封将军。他无法用福祉保护自己，想着立功报国，反而放纵情欲，很快招来刑罚。臣子们私下认为周瑜过去得到的恩宠，在朝廷是心腹重臣，在外是英勇将领，受命出征，亲自冒着石块与箭矢作战，尽到为人臣子的职责，完成任务，视死如归，这才能在乌林击败曹操，在郢都赶走曹仁，显示出我国的武威及德行，中原地区也为之震动，荆州的蛮夷们没有一处不来称臣纳贡，就算是周代的方叔，汉朝的韩信、英布，也不能超过他。那些可以挫败敌人进攻，解除国家危难的大臣，自古以来，没有不得到帝王们的珍惜与敬重的。所以汉高祖在封爵时的誓词中说：‘就算黄河变成衣带那样窄，泰山变成磨刀石那样小，您的封国也会永远存在，始终传给子孙后代。’并且用丹砂书写的文书申明，用盟誓诅咒的隆重仪式宣布，将文书藏到宗庙当中去，让它流传到无穷无尽的后世，要让功臣的后代代代传承，不只是子孙，就连后代传人都要考虑到；报答与显示臣子的功德，勤勤恳恳，达到如此周到的地步，目的是鼓励及告诫后人，让誓死为国的臣子，死了也不会感到后悔。但在周瑜去世后，不久，其儿子周胤被贬为平民，这不能不让人感到悲伤。我们希望陛下明智地考察古代史事，重视让功臣后代得以振兴，实行世代继嗣的德政。我们替周胤向您倾诉，请求宽恕他犯下的罪过，还给他士兵，恢复其爵位，使错过了报晓的雄鸡再次鸣叫，让戴罪的臣子以后能为国效力。"孙权回答："我旧日的心腹功臣中，与我一起共事的周公瑾，我的确不能忘记啊！从前周胤年幼，还没有功劳，凭空接受了精锐的士兵，赐予他侯爵及将军的职位，就是由于我怀念周公瑾，才延续到周胤的身上。而周胤依仗这些，放纵自身，酗酒淫乱，前后多次告诫他，他都没有悔改。我对周公瑾的情谊与你们二位是一样的，期待周胤能有所成就，难道会有终结的时候吗？但限于周胤的罪恶，不能立即让他回来，还想让他暂时吃些苦，让他自己悔悟而已。现在你们二位再三引用汉高祖封爵时向山河所作出的誓言，我感到很羞愧。虽然我的德行比不上汉高祖，但还想与他相差不多，事情也是像这样的，所以没有依从你们的意思。周胤是周公瑾的儿子，又有你们二位帮助，假如他能改正，还有什么值得担心的呢？"诸葛瑾、步骘的奏章连续送上，朱然和全琮也都陈辞求情，孙权才答应了。偏偏周胤这时病逝了。

**原　文**

　　瑜兄子峻，亦以瑜元功为偏将军，领吏士千人。峻卒，全琮表峻子护为将①。权曰："昔走曹操，拓有荆州，皆是公瑾，常不忘之。初闻峻亡，仍欲用护，闻护性行危险②，用之适为作祸，故便止之。孤念公瑾，岂有已乎？"

**注　释**

　　①表：上书，奏请。②危险：恶毒，恶劣。

**译　文**

　　周瑜的侄子周峻，也由于周瑜的大功出任偏将军，率领上千名官吏与士兵。周峻去世后，全琮奏请封周峻的儿子周护为将军。孙权说："过去打败曹操，开拓占领荆州，都是周公瑾的功劳，我时常怀念他，不会忘了他。刚听到周峻去世的消息时，我还想用作周护，但听说周护品行恶劣，人非常危险，任用他只能导致灾祸，所以就没有用。我怀念周公瑾，难道有终结的时候吗？"

**原　文**

　　鲁肃字子敬，临淮东城人也。生而失父①，与祖母居。家富于财，性好施与。尔时天下已乱，肃不治家事，大散财货，摽卖田地②，以赈穷弊结士为务③，甚得乡邑欢心。

周瑜为居巢长，将数百人故过候肃，并求资粮。肃家有两囷米，各三千斛，肃乃指一囷与周瑜，瑜益知其奇也，遂相亲结，定侨、札之分。袁术闻其名，就署东城长。肃见术无纲纪，不足与立事④，乃携老弱将轻侠少年百余人，南到居巢就瑜。瑜之东渡，因与同行，留家曲阿。会祖母亡，还葬东城。

注释

①生：出生时。②摽：通"标"，此处指标价出售。③穷弊：穷困的人。结士：结交朋友。④立事：成就大事。

译文

鲁肃，字子敬，是临淮郡东城县人。他生下来父亲就去世了，与祖母住在一起。家中富有财产，他生性喜好施舍钱财给其他人。这时天下已经动乱，鲁肃没有治理家业，把大量财物散发给人们，标价出卖田地，全力投入，用所得钱财去赈济穷困百姓与结交士人，很得乡里人们的爱戴。

周瑜任居巢长，领着几百人经过，特地拜访鲁肃，并且请求他资助粮食。鲁肃家里有两大仓米，每个仓中都有三千斛粮食，鲁肃就指着其中一个米仓，将它赠给周瑜。周瑜更加了解了鲁肃的非凡才干，就与他成为亲密的朋友，确定了公孙侨及季札那样的深厚情谊。袁术听说鲁肃的大名，就让他担任东城长。鲁肃见到袁术没有规章法纪，不值得与他共同建立功业，就携老弱，率领一百多名剽勇、好侠义的青年人，往南到居巢投奔周瑜。周瑜东渡长江，鲁肃就与他一同前去，把家属留在曲阿。正逢他的祖母去世，鲁肃把她的灵柩送回，葬在东城。

原文

刘子扬与肃友善，遗肃书曰①："方今天下豪杰并起，吾子姿才，尤宜今日。急还迎老母，无事滞于东城。近郑宝者，今在巢湖，拥众万余，处地肥饶，庐江间人多依就之，况吾徒乎？观其形势，又可博集，时不可失，足下速之。"肃答然其计。葬毕还曲阿，欲北行。会瑜已徙肃母到吴，肃具以状语瑜。时孙策已薨，权尚住吴，瑜谓肃曰："昔

马援答光武云‘当今之世，非但君择臣，臣亦择君’。今主人亲贤贵士，纳奇录异<sup>②</sup>，且吾闻先哲秘论<sup>③</sup>，承运代刘氏者，必兴于东南；推步事势，当其历数，终构帝基，以协天符，是烈士攀龙附凤驰骛之秋。吾方达此，足下不须以子扬之言介意也。"肃从其言。瑜因荐肃才宜佐时，当广求其比，以成功业，不可令去也。

权即见肃，与语甚悦之<sup>④</sup>。众宾罢退，肃亦辞出，乃独引肃还，合榻对饮。因密议曰："今汉室倾危，四方云扰，孤承父兄余业，思有桓文之功。君既惠顾，何以佐之？"肃对曰："昔高帝区区欲尊事义帝而不获者，以项羽为害也。今之曹操，犹昔项羽，将军何由得为桓文乎？肃窃料之<sup>⑤</sup>，汉室不可复兴，曹操不可卒除。为将军计，惟有鼎足江东，以观天下之衅。规模如此，亦自无嫌。何者？北方诚多务也。因其多务，剿除黄祖，进伐刘表，竟长江所极，据而有之，然后建号帝王以图天下，此高帝之业也。"权曰："今尽力一方，冀以辅汉耳，此言非所及也。"张昭非肃谦下不足，颇訾毁之<sup>⑥</sup>，云肃年少粗疏，未可用。权不以介意，益贵重之，赐肃母衣服帏帐，居处杂物，富拟其旧。

**译 文**

刘子扬与鲁肃非常友好，给鲁肃写信："当今天下豪杰一起起事，您的才干品质尤其适宜当前的形势。您应该尽快回来迎接老母，不要因事而滞留在东城。近来有一位叫郑宝的人，现在巢湖地区拥有一万多人马，他占据的土地很肥沃，出产丰饶，庐江之间的人们大多去依附他，何况像我们这些人呢？观察他的形势，还可以大量吸收人才，时机不可丧失，您尽快去吧！"鲁肃回信，赞成其打算。鲁肃办完丧事后返回曲阿，想要往北方去。正巧周瑜已经将鲁肃的母亲迁到吴郡，鲁肃就把这些情况全都告诉周瑜。当时孙策已去世，孙权还住在吴郡，周瑜对鲁肃说："过去马援对汉光武皇帝说：'当今世上，不只是君主在选择臣子，臣子也在选择君主。'现在我的主人亲近贤良，看重士族，收纳奇才，录用异人，而且我听到先哲的秘密谈论，说承继天命取代刘氏的人，一定会在东南方兴起；推算事态的形势，正符合他的命相气数，他终究能建成帝业，以符合上天的符兆。这时正是壮士们攀龙附凤，尽情驰骋，发挥才能的时代。我正在这里得到重用，您不用多考虑刘子扬的话。"鲁肃听了周瑜的话。周瑜便向孙权推荐鲁肃的才能足以辅佐天下大事，应当广泛寻求他这种人才，以建成功业，不能让他离开。

孙权马上会见鲁肃，和他谈话，很喜欢他。宾客们都退出去时，鲁肃也告辞出去，孙权却只把鲁肃一个人叫回来，把坐榻合在一起对坐饮酒，就势悄悄地和鲁肃商议："如今汉朝皇室面临着倾覆的危险，四方纷纷起兵混战，我继承父兄所留下的事业，想要成就齐桓公、晋文公那样的功业，您既然要来辅佐我，用什么办法来帮助我呢？"鲁肃回答："过去高祖皇帝诚心诚意地要尊崇义帝，却没能达到目的，是由于有项羽的危害。现在的曹操，与过去的项羽是一样的，将军有什么机会能变为齐桓公、晋文公呢？我私下预料，汉朝不可复兴，曹操也不可能在短期内被除掉。替将军谋划，只有占据江东地区以形成鼎立的形势，凭借它去观望天下的争斗。建立这样规模的基业，也不会使自己招致嫌疑。为什么呢？因为北方实在是事务繁多。趁着曹操事务繁多的时机，去剿灭黄祖，击败刘表，一直到长江的尽头，将这些地方都占据下来，然后称帝称王，去图谋统一天下，这就是像高祖皇帝一样的大事业了。"孙权说："现在尽力占有一方的土地，只希望用以辅佐汉朝罢了，这些话还不是我可以做到的。"张昭不喜欢鲁肃，不注意谦虚恭敬这一点，对他大加诋毁，说他年轻粗疏，不可加以任用。孙权不把张昭的话放在心上，对鲁肃越发器重，赐给鲁肃母亲以衣服帏帐，居住用的各种杂物，使他的富有可以与过去相比。

原文

刘表死，肃进说曰："夫荆楚与国邻接，水流顺北，外带江汉，内阻山陵，有金城之固，沃野万里，士民殷富，若据而有之，此帝王之资也①。今表新亡，二子素不辑睦，军中诸将，各有彼此。加刘备天下枭雄，与操有隙，寄寓于表，表恶其能而不能用也。若备与彼协心，上下齐同，则宜抚安，与结盟好；如有离违②，宜别图之，以济大事。肃请得奉命吊表二子，并慰劳其军中用事者，及说备使抚表众，同心一意，共治曹操，备必喜而从命。如其克谐<sup>③</sup>，天下可定也。今不速往，恐为操所先。"权即遣肃行。到夏口，闻曹公已向荆州，晨夜兼道。比至南郡，而表子琮已降曹公，备惶遽奔走，欲南渡江。肃径迎之，到当阳长阪，与备会，宣腾权旨，及陈江东强固，劝备与权并力。备甚欢悦。时诸葛亮与备相随，肃谓亮曰"我子瑜友也"，即共定交。备遂到夏口，遣亮使权，肃亦反命<sup>④</sup>。

**注 释**

①**帝王之资**：成就帝王的资本与资源。②**离违**：各怀异心。③**克谐**：可以成功。
④**反命**：回来汇报情况。

**译 文**

刘表死了，鲁肃进言："荆楚地区与我们的国土相邻接，水流顺着流到北方，外面有长江、汉水围绕，内部有山陵的险阻，有铜墙铁壁般的坚固城池，上万里的肥沃田野，人民富裕而殷实，假如占有这个地方，它就能成为帝王的资本。现在刘表刚刚去世，他的两个儿子向来不和睦，军队当中的各个将领，各自偏向一方。刘备是天下的枭雄人物，和曹操有仇，寄居在刘表那里，刘表厌恶刘备的才能，不能任用他。假如刘备与荆州人同心协力，上下一致，就应当安抚他们，和他们结为同盟；如果他们之间不和，彼此分离，就应该另想办法谋取荆州，以达到大事成功的目的。我请求能奉命去向刘表的两个儿子进行吊唁，并且慰劳他们军队当中掌权的人，并劝说刘备，让他安抚刘表的军队，一心一意联合对付曹操。刘备一定会高兴，而且听从我们的命令。如果这些可以做成功，天下就足以平定了。现在不尽快去，恐怕会被曹操抢先。"孙权就派鲁肃前往荆州。他到达夏口，听说曹操已向荆州进攻，就日夜兼程。快到南郡时，刘表的儿子刘琮已投降曹操，刘备急忙出逃，想向南渡过长江。鲁肃就迎上去，抵达当阳的长阪，和刘备会面，宣讲孙权的意图，又陈述江东坚固实力强大的情况，劝说刘备与孙权全力合作。刘备非常欢悦。当时诸葛亮跟随刘备，鲁肃对诸葛亮说："我是诸葛子瑜的朋友。"他们当场定下交情。刘备就来到夏口，派诸葛亮出使孙权那里，鲁肃也回去复命。

会权得曹公欲东之问，与诸将议，皆劝权迎之，而肃独不言。权起更衣，肃追于宇下，权知其意，执肃手曰："卿欲何言？"肃对曰："向察众人之议，专欲误将军，不足与图大事。今肃可迎操耳，如将军，不可也。何以言之？今肃迎操，操当以肃还付乡党，品其名位，犹不失下曹从事，乘犊车，从吏卒，交游士林，累官故不失州郡也①。将军迎操，欲安所归②？愿早定大计，莫用众人之议也。"权叹息曰："此诸人持议，甚失孤望；今卿廓开大计③，正与孤同，此天以卿赐我也。"

时周瑜受使至鄱阳，肃劝追召瑜还。遂任瑜以行事，以肃为赞军校尉，助画方略④。曹公破走，肃即先还，权大请诸将迎肃。肃将入阁拜，权起礼之，因谓曰："子敬，孤持鞍下马相迎，足以显卿未？"肃趋进曰："未也。"众人闻之，无不愕然。就坐，徐举鞭言曰："愿至尊威德加乎四海，总括九州，克成帝业，更以安车软轮征肃，始当显耳。"权抚掌欢笑。

①**累官**：论功进行官职层面的奖赏。②**安**：哪里。③**廓开**：说明白，解释清楚。④**画**：通"划"，策划。

恰逢孙权得到曹操想向东进攻的消息，与各位将领进行商议，他们全都劝孙权去迎接曹操，而只有鲁肃没有说话。孙权起身去厕所，鲁肃追到外面的屋檐下，孙权知道他的意思，拉住他的手说："你想说些什么？"鲁肃对孙权说："我刚才分析了大家的言论，只是想要耽误将军，不足以与他们共商大计。现在只是我能去迎接曹操罢了，像将军您，就不可以了。为什么要这样说呢？现在我去迎接曹操，曹操会将我送回乡里，品评我的名位，至少可以担任官府的掾曹从事一类小官，可以乘坐牛车，带着属吏与士兵，和士人们交往，逐渐升迁，还可能成为州、郡一级的官员。将军您去迎接曹操，能在哪里寻求安全呢？希望您早日确定大计，不可以采纳大家的意见。"孙权叹息道："这些人所持的意见，实在是太让我失望了；现在你说明的重大谋略，正和我所想的相同，这是上天将你赐给我的啊！"

当时周瑜接受使命前往鄱阳去了，鲁肃劝孙权派人去将周瑜找回来。孙权就任命周瑜来主持军事，任命鲁肃为赞军校尉，协助谋划方略。曹操被打败退走之后，鲁肃就先回来了，孙权大规模地约请各个将领前来迎接鲁肃。鲁肃要进入阁内参见孙权，孙权站起身来向他行礼，接着对他说："子敬，我扶着马鞍下马前来迎接你，这是不是足以让你尊显了呢？"鲁肃小步急速走向前去说："还没有。"众人听到之后，没有一个不感到极度惊愕的。鲁肃坐下后，慢慢地举起马鞭来说："希望最尊贵的您能让威武与德行降临四海，统一九州，成就帝业，那时再以高贵的车来征召我，这才是让我显贵。"孙权为之拍手大笑。

**原文**

后备诣京见权，求都督荆州，惟肃劝权借之，共拒曹公。曹公闻权以土地业备①，方作书，落笔于地。

周瑜病困，上疏曰："当今天下，方有事役②，是瑜乃心夙夜所忧③，愿至尊先虑未然，然后康乐。今既与曹操为敌，刘备近在公安，边境密迩④，百姓未附，宜得良将以镇抚之。鲁肃智略足任⑤，乞以代瑜。瑜陨踣之日⑥，所怀尽矣。"即拜肃奋武校尉，代瑜领兵。瑜士众四千余人，奉邑四县，皆属焉。令程普领南郡太守。肃初住江陵，后下屯陆口，威恩大行，众增万余人，拜汉昌太守、偏将军。十九年，从权破皖城，转横江将军。

**注释**

①以土地业备：用土地来资助刘备，此处当作动词用，使之有事业。②事役：指战役。③夙夜：早上与晚上。④密迩：靠得极近。⑤智略足任：智谋策略可以胜任。⑥陨踣：死亡。陨，死。踣，跌倒。

**译文**

之后刘备前往吴国京城来见孙权，请求让他都督荆州，仅有鲁肃一人劝孙权将荆州借给刘备，共同抵御曹操。曹操听说孙权将土地借给刘备做基业，当时他正在写信，惊吓得笔从手里脱落，掉到地上。

周瑜病重，上疏表示："当今天下，正有战事，这恰恰是我所日夜担忧的，希望最尊贵的您先对还没出现的灾难进行考虑，然后再享受康乐。现在既然与曹操为敌，刘备又在公安这个比较近的地方，边境相接，百姓又没有彻底依附，应该找到良将来镇抚这个地方。鲁肃的智谋与才略足以胜任，请任用他来代替我。我死时，就没有要惦念的事情了。"孙权立即任命鲁肃为奋武校尉，代替周瑜统领军队。周瑜的部众有四千多人，及归周瑜的四个封邑，都归属鲁肃。孙权命令程普兼任南郡太守。鲁肃最初居住在江陵，以后到下游的陆口驻守，他恩威并施，军队也迅速增加一万多人，被任命为汉昌太守、偏将军。建安十九年（214），他跟随孙权攻克皖城，改任横江将军。

## 原　文

　　先是，益州牧刘璋纲维颓弛①，周瑜、甘宁并劝权取蜀，权以咨备，备内欲自规②，乃伪报曰："备与璋托为宗室，冀凭英灵③，以匡汉朝。今璋得罪左右④，备独惨惧⑤，非所敢闻，愿加宽贷。若不获请，备当放发归于山林⑥。"后备西图璋，留关羽守，权曰："猾虏乃敢挟诈！"及羽与肃邻界，数生狐疑，疆场纷错，肃常以欢好抚之。备既定益州，权求长沙、零、桂，备不承旨，权遣吕蒙率众进取。备闻，自还公安，遣羽争三郡。肃住益阳，与羽相拒。肃邀羽相见，各驻兵马百步上，但请将军单刀俱会。肃因责数羽曰："国家区区本以土地借卿家者，卿家军败远来，无以为资故也。今已得益州，既无奉还之意，但求三郡，又不从命。"语未究竟，坐有一人曰："夫土地者，惟德所在耳，何常之有！"肃厉声呵之，辞色甚切。羽操刀起谓曰："此自国家事，是人何知！"目使之去。备遂割湘水为界，于是罢军。

　　肃年四十六，建安二十二年卒。权为举哀，又临其葬。诸葛亮亦为发哀。权称尊号，临坛，顾谓公卿曰："昔鲁子敬尝道此，可谓明于事势矣。"

　　肃遗腹子淑既壮，濡须督张承谓终当到至。永安中，为昭武将军、都亭侯、武昌督。建衡中，假节，迁夏口督。所在严整，有方干。凤皇三年卒。子睦袭爵，领兵马。

**注　释**

①**纲维**：国家的法律与法纪。**颓弛**：废弛。②**自规**：自行规划。规，规划。③**英灵**：指汉朝皇帝先祖的英灵。④**左右**：敬称，古代的书信当中用来称呼对方，这里指孙权。⑤**竦惧**：惊恐而害怕的样子。⑥**放发**：散发。**归于山林**：辞掉官职去隐居。

**译　文**

　　在此之前，益州牧刘璋的法纪典章松弛而败坏。周瑜、甘宁都劝说孙权去占据蜀郡。孙权就此事征询刘备的意见，刘备心中希望为自己谋取蜀地，就回信说谎："我与刘璋被列在汉朝宗室当中，希望能依靠祖先英灵去匡扶汉朝。如今刘璋得罪了您，我很惊慌害怕，这件事我不敢参与讨论，希望您能对刘璋加以宽恕。如果我的请求得不到获准，我就要归隐到山林当中。"以后刘备向西去谋夺刘璋的土地，留下关羽防守荆州。孙权说："狡猾的贼人竟敢欺骗我！"等到在关羽和鲁肃辖界相邻，多次出现猜疑，疆界交错，鲁肃都是以友好的态度安抚关羽。刘备平定益州之后，孙权要求刘备归还长沙、零陵、桂阳三郡，刘备不同意，孙权派吕蒙率军队去攻取。刘备听到消息之后，自己回到公安，派关羽去夺取这三个郡。鲁肃驻守益阳，和关羽对峙。鲁肃邀请关羽会面，各自将人马停留在百步以外，只有将军们带着自己的一把刀来会面。鲁肃就趁机责备关羽说："原来我们国家的君主诚心诚意地将土地借给你们，是因为你们军队吃了败仗，从远方到来，没有能够立足的土地。现在你们已经得了益州，既然没有将土地奉还的意思，我们只要回三个郡，你们又不答应。"话还没说完，有一个在座的人说："土地这种东西，只属于有德的人，哪里有长久归属于一个人的！"鲁肃声色俱厉地呵斥他。关羽握着刀起身说："这是国家大事，这个人懂什么！"又用眼色示意这个人离开。刘备以湘水为界，分割土地给东吴，于是两国停止战争。

　　鲁肃四十六岁时，于建安二十二年（217）去世，孙权为他举哀，又亲自参与葬礼。诸葛亮也为鲁肃举行哀悼仪式。孙权称帝时，在要登上祭坛之前，回顾公卿说："过去鲁子敬曾说过有这一天，他是透彻地了解天下形势的人了。"

　　鲁肃的遗腹子鲁淑长大后，濡须督张承对他说，还是应到濡须军中来。永安年间（258—264），鲁淑任昭武将军、都亭侯、武昌督。建衡年间（269—271），授予他符节，升任夏口督。鲁淑任职的军队都被他治理得很严肃整齐，他非常有方略才干。鲁淑于凤凰三年（274）去世。他的儿子鲁睦继承爵位，统领其兵马。

　　吕蒙字子明，汝南富陂人也①。少南渡，依姊夫邓当。当为孙策将，数讨山越②。蒙年十五六，窃随当击贼，当顾见大惊③，呵叱不能禁止。归以告蒙母，母恚欲罚之④，蒙曰："贫贱难可居，脱误有功⑤，富贵可致。且不探虎穴，安得虎子？"母哀而舍之。时当职吏以蒙年小轻之，曰："彼竖子何能为⑥？此欲以肉喂虎耳。"他日与蒙会，又蚩辱之。蒙大怒，引刀杀吏，出走，逃邑子郑长家。出因校尉袁雄自首，承间为言，策召见奇之，引置左右。

　　数岁，邓当死，张昭荐蒙代当，拜别部司马。权统事，料诸小将兵少而用薄者，欲并合之。蒙阴赊贳，为兵作绛衣行縢，及简日，陈列赫然，兵人练习，权见之大悦，增其兵。从讨丹杨，所向有功，拜平北都尉，领广德长。

　　从征黄祖，祖令都督陈就逆以水军出战。蒙勒前锋，亲枭就首，将士乘胜，进攻其城。祖闻就死，委城走，兵追禽之。权曰："事之克，由陈就先获也。"以蒙为横野中郎将，赐钱千万。

　　①汝南：郡名，治所位于上蔡县。今河南省上蔡县西南。富陂：县名，今安徽省阜阳县西南。②数：屡次。③顾见：回头看到。④恚：极为愤怒。⑤脱误：当时的口语，假如的意思。⑥竖子：对别人的蔑称。

　　吕蒙，字子明，汝南富陂人。少年时曾南渡长江，去投靠姐夫邓当。邓当是孙策的部下，多次讨伐山越，吕蒙十五六岁时，偷偷地跟随邓当去打敌人，邓当发现后很吃惊，喝斥他也无法禁止他一同前往。邓当回来后，将这件事告诉吕蒙的母亲，吕蒙母亲很生气，要责罚吕蒙。吕蒙说："贫贱的日子太难过，如果侥幸获得功劳，可以得到富贵。而且不深入虎穴之中，怎么能得到小老虎呢？"母亲哀怜他，于是饶过他。当时邓当部下的军吏由于吕蒙年纪小而轻视他，说："那个小孩子会干什么？这只是想拿肉去喂老虎而已。"一天，这个军吏与吕蒙相遇，又嘲笑吕蒙，侮辱他。吕蒙大

怒，拔刀杀掉这个军吏，逃出去，跑到同乡人郑长的家中。后来出面通过校尉袁雄自首，经袁雄求情，孙策召见他，认为他是一个奇才，就提拔他，安排在自己身边当差。

几年后，邓当死了，张昭推荐吕蒙取代邓当的职务，任命他为别部司马。孙权统领政务，检查兵力较少、作用不大的低级将领的军队，想把他们合并起来。吕蒙暗地赊购物资，给士兵们制作红色的军衣及绑腿。到了选拔的日子，吕蒙的军队阵容极为醒目，士兵们操练得非常熟练。孙权见后很高兴，给吕蒙增加了士兵。吕蒙跟随孙权讨伐丹杨，所到之处都立下战功，被任命为平北都尉，兼任广德长。

吕蒙跟随孙权征讨黄祖，黄祖命令都督陈就以水军迎击。吕蒙率领前锋军队，亲自砍下陈就的首级，将士们乘胜进击，攻打黄祖的城池。黄祖听说陈就死了，弃城逃跑，吴军士兵追上去擒获了他。孙权说："这次战事得以胜利，关键在于首先斩杀了陈就。"任命吕蒙为横野中郎将，赐给他一千万钱。

**原　文**

是岁，又与周瑜、程普等西破曹公于乌林，围曹仁于南郡。益州将袭肃举军来附①，瑜表以肃兵益蒙②，蒙盛称肃有胆用③，且慕化远来④，于义宜益不宜夺也。权善其言⑤，还肃兵。瑜使甘宁前据夷陵，曹仁分众攻宁，宁困急，使使请救⑥。诸将以兵少不足分，蒙谓瑜、普曰："留凌公绩，蒙与君行，解围释急，势亦不久，蒙保公绩能十日守也。"又说瑜分遣三百人柴断险道，贼走可得其马。瑜从之。军到夷陵，即日交战，所杀过半。敌夜遁去，行遇柴道，骑皆舍马步走。兵追蹙击，获马三百匹，方船载还。于是将士形势自倍，乃渡江立屯，与相攻击，曹仁退走，遂据南郡，抚定荆州。还，拜偏将军，领寻阳令。

鲁肃代周瑜，当之陆口，过蒙屯下。肃意尚轻蒙，或说肃曰："吕将军功名日显，不可以故意待也⑦，君宜顾之⑧。"遂往诣蒙。酒酣⑨，蒙问肃曰："君受重任，与关羽为邻，将何计略，以备不虞⑩？"肃造次应曰："临时施宜。"蒙曰："今东西虽为一家，而关羽实熊虎也，计安可不豫定？"因为肃画五策。肃于是越席就之，拊其背曰："吕子明，吾不知卿才略所及乃至于此也。"遂拜蒙母，结友而别。

## 译 文

这一年，他又与周瑜、程普等人朝西进攻，在乌林击败曹操，在南郡包围曹仁。益州的将军袭肃领全军前来投奔，周瑜上表章请求以袭肃的军队扩充到吕蒙的部下。吕蒙极力称赞袭肃有胆识、有能力，倾慕吴国教化，从远方前来归附，从道理上讲应当增加他的兵力，不应夺走其兵权。孙权认为吕蒙的话有道理，将士兵还给袭肃。周瑜派甘宁前去占据夷陵，曹仁分出一支军队攻打甘宁，甘宁形势危急，派使者来求援。将领们都认为兵力少，不可以分开使用。吕蒙对周瑜、程普说："留下凌公绩，我与您出兵，解救甘宁，除去危急，看情况也不会太久，我保证凌公绩可以守上十天。"又劝说周瑜分派出三百人以木柴截断险道，敌人逃走时能够得到他们的马。周瑜依从了他的建议。军队到达夷陵，当天交战，杀死的敌人超过一半。敌人连夜逃走，行军时遇到柴木堵塞的道路，骑兵都扔下马，步行逃走。吴军追上去攻击，获得三百匹马，用方船载回来。于是吴军将士的优势得以倍增，便渡过长江，建立军营，向曹军发起攻击，曹仁退走，吴军占据南郡，安抚平定荆州。回来后，任命吕蒙为偏将军，兼任寻阳令。

鲁肃代替周瑜，要前往陆口，从吕蒙驻扎的地方经过。鲁肃的心里还很轻视吕蒙。有的人劝鲁肃："吕将军的功绩与名声都日渐显赫，不能以老眼光去看待他，您应该去看望他。"鲁肃就去面见吕蒙。酒喝到兴头上，吕蒙问鲁肃说："您接受重任，与关羽相邻，准备用什么谋略去防备意外情况的发生呢？"鲁肃仓促当中随意答道："临时采取合适的方法吧。"吕蒙说："如今东吴与西蜀虽成一家，但关羽实际上是熊虎般的人物，怎么能不预先确定好计策呢？"接着为鲁肃谋划了五种计策。鲁肃从坐席上走过去靠近吕蒙，拍着他的背说："吕子明，我想不到你的才略已经达到了这种程度。"便去拜见了吕蒙的母亲，和吕蒙结成朋友后才告别。

## 原 文

时蒙与成当、宋定、徐顾屯次比近①，三将死，子弟幼弱，权悉以兵并蒙②。蒙固辞，陈启顾等皆勤劳国事，子弟虽小，不可废也。书三上，权乃听。蒙于是又为择师，使辅导之，其操心率如此。

魏使庐江谢奇为蕲春典农③，屯皖田乡，数为边寇。蒙使人诱之，不从，则伺隙袭击，奇遂缩退，其部伍孙子才④、宋豪等，皆携负老弱，诣蒙降。后从权拒曹公于濡须，数进奇计，又劝权夹水口立坞⑤，所以备御甚精⑥，曹公不能下而退。

曹公遣朱光为庐江太守，屯皖，大开稻田，又令间人招诱鄱阳贼帅，使作内应。蒙曰："皖田肥美，若一收熟，彼众必增，如是数岁，操态见矣，宜早除之。"乃具陈其状。于是权亲征皖，引见诸将，问以计策。蒙乃荐甘宁为升城督，督攻在前，蒙以精锐继之。侵晨进攻，蒙手执桴鼓，士卒皆腾踊自升，食时破之。既而张辽至夹石，闻城已拔，乃退。权嘉其功，即拜庐江太守，所得人马皆分与之，别赐寻阳屯田六百人，官属三十人。蒙还寻阳，未期而庐陵贼起，诸将讨击不能禽，权曰："鸷鸟累百，不如一鹗。"复令蒙讨之。蒙至，诛其首恶，余皆释放，复为平民。

**译　文**

当时吕蒙和成当、宋定、徐顾驻扎的地方非常接近，这三个将领死后，他们的子弟年纪很小，孙权就将他们的士兵全合并到吕蒙的部下。吕蒙坚决推辞，上奏陈述徐顾等人全都为国家大事辛劳，他们的子弟尽管年幼，但也不可以废黜他们。书信送上去三次，孙权才答应。吕蒙于是又给成当这些人的子弟选择教师，让教师辅导他们，他为他们操心大都像这样。

魏国派庐江人谢奇担任蕲春典农，驻扎在皖城乡间，多次侵犯吴国边境。吕蒙派人去诱降，他们不答应，吕蒙就看准空隙去袭击他们，谢奇便退缩回去，他的部下孙子才、宋豪等人，都扶老携幼，来向吕蒙投降。后来吕蒙跟随孙权在濡须抵御曹操，多次献奇计，又劝说孙权在水口两边夹岸设立船坞堡垒，所用来准备防御的器物极为精良，曹操无法攻克濡须坞，就退回去了。

曹操派朱光任庐江太守，驻守皖城，大量开垦稻田，又命间谍去诱降鄱阳的强盗首领，让他们作为内应。吕蒙说："皖城田地肥沃，如果一有收成，他们的人马必然增多，像这样过几年，曹操的优势就出现了，应该尽早去除他们。"就把这些情况全部向孙权陈述了。于是孙权亲自征讨皖城，召见各位将领，问他们有何计策。吕蒙就推荐甘宁担任升城督，统领军队在前面进攻，吕蒙用精锐军队接续后面。凌晨时进攻，吕蒙手执鼓槌击鼓，士兵们全都踊跃登城，吃早饭时就将城攻破了。不久张辽抵达夹石，听说城已被占领，就退回去。孙权嘉奖吕蒙的功劳，当即拜请他担任庐江太守。所得的人马全分给他，另外赐给他寻阳的屯田士兵六百人，属官三十人。吕蒙返回寻阳，不到一年就有庐陵的强盗造反，各将去攻打都无法擒获。孙权说："鸷鸟几百只，不如一只大鹗。"又命令吕蒙去攻打他们。吕蒙抵达庐陵，诛杀了强盗中为首的恶徒，其余的都释放，重新做了平民。

**原　文**

是时刘备令关羽镇守，专有荆土，权命蒙西取长沙、零、桂三郡。蒙移书二郡，望风归服，惟零陵太守郝普城守不降。而备自蜀亲至公安，遣羽争三郡。权时住陆口，使鲁肃将万人屯益阳拒羽，而飞书召蒙，使舍零陵，急还助肃。初，蒙既定长沙，当之零陵，过郫，载南阳邓玄之，玄之者郝普之旧也①，欲令诱普。及被书当还，蒙秘之，夜召诸将，授以方略②，晨当攻城，顾谓玄之曰："郝子太闻世间有忠义事③，亦欲为之，而不知时也。左将军在汉中④，为夏侯渊所围。关羽在南郡，今至尊身自临之。近者破樊本屯，救郫，逆为孙规所破。此皆目前之事，君所亲见也。彼方首尾倒悬⑤，救死不给，岂有余力复营此哉？今吾士卒精锐，人思致命⑥，至尊遣兵，相继于道。今子太以旦夕之命，待不可望之救，犹牛蹄中鱼，冀赖江汉，其不可恃亦明矣。若子太必能一士卒之心，保孤城之守，尚能稽延旦夕，以待所归者，可也。今吾计力度虑，而以攻此，曾不移日，而城必破，城破之后，身死何益于事，而令百岁老母，戴白受诛，岂不痛哉？度此家不得外问，谓援可恃，故至于此耳。君可见之，为陈祸福。"玄之见普，具宣蒙意，普惧而听之。玄之先出报蒙，普寻后当至。蒙豫敕四将，各选百人，普出，便入守城门。须臾普出，蒙迎执其手，与俱下船。语毕，出书示之，因拊手大笑。普见书，知备在公安，而羽在益阳，惭恨入地。蒙留孙皎，委以后事，即日引军赴益阳。刘备请盟，权乃归普等，割湘水，以零陵还之。以寻阳、阳新为蒙奉邑。

**注　释**

①旧：老朋友。②方略：计谋。③郝子太：人名，郝普，字子太。④左将军：指刘备。汉中：郡名，此处指汉中的治所南郑。⑤首尾倒悬：用来比喻处境极为危险。⑥致命：献出生命。

**译　文**

　　当时刘备命关羽镇守荆州，独占荆州大部分土地。孙权命令吕蒙向西夺取长沙、零陵、桂阳三郡。吕蒙给长沙等两个郡送去文书，他们都投降了，只有零陵太守郝普守住城池不肯投降。而刘备从蜀中亲自赶到公安，派关羽去争夺这三个郡。孙权当时驻守陆口，派鲁肃率领一万人驻守益阳挡住关羽，而且用快信去召唤吕蒙，让他放弃零陵，赶快返回帮助鲁肃。当时，吕蒙平定长沙后，应当前往零陵，经过酃县，用车带上南阳人邓玄之，邓玄之这个人是郝普的老友，吕蒙想让他去诱降郝普。等到接到孙权的信应当回去时，吕蒙将信藏起来，连夜召来各位将军，向他们传授方略，早晨就准备攻城，吕蒙又看着邓玄之说："郝子太听说世间存在忠义这件事，也想要做忠义之事，但却不清楚时势。左将军刘备在汉中被夏侯渊包围。关羽在南郡，如今尊贵的吴主亲自前往那里讨伐。近来关羽攻克了樊城驻军的大营，去救援酃县，反而被孙规打败了，这全是眼前的事情，是您亲眼所见的。他们那一方正被首尾颠倒悬吊在空中，救命都顾不上，怎么能有多余的力量再去营救这里呢？现在我们的士兵精锐无比，人人想为国拼命，尊贵的吴主派兵前来，军队在路上接连不断。现在郝子太命在旦夕，还等待没有希望的救援，就犹如牛蹄印那么大的水坑中的鱼还希望依赖江水一般，那种形势是不能依仗的，这已经非常明显了。如果郝子太能让士兵们一心一意，防守这座孤城，那还能拖延一些时间，来等待他所归附的人，这也可以。现在我计算好兵力，谋划了方法，用来攻打这里，用不了一天，城必定被攻破，城被攻破后，他自己死了，对事情有什么补益呢？却让百岁老母满头白发时还要被杀，难道不痛心吗？我估计这个人得不到外界消息，认为援兵可以依赖，所以到了这种地步。您可以去见他，给他分析祸福利害。"邓玄之见了郝普，将吕蒙的意思都转告给他。郝普害怕，答应投降。邓玄之先出城来报告吕蒙，说郝普在后面一会儿就到。吕蒙预先命令四位部将，各挑选一百名士兵，郝普一出来，就进城守住城门。不一会儿郝普出城，吕蒙迎上去拉住他的手，与他一起登船。两个人说完话，吕蒙拿出孙权的信交给郝普，接着拍手大笑。郝普看到书信，知道刘备在公安，而关羽在益阳，又羞愧，又后悔。吕蒙留下孙皎守城，把此后的事务交付给他，当天就领军奔赴益阳。刘备请求结盟，孙权就归还郝普等人，以湘水来分割疆界，把零陵还给刘备。把寻阳、阳新的赋税提供给吕蒙使用。

**原文**

　　师还，遂征合肥，既撤兵①，为张辽等所袭，蒙与凌统以死捍卫。后曹公又大出濡须，权以蒙为督，据前所立坞，置强弩万张于其上，以拒曹公。曹公前锋屯未就②，蒙攻破之，曹公引退。拜蒙左护军、虎威将军。

　　鲁肃卒，蒙西屯陆口，肃军人马万余尽以属蒙。又拜汉昌太守，食下隽、刘阳、汉昌、州陵。与关羽分土接境，知羽骁雄③，有并兼心，且居国上流，其势难久。初，鲁肃等以为曹公尚存，祸难始构，宜相辅协，与之同仇④，不可失也，蒙乃密陈计策曰："今征虏守南郡，潘璋住白帝，蒋钦将游兵万人，循江上下，应敌所在，蒙为国家前据襄阳，如此，何忧于操，何赖于羽？且羽君臣，矜其诈力⑤，所在反覆，不可以腹心待也。今羽所以未便东向者，以至尊圣明，蒙等尚存也。今不于强壮时图之，一旦僵仆⑥，欲复陈力，其可得邪？"权深纳其策，又聊复与论取徐州意，蒙对曰："今操远在河北，新破诸袁，抚集幽、冀，未暇东顾。徐土守兵，闻不足言，往自可克。然地势陆通，骁骑所骋，至尊今日得徐州，操后旬必来争，虽以七八万人守之，犹当怀忧。不如取羽，全据长江，形势益张。"权尤以此言为当。及蒙代肃，初至陆口，外倍修恩厚，与羽结好。

**译 文**

　　吴军返回后，去征伐合肥，在撤兵时被张辽等人所袭击，吕蒙和凌统拼死作战。后来曹操又大举出击濡须，孙权任命吕蒙为都督，占据此前所建立的船坞，在上面设置一万张强弩，以抵挡曹操。曹操的前锋部队还没修筑好营垒，吕蒙就将他们打败，曹操领兵退回。孙权拜吕蒙任左护军、虎威将军。

　　鲁肃去世，吕蒙到西方驻守于陆口，鲁肃军队的一万多人马都归属于吕蒙，又任命他为汉昌太守，用下隽、刘阳、汉昌、州陵等县作为其食邑。吕蒙和关羽分别占据荆州土地，境界邻接，他知道关羽是骁勇之英雄，有兼并之心，而且位居吴国上游，目前的合作形势难以持久。当初，鲁肃等人觉得曹操还存在，危险和灾祸刚形成，应当彼此辅助协作，和蜀汉同仇敌忾，不可以失去刘备这个同盟者。吕蒙秘密地提出其计策，说："命令征虏将军孙皎守卫南郡，潘璋驻守于白帝城，蒋钦率上万名机动部队，沿江而上，接应敌人可能来进攻的地方，我为国家到前方去攻占襄阳，这样的话，曹操还有什么值得担忧的，关羽还有什么可依赖的呢？而且关羽君臣，在所到之处始终反复无常，不能将他们当成心腹来看待。现在关羽之所以不便向东发起进攻，是由于尊贵的君主圣明，我们这些人还在。现在不趁我们强大时去图谋战胜他，一旦我们僵死倒下，想要再付诸于武力，还可以办得到吗？"孙权非常赞同其计策，又顺便与他再谈论一下攻占徐州的想法。吕蒙回答说："现在曹操在黄河以北，刚刚打败袁氏，在安抚和招集幽冀地区的百姓，没有时间顾及东方。徐州地区的守军，我听说是不怎么样的，去进攻自然能够攻克。然而那里的地势有陆路相通，可以让骁勇的骑兵前去驰骋。尊贵的君主如今取得徐州，十几天后曹操就必然来争夺，即使用七八万人去守卫它，也还是会让人感到担忧。不如去占据关羽的土地，把长江全部占领，我们的形势就会越发有利。"孙权认为这些话说得非常适宜。到了吕蒙取代鲁肃的职务时，他刚到陆口，就对外加倍施行厚恩，与关羽结成友好关系。

后羽讨樊①，留兵将备公安、南郡。蒙上疏曰："羽讨樊而多留备兵，必恐蒙图其后故也。蒙常有病，乞分士众还建业②，以治疾为名。羽闻之，必撤备兵，尽赴襄阳。大军浮江，昼夜驰上，袭其空虚，则南郡可下，而羽可禽也。"遂称病笃③，权乃露檄召蒙还④，阴与图计。羽果信之，稍撤兵以赴樊。魏使于禁救樊，羽尽禽禁等，人马数万，托以粮乏⑤，擅取湘关米。权闻之，遂行，先遣蒙在前。蒙至寻阳，尽伏其精兵䑓舻中⑥，使白衣摇橹，作商贾人服，昼夜兼行，至羽所置江边屯候，尽收缚之，是故羽不闻知。遂到南郡，士仁、糜芳皆降。蒙入据城，尽得羽及将士家属，皆抚慰，约令军中不得干历人家，有所求取。蒙麾下士，是汝南人，取民家一笠，以覆官铠，官铠虽公，蒙犹以为犯军令，不可以乡里故而废法，遂垂涕斩之。于是军中震栗，道不拾遗。蒙旦暮使亲近存恤耆老，问所不足，疾病者给医药，饥寒者赐衣粮。羽府藏财宝，皆封闭以待权至。羽还，在道路，数使人与蒙相闻，蒙辄厚遇其使，周游城中，家家致问，或手书示信。羽人还，私相参讯，咸知家门无恙，见待过于平时，故羽吏士无斗心。会权寻至，羽自知孤穷，乃走麦城，西至漳乡，众皆委羽而降。权使朱然、潘璋断其径路，即父子俱获，荆州遂定。

①**樊**：樊城，今湖北省襄阳市樊城区。②**建业**：县名，今江苏省南京市。③**病笃**：病得很严重。④**露檄**：不加封缄的文书，孙权在此处用露檄，是故意希望泄露秘密。⑤**托**：寻找借口。⑥**䑓舻**：大型船只。

后来关羽进攻樊城，留下兵将守卫公安、南郡以应对吴军。吕蒙上奏章："关羽去讨伐樊城而大量留下防备军队，一定是害怕我在他的背后进攻他的缘故。我经常有病，请求分出一些军队返回建业，用我去治病的名义。关羽听到后，一定会将防备的

三国志

三三六

军队撤走，全部调往襄阳。我们大军此时渡江，昼夜行军，袭击其空城，这样南郡就可以被攻下，关羽也可以被捉住。"吕蒙就说他病重，孙权便以公开的文书召吕蒙返回，暗地里与他商议计划。关羽果然相信，撤掉一部分军队赶往樊城。魏国派于禁去救樊城，关羽将于禁等人全部擒获，他有几万人马，并借口粮食不足，擅自取用湘关存粮。孙权听到这个消息，就派兵出征了，先派吕蒙做前锋。吕蒙抵达寻阳，把精兵全埋伏在大船的船舱内，让穿白衣服的士兵摇橹，他们穿着商人的服装，昼夜兼程，抵达关羽设置在长江岸边的哨所驻地，将哨兵全抓起来，因此关羽没有获知消息，吕蒙抵达南郡，傅士仁和麋芳都投降了。吕蒙进城占据了南郡，把关羽和他部下的家属都俘虏了，吕蒙对他们加以抚慰，命令军人不许去侵犯居民，不许索取百姓财物。吕蒙部下的一名士兵，是汝南人，拿了百姓家中的斗笠，用来覆盖官府的铠甲，官府的铠甲尽管是公物，吕蒙还认为他违犯军令，不能因为是同乡的缘故而废弃法令，就流着眼泪杀掉了他。于是吴军之中都感到震惊害怕，东西丢在路上都没人敢去拾走。吕蒙从早到晚派出亲近的官员去抚恤老人，问他们缺什么东西，有患病的人就立即给予医药，有饥饿寒冷的人就赏给他们衣服及粮食。关羽府库当中收藏的财宝，全部封存起来等待孙权到来后再处理。关羽退兵，在路上几次派人向吕蒙通信，吕蒙都厚待其使节，让他在城里四处观看，让他问候亲人，有的人亲笔写信表示情况属实。关羽派来的人回去后，关羽的部下都私下里向他打听情况，都知道家中没事，受到的待遇比平时还好，所以关羽军中的官兵都丧失了斗志。孙权不久就来到，关羽自知被孤立，走投无路，就逃到麦城，向西逃到漳乡，他的军队全投降了吴国。孙权派朱然、潘璋去截断他要经过的近路，将关羽父子擒获，荆州被平定了。

**原　文**

以蒙为南郡太守，封孱陵侯，赐钱一亿，黄金五百斤。蒙固辞金钱，权不许。封爵未下，会蒙疾发，权时在公安，迎置内殿，所以治护者万方[①]，募封内有能愈蒙疾者[②]，赐千金。时有针加，权为之惨戚[③]，欲数见其颜色，又恐劳动[④]，常穿壁瞻之，见小能下食则喜，顾左右言笑，不然则咄唶[⑤]，夜不能寐。病中瘳[⑥]，为下赦令，群臣毕贺。后更增笃，权自临视，命道士于星辰下为之请命。年四十二，遂卒于内殿。时权哀痛甚，为之降损。蒙未死时，所得金宝诸赐尽付府藏，敕主者命绝之日皆上还，丧事务约。权闻之，益以悲感。

　　蒙少不修书传，每陈大事，常口占为笺疏。常以部曲事为江夏太守蔡遗所白，蒙无恨意。及豫章太守顾邵卒，权问所用，蒙因荐遗奉职佳吏，权笑曰："君欲为祁奚邪？"于是用之。甘宁粗暴好杀，既常失蒙意，又时违权令，权怒之，蒙辄陈请："天下未定，斗将如宁难得，宜容忍之。"权遂厚宁，卒得其用。

　　蒙子霸袭爵，与守冢三百家，复田五十顷。霸卒，兄琮袭侯。琮卒，弟睦嗣。

**译　文**

　　孙权任命吕蒙为南郡太守，封他为孱陵侯，赏赐一亿钱，五百斤黄金。吕蒙坚决推辞掉金钱，孙权不允。封爵还没有颁布下来时，吕蒙的病恰好发作。孙权当时在公安，把他接到内殿里居住，千方百计地为他治疗，招募国内能治好吕蒙病的人，赏赐一千两黄金。有时医生用针扎吕蒙，孙权为他伤心，孙权想要多看看吕蒙的气色如何，又怕惊动他，使他疲劳，就经常在墙洞当中看他，见吕蒙稍微能吃下一些食物就很高兴，看着身边的人有说有笑，不然就会叹气，夜晚睡不好觉。吕蒙的病中间有所好转，孙权为此公布大赦，大臣们都前来祝贺。后来吕蒙的病再次加重，孙权亲自看望他，命令道士在星辰下为他祈福。吕蒙四十二岁时，在内殿里去世。当时孙权极为哀痛，为吕蒙穿丧服，减少饮食。吕蒙没去世时，把所得的金银珠宝等各种赏赐都交付府里的仓库，命令管理仓库的人在他去世后将赏赐品全部还给君王。孙权听到这件事，越发悲伤。

　　吕蒙年轻时不学习经传书籍，每当陈述大事时，时常口述，让其他人写成奏章。他曾因为部曲私兵的事被江夏太守蔡遗上报，但吕蒙没有怨恨蔡遗的意思。等到豫章太守顾邵去世，孙权问吕蒙应当任用谁，吕蒙便趁机推荐蔡遗，说他是一位称职的好官。孙权笑着说："您想要当祁奚吗？"于是任用蔡遗。甘宁粗暴，喜欢杀人，经常不听吕蒙的意见，还经常违背孙权的命令。孙权对他很恼火，吕蒙就为他讲情道："天下

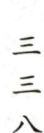

还没平定，像甘宁这样能战斗的将领极为难得，应当容忍他。"孙权便厚待甘宁，终于使得其发挥作用。

吕蒙的儿子吕霸继承爵位，孙权赐予吕蒙守护坟墓的人家三百户，免去赋税的田地五十顷。吕霸去世，其哥哥吕琮继承侯位。吕琮去世，弟弟吕睦继承其职务。

**原　文**

孙权与陆逊论周瑜、鲁肃及蒙曰："公瑾雄烈，胆略兼人[1]，遂破孟德，开拓荆州，邈焉难继[2]，君今继之。公瑾昔要子敬来东[3]，致达于孤[4]，孤与宴语，便及大略帝王之业，此一快也。后孟德因获刘琮之势，张言方率数十万众水步俱下[5]。孤普请诸将，咨问所宜，无适先对[6]，至子布、文表，俱言宜遣使修檄迎之，子敬即驳言不可，劝孤急呼公瑾，付任以众，逆而击之，此二快也。且其决计策，意出张苏远矣；后虽劝吾借玄德地，是其一短，不足以损其二长也。周公不求备于一人，故孤忘其短而贵其长，常以比方邓禹也。又子明少时，孤谓不辞剧易，果敢有胆而已；及身长大，学问开益，筹略奇至，可以次于公瑾，但言议英发不及之耳。图取关羽，胜于子敬。子敬答孤书云：'帝王之起，皆有驱除，羽不足忌。'此子敬内不能办，外为大言耳，孤亦恕之，不苟责也。然其作军，屯营不失，令行禁止，部界无废负，路无拾遗，其法亦美也。"

评曰：曹公乘汉相之资，挟天子而扫群桀，新荡荆城，仗威东夏，于时议者莫不疑贰。周瑜、鲁肃建独断之明，出众人之表，实奇才也。吕蒙勇而有谋断，识军计，谲郝普，禽关羽，最其妙者。初虽轻果妄杀，终于克己，有国士之量，岂徒武将而已乎？孙权之论，优劣允当，故载录焉。

**注　释**

①**兼人**：一个人能比得上两个人，即胜过别人。②**邈**：遥远。③**要**：同"邀"，邀请。④**致达**：推荐。⑤**张言**：夸大其词。⑥**无适先对**：没人先回答。

　　孙权和陆逊评论周瑜、鲁肃及吕蒙时说："公瑾英雄刚烈，胆识过人，所以能打败曹孟德，开拓荆州地区的土地，他才干的高超程度很难有人可以继承，您如今继承了他。公瑾过去邀请子敬来东方，将他推荐给我，我和他在宴会上谈话时，就谈到建立帝王之业的远大谋略，这是第一件使人痛快的事情。后来曹孟德趁俘获刘琮的势头，扬言要率领几十万名水军、步兵一齐进攻东吴。我将各位将领都请来，向他们询问应采用的对策，没有一个人先开口回答，问到子布、文表时，他们都说应派使节写文书去迎接曹孟德。子敬当即驳斥说是不可以的，劝我火速找公瑾来，把军队与任务交给他，迎击曹孟德。这是第二件令人痛快的事情。而且子敬决策的能力，远超张仪、苏秦。后来虽然他劝说我借给刘玄德土地，是他的一个短处，但不足以掩盖他的两个长处啊！周公对一个人不求完备，所以我忘掉他的短处而珍视他的长处，经常将他比作邓禹。还有子明年少时，我认为他仅仅是不辞艰险，办事果敢有胆量而已。等到他年纪渐长，学识开阔，大有增益，谋划的策略极为奇妙，仅次于公瑾，只是言谈中发挥的才华不如公瑾而已。子明谋取关羽这件事，胜过子敬。子敬回答我的信中说：'帝王兴起时，都要有驱赶走的事物，关羽不值得去顾忌。'这是子敬心中知道不能办，对外讲大话而已，我也宽恕了他，不轻易去责备他。然而他指挥军队，筑营驻守，没有疏失，令行禁止，管界内没有废弃法令而去违背军纪的情况，路不拾遗。他的治理方法也非常完善。"

　　评论说：曹操依靠身为汉朝丞相的资本，挟持天子而扫除各路豪杰，刚荡平荆州，依仗威势就去进攻东方，当时议论的人没有不疑惑不定的。周瑜、鲁肃独自提出极为高明的论断，超出众人之上，的确是奇才啊！吕蒙勇敢而有计谋，能了解军中的计策，作出决断，欺骗郝普，擒获关羽，是他计谋当中最高妙的代表。当初他尽管轻率果断，随便杀人，但终于能约束自己，有国士之量，难道仅仅是一个武将而已吗？孙权的评论，优劣恰当而公允，因此将其记录在这里。